新闻与传播学译丛

# 全球新闻学研究
## 理论、方法、发现与未来

[德] 马丁·劳福霍兹　[美] 戴维·韦弗 / 主编　陆佳怡　熊壮 / 译
陆佳怡 / 校

GLOBAL JOURNALISM RESEARCH
Theories, Methods, Findings, Future
Martin Löffelholz & David Weaver

中国人民大学出版社
·北京·

# "新闻与传播学译丛"
# 出版说明

中华民族历来有海纳百川的宽阔胸怀,她在创造灿烂文明的同时,不断吸纳整个人类文明的精华,滋养、壮大和发展自己。当前,全球化使得人类文明之间的相互交流和影响进一步加强,互动效应更为明显。以世界眼光和开放的视野,引介世界各国的优秀哲学社会科学成果,服务于我国的社会主义现代化建设,是新中国出版工作的优良传统,也是中国当代出版工作者的重要使命。

在我们生活于其中的这个"地球村",信息传播技术飞速发展,日新月异,传媒在人们的社会生活中已经并将继续占据极其重要的地位。中国新闻与传播业在技术层面上用极短的时间走完了西方几近成熟的新闻传播界上百年走过的路程。然而,中国的新闻与传播学教育和研究仍存在诸多盲点。要建设世界一流的大学、一流的学科,不仅要在硬件上与国际接轨,还要在软件、教育上与国际接轨,这已成为摆在我们面前的迫切的时代任务。

"新闻与传播学译丛"的创设,立意在接续前辈学人传译外国新闻学与传播学经典的事业,以一定的规模为我们的学术界与思想界以及业界人士、为我们的师生理解和借鉴新闻与传播学的精华,提供基本的养料,以便于站在前人的肩膀上作进一步的探究,而不必长期在黑暗中自行摸索。

译丛涵盖学术著作及经典教材读本。学术著作兼顾大师经典与学术前沿。所谓经典,采取观点上兼容并包、国别上多多涵盖、重在填补空白的标准,重在推介20世纪前期和中期新闻学的开创性著作和传播学的奠基性著作,也适当地关注产生广泛学术影响的新经典。所谓前沿,意在寻求当下研究中国问题所需要关注的研究对象、范式、理论、方法,有的放矢地寻找对中国的研究具有启发意义的典范作品。与我国新闻与传播学专业所开设的必修课、选修课相配套,教材读本适合新闻与传播学专业教学使用,可作为重要的教学参考书以开阔师生的视野。

总之,我们希望本译丛能起到承前启后的作用。承前,就是在前辈新闻传播译介的基础上,拓宽加深。启后,是希望这些成果能够为中国的新闻传播研究提供新的思路与方法,促进中国的本土新闻传播研究。

中国人民大学出版社

# 关于作者

## 全球新闻学研究

克劳斯-迪特尔·阿尔特梅彭（Klaus-Dieter Altmeppen），博士，德国艾希施泰特-英戈尔斯塔特天主教大学新闻学教授。他著有《新闻业和作为组织的媒体：表现、结构和管理层》（*Journalismus und Medien als Organisationen: Leistungen, Strukturen und Management*, 2006）。

阿诺德·S. 戴比尔（Arnold S. de Beer），南非斯坦陵布什大学新闻学院荣誉教授。他是《创新：南非新闻学研究》（*Ecquid Novi: South African Journal for Journalism Research*）等学术期刊的编委会成员，以及 Media Tenor SA 和南非媒介分析研究所（Imasa）的研究总监。戴比尔已撰写多部关于新闻和新闻学教育的著作，并合编《全球新闻学：热点议题与媒介体制》（*Global Journalism: Topical Issues and Media Systems*, 2004）。

陈韬文，香港中文大学新闻与传播学院教授。他合著或合编的书包括《大众媒介与政治转型》（*Mass Media and Political Transition*, 1991）、《全球媒介景观》（*Global Media Spectacle*, 2002）和《追寻边界》（*In Search of Boundaries*, 2002）。

马克·迪兹（Mark Deuze），荷兰莱顿大学新闻与新媒体教授，同时受聘于美国印第安纳大学伯明顿校区电讯系。他已出版 5 本著作，其中包括《媒体工作》（*Media Work*, 2007）。

沃尔夫冈·道斯巴赫（Wolfgang Donsbach），德国德累斯顿大学传播系传播学教授和建系主任。他曾被选为国际传播学会（International Communication Association，ICA）主席（2004年至2005年）。他著述颇丰，曾担任《传播学国际百科全书》（*International Encyclopedia of Communication*，2007）总编。

鲍勃·弗兰克林（Bob Franklin），卡迪夫大学新闻、媒介和文化研究学院新闻学教授。他著有《地方新闻业、地方媒体：语境中的地方新闻》（*Local Journalism, Local Media: The Local News in Context*，2006）和《电视政策：麦克塔格特演讲》（*Television Policy: The MacTaggart Lectures*，2005）。他也是丛书《新闻学研究：关键文本》（*Journalism Studies: Key Texts*）的合编者。

托马斯·哈尼奇（Thomas Hanitzsch），苏黎世大学大众传播与媒介研究所助理教授，国际传播学会新闻学研究分会的创始人。他的研究发表于《亚洲传播学刊》（*Asian Journal of Communication*）、《传播理论》（*Communication Theory*）和《新闻学研究》（*Journalism Studies*）。

约翰·哈特利（John Hartley），昆士兰技术大学（澳大利亚布里斯班）创意产业和创新卓越研究中心（CCI）的澳大利亚研究理事会（Australian Research Council，ARC）联邦会士。他是媒介与文化研究的开拓者，并以独著和合著形式出版了多本著作。他的著作被翻译成13种语言。

阿里·海诺宁（Ari Heinonen），博士，芬兰坦佩雷大学新闻学高级讲师。他的研究兴趣包括新闻与新媒体、新闻行业变迁和新闻伦理。他是《看门狗的良心》（*Vahtikoiran Omatunto*，1995）和《网络时代的新闻业》（*Journalism in the Age of the Net*，1999）的作者，并合著《全球化网络中的忠诚》（*Loyalty in the Global Net*，2001）。

玛利亚·伊莲娜·赫尔南德斯·拉米雷兹（María Elena Hernández Ramírez），墨西哥瓜达拉哈拉大学社会传播研究系教授。她在 *Comunicación y Sociedad*（瓜达拉哈拉大学）和 *Revista Mexicana de Communicación* 等刊物发表文章，并出版《新闻生产》（*La producción noticiosa*，1995）一书。

克里斯汀·科尔默（Christian Kolmer），博士，德国波恩媒体研究中心

(Media Tenor)媒介科学家和历史学家。他的研究兴趣集中于议程设置研究和跨国比较研究，尤其是国家形象。他著有《信任、新闻选择理论和输入输出分析》(*Die Treuhandanstalt. Theorien der Nachrichtenauswahl. Eine Input-Output-Analyse*, 2000)。

罗文辉，香港中文大学新闻与传播学院教授，曾在台湾政治大学任教24载，担任传播学院院长和教授。他有4本著作，最近的论文发表于《新闻与大众传播季刊》(*Journalism & Mass Communication Quarterly*)、《广播电视和电子媒介》(*Journal of Broadcasting and Electronic Media*)、《哈佛大学国际新闻与政治杂志》(*The Harvard International Journal of Press/Politics*)和《亚洲传播学刊》(*Asian Journal of Communication*)等。

马丁·劳福霍兹(Martin Löffelholz)，德国伊尔梅瑙工业大学媒介研究教授。他编辑和出版了15本书，发表了100多篇期刊论文和图书章节。他著有《新闻业的未来》(*Die Zukunft des Journalismus*, 1994, 合著)、《作为媒介事件的战争Ⅱ》(*Krieg als Medienereignis* Ⅱ, 2004, 编者)、《新闻学理论》(*Theorien des Journalismus*, 2004, 编者)等。

海基·罗斯塔洛宁(Heikki Luostarinen)，芬兰坦佩雷大学新闻学教授。他著有《古老的敌人》(*Perivihollinen*, 1986)和《思想的警察》(*Mielen kersantit*, 1994)，并与威廉·肯普夫(Wilhelm Kempf)合著《研究战争与媒体：新闻与新世界秩序》(*Studying War and the Media: Journalism and the New World Order*, vol.2, 2002)。

马亚·马利克(Maja Malik)，博士，德国明斯克大学传播科学研究所助理研究员。她著有《新闻业-新闻学：新闻工作者反思的功能、结构和策略》(*Journalismus-journalismus: Funktion, Strukturen und Strategien der journalistischen Selbstthematisierung*, 2004)，合著《媒介社会的推动者：德国新闻工作者报告》(*Die Souffleure der Mediengesellschaft: Report über die Journalisten in Deutschland*, 2006)。

潘忠党，威斯康星大学麦迪逊分校传播艺术系教授。他是《审视我们自己：传统的中国和美国文化价值观比较》(To See Ourselves：Comparing Traditional Chinese and American Cultural Values，1994) 和《全球媒介景观》两书的合著者。

索尔斯坦·柯万特 (Thorsten Quandt)，博士，德国柏林自由大学传播研究副教授，研究专长为新闻学。他已出版多本著作，包括《网上的新闻工作者：在线新闻编辑部新闻工作行为研究》(Journalisten im Netz：Eine Untersuchung journalistischen Handelns in Online-Redaktionen，2005)。

斯蒂芬·D. 里斯 (Stephen D. Reese)，博士，自1982年起在美国得克萨斯大学奥斯汀分校担任教职。合著《中介化信息：影响大众媒体内容的理论（第二版）》(Mediating the Message：Theories of Influence on Mass Media Content，2nd edition，1996)，合编《框架公共生活：有关媒介与我们理解社会世界的观点》(Framing Public Life：Perspectives on Media and Our Understanding of the Social World，2001)。

格特鲁德·J. 罗宾逊 (Gertrude J. Robinson)，蒙特利尔麦吉尔大学荣誉教授、传播学研究生项目前主任。她主要研究新闻行业的性别议题，她著有《性别、新闻和平等：加拿大、美国和欧洲的经验》(Gender，Journalism and Equity：Canadian，US and European Experiences，2005)。

曼弗雷德·鲁尔 (Manfred Rühl)，班贝格大学荣誉教授、前校长。他著有《信任：来自传播视角的观察》(Vertrauen：kommunikationswissenschaftlich beobachtet，2005)、《全球化传播》(Globalisierung der Kommunikationswissenschaft，2006) 和《公关方法论：我们应该费心吗（如果它存在的话）?》[Public Relations Methodology：Should We Bother (If It Exists)?，2007]。他现在致力于研究世界社会的传播文化理论。

安德里亚斯·施瓦茨 (Andreas Schwarz)，德国伊尔梅瑙工业大学媒介研究系助理研究员和博士候选人。他的研究兴趣包括新闻学、公共关系和跨文化传播研究。施瓦茨最近在《传播学》(Communications)上发表的文章将新闻价值理论应用于墨西哥报业。

简·B. 辛格(Jane B. Singer),美国艾奥瓦大学新闻与大众传播学院副教授、英国中央兰开夏大学新闻系数字新闻的约翰斯顿出版社(the Johnston Press)讲席教授。她的研究分别发表于《新闻与大众传播季刊》(Journalism & Mass Communication Quarterly)、《新闻学研究》(Journalism Studies)和《新闻学:理论、实践与批评》(Journalism: Theory, Practice and Criticism)等。

卡琳·沃尔-乔根森(Karin Wahl-Jorgensen),英国卡迪夫大学卡迪夫新闻、媒介和文化研究学院高级讲师。她著有《新闻工作者与公众》(Journalists and the Public, 2006)和《公民还是消费者?》(Citizens or Consumers?, 2005, 合著),编有《媒介化公民》(Mediated Citizenships, 2007)。

戴维·韦弗(David Weaver),印第安纳大学伯明顿校区新闻学院的罗伊·W. 霍华德研究(the Roy W. Howard Research)教授。他著有《全球记者》(The Global Journalist, 1998),近几十年来合著了多部关于美国记者的书,包括《21世纪的美国记者》(The American Journalist in the 21st Century, 2007)。

齐格弗里德·维申伯格(Siegfried Weischenberg),德国汉堡大学新闻与传播科学教授、新闻与大众传播系主任。他已撰写和主编多本有关新闻学和新闻学教育的图书。他最近出版了《媒介社会的推动者:德国新闻工作者报告》(Die Souffleure der Mediengesellschaft: Report über die Journalisten in Deutschland, 2006, 合著)和《新闻业与媒介手册》(Handbuch Journalismus und Medien, 2005, 合编)。

芭比·泽利泽(Barbie Zelizer),博士,宾夕法尼亚大学传播学教授,同时担任雷蒙德·威廉斯讲席教授(the Raymond Williams Chair)。著有《严肃对待新闻业:新闻与学界》(Taking Journalism Seriously: News and the Academy,

2004),合编有《报道战争:战时新闻业》(*Reporting War: Journalism in Wartime*, 2004)。她也是期刊《新闻学:理论、实践与批评》(*Journalism: Theory, Practice and Criticism*)的创始主编。

# 中文版序言 Preface

全球新闻学研究

距离《全球新闻学研究》英文版出版已经十年。英文版面世后受到了广泛的认可，尤其称赞其在21世纪初，将全球学者汇聚到一起，共同阐释全球化对于新闻业和新闻学研究的影响与后果。该论文集共有22章，为亚洲、非洲、欧洲和美洲的新闻学研究的理论、方法、发现与未来提供了真正的全球视角。诚如《国际传播学刊》（*International Journal of Communication*）中的一篇书评《回顾全球新闻学研究：三本书和未来展望》（Reviewing Global Journalism Studies: Three Books and A Look at the Future）所述，相较于其他"吸引人的贡献"，该书"在向我们介绍南非和中国的新闻学研究方面尤为有趣"。

事实上，尽管对于传播学研究和媒介研究的去西方化呼声此起彼伏，很多新闻学研究参考书籍仍然很大程度上忽视源于非西方国家研究的发展、范式与成果。相比于西方观点，《全球新闻学研究》认为未来有关新闻生产的研究不能局限于传统媒介机构，不能受传统的国家地理位置和单一的学科传统限制。相反，绝大多数研究都应该在日益全球化的背景与框架下进行，跨越国家与文化边界。因此，应该在日益全球化的视野下重新审视新闻学研究的传统与范畴。

不过，我们发现，尽管世界正逐渐演变为一个全球性公共领域，民族国家概念仍然支配着我们对于经济、政治和媒体的理解。这并不矛盾，因为数字化传播网络的变化、速度和多形态将全球和区域、国家和地方紧密联系在一起。正如曼纽尔·卡斯特（Manuel Castells）在2005年所言，"网络社会在全世界蔓延"，"凭借其逻辑和社会组织构成的全球网络中相互作用的权力关系"影响着全人类。一些政治人物想要通过声称政治重新国有化（re-nationalize）（"美国优先"）来抵制这种全球连通性，但这并不能改变肇始于几个世纪前的全球化的重要性。

自17世纪大众媒体与民族国家一起出现开始，新闻业就是一种跨国活动。19世纪，通讯社与驻外记者的专业角色出现，导致了驻外新闻报道的制度化。互联网时代进一步推动了新闻生产、传递与接收的跨国化。技术进步、传统媒体的大规模变革和社交媒体的成功对新闻业构成了挑战，同时也鼓励着跨国新闻文化以及传统编辑部之外行为主体组成的新闻网络的发展。原先的"接收者"变成了"生产者"，这既是对传统新闻生产形式的补充，也构成了竞争。

但是，这本有关全球新闻学研究的论文集既不重点关注数字技术的影响，也不会主要讨论社交媒体的重要性。相反，为了重视全球化的影响和进一步鼓励新闻学的比较研究，我们旨在提供普适性理论框架和方法论，以及典型的经验研究。作为该论文集的主编，我们非常感谢中国人民大学新闻学院的周俊副教授最先提出翻译此书的想法，以及中国人民大学出版社同意出版中文版。我们也要感谢陆佳怡博士和熊壮博士在翻译《全球新闻学研究》中文版中的大力支持。

马丁·劳福霍兹　　　　戴维·韦弗

德国图林根州伊尔梅瑙　美国印第安纳州伯明顿

2018年1月

# 前言
## Foreword
全球新闻学研究

诚如1996年世界文化与发展委员会所言，我们共同生活于一个地球，这里分布着200多个国家1万个不同类型的社会。因此，全球新闻学是指新闻生产结构和标准的持续演进的同质化（"一个世界"），以及代表全世界不同类型社会截然不同的新闻文化总和。《全球新闻学研究》同时包含了对全球新闻业的这两种解读视角，从特定的区域研究拓展至全球视野。为使研究者能够比较分析全世界的各种"新闻业"和作为全球实践的新闻业，学术研究的全球化理论和方法标准，至少广泛适用的学术原则是必需的。

基于此，《全球新闻学研究》首次以论文集形式将四个主要方面融于一册：(1) 基于新闻学研究不能再局限于国家和文化边界的考虑，介绍了主要理论路径。(2) 介绍了比较新闻学研究方法，以及经验研究的主要工具（调查法、内容分析法和观察法）。(3) 通过介绍亚洲、非洲、欧洲、北美和拉丁美洲的新闻学研究相关的重要范式和发现，提供真正的全球视角。(4) 最后提出全球化如何影响作为一门学科的新闻学研究，如何挑战建立在民族国家及其边界概念基础上的传统范式。总之，本书对全球新闻学研究进行了全面概述，因此，可作为全球新闻学研究的概论。

《全球新闻学研究》产生于2004年在古老的中世纪城市德国爱尔福特市举行的"全球化时代的新闻学研究"会议，该会议由德国伊尔梅瑙工业大学媒介与传播科学研究所联合美国印第安纳大学新闻学院、德国传播学学会新闻学研究分会共同主办。我们感谢亚历山大·冯·洪堡基金会和德国研究学会（DFG）提供旅费赞助和额外支持，让全球知名学者济济一堂，共同讨论全球化对新闻学研究的重要影响。我们也要感谢参加会议的演讲者，以及书中各章的作者，后者贡献了发人深省且有用的章节，并愿意根据我们的要求进行修改。很荣幸在这一漫长的过程中与各位合作，共同见证我们共同努力而来的有价值的成果付梓。

我们还要感谢德国伊尔梅瑙工业大学的安德里亚斯·施瓦茨，他协助我们安排编辑和修改流程，感谢美国印第安纳大学博士生谭跃整理了本书的主题和姓名索引。此外，戴维·韦弗还要感谢曾经的博士生金恩盛（Eunseong Kim）在2005—2006学年担任助理工作，以及罗伊·W. 霍华德研究基金（Roy W. Howard Research Chair）在编辑本书全过程中给予的支持。马丁·劳福霍兹要感谢助手亚历山大·布特纳（Alexandra Büttner），以及他的前研究助理克劳斯-迪特尔·阿尔特梅彭博士（德国天主教大学）、托马斯·哈尼奇博士（瑞士苏黎世大学）和索尔斯坦·柯万特博士（德国柏林自由大学），他们在2004年组织爱尔福特会议时给予了出色的支持。

16世纪初的人文主义时期，一群爱尔福特教授和学生频繁参与反对科隆神学家的教条理念的辩论。为了引起公众注意，爱尔福特的人文主义者发布了著名的 *epistolae obscurum virorum*——虚构的反对教条主义的讽刺信。这些信件可被视为批判性媒体的前身。爱尔福特市浓郁的开放、非教条主义和学术怀疑主义的人文主义传统成为我们2004年会议和构思本书的指导精神。希望其他学者也能发现《全球新闻学研究》有助于他们的记者研究和新闻业研究，在教授他人如何做研究时具有指导价值。

马丁·劳福霍兹　　　　戴维·韦弗

伊尔梅瑙/爱尔福特（德国）　伯明顿（美国印第安纳）

2007年8月

# 目 录

## 第一部分　新闻学研究导论

**第1章** 追问国家、文化与学科边界：呼吁全球新闻学研究 / 3

早期新闻学研究 / 4

20世纪70、80年代，新闻学研究的重要性尚不明确 / 5

连接新闻学研究的不同层次：20世纪90年代至今 / 7

全球化时代的新闻学研究 / 9

参考文献 / 11

## 第二部分　新闻学研究理论

**第2章** 多样化-多维度-竞争性：新闻学研究理论路径概述 / 17

开端：新闻业的规范性和个人主义描述 / 18

从经验主义的发现到新闻学中层理论 / 20

从作为组织化系统的新闻业到综合社会研究路径 / 23

从作为流行文化的新闻业到发展中的理论多元主义 / 26

全球化、互联网与新闻学理论的未来 / 27

参考文献 / 29

## 第3章 全球化世界社会中的新闻业：新闻学研究的社会学路径 / 31

为何需要社会学研究路径：以把关人为例 / 31
社会系统理论 / 33
尼克拉斯·卢曼的基本观点 / 35
新闻系统研究的问题 / 36
新闻学研究的全球化 / 38
参考文献 / 39

## 第4章 人人享有信息传播权：新闻业的文化路径 / 43

新闻业的文化路径 / 44
作为人人享有的权利的新闻业 / 46
作为族群的新闻业 / 47
作为过渡形式的新闻业 / 49
新闻与文化 / 50
人人皆记者 / 51
一个书写的公众 / 52
全球化和编校型社会 / 53
参考文献 / 55

## 第5章 新闻生产的结构：新闻学研究的组织路径 / 57

新闻业为何需要组织路径 / 57
新闻业组织路径的支点：组织、结构和管理层 / 59
展现结构和追踪变化：组织新闻学的研究发现 / 65
新闻业组织研究的未来 / 68
参考文献 / 69

## 第6章 新闻工作者职业行为背后的影响因素：新闻学研究的心理学取向 / 71

引言：传播学研究的规范性偏见 / 71

判断的社会确认：共享现实的功能 / 72

内群体导向的方式 / 75

作为共享现实指标的媒体共鸣 / 76

作为社会确认过程的组织影响和公共关系 / 77

既有倾向的力量：感知过程的选择性 / 78

新闻工作者的感知 / 80

结论 / 81

注释 / 83

参考文献 / 83

## 第 7 章　作为象征性实践的新闻业：新闻学研究的性别路径 / 87

引言 / 87

性别路径 / 88

加拿大、美国印刷和广播电视媒体中的管理现状 / 91

感受"玻璃天花板"："阐释性"障碍和"装门面"地位 / 93

性别路径：评估 / 96

参考文献 / 97

# 第三部分　方法论与新闻学研究方法

## 第 8 章　跨越文化边界的新闻业比较：现状、策略、问题和对策 / 101

引言 / 101

什么是比较研究 / 102

比较研究的优点和挑战 / 104

比较研究策略 / 105

方法论问题 / 107

系统化比较研究的简短指南 / 111

注释 / 111

参考文献 / 112

## 第 9 章　新闻学研究方法：调查法 / **115**

调查法的优点 / 116

调查法的缺点 / 116

问题与问卷 / 118

抽样 / 120

访谈 / 123

分析调查数据 / 124

结论 / 125

参考文献 / 125

## 第 10 章　新闻学研究方法：内容分析 / **127**

内容分析类型 / 128

新闻学研究中内容分析的缺点和优点 / 129

媒介样本 / 131

分析层次 / 133

编码本：分类和定义 / 134

编码员培训和质量控制 / 136

参考文献 / 138

## 第 11 章　新闻学研究方法：观察 / **140**

超越日常感知：作为媒介与新闻学研究方法的观察 / 140

观察研究：分类 / 141

新闻学研究的应用与方案 / 143

新闻学研究中观察研究的未来 / 147

注释 / 149

参考文献 / 150

## 第四部分　新闻学研究范式与发现精选

### 第 12 章　美国的新闻学研究：网络世界的范式变革 / 155

学术根源和现代范式 / 156

研究种类 / 158

范式变革 / 161

结论 / 165

参考文献 / 166

### 第 13 章　德国的新闻学研究：发展与主要研究兴趣 / 169

开端："新闻名人"和政治化形变 / 169

起飞：新闻工作者的经验研究和媒体批判 / 171

日渐复杂：作为社会系统和理论基础的新闻编辑部 / 172

发展：新闻业的宏观理论和早期抽样调查研究 / 173

现状：新挑战和理论性廓清 / 177

注释 / 178

参考文献 / 178

### 第 14 章　英国的新闻学研究：独立的努力到学科的建立 / 183

悖论：实践与研究的断裂 / 183

落后一个世纪：新闻学高等教育的发展 / 184

生产研究 / 186

文化研究、政治经济学与新闻学 / 188

新闻业的人口统计特征 / 190

新闻业的历史 / 191

新闻业的语言 / 191

地方和地区新闻业研究 / 192

英国新闻学研究的未来 / 193

参考文献 / 195

# 第 15 章 南非的新闻学研究：全球化时代挑战范式分歧与找到立足点 / **198**

引言 / 198

作为新闻学研究范式语境的种族主义 / 199

新闻学研究：遗产 / 202

新闻学研究：新的发展 / 204

目前的理论研究路径 / 206

媒介化和自我指涉 / 207

研究话题 / 207

新闻学研究发表 / 209

结论 / 210

参考文献 / 210

# 第 16 章 中国的新闻学研究：共同体、路径和主题 / **212**

明确边界 / 213

理解新闻业：话题和主题 / 214

关于宏观语境 / 217

方法论和话语特征 / 219

面向未来 / 221

注释 / 223

参考文献 / 224

# 第 17 章 墨西哥的新闻学研究：拉美语境下的历史发展与研究兴趣 / **226**

拉美语境下的新闻学研究 / 226

墨西哥新闻学研究的出现——从个人努力到专门的研究领域？ / 227

结论与展望 / 234

注释 / 235

参考文献 / 235

# 第五部分　新闻学研究的未来

## 第 18 章　重新思考新闻学研究的"新闻业" / 243

引言：媒体和公众的新闻业 / 243

描述新闻业的特征：两种框架 / 244

新闻业的变化迹象 / 246

新闻业变化中的定位 / 252

对新闻学研究的启示 / 253

注释 / 255

参考文献 / 255

## 第 19 章　构建全球化新闻业的理论 / 257

全球新闻舞台 / 259

转变取向 / 261

文化和职业认同 / 262

新闻类型与定义 / 263

霸权的与文化的 / 264

全球新闻业 / 265

结论 / 269

参考文献 / 270

## 第 20 章　新闻学研究的未来：超越学科边界 / 272

传播知识的阐释共同体角色 / 273

研究新闻业的五条路径 / 274

社会学 / 275

历史学 / 276

语言学 / 277

政治科学 / 279

文化分析 / 280

新闻学研究的未来 / 281

注释 / 282

参考文献 / 282

**第 21 章　全球化时代的新闻学教育 / 287**

动机 / 292

课程体系 / 297

结论 / 299

注释 / 300

参考文献 / 300

**第 22 章　全球新闻学研究：总结与展望 / 303**

理论 / 303

方法 / 306

发现与范式 / 308

新闻学研究的未来 / 310

结论 / 312

# 主题词索引 / 313

# 姓名索引 / 323

# 译后记 / 334

# 第一部分

# 新闻学研究导论

# 第1章
# 追问国家、文化与学科边界：
# 呼吁全球新闻学研究

戴维·韦弗　马丁·劳福霍兹

过去几十年，许多国家见证了新闻学研究热潮。更为明显地体现新闻学研究重要性的迹象是21世纪头十年两本新期刊的出版，它们分别是2000年2月出版的《新闻学研究》(*Journalism Studies*)和2000年4月出版的《新闻学：理论、实践与批评》(*Journalism: Theory, Practice and Criticism*)，以及过去十年中很多专门研究新闻学的书籍与文章（比如，Ettema & Glasser, 1998; Weaver, 1998; Heinonen, 1999; Deuze, 2002; Gans, 2003; Schudson, 2003; Hanitzsch, 2004; Löffelholz, 2004; Zelizer, 2004; de Burgh, 2005; Franklin et al., 2005; Quandt, 2005; Altmeppen, 2006; Hess, 2006; Weischenberg et al., 2006; Weaver et al., 2007)。

此外，国际传播学会（International Communication Association）与欧洲传播研究与教育协会（European Communication Research and Education Association）最近成立了专门的分会，旨在为研究者提供更好的机会进行新闻学比较研究，超越狭隘的国家范式。国际化乃至全球化的新闻学研究的持续制度化进程（institutionalization）不仅证明新闻学研究逐渐提升的重要性，还表明新闻学研究不再囿于国家和文化边界，原因在于传播领域的媒体产业、媒体公司和公共机构正"走向全球"，计算机中介化传播遍及全世界，文化杂合（hybridization of cultures）使得文化边界变得模糊不清（McPhail，2006）。在日益全球化的媒体环境中，在很多国家，广告、娱乐、公共关系和新闻学正成为影响媒体内容、新闻生产流程，乃至记者实际工作环境的全球性因素。

以上观点是我们这本《全球新闻学研究》的一个核心起点。本书旨在全面概述新闻学研究，包括全世界范围内新闻学研究的不同路径、方法和范式。可以说，本书首次将新闻学研究的四个主要方面汇成一卷。第一部分和第二部分介绍新闻学研究的主要理论，第三部分在全球化语境下专门介绍传统研究方法，并特别强调比较研究方法。为了提供一种真正的全球化视野，我们在第四部分选取了六篇从范式角度介绍亚洲、非洲、欧洲、北美和拉丁美洲新闻学研究现状的文章，同时在第五部分讨论全球化时代未来新闻学研究的重要方面。但是，为了认清新闻学研究的当前趋势，我们仍然需要简要回顾新闻生产学术研究的起点。

## 早期新闻学研究

20世纪30年代，当时的重点是将被视为狭隘的新闻学研究置于更具一般意义的大众传播过程与效果研究中。某种程度而言，我们兜了一圈，如今又回到了原点。在这一发展过程中，颇具影响力的早期著作之一是由威尔伯·施拉姆（Wilbur Schramm）主编，1960年由伊利诺伊大学出版社出版的《传播学概论》（*Mass Communications*）。该书致敬部分写道："本书献给社会科学领域大众传播研究的三位先驱：保罗·F. 拉扎斯菲尔德（Paul F. Lazarsfeld）、哈罗德·D. 拉斯韦尔（Harold D. Lasswell）和卡尔·I. 霍夫兰（Carl I. Hovland）"（Schramm，1960，p. v）。这三位大众传播研究先驱主要因为媒介效果研究而非媒介内容生产者研究而闻名。尽管相较于其他两位，哈罗德·拉斯韦尔（Lasswell 1948）确实专门研究过媒介内容，但是这三位先驱中，没有人对研究媒体机构和记者感兴趣。他们乐于接受给定的媒介讯息，对这些讯息如何且为何会成为现在这样不太感兴趣。此外，20世纪30年代之前很多记者研究和新闻业研究都是描述性的，通常是关注主要编辑和出版者生活的印刷品、报纸杂志的奇闻逸事和非批判性历史记录。

20世纪30—50年代，在美国等国家涌现出了更多考察社会因素与新闻机构二者关系的阐释性新闻研究，还有一些更加系统化的记者研究，比如1937年出版的利奥·罗斯滕（Leo Rosten）关于华盛顿特派记者的研究（Rosten，1937）。在这些早期研究中，戴维·曼宁·怀特（David Manning White）研究了"把关人"如何选择新闻（White，1950），沃伦·布里德（Warren Breed）对新闻编辑部进行了社会控制研究（Breed，1955）。在这一时期，还有针对《密尔沃基新闻》（*Milwaukee Journal*）编辑人员、俄勒冈主笔、堪萨斯周刊发行人、美国驻外记者和外国驻美记者的记者研究（Schramm，1957）。可见，20世纪70年代以前已经出现了记者研究和新闻学研究，但在数量上还少于丰富的媒介使用与效果研究。据我们所知，直到1971年，来自伊利诺伊大学芝加哥分校的社会学家约翰·约翰斯通（John Johnston）及其同事才开始对供职于不同媒体的记者进行了首个真正的全国性大型调查（Johnstone，Slawski，& Bowman，1976）。

经验新闻学研究的另一重要阶段与德国学者曼弗雷德·鲁尔的研究有关。20世纪60年代，鲁尔基于新闻业的社会学取向，对组织社会系统而不是记者个人进行了首个经验研究。他有关一家德国报纸的个案研究标志着研究视角的彻底转换：他没有通过发现记者个体的特征和态度来描述新闻业，而是将新闻业置于组织化社会系统的编辑语境之下，分析其合理化生产流程（Rühl，1969）。然而，直到几十年后，理论导向的经验新闻学研究的重要性才被充分认可。

## 20世纪70、80年代，新闻学研究的重要性尚不明确

就在约翰·约翰斯通和曼弗雷德·鲁尔开展具有影响力的研究的几年之后，1979年，在休斯敦举行的新闻学教育协会（AEJ）年会上，戴维·韦弗和理查德·格雷（Richard Gray）在回顾大众传播研究趋势的论文中提出，很多大众传播学者更关注媒体受众、媒体讯息对媒体受众所产生的效果，而不是新闻业、记者和讯息的实际生产（Weaver & Gray，1979）。他们还认为，尽管媒体使用与效果研究同新闻教育和新闻业有一定相关性，但很有限。韦弗和格雷总结道，尽管记者深受社会与组织约束的影响，尽管他们所受的训练、价值观以及新闻机构都

受到政治与经济力量的影响，但是对媒介效果的持续关注几乎没有产生有关社会对媒体影响的系统化研究。

事实上，十几年之后，帕梅拉·休梅克（Pamela Shoemaker）[①]和斯蒂芬·里斯在 1991 年首版的重要著作《中介化讯息》（*Mediating the Message*）中也提出了本质上相同的观点。他们写道："大部分大众媒体研究书籍主要涵盖了受众接收大众媒体内容的过程、媒体内容对公众和社会产生影响的研究。我们认为，理解塑造内容的因素同样重要。"（Shoemaker & Reese，1996，p. 3）

相较于源源不断的有关媒体讯息、受众、使用与效果的研究，为什么关于记者和新闻学的系统化研究不多？休梅克和里斯（Shoemaker & Reese，1996）认为，这取决于几大因素，比如：大众传播研究的非批判性本质，即很少有研究质疑媒体机构本身；大规模调查对媒体产业资助的依赖，以及大型媒体机构对受众的兴趣（以保罗·拉扎斯菲尔德及其哥伦比亚大学应用社会科学研究为代表的所谓"主导范式"）；全世界政府（通常是研究的重要资助者）对媒体效果的兴趣，尤其对战时宣传的效果、电影和电视可能产生的有害影响感兴趣。这些因素基本呼应了戴维·韦弗和理查德·格雷在 1979 年那篇关于研究趋势的论文中所提出的观点（Weaver & Gray，1979）。

记者研究和新闻机构研究较少的另一个原因是有限准入（limited access）。相较于研究记者、媒体机构或结构化新闻生产的整个过程，研究媒体内容和受众更容易，相应的比较研究更是如此。比如，亲身经历最近一次的全美记者调查（Weaver et al.，2007）或首个德国-美国互联网记者比较调查（Quandt et al.，2006）发现，接触记者仍然不是一件易事。比较各种各样的全美记者调查发现，记者对调查的回复率在下降（Weaver et al.，2007）。在新闻编辑部观察研究中，获准进入编辑部更加困难，因为这不仅需要记者个人愿意参与，还需要获得整个新闻机构的允许（Quandt，2005）。因此，新闻编辑部观察研究可能是最难的新闻学研究，除非可以通过私人关系获准进入新闻编辑部。

---

[①] 帕梅拉·休梅克，传播学教授和把关理论家，现为美国雪城大学公共传播纽豪斯学院教授。她的著作包括《把关人理论》（*Gatekeeping Theory*，合著）、《如何建立社会科学理论》（*How to Build Social Science Theories*，合著）等。——译者注

## 连接新闻学研究的不同层次：20 世纪 90 年代至今

尽管在有些国家，新闻学研究的重要性仍然饱受争议，尽管经验研究比以往更需要考虑有限准入记者群体和新闻编辑部这一因素，但在全球范围，新闻业研究和记者研究的总量却稳步提升。除了调查、记者访谈和新闻编辑部观察外，还出现了一些非常有见地、有用的新闻学研究，这些研究完全依托于新闻讯息的分析，或从更加宏观的层面研究媒体机构的经济情况、文化、政策和实践（Schudson，2003；Zelier，2004）。但是，至今仍然只有少数研究试图将记者的特点与态度、记者供职的新闻机构属性，以及记者生产的各种讯息所产生的社会影响联系在一起。

的确，本书主编参与的记者调查（Weaver & Wilhoit，1986，1991，1996；Weischenberg，Löffelholz，& Scholl，1998；Quandt et al.，2006；Weaver et al.，2007）在这方面进行了很少的尝试，我们所知道的其他大部分记者调查也是如此。1982 年、1992 年的全美记者调查和 1993 年的德国记者调查试图找出记者的人口统计学特征和态度与其最佳作品样本之间的对应关系（Weaver & Wilhoit，1991，1996；Weischenberg，Löffelholz，& Scholl，1998），但是在最近一次的 2002 年全美记者调查（Weaver et al.，2007）和 2005 年全德记者调查（Weischenberg et al.，2006）中，由于对调查受访者的隐私保护增强，无法将记者个体与其作品样本一一对应。

系统地研究代表性记者样本，从而记录他们的特征、背景、态度、信仰和感知是有价值的。但是，这些信息中大部分是描述性的，而不是解释性和预测性的。诚然这类描述性基本信息，尤其是在历时、跨国和跨文化的背景下，有助于记录记者是谁，他们认为自己所从事的工作、所供职的机构是什么样的，但是，这些信息本身对于解释为什么新闻报道就当如此、记者为什么如此报道并无太大帮助。

不过，最近出现了一些不同寻常的研究。相较于描述性的记者调查，这些研究更希望推动理论进步。比如，探寻新闻学研究中微观-宏观联系的综合新闻学理论（integrative journalism theories）（参见本书马丁·劳福霍兹所著章节），斯蒂芬妮·卡拉夫特和韦恩·万塔（Stephanie Craft & Wayne Wanta, 2004）考察女性编辑和女性记者对新闻议程影响的经验研究，谢莉·罗杰斯（Shelly Rodgers）和艾斯特·托尔森（Esther Thorson）（2003）在三家美国日报对女性和男性记者所做新闻报道的考察，蒂姆·沃斯（Tim Vos, 2002）基于洛里·贝尔根（Lori Bergen）（Weaver & Wilhoit, 1991）和迪维雅·麦克米兰（Divya McMillin）（Weaver & Whilhoit, 1996）的1982年和1992年全美记者调查研究，以及参与调查的记者寄给他们的最佳作品样本，对记者的认知角色与其在新闻报道中所呈现的角色之间相关性的考证。这些研究旨在论证记者个体特征和信仰与其所做新闻报道之间的相关性，但结果往往证明两者是弱关系，认知角色和新闻报道中所呈现角色之间的相关性尤为如此。不论结果如何，这些研究至少已经开始检验关系，进而进行解释和预测。

我们认为记者的态度确实会影响他们所做的报道，但机构层面的态度影响要大于个体层面。假如某个新闻机构的大部分记者都对反对派持高度评价，那么这家新闻机构会生产更多的站在反对派立场的新闻报道；对于中立的传播者和解释者而言，也是如此。新闻媒体的报道通常不是由孤立个体生产的，因此我们认为，从机构层面而非个体层面研究记者态度和新闻内容之间的关系可能更有成效。

我们认为，对那些认为记者性别与报道相关的研究来说，以上观点也成立。正如凯·米尔斯（Kay Mills）在皮帕·诺瑞斯（Pippa Norris）所著《女性、媒体和政治》（Women, Media, and Politics）（Mills, 1997, p. 45）中关于女性记者带来哪些不同时所言，在一些报社和广播电视台，女性缺乏"临界质量"（critical mass）去重新定义新闻，改变新闻报道议程。在该书的另一章，马雷尼·比斯利（Maurine Beasley）援引《华盛顿邮报》凯瑟琳·格雷汉姆（Katherine Graham）所说："有职权作出决定和有权力制定政策是不同的。"（Beasley, 1997, p. 240）这正如齐格弗里德·维申伯格和马亚·马利克在本书中关于德国新闻学研究的那章中所言，个体特征可能最先影响新闻机构的新闻选择顺序，继而间接影响该新闻机构的新闻报道种类。

当然，正如沃尔夫冈·道斯巴赫在本书中所言，可以从相反的顺序来观察这些影响，即组织特征对记者个体特征和信仰产生间接影响。但是，从长远来看，新闻机构特征可能受到个体影响，特别是那些获得影响力和权力的人，比如知名主编、发行人、新闻部主任、制片人和机构所有者。

从以上例子可以看出，诚如帕梅拉·休梅克和斯蒂芬·里斯（Shoemaker & Reese，1996）所倡导的，不仅要从个体层面，还要从机构层面，甚至从媒体外部和社会等更加抽象的层面来研究影响新闻内容的因素，这一点至关重要。假如研究者能从每个新闻机构获取足够多的个案，就可以把记者调查中的个体层面数据融入机构层面，但是，一个国家或一种文化背景下的单个记者调查无法分析经济、政治环境以及社会意识形态等媒体外部因素。想要评估这些外部因素影响，必须进行跨国、跨文化的比较研究，诚如对中国和美国记者的比较分析（Zhu et al.，1997）。

## 全球化时代的新闻学研究

比较研究数量的增多表明新闻业和新闻学研究不再局限于国家和文化边界。随着战争、恐怖主义、国际会议等国际事件在全球范围内获得越来越多的媒体关注，新闻学研究必须考察新闻生产的新的复杂网络和制度。这意味着，业界记者和新闻学研究者将面临很多挑战。假如他们不想失去对新现象的解释权，那么就必须建立国际合作。在思考这些新发展的时候，必须采用涵盖范围广阔的比较研究和理论。鉴于此，本书涵盖了新闻学理论、研究方法、来自世界不同地区的范式和研究发现，以及全球化新闻学研究的未来展望。

为了更好地理解新闻文化、体系、结构、功能和实践，我们需要建立在不同分析层次（心理的、组织的、社会的和文化的）上的理论，以及关注记者群体诸如性别等不同维度的理论。本书的第二部分全面综述了新闻学研究的最重要的理论。马丁·劳福霍兹概述了研究路径，其他学者进而介绍这一领域的各种理论和研究路径。曼弗雷德·鲁尔介绍了社会学路径，约翰·哈特利引介了文化研究路径，宣称"人人都是记者"。克劳斯-迪特尔·阿尔特梅彭研究了新闻机构的组织层面，包括结构和流程。除了结构因素之外，个体记者在决定什么成为新闻时，心理因素发挥了决定性作用。因此，沃尔夫冈·道斯巴赫提出了一个模型，试图综合各种新闻决策理论。毫无疑问,另一重要因素是性别,格特鲁德·J.罗宾逊认为性别是人类社会的基本构成要素。鉴于所有互动都受性别影响,因此,新闻学研究必须在新闻行业内分析系统性性别偏见。

毫无疑问,新闻学研究离不开方法。经典方法包括调查、内容分析和观察,本书专辟章节,由近期采用这些方法进行研究的学者依次介绍。首先,在全球化时代,比较新闻学研究法是重点之一。托马斯·哈尼奇介绍了跨国、跨文化研究的难点与模式。戴维·韦弗基于全美记者调查(Weaver & Wilhoit,1986,1991,1996;Weaver et al.,2007)及其编著的集纳全世界记者调查的《全球记者》(*The Global Journalist*)(Weaver,1998),详细讨论了调查研究法。来自媒体分析机构 Media Tenor 的克里斯汀·科尔默(Christian Kolmer)专门从事新闻媒体及其内容研究,他提出了分析媒体上的世界(the world in the media)的方法。作为新闻生产条件的专业常规程序和工作模式也可以被直接观察,近期详细研究互联网新闻的索尔斯坦·柯万特介绍了一种很少使用但非常有前景的新闻学研究方法,即系统化新闻编辑部观察法。

介绍了新闻学研究的主要理论和方法之后,本书接着介绍精选范式,以及来自中国(Zhongdang Pan, Joseph Man Chan, & Ven-hwei Lo)、德国(Siegfried Weischenberg & Maja Malik)、英国(Karin Wahl-Jorgensen & Bob Franklin)、墨西哥(María Elena Hernández Ramírez & Andreas Schwarz)、南非(Arnold de Beer)和美国(Jane Singer)等国家和地区的新闻业研究和记者研究的发现。这一部分的主要目的是在全球化及其所带来的挑战背景下,将讨论各自国家和地区新闻学研究路径和主要发现的研究者汇集到一起。

最后一部分在民族国家及其边界概念的基础上提出问题,挑战传统范式。学者们讨论了全球化对新闻业本身和作为一门学科的新闻学研究产生的影响,同时提出学者们应该使用的新方法。比如,芭比·泽利泽认为,尽管学术研究范围很广,但鲜有人尝试超越学科边界分享知识。她分析了新闻学研究的五种主要探索方式即社会学、历史学、语言研究、政治科学和文化研究,同时指出了各种方式的局限性。而来自芬兰的阿里·海诺宁和海基·罗斯塔洛宁集中讨论了学术研究对象——以变化为本质特点的新闻业。他们概括了新闻业的双重本质,即由媒介中心和社会中心两个维度构成,分析了在全球化进程中可以观察到的"变化的符号"(signs of change)。他们认为,这些变化将给新闻业带来内外双重影响。斯蒂芬·里斯将全球化视为超越经济变化、进入政治和文化领域的过程,他认为新闻业在其中发挥决定性作用,同时提出,在全球化社会新闻该如何支持民主生活。马克·迪兹认为,新闻学研究和新闻学教育缺乏连贯性,因此建议从职业意识形态角度思考新闻业。

本书最后一部分旨在为新闻学研究提出一个新的方向,这需要考虑全球化进程及其如何影响社会的各个方面。新的方向必须同时超越国家和学科边界,但诚如本书所言,这并非易事。新闻业无疑只是公共传播形式之一,然而,对于任何民主政府来说,它即便不是最重要的形式,也是最重要的形式之一。广告、公共关系和娱乐都是重要且具有影响力的公共传播类型,但是,它们的重要性通常是从经济角度而非政治角度来衡量的。因此,一些成功描述和解释其他公共传播形式的理论并不完全适用于研究新闻业。但是,正如议程设置理论所示,新闻业并非完全不同于其他公共传播形式,以至于需要完全不同的理论。

我们希望本书可以激发和完善我们对于这十多年来记者研究和新闻业研究丰硕成果研究路径和方法的思考。同时,我们还希望在关于新闻学研究的新旧范式、理论和方法的未来讨论中,能把握时机,将我们的研究与媒介使用和效果研究联系起来,为作为公共传播形式的新闻业的复杂流程创造一个更为统一化、理论化和有用的知识体系。

## 参考文献

Altmeppen, K. D. (2006). *Journalismus und Medien als Organisationssysteme. Leistungen, Strukturen und Management* [Journalism and media as organizational systems. Functions, structures and management]. Wiesbaden: Verlag für Sozialwissenschaften.
Beasley, M. H. (1997). How can media coverage of women be improved? In P. Norris (ed.), *Women, media, and politics* (pp. 235–44). New York and Oxford: Oxford University Press.
Breed, W. (1955). Social control in the newsroom. *Social Forces*, 33, 326–35.
de Burgh, H. (2005). *Making journalists*. London and New York: Routledge.
Craft, S., and Wanta, W. (2004). Women in the newsroom: Influences of female editors and reporters on the news agenda. *Journalism & Mass Communication Quarterly*, 81, 124–38.
Deuze, M. (2002). *Journalists in the Netherlands*. Amsterdam: Aksant Academic Publishers.

Ettema, J. S., and Glasser, T. L. (1998). *Custodians of conscience: Investigative journalism and public virtue.* New York: Columbia University Press.

Franklin, B., Hamer, M., Hanna, M., Kinsey, M., and Richardson, J. E. (2005). *Key concepts in journalism studies.* London, Thousand Oaks, CA, and New Delhi: Sage.

Gans, H. J. (2003). *Democracy and the news.* New York: Oxford University Press.

Hanitzsch, T. (2004). *Journalismus in Indonesien. Akteure, Strukturen, Orientierungshorizonte, Journalismuskulturen* [*Journalism in Indonesia. Actors, structures, orientation horizons, journalism cultures*]. Wiesbaden: Deutscher Universitäts-Verlag.

Heinonen, A. (1999). *Journalism in the age of the net: Changing society, changing journalism.* Tampere, Finland: Acta Universitatis Tamperensis.

Hess, S. (2006). *Through their eyes: Foreign correspondents in the United States.* Washington, DC: Brookings Institution Press.

Johnstone, J. W. C., Slawski, E. J., and Bowman, W. W. (1976). *The news people: A sociological portrait of American journalists and their work.* Urbana, IL: University of Illinois Press.

Lasswell, H. D. (1948). The structure and function of communication in society. In L. Bryson (ed.), *The communication of ideas* (pp. 37–51). New York: Institute for Religious and Social Studies. Also reprinted in W. Schramm (ed.), *Mass communications.* 2nd edition (pp. 117–30). Urbana, IL: University of Illinois Press, 1960.

Löffelholz, M. (ed.) (2004). *Theorien des Journalismus* [*Theories of journalism*]. 2nd edition. Wiesbaden: Verlag für Sozialwissenschaften.

McPhail, T. L. (2006). *Global communication. Theories, stakeholders, and trends.* 2nd edition. Malden, Oxford, and Carlton: Blackwell Publishing.

Mills, K. (1997). What difference do women journalists make? In P. Norris (ed.), *Women, media, and politics* (pp. 41–55). New York and Oxford: Oxford University Press.

Quandt, T. (2005). *Journalisten im Netz. Eine Untersuchung journalistischen Handelns in Online-Redaktionen* [*Journalists in the net. A study of journalistic action in online newsrooms*]. Wiesbaden: Verlag für Sozialwissenschaften.

Quandt, T., Löffelholz, M., Weaver, D. H., Hanitzsch, T., and Altmeppen, K.-D. (2006). American and German online journalists at the beginning of the 21st century: A binational survey. *Journalism Studies,* 7(2), 171–86.

Rodgers, S., and Thorson, E. (2003). A socialization perspective on male and female reporting. *Journal of Communication,* 53, 658–75.

Rosten, Leo. (1974 [1937]). *The Washington correspondents.* New York: Harcourt, Brace. Reprint of 1937 edition published by Arno Press.

Rühl, M. (1969). *Die Zeitungsredaktion als organisiertes soziales System* [*The newspaper's editorial department as an organized social system*]. Bielefeld: Bertelsmann Universitätsverlag.

Schramm, W. (1957). Twenty years of journalism research. *Public Opinion Quarterly,* 21, 91–107.

Schramm, W. (1960). *Mass communications.* Urbana, IL: University of Illinois Press.

Schudson, M. (2003). *The sociology of news.* New York: Norton.

Shoemaker, P. J., and Reese, S. D. (1996). *Mediating the message: Theories of influences on mass media content.* 2nd edition. White Plains, NY: Longman.

Vos, Tim P. (August 9, 2002). *Role enactment: The influence of journalists' role conceptions on news content.* Paper presented to the Association for Education in Journalism and Mass Communication. Miami, FL.

Weaver, D. H. (1998). *The global journalist: News people around the world.* Cresskill, NJ: Hampton Press.

Weaver, D. H., Beam, R. A., Brownlee, B. J., Voakes, P. S., and Wilhoit, G. C. (2007). *The American journalist in the 21st century: US news people at the dawn of a new millennium*. Mahwah, NJ: Lawrence Erlbaum Associates.

Weaver, D. H., and Gray, R. G. (1979). *Journalism and mass communication research in the United States: Past, present and future*. Paper presented to the Association for Education in Journalism. Houston, Texas. Also published in G. C. Wilhoit and H. de Bock (eds.) (1980) *Mass communication review yearbook*, 1 (pp. 124–51). Beverly Hills, CA: Sage.

Weaver, D. H., and Wilhoit, G. C. (1986). *The American journalist: A portrait of US news people and their work*. Bloomington, IN: Indiana University Press.

Weaver, D. H., and Wilhoit, G. C. (1991). *The American journalist: A portrait of US news people and their work*. 2nd edition. Bloomington, IN: Indiana University Press.

Weaver, D. H., and Wilhoit, G. C. (1996). *The American journalist in the 1990s: US news people at the end of an era*. Mahwah, NJ: Lawrence Erlbaum Associates.

Weischenberg, S., Löffelholz, M., and Scholl, A. (1998). Journalism in Germany. In D. H. Weaver (ed.), *The global journalist: Studies of news people around the world* (pp. 229–56). Cresskill, NJ: Hampton Press.

Weischenberg, S., Malik, M., and Scholl, A. (2006). *Souffleure der Mediengesellschaft. Report über die Journalisten in Deutschland* [Prompters of the media society. Report about journalists in Germany]. Konstanz: UVK.

White, D. M. (1950). The "gatekeeper": A case study in the selection of news. *Journalism Quarterly*, 27, 383–90.

Zelizer, B. (2004). *Taking journalism seriously: News and the academy*. Thousand Oaks, CA: Sage.

Zhu, J., Weaver, D. H., Lo, V., Chen, C., and Wu, W. (1997). Individual, organizational, and societal influences on media role perceptions: A comparative study of journalists in China, Taiwan, and the United States. *Journalism & Mass Communication Quarterly*, 74, 84–96. Reprinted in M. Prosser and K. Sitaram (eds.) (1999), *Civic discourse: Intercultural, international, and global media*. Vol. 2 (pp. 361–74). Stamford, CT: Ablex.

第二部分

# 新闻学研究理论

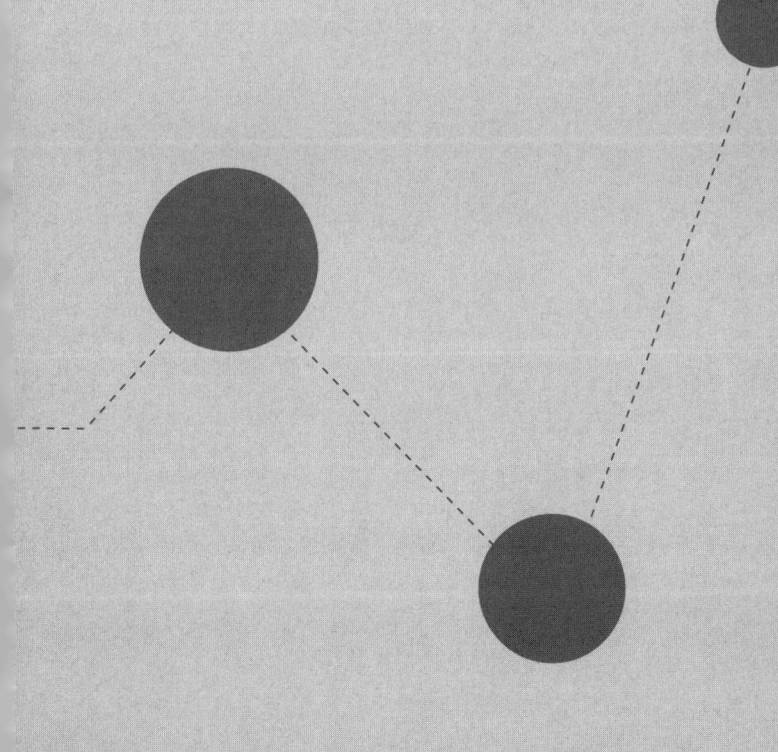

# 第 2 章
# 多样化-多维度-竞争性：新闻学研究理论路径概述

*马丁·劳福霍兹*

为什么世界上的报纸和其他媒体经常报道相同的事件，但存在惊人的差异？政治、经济、技术或文化因素如何影响巴西、中国、英国、肯尼亚、墨西哥、菲律宾、南非、美国等国家记者的日常工作？日益全球化的媒体环境是否改变了记者的工作环境？伴随互联网上新的传播形式的兴起，娱乐和新闻之间的区别是否正在消失？世界各地的新闻学研究者正努力通过经验研究，即在多元社会和文化中创建有关新闻业结构和功能的理论来回答这些问题。理论路径能让我们感知记者如何组织工作，他们为何选择特定类型的新闻，以及政治、经济、技术或文化因素正如何影响整个新闻业。因此，在许多国家，研究者正努力从理论视角来描述新闻业。

如今，在更广泛的传播科学中，新闻学研究已是一个多元、分化和有活力的研究领域。当下有关新闻学的理论话语呈现多样化和多维度，充满竞争性观点，其中有些观点相当复杂。这些理论视角从规范路径和中层理论到组织和综合社会理论（integrative social theories），以及性别和文化研究，不一而足。在世界范围内，有关传播者的研究愈加重要，其产出的大量且多样化的理论视角令学者很难对这些理论和视角给出一致的概述。但是，基于笔者之前的研究（Löffelholz, 2004a；Löffelholz & Quandt, 2005），本章将对一些最重要的新闻学理论的兴起和在当下的讨论提供一些见解。

## ▶ 开端：新闻业的规范性和个人主义描述

从理论上描述新闻业滥觞于罗伯特·爱德华·普鲁茨（Robert Eduard Prutz，1816—1872）[①]的研究，他在160多年前就出版了关于德国新闻史的著作（Prutz，1971），当时新闻学尚未成为一门学科。该著作的惊人之处在于，当时普鲁茨已经以"新闻业"为重点，而非报纸和杂志之类的"媒介"。普鲁茨还将新闻业定义为一个社会领域，在与其他社会领域的互动中运行，而非简化为个体记者的工作。就这一点而言，尽管他的观点并未在19世纪的人文领域产生显著的回响，但他已相当领先于时代（也领先于后来的许多新闻学研究路径）。

除普鲁茨之外，只有少数学者在学科发展的早期阶段对理论工作感兴趣。自20世纪初，随着正职教授和大学机构的建立，尽管制度基础已经存在了几个世纪，但是这个领域的研究者并未将他们的研究资源应用于同时期的新闻业。美国大学主要对教授新闻技能感兴趣，而在其他国家，所谓的报纸研究首先将新闻学视为一个历史学主题。然而，威斯康星大学新闻系主任、由记者转为学者的威拉德·布莱耶（Willard Bleyer）[②]则坚持认为光有职业训练还不够，以及历史学主要是个描述性领域。因此，布莱耶创立的新闻学课程含有清晰的研究取向（Zelizer，2004，pp.15-19）。

然而，世界各地大多数早期研究者都从历史和规范的角度来看待新闻学，并依据个体记者的个性来分析这个领域。鉴于此，记者必须是性格突出和才华出众的人。这个"规范的个人主义"视角建立在相当早期的新闻学研究基本观点之上。规范性观点（比如，记者应如何工作，什么样的个性特征被认为是属于新闻

---

[①] 罗伯特·爱德华·普鲁茨是德国诗人和散文作家。——译者注
[②] 威拉德·布莱耶（1873—1935），曾任威斯康星大学新闻系主任。主要的著作有《新闻写作与编辑》（*Newspaper Writing and Editing*，1913）、《特写写作》（*How to Write Special Feature Articles*，1920）、《美国新闻史的主流》（*Main Currents in the History of American Journalism*，1927）、《新闻职业》（*The Profession of Journalism*）等几种。《新闻写作与编辑》曾被燕京大学作为课本采用，《特写写作》则积累了布莱耶十二年的教学经验写成。——译者注

工作者的）在 20 世纪初十分普遍，在当下有关新闻学的讨论中，诸如"和平新闻学"（peace journalism）[①]、"发展新闻学"（development journalism）和"公民新闻学"（civic journalism）中仍能发现这些观点。

总体而言，规范性视角始于 18 世纪末，是功利主义（认为有功效是道德行为的范畴和来源）社会哲学教义的基础。借助这个规范性基础，基于个人才华的新闻意识形态（a journalistic ideology of personal talent）得以形成。据此，记者必须是一个"有天赋"的人。由于注重个体记者的性格和才华，作为理论概念的"规范的个人主义"复杂程度较低。诸如政治约束和编辑工作流程等社会和组织层面并不被认为是新闻生产的重要方面；相反，新闻生产被简化为个体记者的行动。

然而，仍有一些批评者，比如德国社会学家马克斯·韦伯（Max Weber，1864—1920）和费迪南·滕尼斯（Ferdinand Tönnies，1855—1936），以及芝加哥大学的罗伯特·帕克（Robert E. Park，1864—1944），他们挑战这些狭隘的规范性、历史性或个人主义新闻观。他们的社会学概念强调了理论多元主义的必要性、经验研究的重要性，以及只有分析个体与社会的关系才能充分描述新闻业的看法。韦伯甚至建议考察"报业社会学"（Weber，1924），尤其关注新闻生产和工作语境。但是，美国学者花了数十年时间才开展了首个代表性记者调查，将韦伯的想法变为现实（Johnstone, Slawski, & Bowman, 1976；Weaver & Wilhoit, 1986）。但时至今日，我们仍能在全球新闻实践和新闻理论路径中发现规范性和个人主义新闻观。

曾对苏联及其盟国影响深远的规范性新闻观，即来自马克思、恩格斯和列宁思想的唯物主义媒介理论，伴随着冷战的结束而消失。这种研究路径把新闻业描述为一种在包含广大群众在内的阶级斗争中指导和组织传播的阶级性机构。这种路径的规范性意识形态框架削弱了其理论复杂性和经验相关性。与 20 世纪 70 年代和 80 年代相比，21 世纪初的学术争论不再指向唯物主义视角。

马克斯·韦伯、费迪南·滕尼斯和罗伯特·帕克可以算是用现代理论来理解

---

[①] 和平新闻学，也被称为冲突解决新闻学、冲突敏感新闻学等，由挪威社会学家约翰·加尔通（Johan Galtung）提出。它旨在采用实践方法来纠正主流和另类媒体中新闻价值倾向于暴力的偏见。——译者注

新闻业的先驱。但是，他们对世界其他地区新闻理论发展的影响相当有限。芭比·泽利泽通过比较新闻学研究，尤其是其理论推动力在欧洲、亚洲、非洲和美国的兴起后总结道："新闻学研究不同程度地借鉴人文学科和社会科学领域。"（Zelizer，2004，p.19）从全球视角来看，新闻业和新闻学研究的不同学术传统、多元文化和社会基础导致了多视角新闻理论的间断性涌现。显然，世界各地有关新闻学的理论话语既不遵循统一模式，也不具备明显的连续性。

因此，读者在看到以下分类时，不会将其视为历史进程的呈现，而是作为概述新闻理论发展的简化探索模型：

- 从经验主义的发现到新闻学中层理论；
- 从作为组织化系统的新闻业到综合社会研究路径；
- 从作为流行文化的新闻业到发展中的理论多元主义。

## 从经验主义的发现到新闻学中层理论

当像艾奥瓦大学威尔伯·施拉姆这样的研究者开始利用社会科学（特别是社会学家保罗·拉扎斯菲尔德、政治学家哈罗德·拉斯韦尔和社会心理学家卡尔·霍夫兰的著作）来提升新闻学研究以后，规范性观点迅速失去了其主导地位。经验主义最初在美国、之后在世界其他地方的成功，使得新闻学研究重新确定方向，新闻学研究者越来越注重经验研究。他们的研究兴趣包含由戴维·曼宁·怀特的"把关人路径"（White，1950）所开启的研究传统，即研究记者行为和决策过程。早期的把关人研究的确以方法论的个人主义（methodological individualism）[①]为特色，但研究者很快就发现新闻生产是个复杂的过程，不只依赖众多个体的工作。这使研究者在理论框架中引入了组织和系统影响，使理论朝多元观点和路径发展。

自此，对全球新闻学研究来说，经验研究过去是（且现在也是）非常重要

---

[①] 方法论的个人主义又称个人主义方法论，是一种哲学的研究方法。它将社会的发展看作许多个人的聚集（整体上是个人主义的一种形式），以此解读和研究许多学科。——译者注

的,绝大多数理论路径相应地都可被视为基于经验数据且被其证实的"中层理论"(Merton,1957,p.5)。中层理论主要由美国研究者引入,然后被世界其他地方"进口"的理论论争。该视角的成功在于采用了经验主义、(新)实证主义和分析哲学(比如,作为质量标准的数据主体间交叉检验)的预设,以及对把关人理论、议程设置等中层理论的集中发展和批判性检验。中层理论的主要目的不是对新闻业整体进行社会学分类,而是尝试描述和解释新闻业的特定方面。

按照经验主义分析的视角,有几个条件对建立一致性理论来说至关重要。理论应包含两个或以上的变量,而变量和概念必须界定清晰。分析型概念必须通过转换规则(transformation rules),即连接变量、指数和分析型概念意涵的规则,与观察相联系。最后,必须指明理论应用的限制条件(Löffelholz,2004a,pp.23-25)。

如今,经验主义明显仍是新闻学研究的核心范式。但是,由于20世纪40年代以来出现了不计其数的理论、方法和主题,提及那个经验主义分析的新闻学研究可能会起误导作用。70年代确立了三种不同的研究传统:新闻信息的产生、专业化取向(受职业社会学影响),以及把关人研究。今天,新闻学研究领域更加广阔,包括记者的专业态度和意识结构、媒体公司内的专业化和社会化、编辑部结构和工作环境条件、引入新技术的影响,以及新闻行业中女性的工作条件(Shoemaker & Reese,1996;Schudson,2003)。

采用经验主义分析的新闻学研究不能被视为单一的理论概念,因为新闻学研究的其他视角已经采用了这一研究路径的某些方法论假设。新闻学研究的许多方法和数据都基于经验主义分析视角的假设,特别是那些(隐含)运用社会学行动理论来描述新闻业的研究。行动理论的基本概念可追溯至马克斯·韦伯、阿尔弗雷德·许茨(Alfred Schütz)[1]和托马斯·卢克曼(Thomas Luckmann)[2]等社会学家。这一视角的核心概念是社会行动者、他们的行动及其意义。它假设社会行动由规则构成,而规则是在人类互动过程中形成的。基于这一视角的新闻学研

---

[1] 阿尔弗雷德·许茨(1899—1959),奥地利裔美国著名社会学家、哲学家,现象学社会学的创始人。他的主要著作有《社会世界的意义建构》和三卷文集(第1卷《社会实在问题》、第2卷《社会理论研究》、第3卷《现象学哲学研究》)。——译者注

[2] 托马斯·卢克曼,当代德国著名的社会学家。他的代表著作包括与彼得·伯格合著的《现实的社会构造》《无形的宗教》《生活世界的构造》等。——译者注

究，例如对编辑决策过程的描述和分析，主要关注新闻工作的行动形式（forms）、模式（patterns）和规则的类型学。然而，有人可能会说，新闻学研究不同于媒介效果研究等其他传播科学研究领域，它通常只是隐含地简单使用行动理论的某些术语而不会充分挖掘这一路径的深度。

此外，经验主义在新闻学研究中的发展并不意味着规范性概念的终结。新闻学经验主义取向的某些代表人物甚至明确强调了规范性观点作为经验研究起点的重要性。例如，国际传播学会（ICA）前主席沃尔夫冈·道斯巴赫在假设新闻业中存在某种政治偏见的前提下，研究新闻业的合法性，试图通过经验研究来重构这一意识形态观点。作为伊丽莎白·诺尔-诺依曼（Elizabeth Noelle-Neumann，沉默螺旋理论的创始人）的学生，道斯巴赫把新闻职业的理论观点与诺尔-诺依曼的观点联系起来。诺尔-诺依曼认为，只有将媒介效果研究转向关注传播者自身，才能充分解释大众媒体的强效果。

因此，新闻工作者态度如何合法化的问题，即"那些对大众媒体内容施加最大影响的人，是否会以不对社群造成伤害的方式来对待这种权力"（Donsbach，1982，p.10）至关重要。道斯巴赫认为，记者是一种社会权力，是一个比其他公民享有更多政治参与机会的特权职业群体，但他们没有被给予恰当的社会认证。记者是一个具有相似政治态度的异常同质性职业群体；但他们绝不能以他们的特点、兴趣和意见来代表广大民众。记者并不把自己局限于信息中介者角色，而主要从事（政治上的）有偏见的新闻实践，从而获得政治影响（Donsbach，1982，p.218）。

由规范性驱动的经验视角的批评者认为，该视角主要关注记者的非标准态度，却忽略了媒介生产的结构条件，比如新闻工作的时效和信源依赖性。把新闻业等同于媒介同样招致批评，因为这样做没有考虑新闻工作对经济、组织和技术结构的依赖。此外，该视角只是假设记者的意向和态度与信息生产和新闻产品相关，却未证实这一点（Altmeppen & Löffelholz，1998，p.105）。

除规范路径和行动理论以外，在使用"系统"视角来研究新闻业的理论概念中，还能找到对新闻业的经验主义分析式理解。

## 从作为组织化系统的新闻业到综合社会研究路径

用功能系统理论来详细阐释新闻业始于一项对作为组织化社会系统的报纸编辑部的经验研究。基于社会学家塔尔科特·帕森斯（Talcott Parsons，1902—1979）和尼克拉斯·卢曼（Niklas Luhmann，1927—1998）的观点，德国学者曼弗雷德·鲁尔在20世纪60年代开展了首个关注组织化社会系统而非新闻工作者个体的经验研究。鲁尔关于新闻编辑部结构和功能的个案研究标志着视角上的巨大转变，开启了范式转换：

> 在一个高度工业化的发达社会系统内，以出版报纸为形式的编辑行动不仅是指由某些编辑采集信息、校对和撰写，更是指在理性化和分化的组织内一个完全理性化的生产过程。
>
> （Rühl，1969，p.13）

因此，鲁尔反对新闻学研究的规范的和个人主义的传统，同时勾勒了另一幅图景："作为一种范式的个人是个太过复杂且无弹性的术语，无法作为新闻业的分析单位。因此，建议使用'社会系统'这一术语，它能分析新闻业及其环境的差异化"（Ruhl，1969，pp.435-439）。功能系统理论的实质性基础包括作为新闻学一般理论的有序原则（an order principle）的系统/环境范式和新闻业特殊功能的识别。按照鲁尔的看法，这个功能在于为公共传播生产和提供话题。新闻学功能系统视角的更重要方面包括新闻业决策结构的发展和分化，以及新闻业的社会嵌入。按照这一观点，新闻业总是依托于一个更广泛的、可从社会历史角度识别的社会系统。

最近几十年来，许多学者，特别是已经习惯鲁尔基本观点的德语国家的学者开始批判这一视角，并试图进一步完善它，为国际受众描述系统研究路径的优势（Görke & Scholl，2006）。把作为个体的记者从作为社会系统的新闻业中分离出来，这有望在无须放弃对理论进行实证检验的要求基础上，克服早期新闻学研究过度简化概念的弊病，同时与社会学争论相联系。

但是,"系统"这一术语在新闻学研究中的使用并不统一。有些研究路径在"系统"术语内操作,但体现了个人主义传统的遗风,将新闻业概念化为一个包含诸多个体行动者的系统。还有些研究路径在功能性系统理论内操作,以系统融合为核心问题。正如鲁尔(Rühl, 1980)所假设的,新闻业是社会内部的一个功能性系统吗?抑或它是运行于诸如"公共场所"或"大众媒体"这般更大的功能性系统内的一个子系统?对于系统内在秩序的结构,以及新闻业的(主要)功能也存在分歧意见(Görke & Scholl, 2006)。

对功能系统理论的批判有不同的来源。批评者认为,这些路径低估了执行新闻活动的新闻工作主体的重要性。此外,他们指责功能系统理论忽视了媒介特性(特别是其经济性质)与新闻工作流程之间广泛的相互关系。他们还批评了系统与主体之间的二元对立,这造成了行动理论视角被简化为一个微观结构的行动者,尽管行动理论明确将自身与动态社会结构相联系(Löffelholz, 2004a, pp. 57 - 58)。基于此背景,20世纪90年代的新闻学研究不仅完善了系统理论视角,还开始寻找弥合系统与主体、结构与行动之间裂痕的社会"融合"理论,这就不足为奇了。

比如,由美国学者帕梅拉·休梅克和斯蒂芬·里斯提出的影响层级模型(the hierarchy-of-influences model),即通过连接个人、结构和规范性因素来描述媒介内容如何生产。在他们看来,影响新闻生产的因素可以通过区分五个维度来实现系统化,他们把这五个维度称为个人层面、常规层面(routines level)、组织层面、媒体外部层面(extramedia level)和意识形态层面。因此,个人行动、新闻生产的组织化过程和媒介组织外部因素都会影响新闻内容(Shoemaker & Reese, 1996)。汉堡的研究者齐格弗里德·维申伯格[①](Weischenberg, 1992)也持有类似视角。他提出的构成新闻系统的系统化识别因素模型涵盖四个层面:媒介系统(规范)、媒介组织(结构)、媒介内容(功能)和新闻工作者(角色)。

影响层级模型和其他类似的模型描述通过提供探索式框架进行场域分类、组

---

① 齐格弗里德·维申伯格,德国汉堡大学新闻与传播研究所教授。他的研究领域包括媒介伦理和政治传播,近年来致力于研究马克斯·韦伯的媒介社会学,并出版有《马克斯·韦伯和媒体世界的祛魅》(*Max Weber und die Entzauberung der Medienwelt*)和《马克斯·韦伯和媒体世界的测量》(*Max Weber und die Vermessung der Medienwelt*)等。——译者注

织经验数据，有助于降低新闻学研究的复杂性。但是，这些模型无法提供有关新闻业的一致的理论描述。例如，为什么媒介组织外部因素会影响新闻工作者及其态度，而新闻工作者自身却无法影响新闻生产的其他层面？同样令人不解的是，对研究对象的分类能否成为分析新闻业与其所处环境关系的理论模型。除了这些无法充分联系一般社会学理论的"独立研究路径"外，还有越来越多的新闻学理论使用既有的路径来描述一般社会现象。它们都假设新闻业的社会结构并不像独立研究路径所宣称的那样独一无二。

具有研究前景的社会学研究路径是新闻学理论综合社会视角的起点，它包括英国社会学家安东尼·吉登斯提出的结构化理论、法国社会学家皮埃尔·布迪厄的惯习概念、哲学家尤尔根·哈贝马斯的沟通行动理论和德国社会学家乌韦·施曼克（Uwe Schimank）[①] 提出的行动者-结构动态概念（the concept of actor-structure dynamics）（Löffelholz, 2004b）。例如，根据施曼克的观点，构成机构、系统和行动理论的元素相互关联。编辑部等新闻组织能从机构复合体和集体行动者角度分析。这一研究路径下的新闻功能、机构和行动的不同层面互为参照，但并不直接相连。因此，互动不只来源于结构需要，还能够导致结构本身的生成。奥地利学者马克西米利·高茨施里奇（Maximilian Gottschlich）[②] 根据尤尔根·哈贝马斯的著作分析了新闻业在社会话语中的作用，以及记者的社会影响的合法性（Gottschlich, 1980）。基于此，他提出了分析新闻业的规范性框架，旨在避免新闻学的"方向迷失"。他认为，新闻工作的主观概念与行业的客观现实之间的矛盾导致了方向迷失。

迄今为止，这些研究路径中还没有哪一个能提供完整且一致的理论来描述新闻业。尽管如此，总有一天，这些综合社会理论会提供复杂的理论架构，在本质上与某些社会学转向相勾连。我们刚刚开启融合理论的漫长道路，在这个过程中，必须连贯地解释新闻业宏观、中观和微观层面间的关系。未来，主要的融合潜力可能来自强调文化的其他路径而非社会学路径。

---

[①] 乌韦·施曼克，德国布莱梅大学实证和应用社会学研究所教授。在德国比勒费尔德大学获得博士学位，深受卢曼系统理论的影响。他的研究兴趣包括社会理论、组织社会学、经济社会学等。——译者注

[②] 马克西米利·高茨施里奇，维也纳大学社会科学系媒体与传播研究所教授。他的研究领域包括新闻伦理、新闻学、新闻教育、交往行为存在哲学基础等。——译者注

## 从作为流行文化的新闻业到发展中的理论多元主义

芭比·泽利泽曾指出,"自新闻学研究发端,学者就对新闻业的文化层面感兴趣"(Zelizer,2004,p.178)。美国和英国的文化研究视角主要源于马克思主义、批判理论、符号学、语言学和行动理论等多元研究路径。文化研究关注文化、媒介和权力间的语境与修正。在多数研究项目中,文化研究注重媒介接受研究,尤为重视电视娱乐节目的接受研究,新闻业次之。

然而,像芝加哥大学的罗伯特·帕克,以及几十年后伊利诺伊大学的詹姆斯·凯瑞这样的研究者,他们强调通过分析记者群体构建其世界的集体知识符号来理解新闻实践的重要性。新闻学文化研究路径的代表人物把文化视为"记者可获取的资源之一,以此来协调其作为报道者和编辑者的新闻活动。但是,新闻本身具有文化属性,最终与参与新闻生产的群体和个人的意愿相关"(Zelizer,2004,p.176)。作为一种日常文化,新闻业成为意义、感觉和意识(再)生产的领域。对文化研究而言,新闻信息是如何生产的似乎并不十分重要。它更多是从接受者的角度把新闻业视为日常生活的资源,服务于意义的社会流动。媒介被理解为意义的结构,以及应用符号学方法和由一定规则、标准、惯例和传统形塑的文学和视觉构造。

英裔澳大利亚学者约翰·哈特利把新闻业描述为大众现实(popular reality)的一部分:

> 新闻虽然生产于现在时态的组织化混乱条件下,消费于被丢弃和被遗忘的常规期望中,但是它既不会每天焕然一新,也不必然完全不同于几十年甚至一世前的模样。因为我的关切点是从读者的角度研究新闻业,所以研究思路会遵循新闻业由什么"构成":它不仅或主要由工业生产设备——技术、公司、金融、工作实践、职业意识形态和机构政策等构成,而且,更重要的是,它由恰当但难以捉摸的事物也就是意义,以及更普遍和一般之物即读者自身——公众"构成"。

(Harley,1996,p.1)

无疑，新闻业的文化研究路径提供了大量的理论观点。全球化世界中，将自身视为文化例外的可能性，既区隔人们，又将他们联系起来，因此，文化概念愈加重要。在全球化进程中，发展中的跨国文化加剧了对媒介内容生产的形塑。鉴于文化概念的多种来源，文化研究不代表一个封闭的理论架构，这也就不足为奇了；甚至在文化研究者的著作中，"文化"概念的定义本就千差万别。同时，由于全球新闻业和新闻文化的剧变，在新闻学理论化过程中，很可能会出现更多概念。

## 全球化、互联网与新闻学理论的未来

对新闻业而言，显而易见的是互联网已经并将进一步带来剧变。互联网向大量公众发布信息，同时又避免使自身成为传统意义上的大众媒介。它融合了人际传播和大众传播的不同方面（Morris & Ogan，1996），对传统媒体和新媒体都产生了未知的影响。鉴于此，我们不太可能简单地将传统媒体的新闻理论转移到互联网语境。至少，有必要重新思考"大众媒介"这一术语，同时重新评估既有理论。

随着互联网的出现，全世界的传播结构和经济环境一直在变化。全球化的演进也对媒体企业和受众产生影响。目前，大公司在全球媒体市场上竞争，企业并购影响到此前按国家、媒介或受众细分的市场。不论是从积极还是从消极层面来讲，全球化都意味着国界正在消失。边界不仅表示为界定自由而人为划定的线，还代表必要且有意义的区分。随着基于传统国界的语言障碍的消失，会出现亚文化或公司间的新差异。新闻业必须要应对结构变化和受众变化，对此，没有简单的解决方案和答案。

一些大型媒体公司瞄准全球市场，而绝大多数其他"媒介"和"小"企业则在更小的环境中生存。此外，其他一些边界也可能被跨越，比如新闻与公关、新闻与娱乐之间的边界。尽管有人认为新闻与公关、新闻与娱乐之间的差异只是呈现了对新闻业的某种"纯粹主义"式理解，但可以肯定的是，这种理解至少值得讨论。如今，新闻业仍能向受众提供当前的事实性信息吗？或者它有更强的娱乐化和"以自我为中心"的传播（比如公关）倾向吗？当然，某些对新闻娱乐化的批评夸张了，但是企业结构的一些变化仍在推动新闻娱乐化。如果媒体公司与其他大型公司合并,如果这种(对角线式)集中趋势继续下去,那么只对新闻生产感兴趣的新闻概念可能不再有效。

鉴于这些挑战,新闻业将不得不适应新的环境。这意味着新闻理论工作也要发生变化,尽管事实并不如此。比如,传播的社会理论或许并不直接受技术变迁的影响。但是,假如技术变迁对应于传播的社会嵌入的变化,那么理论必须要考虑这一点。以上提及理论中的相当一部分无法充分胜任模式更改的任务,它们也未必对此有兴趣。尤其是规范性观点,无法灵活应对新媒体和传播世界带来的新问题。它们的政治内涵反映不同的历史情境;因此,这些研究路径的规范性基础现如今已然式微了。

与这些规范性观点不同,分析性经验主义(analytical empiricism)一定会产生如何构建传播理论模式的新观点;尽管范围有限,但这一研究路径非常灵活,通常紧跟经验研究的发展。其他视角(行动理论、功能系统理论、综合社会理论和文化研究;见表2.1)为新观点和概念提升提供了相当大的空间;因此,它们还是未竟的事业。它们提供了分析性经验主义以外的一些有意思的观点和洞察,这特别归功于它们更加全球化的研究取向。它们将来是否会促成更多的研究还是未定之数,但至少提供了几个富有创造力地思考新闻业的起点。

表 2.1　　　　　　　　　　新闻学研究基本理论概念总览

| 概念 | 语境 | 焦点 |
| --- | --- | --- |
| 规范的个人主义 | 个人主义、规范媒介研究 | 作为有才华个人的附加物的新闻业 |
| 分析性经验主义 | 经验主义、新实证主义、分析哲学、中层理论 | 作为把关人、新闻选择、议程设置等的新闻业 |
| 行动理论 | 源自一般社会学的理论 | 作为社会行动的新闻业 |
| 系统理论 | 分化逻辑、社会系统理论 | 作为社会系统的新闻业 |
| 综合社会理论 | 结构化理论、惯习概念、沟通行为理论 | 作为微观-中观-宏观一体化的新闻业 |
| 文化研究 | 批判理论、符号学、语言学、行动理论、唯物主义 | 作为流行文化的新闻业 |

总之,可以总结出,新闻学理论的发展既不按照由英国哲学家弗朗西斯·培根(1561—1626)提出的对理论兴起的线性累积式理解,也不遵循托马斯·库恩提出的常规和革命阶段的常规顺序。准确地说,新闻学研究是一种多重视角的间断式发展。进步并不以取代"过时的"理论为基础,而是立足于新理论涌现与旧理论修订的复杂过程中的收获。新闻学研究既不是一个同质性领域,其理论工作

中也没有什么"主流"趋势。这种多视角研究路径可能会被负面地视为缺乏关注点，正如有些研究者所批判的那样，没有清晰的核心观点就无法成为一个学科；与此同时，也可以被看成是对新闻业的社会科学描述面临诸多挑战的必要答案。

## 参考文献

Altmeppen, K. D., and Löffelholz, M. (1998). Zwischen Verlautbarungsorgan und, vierter Gewalt. Strukturen, Abhängigkeiten und Perspektiven des politischen Journalismus' [Between announcement organ and fourth estate. Structures, dependencies and perspectives of political journalism]. In U. Sarcinelli (ed.), *Politikvermittlung und Demokratie in der Mediengesellschaft* [*Mediating politics and democracy in the media society*] (pp. 97–123). Opladen and Wiesbaden: Westdeutscher Verlag.

Donsbach, W. (1982). *Legitimationsprobleme des Journalismus: gesellschaftliche Rolle der Massenmedien und berufliche Einstellungen von Journalisten* [*Authentication problems of journalism: The social role of the mass media and vocational attitudes of journalists*]. Freiburg and Munich: Albers.

Görke, A., and Scholl, A. (2006). Niklas Luhmann's theory of social systems and journalism research. *Journalism Studies*, 7(4), 645–56.

Gottschlich, M. (1980). *Journalismus und Orientierungsverlust. Grundprobleme öffentlich-kommunikativen Handelns* [*Journalism and the loss of orientation. Basic problems of public communicative action*]. Vienna, Cologne, and Graz: Böhlau.

Hartley, J. (1996). *Popular reality. Journalism, modernity, popular culture*. London: Arnold.

Johnstone, J. W. C., Slawski, E. J., and Bowman, W. W. (1976). *The news people: A sociological portrait of American journalists and their work*. Urbana, IL: University of Illinois Press.

Löffelholz, M. (2004a). Theorien des Journalismus. Eine historische, metatheoretische und synoptische Einführung [Theories of journalism. A historical, metatheoretical and synoptical introduction]. In M. Löffelholz (ed.), *Theorien des Journalismus* [*Theories of journalism*] (pp. 17–63). Wiesbaden: Verlag für Sozialwissenschaften.

Löffelholz, M. (ed.) (2004b). *Theorien des Journalismus* [*Theories of journalism*]. Wiesbaden: Verlag für Sozialwissenschaften.

Löffelholz, M., and Quandt, T. (2005). Journalism theory: Developments in German speaking countries. *Equid Novi. South African Journal for Journalism Research*, 26(2), 228–46.

Merton, R. K. (1957). *Social theory and social structure*. 2nd, revised edition. Glencoe, IL: Free Press.

Morris, M., and Ogan, C. (1996). The Internet as mass medium. *Journal of Communication*, 46(1), 39–50.

Prutz, R. E. (1971 [1845]). *Geschichte des deutschen Journalismus* [*History of German journalism*]. Göttingen: Vandenhoeck und Ruprecht.

Rühl, M. (1980). *Journalismus und Gesellschaft. Bestandsaufnahme und Theorieentwurf* [*Journalism and society. Status quo and theory design*]. Mainz: Hase und Koehler.

Rühl, Manfred (1969). *Die Zeitungsredaktion als organisiertes soziales System* [*The news-

*paper's editorial department as an organized social system*]. Bielefeld: Bertelsmann Universitätsverlag.

Schudson, M. (2003). *The sociology of news.* New York: Norton.

Shoemaker, P. J., and Reese, S. D. (1996). *Mediating the message. Theories of influence on mass media content.* White Plains, NY: Longman.

Weaver, D. H., and Wilhoit, G. C. (1986). *The American journalist: A portrait of US news people and their work*, Bloomington, IN: Indiana University Press.

Weber, M. (1924). *Gesammelte Aufsätze zur Soziologie und Sozialpolitik* [*Collected essays on sociology and social politics*]. Tübingen: Mohr.

Weischenberg, S. (1992). *Journalistik. Theorie und Praxis aktueller Medienkommunikation. Bd. 1: Mediensysteme, Medienethik, Medieninstitutionen* [*Journalism studies. Theory and practice of current media communication. Volume 1: Media systems, media ethics, media institutions*]. Opladen: Westdeutscher Verlag.

White, D. M. (1950). The "gatekeeper": A case study in the selection of news. *Journalism Quarterly,* 27, 383–90.

Zelizer, B. (2004): *Taking journalism seriously. News and the academy.* Thousand Oaks, CA, London, and New Delhi: Sage.

# 第3章
# 全球化世界社会中的新闻业：新闻学研究的社会学路径

曼弗雷德·鲁尔

对于全球化世界社会（world society）中的新闻学研究而言，为了能更好地理解新闻业在社会中的功能，以及它与宣传、公关、广告和娱乐等其他公共传播形式的区别，不可避免地要涉及社会系统路径等宏观概念。社会系统理论将新闻业视为社会系统、决策组织，以及运行和获利市场，为打开新闻学研究视野提供了契机。与完全关注作为个体总和的记者的研究路径不同，社会系统理论将新闻生产者和新闻接收者描述为世界社会的新闻业的社会角色结构。

古希腊词语"systema"指一个整体被分成几个不存在环境关系的部分。这一整体/部分的系统观念持续了2 500年（Riedel，1990）。它被用于早期德国传播学中被称为新闻学（Zeitungswissenschaft）的阶段，当时"真实的"报纸和"真实的"期刊作为总体中的新闻工作部分（对象）被描述、分类、比较和系统化（Wagner，1965）。当新闻学研究中问题取代对象后，这一整体/部分观就被丢弃了。自20世纪40年代起，社会科学中涌现出几个社会系统理论，有些已被新闻学研究采用。

## 为何需要社会学研究路径：以把关人为例

如今使用的"系统理论"（以单数形式）是一个笼统概念，在不同学科有着不同的意涵。一些新闻学研究者认为"系统理论"是既定之物（Russ-Mohl，1997）。我们反对这一论断，认为任何新闻学研究要成立，都必须有一个足够复杂的系统理论架构。我们不妨来看一个例子，即新闻学研究者研究把关人的方式。

社会心理学家库特·勒温（Lewin, 1947）最先使用"把关人"这个术语，用以描述家庭主妇决定其家庭餐桌上的最后一道食物是什么。关于把关人的活动，勒温写道："这一情况不仅发生在食物方面，还出现于新闻在一个群体内的特定传播渠道中的流动"（Lewin, 1951, p. 187）。新闻把关人研究"探究处于复杂传播渠道中的'把关人'如何守'门'"。戴维·曼宁·怀特（White, 1950/1964, p. 162）利用勒温的概念来观察某个中西部小报的电报编辑的决策活动：从生产到出版的过程中筛选副本和新闻报道。与勒温研究中的家庭主妇不同，"门先生"（Mr Gates）基于主观标准，尤其是个人偏见进行决策（Rogers, 1994, p. 335）。怀特的把关人是一个个体，他的研究并没有讨论组织结构、决策程序、职业和工作角色、层级职位、法律和道德规范，以及可实施的价值观等新闻学研究中的典型社会结构。

方法论上，怀特与其他大多数人的新闻把关人研究都依赖方法论个人主义教条。该方法主张关于社会问题的陈述可完全简化为关于个人的陈述，从而找到解释这些个体潜在动机的路径。马克斯·韦伯阐释了该方法，要求学者在调查个人的事实性行为之前，了解他们的社会和文化背景——他是一个"国王"、一名"公务员"、一名"企业家"、一个"皮条客"，还是一名"魔术师"（Weber, 1968, p. 15）。除一些人口统计数据外，我们并不了解"门先生"的社会和文化背景。

在超过四分之一世纪的时间里，尽管学术兴趣已转向制度和组织问题，但把关人这一术语仍指涉新闻生产方面（Robinson, 1973；Weiss, 1977）。在研究记者与主编和发行人之间在决策和依赖方面的关系时，个人特征（individuality）一直是研究重点（Breed, 1952, 1955；Schulz, 1974）。访谈被用来收集数据，研究者们并没有将新闻业的问题阐释为新闻编辑部内客观的、社会的和当时的问题。只有当新闻学研究者对作为新闻业现实的新闻生产感兴趣时（Roshcoe, 1975；Tuchman, 1978），他们才会用传统的二分法来研究新闻编辑部，将组织视为事件过程和职位层级，但没有解释这两部分能否被经验性检验、它们如何在产制新闻过程中运行。可以得出结论，把关人研究并未充分考虑记者和新闻组织的社会和文化背景。新闻学的社会维度被忽视了。

## 社会系统理论

俗话说孤掌难鸣。尽管新闻业被认为是出现于19世纪欧洲和北美的一项重大社会和文化成就，但新闻学研究者通常只研究其生产方面。当经典社会科学家为研究生产、购买和阅读新闻产品奠定基础时，当时的社会问题，特别是工业化、城镇化、移民、读写能力和民主化问题进入了研究视野。

埃米尔·涂尔干（Émile Durkheim，1893/1968）认为社会事实是社会生活的基本元素，阐释了影响现代社会演进的劳动分工。格奥尔格·齐美尔（Georg Simmel）深受新兴大都市不同观点（cross-currents）的影响，研究了许多社会交叉点，尤其探讨了社会差异化（Frisby & Featherstone，1977）。齐美尔对罗伯特·帕克产生了深远影响。在作为芝加哥学派本地主编而成为社会学家以前，帕克强调城市新闻学，并有多年的"公共宣传"（publicity），也就是公关的实践经验（Rühl，1999）。马克斯·韦伯（Weber，1968）提出社会研究的新观点和新方法，他的一些研究兴趣直指国内外的"报业文化"，以及农场工人和工厂工人的报纸阅读。阿尔伯特·舍夫勒[①]（Albert Schäffle，1875）、卡尔·布赫尔[②]（Karl Bücher，1896，1915）、查尔斯·霍顿·库利（Charles Horton Cooley，1909/1972，1918）和罗伯特·帕克（Park，1903/1972，1922）分别独立重建了强调报业、新闻业和公关的学术兴趣领域，将社会行动和传播形式作为基本过程。这些学者在对新闻业的反思和研究方面存在很大差异，但他们都承认新闻业与社会的联系，研究并评估诸如出版、新闻和编辑工作、公众和舆论、媒介和技

---

[①] 阿尔伯特·舍夫勒（1831—1903），德国社会学家、政治经济学家和报纸编辑。他是新历史学派代表，19世纪后半叶德国财政学三大巨星之一，主要著作有《赋税政策原理》和《赋税论》等。——译者注
[②] 卡尔·布赫尔（1847—1930），德国经济学家。他是"非市场经济学"的创始人之一和新闻学学科的创始人，其主要著作有《产业演化》。——译者注

术、读者、广告、意识形态等社会元素。

当时流行把社会描述为一个历经出生、成熟和死亡阶段的有机体。舍夫勒（Schäffle, 1875）在描述社会时，尽管采用了有机术语（organic terms），却没有将社会结构与有机体进行类比。伊曼努尔·康德（Immanuel Kant）、乔治·W. F. 黑格尔（Georg W. F. Hegel）和卡尔·马克思（Karl Marx）利用可识别系统范式来建构历史理论。在成为哲学教授之前，黑格尔是《班贝格日报》（*Bamberger Zeitung*）的全能编辑（all-round-editor），已经相当成功且收入丰厚。在班贝格的 18 个月里，他出版了首部重要著作《精神现象学》（Hegel, 1807/1978），阐释了他的系统范式（Rühl, 1999）。遗憾的是，黑格尔从未写过有关新闻学的书。

20 世纪 40 年代中期，当媒介、大众媒介和大众传播这些术语在美国出现时，最初是被用于批判美国的电影、广播、杂志等"大众媒介文化"，这种文化作为一种系统导致了"文化工业"中的"大众欺骗"（Adorno, 2001）。西奥多·W. 阿多诺（Theodor W. Adorno）宣称，文化工业产品意在实现经济市场上商品的功能，主要为影响大众而量身定制，无意区分媒介与新闻业。

同一时期，几个控制论和传播科学系统/环境理论也在美国形成。监测系统的一阶控制论（Wiener, 1946; Ashby, 1956; von Bertalanffy, 1962/1968）激发了德国的宏观传播系统研究（Reimann, 1968）；监测系统的二阶控制论（von Foerster, 1982）则启发了对不少传播问题的反思（Krippendorff, 1979）。有关广义假设和功能关系的另一个理论系统视角被冠以集体头衔，即结构功能主义。通常，美国社会学家塔尔科特·帕森斯（Talcott Parsons）被称为最知名的结构功能主义代表人物。但是，我们倾向于认为帕森斯建立了属于自己的世界社会理论，尽管他的部分理论来源于结构功能系统理论，特别是来源于由德国社会学家尼克拉斯·卢曼（Niklas Luhmann）提出并发展的系统理论。

塔尔科特·帕森斯和尼克拉斯·卢曼比其他人更加倡导世界社会理论的分析（和整合）。鉴于本章之目的，我们将聚焦卢曼的观点，简要勾勒其著作的重要特点。卢曼并不是狭义上的新闻学研究者，但他的研究对当下世界的新闻学研究产生了影响。

## 尼克拉斯·卢曼的基本观点

尼克拉斯·卢曼在第一本重要著作《社会系统》（*Social Systems*）英译本的前言中坦陈："这不是一本容易读的书。它不适合那些喜欢快速和简易阅读的人"，"这一点也适用于德语版"（Luhmann，1995，p. xxxvii）。当我们试图在本章揭示卢曼的复杂思想时，我们确信会为宏观、中观和微观视角的新闻学研究提供一种恰当的反思理论。

卢曼为世界社会的功能理论提供了决定性、连贯性思想，即传播系统理论（communication system theory）。尼克拉斯·卢曼于20世纪60年代进入社会科学领域，与帕森斯一起学习，他起初是一名行动系统理论家（Luhmann，1964，p. 23）。当卢曼着手重建世界社会传播理论时，帕森斯式世界社会行动系统理论已不再具有启发性。卢曼发现了不一致性，尤其是在描述世界社会时，"主体"和"行动"无法互换（Luhmann，1995，pp. xxxvii-xxxxliv）。相反，卢曼认为，社会系统降低了世界社会的复杂程度。举例来说，政治系统或经济系统被认为是世界社会为解决特定社会问题而建立的子系统。社会系统"无疑是既定的客体，通过区分系统与环境、依据环境而设定边界来建构身份"（Görke & Scholl，2006，p. 646）。卢曼认为，社会系统的基本元素既不是行动者，也不是特定个人，而是传播。像记者这样的个体行动者并非社会系统的组成部分，而是传播系统重要的外部协同执行者。

20世纪70年代，卢曼发现传播是人类能力的最复杂的体现。尽管人类每天都在实践传播，体验不证自明的传播，但是卢曼建议学者从假设传播不可能开始，而这种不可能并非既定现象（Luhmann，1995，p. 154）。美国早期的社会学家［阿尔比恩·W. 斯莫尔（Albion W. Small）[①]、乔治·E. 文森特（George E.

---

[①] 阿尔比恩·W. 斯莫尔（1854—1926），美国社会学家。他是美国社会学会的主要创立者之一，在芝加哥大学创建了美国第一个社会学系，成为芝加哥学派的代表人物。——译者注

Vincent)[①] 将"社会神经系统"比喻为社会的通信设备，而罗伯特·K. 默顿（Robert K. Merton）明确地编纂并范式性地进行目的论功能分析，这些都被认为促进了大众传播研究（Wright，1989）。卢曼的著作废除了传统措辞中的系统概念。他重构了世界社会的法律、科学、宗教、经济、政治、媒介和艺术的功能系统（Luhmann，1997）。但是，他的研究并不包含世界社会的新闻系统。

## 新闻系统研究的问题

回顾作为世界社会系统的新闻学研究，我们发现研究路径深受卢曼、帕森斯和结构功能主义的影响（Rühl，1980；Blöbaum，1994；Kohring，1997；Scholl & Weischenberg，1998；Görke，1999；Malik，2004）。但是，其中一些新闻业与社会（journalism-and-society）、社会中的新闻业（journalism-in-society）的经验研究并没有利用功能主义产生的数据进行检验，而是利用了行为-实证主义方式（behavioral-positivist manners）产生的数据。考虑新闻业的社会层面，同时利用系统理论研究路径来界定新闻业的经验研究仍是凤毛麟角（Scholl，2002）。为了界定新闻业，同时将新闻业与公关、广告或宣传这些非常复杂的社会系统区分开，我们必须界定新闻业的一项独特功能（Rühl，2001）。四分之一世纪前，我将运行公共传播和为公共传播提供主题描述为特定的新闻功能（Rühl，1980，p. 322）。

与此同时，新闻学研究现状和研究领域已经发生了很多变化。重新定义与当前世界社会相互关联的新闻业，其功能可以被描述为主张说服性（有时是操纵性）传播的精选、多样化的主题，意在提高世界人口的可读性、全面性和透明度（Rühl，2004，p. 82）。新闻学研究致力于既存新闻学理论。新闻学研究主要是重新分析过去、现在和未来与社会接受的规范与价值、专业化劳动、具有挑战性的读写能力问题相互依赖的有意义的主题和信息。

---

① 乔治·E. 文森特（1864—1941），美国社会学家，明尼苏达大学第三任校长。他与阿尔比恩·W. 斯莫尔合著的《社会研究导论》是世界上第一部社会学教科书。——译者注

今天，全世界法治社会人口属于新闻业的读者、听众和观众，与此同时，他们扮演父母、青年、公民（或移民）、消费者、交通参与者、病人、体育爱好者、游客等社会身份。在世界社会的不同地方，不论有没有民主政府，新闻业仍然作为超大城市、郊区、贫民窟、农村和度假胜地的城市新闻业逐步发展。新闻业不是唯一的成就。在17世纪早期的法国，已经存在报纸和具有报业特点和属性的机构，之后分化为新闻、公关、广告或宣传（Solomon，1972；Rühl，1999）。根据特定功能、表现和任务区分新闻、公关、广告和宣传是新的尝试。不过，所有这些说服性系统可以从三个社会层面进行分析，即组织层面（Rühl，1969，2002）、市场层面（Rühl，1978）和社会层面（Rühl，1980）。

从新闻从业者集体获取有关新闻业的信息，从这个角度重新规划新闻学研究是概念和理论的一次重大突破。在新闻编辑部作为拥有特殊社会环境的组织的个案研究中，新闻运作由预定程序的决策来控制（Rühl，1969；Dygutsch-Lorenz，1971；Heinzsch，1990；Neumann，1977）。新闻运作始于在供应短缺的情况下获得资源。新闻的生产、分发和接收造成了不同的成本，这些成本不仅指时间和金钱，还涉及专业化工作、可执行的话题、有意义的信息、公共关注、稳定的法律、一致的伦理原则、公共信任和个体信任。新闻资源可以通过政治、经济、劳动力和立法市场分割与获取。不是所有的新闻资源都能由金钱购买。

这一研究路径的最大优势在于，新闻业不能简化为个体记者、生命系统（运转中的大脑）或观念系统（积极思考）。新闻系统循环运作，没有已知的起点和可预见的终点。社会记忆中可能的新闻剧目（journalistic repertoires）是由通讯社等新闻组织，以及互联网、期刊、书籍、档案和图书馆生产的文本，并通过心灵记忆得以实现。新闻系统正是以这种方式建构和维系自身。

作为一项学术事业，新闻学研究可被视为世界社会中新闻系统和科学系统的交叉点，形成了一个包含自身描述的自我描述系统。新闻学研究值得更多的关注。许多理论家认为老的新闻学理论过时了。恰恰相反！在过去两百年中，家庭、科学、经济、政治、宗教和新闻业的语义已然改变，这种变化有时相当迅速（Koselleck，1972）。新闻业并没有标准化，我们对于新闻业的理解总是在变化的家庭、科学和经济等语境中进行选择、变化和保留。

## 新闻学研究的全球化

几千年来，面对面交流是人类社会的基础。在 15 世纪中叶，印刷术为激烈的变革提供了契机，那时凸版印刷的书籍、报纸和期刊成为可用本地语言阅读的作品，以及在市场上被估价和交易的产品。不同于中世纪修道院内出于神谕目的而手抄和阅读的拉丁语文本，书籍、报纸和期刊为市场而生产，针对每个人潜在的需求，促进全世界远程通信。

作为一个具有研究价值的概念，全球化意味着理论史。这一术语出现时，描述了帝王们利用世俗或宗教力量构筑统一世界的一厢情愿。在现如今的问题和争论中，全球化更多地被用作一个概括性术语，涵盖了一系列复杂的经济、社会、政治、技术和文化变化，象征着分散各地的民众和国家间日益增强的相互依赖、整合和互动。"全球参与者"（global players）主导了商品、资金、信用、人力资源和互联网市场，他们被怀疑压制了偏远文化，集中了能源和知识资源。

传播学讨论的全球化定义相当主观，这些定义依靠政治意识形态假设，绝大多数与政治经济问题紧密相关。当媒介学者描述媒体全球化时，他们指的是优化看起来适合全球使用的软件应用和网络站点的过程。他们用工程学、经济学、文化、市场营销和传播学的综合用语来讨论媒介全球化，将传播模型化为某物的运输，却没有明确提及新闻学问题（Hepp et al., 2005）。

如果把全球化视为新闻业和其他社会系统（政治、经济、宗教、法律等）的变化和冲突，那么世界社会是人类传播最全面的系统，作为一个公共传播系统，新闻业在世界范围内都可以实现，无出其右。新闻业有意义的信息可以触及我们每个人，我们每个人最好都能关心报纸登载、电视播放和网上流传的内容。没有统一的新闻业，而是存在各式各样的新闻生产和新闻接收，它们由于不同价值观、规范、主题和文本的影响，在地方、区域和全国范围内呈多元化。新闻自由和报界、电影、广播和电视圈的自律并不是一成不变、具有标准化边界的，但是新闻业的表达自由与政治、经济、宗教等之间确有边界。

几个世纪以来，人们确定了领土、权力、宗教、语言或货币领域的边界。现代边界是无尽的地平线,朝着每个路径移动。但所有航海家都将无尽的地平线作为方向指引(Husserl,1999),新闻业观察到的每个独特之物,包括形式、模式、框架、主题、信息、体裁、标题和决策程序等,都发生在无尽的地平线之内,而不是之外。新闻业的概念和模式全球皆晓,但新闻业结构各不相同,希望将来也是如此。

新闻业的全球化指的是将意义建构视为世界社会的最终目的,融合新的可能性,绘制方向的界限。新闻业通过更新生产、组织、市场营销和家计网络,以及重新审视既有新闻文化来应对全球化。统一的新闻教育没有意义。搜索新闻的时间成本急速下降。然而对于匿名提供的、没有传统报纸标题的新闻,我们是否会相信(Rühl,2005)?

## 参考文献

Adorno, Th. W. (2001). *The culture industry: selected essays on mass culture*; edited and with an introduction by J. M. Bernstein. London and New York: Routledge.

Ashby, W. R. (1956). *An introduction to cybernetics*. New York: Wiley and Sons.

Bertalanffy, L. v. (1962/1968). General system theory: a critical review. *General System Theory*, VII, 1–20. Reprint in W. Buckley (ed.) (1968) *Modern systems research for the behavioral scientist* (pp. 11–30). Chicago, IL: Aldine.

Blöbaum, B. (1994). *Journalismus als soziales System* [*Journalism as social system*]. Opladen: Westdeutscher Verlag.

Breed, W. (1952). The newspaperman, news, and society. PhD dissertation, Columbia University.

Breed, W. (1955). Social control in the newsroom: a functional analysis. *Social Forces*, 33, 326–55.

Bücher, K. (1896). *Arbeit und Rhythmus* [*Work and rhythm*]. Leipzig: Reinicke.

Bücher, K. (1915). *Die deutsche Tagespresse und die Kritik* [*The German daily press and criticism*]. Tübingen: Mohr (Siebeck).

Cooley, C. H. (1909/1972). *Social organization. A study of the larger mind*. New York: Schocken.

Cooley, C. H. (1918). *Social process*. Introduction by Roscoe C. Hinkle. Carbondale, IL: Southern Illinois University Press.

Durkheim, É. (1893/1968). *The division of labor in society*. New York: Free Press.

Dygutsch-Lorenz, I. (1971). *Die Rundfunkanstalt als Organisationsproblem* [*The broadcasting institution as organizational problem*]. Düsseldorf: Bertelsmann Universitätsverlag.

Foerster, H. v. (1982). *Observing systems*. Salinas, CA: Intersystems Publications

Frisby, D., and Featherstone, M. (1997). *Simmel on Culture: Selected Writings*. London: Sage.

Görke, A. (1999). *Risikojournalismus und Risikogesellschaft. Sondierung und Theorieentwurf* [*Risk journalism and risk society. Analysis and theoretical draft*]. Opladen and Wiesbaden: Westdeutscher Verlag.

Görke, A., and Scholl, A. (2006). Niklas Luhmann's theory of social systems and journalism research. *Journalism Studies*, 7(4), 645–56.

Hegel, G. W. F. (1807/1978). *Phenomenology of spirit*. Translation by A. V. Miller, with analysis of the text and Foreword by J. N. Findlay. Oxford: Clarendon Press.

Hepp, A., Krotz, F., and Winter, C. (eds.) (2005). *Globalisierung der Medienkommunikation. Eine Einführung* [*Globalization and media communication. An introduction*]. Wiesbaden: Verlag für Sozialwissenschaften.

Hienzsch, U. (1990). *Journalismus als Restgröße. Redaktionelle Rationalisierung und publizistischer Leistungsverlust* [*Journalism as residual. Editorial rationalization and loss of "publizistische" performance*]. Wiesbaden: Deutscher Universitäts-Verlag.

Husserl, E. (1999). *The idea of phenomenology: A translation of Die Idee der Phänomenologie*. Translation and Introduction by Lee Hardy. Collected works no. 8. Dordrecht: Kluwer.

Kohring, M. (1997). *Die Funktion des Wissenschaftsjournalismus. Ein systemtheoretischer Entwurf* [*The function of science journalism. A systems theoretical approach*]. Opladen: Westdeutscher Verlag.

Koselleck, R. (1972). Einleitung [Introduction]. In O. Brunner, W. Conze, and R. Koselleck, (eds.), *Geschichtliche Grundbegriffe. Historisches Lexikon zur politisch-sozialen Sprache in Deutschland* [*Basic terms of history. Historical encyclopedia of political-social language in Germany*]. Vol. 1 (pp. xiii–xxvii). Stuttgart: Klett-Cotta.

Krippendorff, K. (ed.) (1979). *Communication and control in society*. New York: Gordon and Breach.

Lewin, K. (1947). Frontiers in group dynamics I. Concept, method, and reality in social science, social equilibria, and social change. *Human Relations*, 1(1), 5–42.

Lewin, K. (1951). *Field theory in social science: Selected theoretical papers*. D. Cartwright (ed.) New York: Harper and Row.

Lindner, R. (1996). *The reportage of urban culture: Robert Park and the Chicago school*. Translation by A. Morris with J. Gaines and M. Chalmers. Cambridge, UK: Cambridge University Press.

Luhmann, N. (1964). *Funktionen und Folgen formaler Organisation* [*Function and consequences of formal organization*]. Berlin: Duncker and Humblot.

Luhmann, N. (1995). *Social systems*. Translation by J. Bednarz, Jr., with D. Baecker. Foreword by E. M. Knodt. Stanford, CA: Stanford University Press.

Luhmann, N. (1997). *Die Gesellschaft der Gesellschaft* [*The society of society*]. Two vols. Frankfurt/Main: Suhrkamp.

Malik, M. (2004). *Journalismusjournalismus. Funktion, Strukturen und Strategien der journalistischen Selbstthematisierung* [*"Journalimsjournalism." Function, structures and strategies of journalistic self reporting*]. Wiesbaden: Verlag für Sozialwissenschaften.

Neumann, S. (1997). *Redaktionsmanagement in den USA: Fallbeispiel "Seattle Times"* [*Newsroom management in the USA: The case of "Seattle Times"*]. Munich: Saur.

Park, R. E. (1903/1972). *The crowd and the public, and other essays*. Edited and with an introduction by H. Elsner, Jr. Chicago, IL: University of Chicago Press.

Park, R. E. (1922). *The immigrant press and its control*. New York and London: Harper and Brothers.

Reimann, H. (1968). *Kommunikations-Systeme. Umrisse einer Soziologie der Vermittlungs- und Mitteilungsprozesse* [*Communication systems. Outline of a sociology of mediation and communication processes*]. Tübingen: Mohr (Siebeck).

Riedel, M. (1990). System, Struktur [System, structure]. In O. Brunner, W. Conze, and R. Koselleck (eds.), *Geschichtliche Grundbegriffe. Historisches Lexikon zur politisch-sozialen Sprache in Deutschland* [Basic terms of history. Historical encyclopedia of political-social language in Germany]. Vol. 4 (pp. 285–322). Stuttgart: Klett-Cotta.

Robinson, G. J. (1973). Fünfundzwanzig Jahre "Gatekeeper"-Forschung: Eine kritische Rückschau und Bewertung [Twenty-five years of "gatekeeper" research. A critical review and evaluation]. In J. Aufermann, H. Bohrmann, and R. Sülzer (eds.), *Gesellschaftliche Kommunikation und Information. Forschungsrichtungen und Problemstellungen*. Vol. 1 (pp. 344–55). Frankfurt/Main: Athenäum Fischer.

Rogers, E. M. (1994). *A history of communication study. A biographical approach*. New York: The Free Press.

Roshcoe, B. (1975). *Newsmaking*. Chicago, IL, and London: Chicago University Press.

Rühl, M. (1969). *Die Zeitungsredaktion als organisiertes soziales System* [The newspaper newsroom as organized social system]. 2nd edition, 1979. Fribourg/Switzerland: Universitätsverlag.

Rühl, M. (1978). Markt und Journalismus [Market and journalism]. In M. Rühl and J. Walchshöfer (eds.), *Politik und Kommunikation. Festgabe für Franz Ronneberger zum 65. Geburtstag* [Politics and communication] (pp. 237–71). Nuremberg: Verlag der Nürnberger Forschungsvereinigung.

Rühl, M. (1980). *Journalismus und Gesellschaft. Bestandsaufnahme und Theorieentwurf* [Journalism and society. Review and theoretical groundwork]. Mainz: v. Hase und Koehler.

Rühl, M. (1999). *Publizieren. Eine Sinngeschichte der öffentlichen Kommunikation* [Publishing. A history of making sense in public communication]. Opladen and Wiesbaden: Westdeutscher Verlag.

Rühl, M. (2001). Alltagspublizistik. Eine kommunikationswissenschaftliche Wiederbeschreibung [Everyday- public communication. A scholarly redescription]. *Publizistik*, 46, 249–76.

Rühl, M. (2002). Organisatorischer Journalismus. Tendenzen der Redaktionsforschung [Organized journalism. Trends of newsroom research]. In I. Neverla, E. Grittmann, and M. Pater (eds.), *Grundlagentexte zur Journalistik* [Basic texts in journalism studies] (pp. 303–20). Konstanz: UVK.

Rühl, M. (2004). Des Journalismus vergangene Zukunft. Zur Emergenz der Journalistik [The past future of journalism. The emergence of journalism studies]. In M. Löffelholz (ed.), *Theorien des Journalismus. Ein diskursives Handbuch* [Theories of journalism. A discourse handbook]. 2nd edition (pp. 69–85). Wiesbaden: Verlag für Sozialwissenschaften.

Rühl, M. (2005). Vertrauen: kommunikationswissenschaftlich beobachtet [Trust: Observed from a communications perspective]. In B. Dernbach and M. Meyer (eds.), *Vertrauen und Glaubwürdigkeit. Interdisziplinäre Perspektiven* [Trust and credibility. Multidisciplinary perspectives] (pp. 121–34). Wiesbaden: Verlag für Sozialwissenschaften.

Russ-Mohl, S. (1997). Arrivederci Luhmann? Vorwärts zu Schumpeter! Transparenz und Selbstreflexivität: Überlegungen zum Medienjournalismus und zur PR-Arbeit von Medienunternehmen [Arrivederci Luhmann? Ahead Schumpeter! Transparency and self reflexivity: Thoughts about media journalism and PR of media companies]. In H. Fünfgeld and C. Mast (eds.), *Massenkommunikation. Ergebnisse und Perspektiven* [Mass communication. Results and perspectives] (pp. 193–211). Opladen: Westdeutscher Verlag.

Schäffle, A. (1875). *Bau und Leben des socialen Körpers* [Structure and life of the social body]. Vol. 1. Tübingen: Laupp.

Scholl, A. (ed.) (2002). *Systemtheorie und Konstruktivismus in der Kommunikationswissenschaft* [Systems theory and constructionism in communication studies]. Konstanz: UVK.

Scholl, A., and Weischenberg, S. (1998). *Journalismus in der Gesellschaft. Theorie, Methodologie und Empirie* [Journalism in society. Theory, methodology and empiricism]. Opladen: Westdeutscher Verlag.

Schulz, R. (1974). *Entscheidungsstrukturen der Redaktionsarbeit. Eine vergleichende empirische Analyse des redaktionellen Entscheidungshandelns bei regionalen Abonnementzeitungen unter besonderer Berücksichtigung der Einflußbeziehungen zwischen Verleger und Redaktion* [Decision structures of newsroom work. A comparative empirical analysis of newsroom decisions of regional newspapers with special consideration of the relationship between publisher and newsroom]. Rer. pol. Diss. Mainz.

Solomon, H. M. (1972). *Public welfare, science, and propaganda in seventeenth-century France. The innovations of Théophraste Renaudot.* Princeton, NJ: Princeton University Press.

Tuchman, G. (1978). *Making news. A study in the construction of reality.* New York: Free Press, London: Macmillan.

Wagner, H. (1965). Ansätze zur Zeitungswissenschaft. Faktoren und Theorien [Approaches in newspaper studies. Factors and theories]. *Publizistik*, 10, 33–54.

Weber, M. (1968). *Economy and society.* G. Roth and C. Wittich (eds.). Berkeley, CA: University of California Press.

Weiss, H.-J. (1977). *Synopse "Journalismus als Beruf": Schlussbericht* [Synopsis "journalism as occupation": final report]. Munich: Arbeitsgemeinschaft für Kommunikationsforschung.

White, D. M. (1950/1964). The "gatekeeper": A case study in the selection of news. *Journalism Quarterly*, 27, 383–90. Reprint in L. A. Dexter and D. M. White (eds.), *People, society and mass communications* (pp. 160–72). London: Free Press.

Wiener, N. (1946). *Cybernetics or control and communication in the animal and the machine.* Cambridge, MA: MIT Press.

Wright, Ch. R. (1989). Functional analysis. In *International encyclopedia of communications*. Vol. 2 (pp. 203–6). New York: Oxford University Press.

# 第4章
# 人人享有信息传播权：新闻业的文化路径

约翰·哈特利

文化研究和新闻业在诸多重要方面是一致的。它们都对复杂社会中技术导致的意义中介化（mediation）感兴趣。它们都探究日常的普通生活：新闻业从可报道事件的角度出发；而文化研究则立足于日常生活经验。它们都显示了解放主义者的倾向：新闻业是自由主义式自由的现代传统的组成部分；文化研究则是争夺身份认同、权力和表征过程中所形成的批判话语的组成部分。但是，从大学课程中成长起来的新闻业研究传统较少关注现代社会新闻业的总体目标，而是更多关注工业化和企业模式生产中的专业性职业的目的（Gans, 2004）。文化路径在这一传统中发挥的作用甚微。事实上，尽管（或者因为）它们都对冲突社会中的意义传播感兴趣，但却出现了将文化和新闻学路径视为对抗或相斥的倾向（Green & Sykes, 2004）。

本章尝试展示和描绘新闻业的文化路径。开篇将论述文化研究如何将新闻业视为研究对象。整个研究路径，即批判而非量化的路径是重点，而不是任何特定的研究发现。紧接着，文章应用文化路径，提出新闻业不仅应被彻底视为专业实践，也应被看作人人享有的权利。

## 新闻业的文化路径

20世纪60年代,文化研究作为批判的、智力的和教育的事业而兴起。其宗旨是批判性的而非专业性的。它建基于教学而非研究。作为一种对抗性话语,它并不致力于提升从业者的专业技能;它旨在赋权读者和受众,而非记者。因此,代表职业、新闻组织或部分公关产业的新闻学研究不是其重点。

英国文化研究(Turner, 2002; Lee, 2003)的出现直接源于现代知识体系的明显不足,它或从学科(比如,政治科学、经济学、社会学和文学研究),或从激进主义分子的角度解释了社会变迁如何产生,如何被激励,以及对谁有利。现有的框架基于经济和政治基础,将现代性的人类"主体"定性为工人和选民,聚焦于在工作场所的解放主义者以工人运动和工会制度(经济)方式进行的斗争,以及以议会工党(政治)方式进行的民主选举。然而,直到20世纪中叶,这些斗争都没有促成预期的社会转型和大众解放。

同时,关于文化在社会中角色(比如文学研究)的既定解释似乎忽视了文化对经济和政治发展的影响,反而侧重美学问题。文化被现代主义政治和经济分析人士视为一种附带现象,是变迁的结果而非原因;被现代主义文化理论家视为当今政治经济导向的一剂良方而非引擎。作为以文学为基础的研究路径,现代性的"主体"既不是工人,也不是选民,而是读者。

文化的政治-经济和文学-美学研究路径之间的差别可以在社会科学与人文学科的分野中找到制度形式。值得注意的是,高等教育中的新闻学项目分置两边。早期以学院为基础的新闻学培训计划主要是文学性的(Hartley, 1996, pp. 247-248),其目的是培养职业作家。但现在,新闻学项目则设置在社会科学学院(介于传播学和商学之间)或政治和政府系。新闻学研究是这些学科的后代。

文化研究项目也将经济的(工人)、政治的(选民)和文化的(读者)领域整合为一致的研究对象,探究文化为何以及如何影响经济和政治的决定性领域。如果工人阶级不按照他们应该听命的经济和政治阶级利益行事的话,他们的文化会加剧因循守旧,还是推动变革?最终文化会成为原因吗?(Williams, 1961)

正是基于这一点，对社会变迁感兴趣的文化分析者开始仔细分析主体性概念，将视角从工人和选民（或大众）转向了受众的传播形式——消费者。为了理解社会变迁为何没有产生于工厂门口或民主投票的激进主义，分析者很快发现，传播的工业化形式（大众出版、报纸、电影和广播电视）对大众读者和受众的主体性和意识的影响是潜在的绊脚石。自认为自由民主式自由灯塔的新闻业实际上是阶级化、种族化、性别化，以及"他者化"主体解放的阻碍？晚间新闻是权力和控制机构的一部分吗？（Hall et al.，1978；Ericson, Baranek, & Chan, 1987）

新闻业的文化路径对大众媒介读者和观众的主体性感兴趣，进而评估作为全球企业传播机构组成部分的新闻媒体的意识形态、政治和经济影响。但是，社会科学/人文学科的学科界限在这里再次发挥作用。国家、企业和权力精英运行的结构和制度层面占据了文化产业的政治经济学研究议题，新闻媒体也在其中。一些批评者把政治经济视为文化研究的一部分，但其他人则视之为不同取向（Miller, 2001）。与此同时，文化分析者借鉴了文学、语言学和符号学传统来探究语言中的主体性是如何被固化的，现代社会中不平等的权力关系是如何通过日常生活和大众媒介得以每日实践的。它们研究社会中意义的生产和传播，从而回答这一问题：如果权力以多种方式运作于"受支配的"人，那么它是如何在传播中完成的？权力是如何通过报纸和电视报道的文本传递的？这产生了对包括新闻业在内的媒介文本的"批判性阅读"或"祛魅"（demystification）实践（Hartley, 1982）。因此，新闻业的文化路径从一开始就对有影响力的"发言人"（媒体公司、政府机构）和寻求解放的"收信人"（受众、读者）之间的文本关系感兴趣。细致研究"编码"和"解码"（Hall, 1973；Hall, Connell, & Curti, 1977）等文本关系，试图理解意义是如何在大型媒介中表达或建构的，主导意义是什么，以及需要做些什么才能将从属群体从"受支配"中解放出来。

文化研究对社会变迁的经济和政治决定因素的最初兴趣导致其对社会阶级，特别是工人阶级的关注，但是随着时间推移，关注点拓展到了性别、民族、种族、第一民族（first peoples）[①]、性取向、国家、年龄组，以及基于音乐（摩登

---

[①] 一个加拿大的种族名称，指的是在现今加拿大境内的北美洲原住民及其子孙，但是不包括因纽特人和梅蒂斯人。——译者注

派、朋克）或迷群（《星际迷航》迷）品味文化形成的身份认同。对流行文化中消费者和受众身份认同的关注生产了大量文化研究。新闻业本身不是它的研究对象。但是，正是在身份政治语境中，用户主导和消费者创造的新闻业凭借亚文化和反主流文化（counterculture）的电子杂志，以及女性主义者、反战和环境运动宣称的反公共领域，第一次成为重要话题（Felski, 1989）。

新闻业不是作为专业实践而是作为意识形态实践被纳入文化研究之中的。新闻文本（包括照片和音视频报道形式）依据符号、叙事和其他传播属性被分析，从而找到批评者所观察到的政治或社会影响的根源；以及普通人能够拥有或者建立什么资源来抵制，或者提出和创造替代物。在对新闻业的这一评估中，接收语境与生产语境同等重要。接收语境被视为社群（文化），而非市场（经济）或选区（政治）。

新闻业的文化路径不是一个学科项目，没有统一的方法论。鉴于其多样化和跨学科性质，多年来的显著特点之一就是"自反性"（reflexivity）：简而言之，同时从政治和认知主体角度来确认研究者的立场。事实上，这是一种干涉主义分析形式；其支持者想要改变世界，而不仅仅是了解世界；很多研究者试图生产激进主义者。

## 作为人人享有的权利的新闻业

为了自反性地实践文化路径，体现自由主义新闻业（liberal journalism）的普遍主义理想能与文化研究的解放主义诉求融为一体，本章余下部分回应《世界人权宣言》(*Universal Declaration of Human Rights*，UDHR）第 19 条提出的大胆假设，特别回应"人人"（没有例外！）享有寻求和接受以及"传递"（传播）"信息和思想"权利的激进的乌托邦-自由主义思想：

> 第 19 条：人人享受主张和发表意见的自由，此项权利包括持有主张而不受干涉的自由，可通过任何媒介不受国界限制地寻求、接收和传递消息和思想的自由。

(United Nations, 1948)

作为一名有影响力的英国记者和编辑，伊恩·哈格里夫斯（Ian Hargreaves）[①]也提出，"在民主国家，每个人都是记者。这是因为，在民主国家，人人都享有传播事实或观点的权利，不论其多么微不足道，多么骇人听闻"（Hargreaves, 1999, p. 4）。

正如《世界人权宣言》一样，哈格里夫斯的真正挑战是对整个社会而言的。这对于记者和新闻教育者来说，也是一种挑战；对于新闻学研究来说，也是如此。如果"人人都是记者"，那么新闻业如何被召唤（*professed*）？如果它的实际范畴是"民主国家中的每一个人"，那么新闻学研究需要拓宽视野，超越记者职业或当前的新闻产业。

如果"人人都是记者"，那么对文化研究也是一个挑战，因为消费者（阅读公众）正转变为生产者（记者）。当现代性的"阅读公众"（受众或消费者）变成全球互动媒体的"书写公众"[用户、"产销者"或"专业-业余协作（ProAm）[②]"]时会发生什么（Leadbeater & Miller, 2004; Bruns, 2005）？

## 作为族群的新闻业

直到目前，还没有将《世界人权宣言》中提及的世界人权转变为可由人类普遍行使的权利的方法。而新闻业已经代表公众行使该权利。在代议制民主国家，我们已经习惯于"代议制新闻业"（representative journalism）——代表我们（为了公众利益）行使告知自由的权利。正如代议制政治一样，新闻业已经成为一个日益专业化、企业化和专门化的职业，逐渐远离日常生活及其所代表的普通人群。

与此同时，新闻业在现代阶段已经成为一个拥有区分内行与外行的强大文化的职业。事实上，鉴于记者的"新闻敏感"、记者新闻报道的"直觉"，以及好记

---

[①] 伊恩·哈格里夫斯，现为英国威尔士卡迪夫大学数字经济学教授，为2011年度独立知识产权报告的主要负责人。他曾任《金融时报》记者、BBC新闻和时事栏目主管、英国《独立报》（*The Independent*）和《新政治家》杂志（*The New Statesmen*）编辑。——译者注

[②] ProAm 是英文 professional-amateur 的缩略词，一般指职业及业余运动员都参加的比赛，或科学学科（如天文学）中专业人员和业余爱好者之间的协作。——译者注

者是"天生的而非后天打造的"观念（Given，1907，p. 148），有种隐约的质疑之声认为，新闻业更可能被业内人体验为一个族群，而非一种人权。事实上，记者们开始遵循澳大利亚和其他地方确认土著人的定义性身份（definitional status）程序，即要符合资格，你必须：(i) 是某个特定社群的后裔；(ii) 认同并按照某个特定社群生活；以及 (iii) 被某个特定的想要承认、维系和传播其独特文化遗产的社群接受（ADAA①，1981，p. 8）。在记者眼中，记者群体的确是个部落。

新闻业的"我们"社群与外行之间的这种区别，导致新闻学研究通常局限于业内人的视角。同样，新闻教育意味着为现有新闻编辑部提供工作培训。极少数的新闻学院把新闻业作为一项人权来教育；然而很多新闻学院认为，任何没有像新闻编辑部雇员那样从事新闻工作的人都不能声称从事新闻业（profess journalism），也不应该让他们去教育那些将新闻作为首选职业的人。这造成的结果是新闻学研究和教育成为限制性实践。它们旨在把外行排除在新闻业之外。

对此，也许有人会抗议说这是非常理想的情境，因为记者应该接受高标准的培训，进入这个行业的人应该仅限于那些干得好的人，就像医学和法律等其他职业一样。这是一个令人信服的论据，但遗憾的是，它既不符合许多国家新闻实践的事实（有些地方人的长相比良好的训练更重要），也不符合信奉个人自由和自由民主的社会的利益。社会反对专业主义是因为将新闻业局限于那些通过任何方式获得资质的人，相当于给表达观点发放许可证，这完全是反民主的。在有些国家，编辑、媒体所有者，甚至许多资深记者就对培训本身持怀疑态度，对他们来说，新闻业不是一种职业而是在工作中习得的一门手艺。因此，没有接受任何职业训练仍然能够成为一名记者。同时，大多数新闻学专业毕业生不去新闻编辑部工作。拥有能干的从业者和对实践有清晰认识的强烈愿望与行业和民主规则相矛盾。

与此同时，新闻学院自己的消费者提出了一种与众不同的可能性。许多本科生把新闻学学位视作具有实践技能、能够参与政治和商业应用的普通文学学位（the general arts degree）的一种新形式。他们或许无意进入（日益官僚化和无产阶级化的）组织化新闻编辑部。他们已经表现得好像人人都是记者，磨炼一些

---

① 澳大利亚土著事务部（Australian Department of Aboriginal Affairs，ADAA）。——译者注

关键技能但不想"成为"记者。

## 作为过渡形式的新闻业

关于新闻生产的学术研究掩盖了以下事实：尽管历史悠久（约 400 年），然而新闻业"正如我们所知"，可能是建立在实现全部民主潜力——每个人都有权利去实践民主——的技术不可能性基础上的过渡形式。在现代性的机械和无线电阶段，新闻业依靠印刷机或电子媒介生产技术，逐渐需要大量资本投资来实现大规模的触及率和收视率。它发展出一套大众传播的一对多模式，以及声称代表个人表达自由的权利的对照。

现如今，现代性的互动阶段已经显现科技形态；不出所料，新闻业已经成为后无线电时代互动媒体的最早牺牲品之一。从互联网［马特·德拉吉（Matt Drudge）①］开始，互动媒体迅速发展，不论技术平台，涵盖了多种多样的用户主导形式，比如电子杂志、博客和阿克塞尔·布伦斯（Axel Bruns，2005）称作的"协作式"网络新闻业（"collaborative" online journalism）。新闻业已从现代专家系统转变成当代开放式创新，即从"一对多"到"多对多"的传播形式。

因此，对外，新闻业作为一个族群；对内，新闻业作为一项人权。如果新闻业是一项人权，那么不仅有必要将它理论化为一项人人都能实践的手艺，还要拓展新闻的边界，使其超越民主进程模式，将新闻业对人类的更多意义纳入其中；尤其是私人生活和经验世界，以及在性别、种族、国家、年龄或经济等组织化新闻媒体的目标群体之外处于弱势的人群。这种可能性曾在替代性和社会运动媒体、地下或反主流文化刊物、社区广播和爱好者杂志中完整地实践过；在时尚、生活方式、消费者和休闲报道等主流新闻业的文化或娱乐形式中也出现过（Lumby，1999）。世界上的许多记者在这些领域工作，但它们在新闻学院里几乎不会被当作新闻业提及。在新闻学院里，新闻业仍然致力于作为民主进程表征与

---

① 马特·德拉吉，美国"德拉吉报道"（DrudgeReport）网站的创办人，他也是一名网络记者和电台脱口秀节目的主持人。——译者注

代表的看门狗、第四等级或第一修正案模式（Gans，2004）；与此同时，对等同于女性化消费的非新闻、生活方式报道不屑一顾，后者因此受轻视。

## 新闻与文化

探究作为一项人权、作为沟通行动的一般能力的新闻学研究还没有建立起来。但是，作为人权的新闻业已在关注媒体消费者、新闻以商品形式进入人们日常生活且成为文化语境的研究中出现过。这正是文化研究最初进入的地方（Hoggartt，1957；Hall et al.，1978）。新闻业的文化路径始于新闻业变得有意义。它们对政治经济、文本系统、文化形式和意识形态融合于意识——不同文化身份在符号和经济价值观融合中得以塑造——的节点感兴趣。文化研究希望在社会和文化理解中了解新闻业的含义。但是在当代社会（机械-电子现代性），作为实践的新闻已从作为意义的新闻中分离出来。因此出现了知识劳动分工，新闻学研究关注生产者和实践（公共事务），文化研究关注消费者和意义（私人生活），两者都没有详述新闻实践和意义应该被作为相同的研究对象来理解的事实。

在文化研究中，消费者没有被概念化为被动的或行为主义的主体。像记者一样，他们也是能动者：事实上，他们的意义建构实践正是使作为社会理解（social uptake）的新闻业有意义的活动。这样的实践从解码开始，也许以投票箱、契约和争论告终。每个人的立场都是结构性的且以多种方式被管理，同时，它也是创造性的、生产性的和有原因的；它是行动而非行为。在文化语境中，行动受制于权力，意义的建构使用日常生活中阶级化、民族化、性别化和社会经济形塑的主体性。因此，新闻业的文化路径始于价值链的"错误"终端。文化路径不是始于源头——组织化新闻的所有权、生产或来源；相反，它通常始于其终点，将新闻媒体的读者/观众或消费者理解为文化的一部分。从这种文化视角来看，消费者也许可被视为多媒体的"阅读公众"，现代早期"文学界"（republic of letters）的后继者（Hartley，2004a，2004b）。他们没有被简化为营销、媒介或政治竞选的结果的状态。文化路径从日常生活节奏和"个体政治"角度探究普通人与新闻业和新闻媒体的互动，进而研究现代社会中意义建构和身份认同形成的人类学进程,包括通常在主流媒体中不值一提、在新闻学院中很少提及的文化抗争和身份政治。

## 人人皆记者

联合国关于新闻作为一项人权的宣言振奋人心;它是对行动的挑战,不是事实的描述。它代表自由民主政治的一种理想类型。它如果具有实践意义,那么需要被倡导、被拓展、被使用和被捍卫。正如土著人律师米克·多德森(Mick Dodson)在提及土著人民族自决权时所说:"在现实政治的世界中,不管是权利的存在还是法律对权利的承认,都不足以保证其享有"(Dodson,1994)。自弥尔顿(Milton,1644)以来,新闻业最进步和最重要的倡议都由宣称新闻业作为一项实践的人权的男性和女性创造。他们在未获允许的条件下开始发行报刊。由此看来,新闻的历史是单纯行使那项权利的话语和实践的积累。然而,有许多现有力量或权力限制了联合国宣言的实现,其中包括当代新闻业,从这个角度而言,当代新闻业是实现愿景的一个障碍。

如果人人都是记者的话,就不可能有基于专业化生产、产业化组织(包括所有权和控制)、文本形式(从新闻到公关)甚至接收的新闻理论存在,因为这些都不重要了。

- 其中,新闻业的专业化是一种限制性实践,它旨在制造劳动力稀缺,从而为专业人士工作。
- 媒体的产业化把能够在社会范围内传播的人限制为极少可以承担进入"大众"媒体成本的人。
- 作为经历几个世纪由习俗和实践积累起来的文本系统,新闻业呈现出一些普遍特征,这些特征有力地把各种表达形式从新闻业中排除出去。
- 媒体的管制被正确且保护性地用于限制新闻业——纠正诽谤、扫除淫秽等,或者保护特殊身份和少数群体免受法律上认为骇人听闻而不允许新闻报道的观点所害。
- 表达观点或获取信息的权利受制于权力——实践中,它对不同性别、阶级、种族和年龄等人群并非不偏不倚。"民主均等的逻辑"也许会激发各类社会运动的抗争,进而拓展至女性、工人、有色人种、儿童等权利,但是普遍性(universality)永远无法在实践中实现,即便是细微的拓展也需要抗争和领导力。

通过扩大媒体传播的规模、提高效率和提高生产力,不少企业家发现了机会和财富,有些企业家则实践了政治或文化权力。这样的成功——甚至取决于媒介帝国的规模——不能从新闻理论中排除,但也不能成为其基础,因为目睹当下个人新闻(博客)和搜索引擎新闻(谷歌新闻)的优势,从商业上定义的新闻业模式如今会遭到某些流行的不同观点的反对。

## 一个书写的公众

意见和信息只有在公众中传播才能成为新闻。新闻需要媒介技术和有文化的读者"传递",这就是为何新闻是一个现代现象而不闻于前现代社会。历史上,与《世界人权宣言》正相反,新闻的接近权和传播能力并非普遍分布。现代大众媒体,包括印刷媒体和广播电视媒体,虽然能非常有效地聚集人口"阅读"页面和屏幕,以致旧民主社会的每个人或多或少都能接触新闻,但其在广泛拓展新闻实践方面却不太成功。对大多数公民来说,现代是一个"只读"时代而非"读写"时代。但正是对这个问题的思考体现了联合国宣言的重要性,因为正如哈贝马斯所说,它阐明了现代性仍然是一个未完成的工程。这需要努力将新闻实践拓展至"每个人"。但是,当现代性已完成,或者想象其已完成时,我们习惯性理解的新闻本质也就完全变了。因此新闻学研究必须以"每个人"已经或还未被带入信息和意见的公共领域的方式看待历史,以"每个人"所处的位置看待文化,从而实践他们的传播权利。新闻学研究必须要探究民主或民主化社会中公共信息和意见的使用。

阅读公众或文学界是早期新闻业的伟大创造之一,可以追溯至18世纪即约翰逊(Johnson)、艾迪生(Addison)和托马斯·潘恩(Tom Paine)所处的现代化进程中(Hartley, 1996, 2004b)。在19世纪工业化过程中,形成了大众阅读。文化研究发轫于理查德·霍加特(Richard Hoggart)的《识字的用途》

(*Uses of Literacy*,1957)一书,该书研究识字率达到大众规模、信息媒介发展到大众娱乐阶段的阅读公众。此后,文化研究专注于媒介生产转变为传播和文化的时间节点,即在日常生活条件下的使用节点。

如今已是亲眼见证多媒体阅读公众概念的时代,距离完全"读写"识字时代还有半程。简言之,已经到了思考书写公众的时候。新闻业对民主进程、事实性报道和真实事件的引人入胜报道的兴趣可以与文化研究在权力、生活体验和日常生活语境中的批判性激进主义的兴趣相结合。自此,重建应对阅读公众的新闻学研究成为可能。

## 全球化和编校型社会

这里还需要面对的一个问题是,如果没有阅读公众,"传递"信息的权利就无法实现,因为在特定表达形式中,相较于阅读,人们更愿意书写。如果人人都在说,那么谁来听,又用什么设备来听?这个问题可以转变成另一个问题来解决,这就是创造性编辑或"编校"(redaction)——迅速成为当下关键性艺术形式的新闻实践——问题。我把当代社会界定为"编校型的"(Hartley,2000)。例如,媒体的编辑实践可以揭示有关文化及其各类子群的预设,从而总结出意义的来源,解释应对商业领袖、名流、外国人和本土青年身份认同的差异。基于这些研究可以得出,在"编校型社会",编辑实践决定了什么是真的,由此产生哪些政策和信念;当代美的等价物是什么(比如,创新的、艺术的、性感的、黑暗的、令人愉快的、时尚的、独创的或奇特的),以及该如何将欲望排序。这一场景源于20世纪晚期经济和技术的融合,媒介和娱乐内容全球化,大规模使用互动传播开始出现。这需要编辑实践将如此丰富、重要且混乱的潜在可能性条理清晰地打包给用户,不管用户是个人、企业还是国家。

这是有关沿着意义的"价值链"长期转移的更大争论的一部分(Hartley,2004a),其中被社会认定的意义及合法性来源,经由文本(现代的),已从作者(中世纪的)转变为了消费者(现在的)。在中世纪,意义的来源是上帝,即终极创造者。在现代社会,意义来源于经验对象或文档,即可观察的证据。然而目前，意义来源于广大读者或观众，并由公民投票决定（Hartley，2006）。

在当代社会，价值、真相和意义碎片化为总人口中的自治公民或消费者数量，除了衡量数量，没有明确的或一致的机制（权威）来决定谁获胜。因此，设计周详的机制已经用于扩大意义的种种来源，并扩散至很多公共和中介化生活领域，包括编校和公民投票（Hartley，2006）。编校是编辑的艺术形式，是将现有材料汇集成一种新形式。新闻业的功能从新闻采集变为编校：记者的主要工作是筛选现有数据，向读者阐释其意义，而不是生产新信息。谷歌新闻清晰地体现了这一过程，它将数以千计的新闻网站编辑成一个，通过算法（不是记者而是一种自动的全民投票）呈现全世界的头条新闻，依据在互联网上出现的次数和新鲜性（新闻价值）进行排序。

数字内容消费的全球化也促成了一个"人人皆记者"或"人人皆能成为记者"的社会。他们不仅能够通过电子邮件、博客、网站、短信等读写媒介来表达意见或传递信息，他们的观点也能够被收集并加工成集合形式，比如天空卫视新闻频道的每日一问（the question of the day），英国广播公司这样的媒体组织运作的"最佳"类竞赛。

同时，新闻业如此大规模地扩张以至于不再被认为是新闻。新闻报道不再局限于调查政治的不法行为、政府和商业决策，以及体育和娱乐成绩，非新闻领域的新闻业发展迅速并超越了新闻业本身。企业传播、公关和市场营销通常由记者来做，并当作新闻来完成。电视上的时尚、旅游、名流、化妆美容和生活节目成为有志向的记者最羡慕的工作，也成为最流行的文化形式。杂志比报纸更具活力，报纸也开始发挥杂志功能，至少周末是这样的。在专门领域进行信息交流，这曾是杂志的领域，现在已迁移到网络上。互联网上有关于特定兴趣的领域，比如谱系学的海量信息，这催生出新的网站和杂志帮助人们浏览。简言之，通过某种全民投票或编校，不管实践是直接的、抽样的，还是混合的，人们可以开始想象一个人人都是记者的社会。这就是新闻业的文化研究理论需要探究的领域。

紧接着，问题出现了。这些问题都值得进一步研究：

（1）如何获得书写权——新媒体的识字问题，不仅指技术技能，还包括一系列完整的创新能力，超越了自我表达，走向传播及客观描述和论证，将识字从"只读"延伸到"读写"。

（2）如何组织和编辑数十亿写作页面——不只关乎规模、数据挖掘和归档的技术问题，还涉及如何为既是生产者又是消费者的媒介浸润人口（a media-saturated population）编辑的更深次问题；这些是"注意力经济"时代需要回答的编校问题（Lanham，2006）。

（3）如何呈现事实和意见，向社会反馈——关于如何扩大意见的问题；有关全民投票的问题。

（4）如何说实话，以及如何判断说的是真话——传播伦理问题。

（5）如何维系分层社会的"高层"和"底层"？——在关于正在发生什么的寻求真相的话语中，将形形色色甚至冲突对立的读者联合起来？这要求在言说重于理解（众声喧哗超越权威智慧）的语境下探究读者群的实践。

（6）在一个人人皆记者的时代，大师在哪里，他们如何可见？这提出了作为读者文本体验的新闻业的吸引力和沟通性问题，也就是过去说的"文学性"（literariness）。什么是好新闻；它如何被广泛推广？

如果人人皆记者，那么每个人不仅拥有表达的权利，还拥有传递他们实际持有的信息和意见的权利，即使这些信息和意见被他人视为有害的、"骇人听闻"的或执迷不悟的（Hargreaves，1999）。所谓的用户主导性创新将再造新闻业，使它更接近人人享有权利的梦寐以求的理想。新闻业将被再造，但依据什么再造，目前正由新闻学院以新闻学研究的名义来判断，最后知道的人也许是专业记者。

## 参考文献

ADAA (Australian Department of Aboriginal Affairs), Constitutional Section (1981). *Report on a review of the administration of the working definition of Aboriginal and Torres Strait Islander.* Canberra: AGP.

Bruns, A. (2005). *Gatewatching: Collaborative online news production.* New York: Peter Lang.

Dodson, M. (1994). The end in the beginning: redefining Aboriginality. Retreived June 2, 2006, from hreoc.gov.au/speeches/social_justice/end_in_the_beginning.html

Ericson, R., Baranek, P., and Chan, J. (1987). *Visualizing deviance: A study of news organizations.* Milton Keynes: Open University Press.

Felski, R. (1989). *Beyond feminist aesthetics.* Cambridge, MA: Harvard University Press.

Gans, H. (2004). Journalism, journalism education, and democracy. *Journalism and Mass Communication Educator,* 59(1), 10–17.

Given, J. L. (1907). *Making a newspaper.* New York: Henry Holt.

Green, K., and Sykes, J. (2004). Australia needs journalism education accreditation. *Jour-Net international conference on Professional Education for the Media*. Retrieved June 2, 2006, from portal.unesco.org/ci/en/ev.php-URL_ID=19074&URL_DO=DO_TOPIC&URL_SECTION=201.html

Hall, S. (1973). *Encoding and decoding in the media discourse*. Stencilled paper no. 7, Birmingham, CCCS.

Hall, S., Connell, I., and Curti, L. (1977). The "unity" of current affairs television. *Working Papers in Cultural Studies*, 9, 51–93.

Hall, S., Critcher, C., Jefferson, T., Clarke, J., and Robert, B. (1978). *Policing the crisis: Mugging, the state and law and order*. London: Hutchinson.

Hargreaves, I. (1999). The ethical boundaries of reporting. In M. Ungersma (ed.), *Reporters and the reported: The 1999 Vauxhall Lectures on Contemporary Issues in British Journalism* (pp. 1–15). Cardiff: Centre for Journalism Studies.

Hartley, J. (1982). *Understanding news*. London: Routledge.

Hartley. J. (1996). *Popular reality: Journalism, modernity, popular culture*. London: Edward Arnold.

Hartley, J. (2000). Communicational democracy in a redactional society: The future of journalism studies. *Journalism: Theory, Practice, Criticism*, 1(1), 39–47.

Hartley, J. (2004a). The "value chain of meaning" and the new economy. *International Journal of Cultural Studies*, 7(1), 129–41.

Hartley, J. (2004b). "Republic of letters" to "television republic"? Citizen readers in the era of broadcast television. In L. Spigel and J. Olsson (eds.), *Television after TV: Essays on a medium in transition* (pp. 386–417). Durham, NC, and London: Duke University Press.

Hartley, J. (2006). "Reality" and the plebiscite. In K. Riegert (ed.), *Reality politics: The entertainment of politics in television programming*. New York: Peter Lang.

Hoggart, R. (1957). *The uses of literacy*. London: Chatto and Windus.

Lanham, R. (2006). *The economics of attention: Style and substance in the age of information*. Chicago, IL: University of Chicago Press.

Leadbeater, C., and Miller, P. (1994). *The "Pro-Am" revolution*. London: Demos. Retrieved June 2, 2006, from demos.co.uk/catalogue/proameconomy/

Lee, R. E. (2003). *Life and times of cultural studies: The politics and transformation of the structures of knowledge*. Durham, NC: Duke University Press.

Lumby, C. (1999). *Gotcha. Life in a tabloid world*. Sydney: Allen and Unwin.

Miller, T. (ed.) (2001). *A companion to cultural studies*. Oxford: Blackwell.

Turner, G. (2002). *British cultural studies*. 3rd edition. London: Routledge.

United Nations. (1948). *Universal declaration of human rights*: Adopted by the General Assembly of the UN, December 10. Retrieved June 2, 2006 from www.unhchr.ch/udhr/miscinfo/carta.htm

Williams, R. (1961). *Culture and society 1780–1950*. Harmondsworth: Penguin.

# 第5章
# 新闻生产的结构：新闻学研究的组织路径

克劳斯-迪特尔·阿尔特梅彭

## 新闻业为何需要组织路径

组织，在新闻编辑部诞生之初就已存在。随着时间的推移，职业结构已跟不上时代步伐，新闻工作者的角色发生了改变，部门和科室等已经建立，劳动力进一步分工，新闻编辑部引入了针对更加常规化新闻生产组织的行业自律（Nerone & Barnhurst, 2003）。结构、角色、部门和常规一般是组织研究路径的典型术语，新闻业也是如此。

当新闻工作者开始他们每天的工作时，他们工作中的许多部分已经预先确定了。新闻编辑部的内部结构（比如部门、科室）是固定的；新闻工作者知道作为记者或编辑，需要采集和选择什么新闻；他们知道涉及新闻选择和调查标准的工作程序；他们知道新闻编辑部的工作流程、层级和沟通。作为组织的新闻编辑部是能使一群新闻工作者生产一份报纸、一本杂志、一家新闻网站或一套广播电视节目的实体。

正如早期新闻学研究发现的，新闻报道并非个体新闻工作者的工作成果。

它还要倚仗新闻编辑部具体的组织细节、不同的职业角色、由新闻组织目标所决定的内在结构、各种技术影响，以及媒体市场的反响和媒体企业之间的竞争。比如，尽管个体层面和角色认知分析很重要，但是个体新闻工作者总是作为预设结构嵌入在组织模式中，后者影响每个新闻编辑部新闻工作者的工作和行为。

大部分新闻学研究都关注个体新闻工作者的角色概念、态度和信念；相反，新闻业的组织路径注重从角色、结构，以及媒体组织领导层的政策和管理角度追溯上层组织的影响。因此，组织模式体现了新闻编辑部的另一侧面。总体而言，这两个视角均证实了休梅克和里斯的研究发现，他们强调在组织层面，"涉及更庞大、更复杂、更宏观的结构"（Shoemaker & Reese, 1996, p. 140）。

所有这些结构都或多或少形塑了组织，反过来又影响了新闻工作，至少改变了大众媒体的内容。因此，评估新闻工作成果的影响因素时，有关组织对新闻业影响的知识很重要。对新闻学研究来说，组织是识别新闻生产条件的重要因素。研究者对揭示新闻报道完成之前发生了什么感兴趣，并且希望能够分析头条新闻背后的力量。新闻报道如何生产的这一问题直接指向了组织层面。长期来看，新闻业的组织路径能够追踪媒体组织，特别是新闻编辑部的发展过程，也能够比较新闻业是如何兴起的（Nerone & Barnhurst, 2003）。

新闻业的组织路径聚焦于三个不同层面。第一个层面是个体新闻工作者与新闻编辑部之间的关系。这一层面的焦点是个人与组织之间的共同期望域，包括薪水等硬性事实和工作满意度等软性标准。第二个层面涉及新闻组织与其他组织之间的关系。在新闻这里，媒体竞争是关注点，其他关注点还包括公关与新闻业之间、新闻业与新闻通讯社（news wires）之间的相互影响。第三个层面分析了新闻组织与社会之间的关系，社会对新闻业产生某种影响，反之亦然。

新闻业的组织路径更依赖于各式各样、有时相互竞争的模式，而不是单一的统一模式。但是，在新闻编辑部的个案分析中，组织、结构和管理层等术语都或多或少发挥了作用。本章的第二部分将详细解释这些术语。第三部分介绍新闻学组织研究范例。第四部分提出新闻学组织研究的未来挑战。

## 新闻业组织路径的支点：组织、结构和管理层

作为首要支点，组织是所有社会的重要元素。政党、税务局、国家篮球协会（National Basketball Association，NBA），以及包括媒体在内的所有商业企业都是组织。理由是，每当人们一起解决某些问题或完成特定目标时，他们必须协调合作并相互激励，以此达成目的。因此，组织的首要功能是协调和激励组织成员完成工作和任务。

所有组织都具有三个特征。第一，组织以在长期内实现特定目标为导向。这一目标导向对于整个组织而言十分重要，因为管理层制定的目标决定了所有员工的工作。组织的主要目标是"盈利"（Shoemaker & Reese，1996，p.145）。组织价值是有资金支付员工薪水，配置新闻编辑部及其设备，满足所有者、一般股东和特殊股东的需求。

鉴于经济目标，管理层架设了组织结构。因此，组织的第二个特征是它具有既定的且被接受的秩序和结构。描述组织结构的最流行方法是组织架构图，该图显示了部门（例如编辑部、广告部和发行部），以及部门间的不同角色，比如，执行编辑监督其他编辑，编辑反过来又监管记者和摄影师等（Shoemaker & Reese，1996，p.143）。

组织越复杂，其第三个特征也越复杂。组织以协调活动和可用资源的方式确保其长期生存的（经济）目标达成。复杂的组织结构增加了协调任务，因为这些结构强行规定了业务单位、部门和职业角色的数量。比如，新技术使组织面对不断变化的需求，这扰乱了现有结构，要求产生新型工作流程。日益缩减的收益使可用资源降到了最低限度，导致组织模式重构。通常，管理层必须通过削减成本和建立新的协调方式以应对新挑战。

由于组织通过自身重组来应对即将到来的挑战，因此结构是继组织之后最重要的术语。组织最重要的结构是部门和角色。就新闻工作者的角色而言，横向（编辑、记者、特派记者和摄影师）和纵向（主编、资深编辑）的不同角色之所以重要，是因为它们"体现了谁做什么"（Shoemaker & Reese，1996，p.142）。每个不同的角色表明了对受雇于这些角色的个体的期望和权威路线是什么。主编负责协调生产整张报纸的整个新闻编辑部，而记者则必须协调他们用来收集新闻的流程。

此外，组织路径还宣称不仅分析媒体组织某些部门的内在结构，还尝试揭示新闻编辑部、广告部、发行部等不同部门间的交集。为了生产一份报纸或制作一档24小时电视节目，组织的所有部门都必须为此目标协调一致。最后，组织路径能够研究媒体组织间的资源竞争（比如独家报道，或更高的发行量），以及媒体组织与社会之间的关系。后者的关系研究涉及媒体组织的社会功能，比如通常内置于利润率总体目标中的公共服务目标。

负责目标决策的机构就是管理层。因此，媒体管理是分析媒体组织的另一个重要术语。当组织必须解决问题和完成目标时，谁来界定这些问题和目标？这是媒体管理者的任务。在整个组织内，这应该是所有者、销售经理和广告经理的任务。在新闻编辑部的中间管理层，编辑、制片人和协调员构成了组织角色。在最上层，诸如主编等企业和新闻总监"制定组织政策，编制预算，决定重要人事安排，维护企业的商业和政治利益"（Shoemaker & Reese，1996，p.151）。媒体管理领域涉及管理层如何制定政策和组织管理；解答组织中的领导层和决策者问题；以及研究媒体管理者的工作，包括组织和制定预算，与人协作进行市场分析、产品规划、促销、生产和分配。总而言之，管理层把组织结构的形态与谁以何种方式管理结构的问题联系起来。

这些结构影响新闻生产方式，因为它们影响新闻工作者报道什么、编辑撰写什么以及应该出版什么的决定。组织结构反映了生产新闻的制度条件。

> 因为新闻不是从天而降的，而是由人生产的，这些人在嵌入更大的社会文化和历史情境下的复杂组织中工作。新闻工作是一个由角色占有者完成，被组织成社会结构的社会过程。社会结构将个体职业努力联系起来，让个体行为者发挥团队成员的作用，最终为受众提供共同生产的同样的表演。
>
> （Gassaway，1984，p.16）

## 媒体组织和新闻编辑部的定义、特征和区别

到目前为止，我们已经列举了一些什么是媒体组织的例子，但我们还没有准确界定"媒体组织"这一术语。此外，我们还没有论证作为整体的媒体组织与其他组织是否具有可比性，它们之间是否存在显著差别。媒体与其他组织在许多方面都存在差异。其中之一是特定法律和修正案对媒体的特殊保护体现了媒体的社会角色。这种保护确保了作为看门狗、公共议题和事件解读者的媒体的公共角色。但是，这种保护暗示着媒体管理者在决定组织目标时应牢记媒体责任。比如，责任包括满足公众对报道应该可靠和值得信赖的期待。这种责任将媒体产品与衬衫、汽车和食品等其他产品区别开来。媒体产品有双重定位。它们必须在维持媒体业务的同时发挥媒体的社会功能。

媒体组织的经济目标和公共角色也许是所有者与新闻编辑部员工产生冲突的原因，尽管绝大多数时候利润率是更有力的论据。因此，媒体组织更多是从经济角度来界定的。"一个媒体组织可以被定义为社会的、正规的、通常是经济性的实体，雇用媒体工作者生产媒体内容"（Shoemaker & Reese，1996，p.144）。媒体内容的生产过程至少可以分为三步：采集信息、生产制成品副本、发布信息（Lavine & Wackman，1988，p.11）。采集信息包括记者调查和核实消息源，撰稿人重新组织素材。在生产的第二个步骤中，文章或广播报道必须转化成整份报纸或广播节目。发布环节将信息传递给受众。新闻工作者只参与第一个步骤和第二个步骤中的部分工作，因为这些是新闻编辑部的任务，而生产环节由排字工、摄影师等技术人员提供支持。

这一劳动分工说明新闻业的组织路径应该聚焦两个方面。一是新闻编辑部的内部组织，二是作为整个媒体组织中部门之一的新闻编辑部。新闻编辑部的内在结构强调了不同部门和新闻工作者特定角色之间的协调。第二个方面涉及在各部门相互作用中的新闻编辑部的功能和表现，它使媒体组织能够组装完整的报纸、杂志、广播电视节目、以及网站。

新闻工作者是新闻编辑部最重要的成员，在这里，他们必须完成作为记者、撰写者和制作人的角色任务。新闻的功能是选择、编辑和传播具有信息性、与特

定目标群体相关的话题（Löffelholz，2003，p. 42）。新闻编辑部也是新闻工作者公共角色的组织背景。新闻工作者是议题和事件的传播者或解读者，或是从政治或经济系统表象之下观察事件的看门狗。很多时候，新闻工作者的社会角色与第二方面，即作为媒体组织成员的新闻工作者角色相冲突。在媒体内，新闻工作者还必须满足整个组织的期望。这意味着他们必须为组织带来一定的利益。基于同样的理由，新闻工作者是支付其薪水、为其提供工作资源的媒体组织的雇员，组织也希望获得一定数量的服务作为回报，当然首先是完成劳动合同规定的任务。

作为一线员工的撰稿人、编辑和记者，他们不必每天与媒体组织的所有者接触，但中间和最高管理层需要每天接触。主编及其代表被纳入媒体组织的最高管理层，在管理层决策过程中代表新闻编辑部的需求。在通常艰难的谈判中，他们与来自广告和发行部门的其他管理者，以及媒体所有者争夺稀缺资源。尽管新闻编辑部及其员工在媒体组织内至关重要，但日益缩减的资源通常也会导致新闻编辑部预算的降低。更低的预算和成本缩减往往直接影响媒体内容，因为一旦开展工作的员工变少，用于调查的经费减少，编辑决策也会改变。

新的需求是在商业和新闻业之间保持平衡。"由于利润率的压力一直存在，报纸经营管理者发现不仅面临提升编辑质量和提供利基产品的压力，还面临创新重构组织的压力。"（Lewis，1997，p. 103）新闻编辑部的管理层参与如何平衡商业和新闻业的决策，因为他们是连接新闻编辑部和媒体组织之间边界的关键。新闻编辑部管理层协调内部工作流程，同时介入整个媒体组织的管理，因为在这两个组织中，"各组件必须携手合作"（Shoemaker & Reese，1996，p. 140），圆满实现商业目标。组件，更准确地说是新闻编辑部的结构，是本章下一部分的主题。

## 新闻编辑部的结构

组织结构影响着新闻生产方式，因为组织结构实质上反映了新闻生产的条件。一般来说，组织背景可以被认为是预先结构化的安排，既成全又限制了新闻工作者的工作。但问题是：新闻编辑部的这些结构安排是什么？结构的最简洁定义是构成实体（比如新闻编辑部）的要素，以及这些要素连接在一起的方式。一方面，结构为组织带来了秩序，并提供了稳定性和一致性。当组织成员（比如新闻工作者）根据一定规则工作且需要特定资源来完成他们的工作时，结构就发挥了作用。比如，新闻写作的常规流程是依据新闻选择的规则进行。另一方面，新闻工作者需要新闻通讯社等特定资源、技术支持，以及他们自身的工作能力和经验。

但是，结构并不像前文定义所述，它既不稳定也不一成不变。当然，管理层想要建立长期性结构，因为它可以将风险和不确定性最小化。但是，正如当今媒体产业的动荡不安所显示的，变化而非停滞更具挑战性。媒体市场是高度动态化的，媒体组织必须定期调整业务，应对变化的竞争、新技术和变化的受众需求。因此以恰当的方式改变结构是重点。基于此，最好将组织化的新闻业视为一个持续的过程而非静态组织来讨论。

新闻学研究者面临的挑战是建立充分的理论来描述和分析这些变化过程。由于变化主要是结构性的，因此有必要准确地详细说明该术语。在多数新闻业的组织路径中，结构用"规则"和"资源"等术语来描述，因此参考吉登斯（Giddens，1984）提出的结构化理论是恰当的。他将结构理解为规则和资源的相互作用，是一种解释规则修改（比如从部门变为话题组）、变化的理由（比如成本削减的先决条件），以及变迁过程中资源配置如何更新的模型。规则一般是指能使新闻工作者正确行事的程序。比如，意义规则是解释性方案，为新闻工作者提供工作的确切含义（Giddens，1984，p.29）。与此同时，他们也许会追求特定的角色概念，或者实践市场导向的新闻业，并且重视触及尽可能广泛的受众。重要的意义规则解释了做了什么的理由，并且提供了规范性依据。媒体组织的目标是最重要的意义类型。支配（domination）规则涉及使用和限制权力的不同工具。科层制度就是其中之一。新闻编辑部员工与媒体管理层之间的关系就属于支配规则。最后，合法化规则构成了规则的规范性基础，它们允许特定的制裁行动（Giddens，1984，p.29）。

比如，记者不仅掌握他们日常工作（新闻选择、消息来源的处置）的规则，也知道媒体企业制定的规则，特别是旨在实现公司目标的规则。此外，他们还了解新闻业的社会需求，他们必须把这些不同因素融为一体，才能成功且专业地工作。因此，规则对新闻工作者的社会实践至关重要，因为它们既能提供条件（比如"意义建构"、专业技能），又限制（比如经济目标、环境条件）实践。

　　作为构成广义结构的第二个术语，资源可分为两类。第一类是可配置资源，"指控制物体、商品或物质现象的能力"，第二类是"控制人或行动者"的权威性资源。休梅克和里斯在论述"明星主播和特派记者飙涨的薪水……削减了用于新闻采集的资源"（Shoemaker & Reese, 1996, p.147）时，提供了一个体现不同资源类别的范例。主播是唯一能够要求高薪的人，因为他们身处作为广播电台吸引受众的"品牌"这一显著职位。用结构化理论来讲，主播们拥有动员他们权威性资源（品牌、形象）的权力，这就是为何他们能赚得高薪。但是，薪水要求建立在可用的经济资源和媒体管理层支付意愿的基础上。因此，当管理层和新闻工作者协商工资时，他们会协商规则和资源，以及二者的变动。这一相互作用阐明了，把结构理解为一系列规则和资源使得分析组织如何运作、什么影响至关重要成为可能。

## 新闻业组织研究方法

　　新闻学研究中有关新闻编辑部如何运作的问题日益增多，在过去十年媒体产业经历动荡的过程中尤为如此。停滞不前的收视率、日益激烈的媒体竞争，以及快速下滑的广告价格正在威胁着媒体组织的生存。媒体组织的应对包括以削减工资、简化控制链条、减少新闻管理者数量和扁平化新闻编辑部层级的方式来干预组织结构，旨在重获令人满意的利润率。不过，这种应对对新闻编辑部的工作流程结构产生了影响。

　　变化的新闻编辑部出现了新的多样化需求。研究者发现，以项目团队而非个体方式工作成为未来趋势（Gade, 2004; Altmeppen, 2006）。研究者准确描述了要求新闻工作者密切注意新闻编辑部管理和新闻生产成本的事实。此外，新闻工作者必须知道目标群体，并且被要求营销新闻产品。

　　研究者用来探究这种组织背景的方法千差万别。在大部分研究中，他们经常使用媒介和传播科学的研究方法，根据研究问题的先后顺序选择性使用。如此一来，问卷是了解新闻工作者对结构变化态度的最常用方法。当研究问题涉及全新的未研究领域时，研究者采用深度访谈或个案研究。有时，个案研究也以观察为基础。使用个案研究的另一个原因是为了弥补问卷中被访者自我评估的偏见而导致的不足。在有些研究中，研究者采用三角测量法（triangulation）①，这意味着综合使用多种方法。比如，深度访谈之后采用观察法。深度访谈提供了对研究对象的最初洞见，为观察奠定了基础。

在几乎所有的新闻业组织研究中，研究者都尝试采用比较法。有些可能是关注某个新闻编辑部变化的前后比较。有些可能是进一步揭示不同媒体新闻编辑部之间的差异比较，比如两份或更多报纸间、报纸与电视间的差异。最后，组织路径支持不同国家间特定新闻编辑部的比较，尽管这样的案例极少。接下来的部分将介绍当下新闻学研究组织路径的一些精选案例。

## 展现结构和追踪变化：组织新闻学的研究发现

新闻业的组织研究在媒介和传播科学中较为普遍。大体来说，研究目的是展现新闻编辑部的结构变化，以及发现更多新闻工作者对结构变化的态度和意见。此前的研究严格专注于把关与新闻制作的中心条件和过程（比如，Gans，1979），现在的研究更注重由市场营销导向、更关注受众需求等新闻编辑部的新要求所导致的结构变化的原因和结果。原因显而易见：整个媒体产业必须面对经济和技术发展带来的特殊挑战。与互联网之间的新的竞争和日益增加的经济压力首先影响了组织结构，因为媒体所有者需要寻找新的更划算的方式来实现盈利目标。

有证据表明，新闻组织正经历自 20 世纪 70 年代照相排版出现以来从未有过的变化。新闻业的组织研究发现表明，新闻采集和呈现、新闻编辑部组织和管理发生了显著的结构变化。新现象包括简化的控制链条带来的扁平化的新闻编辑部

---

① 一般而言，三角测量法指的是一种结合使用不同的研究资料、研究人员、研究理论和研究方法来对同一个研究问题进行分析的研究策略。——译者注

层级、基于话题而非地理组织起来的跨部门团队,以及应对计算机化和互联网新竞争形成的新闻编辑平台。

## 个体记者和新闻编辑部组织

有些新闻学研究者对更好地理解重要结构变化现象感兴趣,为了解答发生了什么而在新闻编辑部观察变化流程。另外一些研究者对管理层和新闻工作者对组织变化的态度和意见更感兴趣,这些研究者想要找到新闻工作者自身对变化过程的评价。

例如,盖德[①](Gade,2004,p.25)向普通新闻工作者和新闻编辑部高层管理者发放了多重表述问卷(multi-statement survey)。他旨在回答的研究问题包括:管理层和新闻工作者对组织变化的态度和意见是什么?管理层和新闻工作者如何感知变化?管理层和新闻工作者感知变化有无不同?员工对组织规模(用发行量测量)的感知有无差异?

盖德把他的研究嵌入组织发展的理论框架,研究组织如何演进、学习和适应。组织发展重视影响新闻编辑部组织变化成功与否的变量,并且以此来确定雇员是否理解和接受新的结构规则(比如话题团队和修订的工作描述)与资源变化。由于盖德(Gade,2004,p.25)调查的是管理者和新闻工作者,他假设这两个群体对组织变化的评价存在差异。

盖德的假设在其所调查群体中得到证实,总体而言,他发现管理层和新闻工作者之间存在较大程度的分歧。管理层的任务是"顾全大局"和"做应做之事使变化成功"(Gade,2004,p.40),而新闻工作者则"把重组理解为一种为他们开展新闻工作提供更少资源的机制"(Gade,2004,p.42)。新闻工作者对组织变化的评价比管理层更负面。管理层和新闻工作者只对一点评价一致,即两个群体都认为变化是"市场和盈利驱动的"(Gade,2004,p.43),正如休梅克和里斯(Shoemaker & Reese,1996,pp.145-150)将其视为媒体产业经济支配的一个明

---

① 彼得·盖德(Peter J. Gade),美国俄克拉荷马大学盖洛德学院盖洛德家庭捐赠讲座教授。他的研究领域为媒介管理和经济学、新闻社会学和新闻的规范性价值等。——译者注

确指标。

对于未来研究的建议,盖德赞成分析以团队为基础的结构是否影响新闻工作者相互协作的方式。这是商业广播组织变化研究的焦点。阿尔特梅彭、东格斯和恩格斯(Altmeppen, Donges, & Engels, 1998)研究新闻工作者能力的问题:新闻工作者需要什么技能和知识来工作?他们在研究设计中采用了三角测量法:对管理者进行深度访谈,对新闻工作者进行调查,以及选定新闻编辑部进行观察,从而发现新闻工作者在不同任务上所花费的时间。大体上,他们发现所研究的广播新闻业在很大程度上正转向更加娱乐化的节目,新闻节目的份额日益减少,出现了创作和呈现节目内容的新模式。就报纸而言,部门和科室被解散,新闻工作者在每日一变的团队而非固定的部门中工作。这意味着某天正在制作喜剧节目的新闻工作者第二天可能要负责编辑部;今天的记者明天可能是新闻编辑;娱乐部门的负责人在记者休假时会承担记者工作。低层级和横向结构将更多工作量放到个体新闻工作者肩上。研究者们将这个规则改变后的现象命名为"每个人必须做所有事情"(everybody has to do everything)的观念(Altmeppen, Donges, & Engels, 1998, p.150)。据此,新闻工作者需要承担更多与往常职业新闻编辑部调查和报道等实践无关的特定任务,更需要制作面向营销和目标群体导向的内容。

出现这种变化的原因是为了维持利润最大化,或至少确保电台生存。正如节目部主任在追加的深度访谈中所承认的,电台的目标主要包括触及尽可能广泛的受众与高利润率。所有组织资源服从这一目标;即便是生产流程和工作常规结构,也不例外。

## 新闻编辑部组织模式比较

少有的新闻编辑部国际性经验比较研究之一来自埃塞尔[①](Esser, 1998)。他比较了德国和"盎格鲁-撒克逊"地区报纸的新闻编辑部,旨在"检验报社中组织背景和既有常规的影响"(Esser, 1998, p.376)。埃塞尔在参与式观察的基础上发现,在英国,组织原则是劳动分工和总编室,而在德国,组织原则包括低

---

① 弗兰克·埃塞尔(Franck Esser),瑞士苏黎世大学大众传播和媒介研究所的国际和比较媒介研究教授。他的研究领域包括政治传播、新闻学和比较媒介制度等。——译者注

程度的劳动分工和分权。结果是德国的编辑控制较低，新闻自主权较高。这些不同的原则不仅影响职位描述，还影响对新闻工作者角色的理解，明确表明组织规则产生深远影响。此外，英国的新闻编辑部需要更多员工，这可能是"资源浪费"（Esser，1998，p. 396）。这一研究体现了组织规则（比如新闻编辑部的工作安排）与资源（比如员工）之间的相互影响。

## 社会和新闻编辑部的组织变化

在组织研究路径中，分析媒体组织和社会之间的关系是最难的部分之一。在西方国家，媒体主要是宣称新闻自由的商业企业。尽管如此，媒体还被要求履行社会功能，媒体所有者坚持自由且不受政治影响的经济发展。经济目标支配了社会需求，管理新闻编辑部相应地只是媒体所有者和管理层的工作。

与此相反，在社会主义国家，政党决定新闻报道，它们对媒体的影响也包括对组织的影响。但是很多社会主义国家差不多都在转型，媒体所有权和结构也相应地发生了变化。两位学者（Wu & Chen，2005）描述了这一进程的结果，特别是对中国媒体组织模式的影响。他们研究了中国不同媒体的组织机构图，发现责任和权力由独立负责的主编向管理委员会转移。以前，政党监管主编，自1996年中国建立报业集团起，政党只是管理媒体的三个委员会之一。另外两个委员会是管理层和编辑委员会（Wu & Chen，2005，p. 92）。

尽管中国报业向市场导向的企业开放，但党委"仍然是最高决策机构"（Wu & Chen，2005，p. 93）。这一开放政策增强了报纸间的竞争，确立了劳动分工的第一步，特别是新闻编辑部与经营部门的分离。如此看来，在每一个社会，社会环境与新闻编辑部组织在新闻报道最重要的方面相互依赖。

## 新闻业组织研究的未来

新闻业的组织路径既关注新闻编辑部，也关注整个媒体组织，因为新闻编辑部确实是媒体组织的一部分。借助组织研究，可以分析新闻编辑部的内在结构和环境结构。组织路径旨在揭示新闻生产结构，尝试确定结构影响的方式和程度。因此，它分析组织层面和个体新闻工作者，新闻编辑部和其他组织的关系，以及新闻业和社会的关系。

但是，并不存在唯一主导或显著的组织路径。新闻业的组织路径可以回到广泛的组织理论和组织发展路径语料库。它们通过使用"组织""结构"和"管理层"等核心术语联系在一起，不论其具体如何使用。组织研究方法也是如此，其中采用了很多传播科学经常使用的方法。

总之，有必要通过使用多重方法设计开展更多研究、发展理论基础，来完善新闻学研究的组织路径。也许，基于结构化理论的理论驱动设计能更加准确地定义新闻业结构是什么。把这些定义转化为变量，可以让研究者重构组织现实，对组织机构图，即组织生活实际发生之处，进行"幕后调查"。

很明显，新闻学组织研究的主要优势在于诸如"组织""结构"和"管理层"等基本术语的可比性。这对于推进缺失的新闻组织的国际比较尤为重要；相反，已有研究分析了媒体组织的其他国际方面，比如全球媒体参与者的角色、跨国媒体管理层的挑战。组织路径懂得使用多种方法和理论来设计一幅展现世界各地新闻业异同点的差异化图景。

## 参考文献

Altmeppen, K.-D. (2006). *Journalismus und Medien als Organisationen. Leistungen, Strukturen und Management* [Journalism and media as organizations. Performance, structures, and management]. Wiesbaden: Verlag für Sozialwissenschaften.

Altmeppen, K.-D., Donges, P., and Engels, K. (1998). *Transformation im Journalismus* [Transformation in journalism]. Opladen and Wiesbaden: Westdeutscher Verlag.

Esser, F. (1998). Editorial structures and work principles in British and German newsrooms. *European Journal of Communication*, 3, 375–405.

Gade, P. J. (2004). Newspapers and organizational development: Management and journalist perceptions of newroom cultural change. *Journalism and Communication Monographs*, 6(1).

Gans, H. J. (1979). *Deciding what's news. A study of CBS Evening News, NBC Nightly News, Newsweek and Time*. New York: Pantheon.

Gassaway, B. M. (1984). The social construction of journalistic reality. Unpublished doctoral dissertation: University of Missouri.

Giddens, A. (1984). *The constitution of society. Outline of the theory of structuration.* Cambridge: Polity Press.

Lavine, J. M., and Wackman, D. B. (1988). *Managing media organizations. Effective leadership of the media.* White Plains: Longman.

Lewis, R. (1997). How managerial evolution affects newspaper firms. *Newspaper Research Journal*, 1–2, 103–25.

Löffelholz, M. (2003). Kommunikatorforschung: Journalistik [Communicator research: Journalistic]. In G. Bentele, H.-B. Brosius, and O. Jarren (eds.), *Öffentliche Kommunikation. Handbuch Kommunikations- und Medienwissenschaft* [*Public communication. Handbook communication and media science*] (pp. 28–53). Wiesbaden: Westdeutscher Verlag.

Nerone, J., and Barnhurst, K. G. (2003). US newspaper types, the newsroom, and the division of labor, 1750–2000. *Journalism Studies*, 4, 435–49.

Shoemaker, P. J., and Reese, S. D. (1996). *Mediating the message. Theories of influences on mass media content.* 2nd edition. White Plains, NY: Longman.

Wu, X. X., and Chen, J. Y. (2005). The changing structure of media organizations and its meaning during the transformation of the social and economic system in China. In C. del Zotto (ed.), *New economy coming of age: Growth and dynamics of maturing new media companies* (pp. 87–99). Jönköping: JIBS Research Reports.

# 第6章
# 新闻工作者职业行为背后的影响因素：新闻学研究的心理学取向[1]

沃尔夫冈·道斯巴赫

## 引言：传播学研究的规范性偏见

新闻决策的理论与传播学研究密切相关。它们试图解释非虚构的媒体内容如何被生产，以及我们头脑中有关直接经验之外领域的图景如何产生。但是，新闻工作者的新闻决策是一个非常复杂的现象，对传播学研究来说是一个挑战。有些研究者针对这个过程中的不同因素提出了模型（Donsbach，1987；Kepplinger，1989；Schudson，1991；Shoemaker & Reese，1991；Weischenberg，1992；Donsbach & Gattwinkel，1998）。尽管这些模型在研究目的和适用范围方面有所差异，但都具有启发式优点。不过，我们仍在等待一个能够整合所有这些因素的经验性理论；鉴于该过程的复杂性，也许不太可能建立这样的理论。与此相反，我们构建了评估新闻流中个体因素影响的理论，其中最重要的理论是新闻价值理论（Schulz，1976；Staab，1990；Kepplinger & Rouwen，2000）、工具实现理论①（Kepplinger et al.，1991）、社会互动理论（Tuchman，1978；Gans，

---

① 工具实现理论旨在处理媒体在选择报道有关社会冲突这类新闻时所发挥作用的问题。支持冲突某一方的某一事件被称为工具，而发布关于这些事件的信息就是工具实现（instrumental actualization）。——译者注

1979)、越轨和表意理论（Shoemaker，1996）、系统理论（Rühl，1969；Meckel，1999），以及新闻研究的"假设理论"①（Stocking & LaMarca，1990）。

在解释新闻工作者的新闻决策时，科学社群迄今为止很少关注认知心理学和社会心理学路径，这与两者在接收和效果分析中的应用完全不同。尽管这些研究路径中通常明显包含心理因素，更多时候隐含这些因素，但它们没有因果解释地位。更令人惊讶的是，作为最早的传播学模型之一，韦斯特利和麦克莱恩模式（Westley & McLean，1947）关注了传播过程中的认知心理因素，原本可以成为新闻决策研究的探索模式。

本章尝试使用心理学，特别是社会和认知心理学的证据来增进我们对新闻过程的理解。但是，我远非倡导心理学垄断。因为在绝大多数情况下，通往真理的道路有很多，只有结合或整合不同研究路径和不同学科才能增长我们的知识。本章将描述可能会对新闻工作者观察现实世界并进行选择的方式产生影响的基本过程。

多数新闻工作者的主要工作是感知、总结和判断，即观察现实，从中推断发展和关系，以及评估现实。我的主要假设是有关特定心理过程的两个普遍需求或"功能"可以解释新闻决策：感知的社会确认（social validation）需求和维持既有倾向的需求。前者更多依赖于人的社会属性，后者主要与个体认知有关。当然，这两个因素相互交织。但出于分析目的，我分开讨论。此前讨论的绝大多数其他因素，以及已经作为影响新闻过程的其他因素，都可以被视为这两个因素的产物。

## 判断的社会确认：共享现实的功能

"事实并不简单，一点也不显而易见，但是它受选择和意见支配。"（Lippmann，1922，p.218）新闻的这一特征使新闻业成为一个风险产业。新闻工作

---

① 简言之，假设理论认为新闻工作者在写报道时头脑中有一定的假设，这些假设既明确又模糊。这些假设会影响新闻工作者的报道。——译者注

者必须判定什么是真实的、什么是相关的，以及在道德层面上什么是好的或坏的。易言之，他们必须不断地做出事实性和评价性决策。这是许多职业的特色，但新闻工作者还面临其他四个问题。他们通常必须在严格时间限制和竞争压力下做这些决定。对于许多新闻决策来说，它们缺少客观标准，但决策内容需要即刻公开，也就是让其他许多人看见，这承载着公共失败的风险。

不过，缺乏客观标准并不适用于新闻报道的所有类型和对象。对真实的判断通常是客观的，优秀的专业报道与差劲的报道可以通过可用资源和数据的被挖掘程度区分开来。这是有关研究活动、有关信源和准备"证伪"某人假说和假设的专业知识的问题（Stocking & LaMarca，1990）。例如，在许多情况下，记者通过采访恰当的专家、深入挖掘相关数据库来证实发言人声明的真实性，从而在客观基础上建立关于某个声明合法性的最终决策。

但是这种评估标准通常不存在，或者鉴于行业的特定约束条件无法提供。不同于事实性决策，关于事件的新闻价值、政治行为主体行为缺失的道德可接受性等评价性判断，在定义上就缺乏客观标准。它们往往基于既无法证实又无法证伪的价值判断（Popper，1977；Albert，1980）。

沃尔特·李普曼在比较新闻业与其他职业时，把这一困境描述为：

> 应用心理学没有像医学、工程学，或者法学那样的规则，当新闻工作者将新闻传递至真相的模糊领域时，有权去引导他们的思想……他所认为的真相就只是他的理解。
>
> （Lippmann，1922，p. 227）

因此，新闻工作者常常发现自己处于心理学家所说的不确定或未定状态。

利昂·费斯廷格（Leon Festinger，1954）在"社会比较理论"①中提出，意见、信念或态度只有在参照一群拥有相同信念、意见和态度的人的情况下才是"正确的""有效的"和"恰当的"。他接着描述了人最依赖他人的三个条件：外部现实暧昧不明且难以评估，物理现实和社会现实之间存在二元性，以及物理现

---

① 社会比较理论认为，每个个体在缺乏客观标准的情况下，利用他人作为比较的尺度来进行自我评价。费斯廷格指出，在向上的社会比较中，跟那些更社会化的人比较；在向下的社会比较中，作逆向比较。社会比较理论解释了人们为什么要模仿传媒中的典范。——译者注

实优先于社会现实。

哈丁和希金斯（Hardin & Higgins，1996）把这一假设拓展至各类现实感知。他们在"共享现实"理论中，将象征互动理论与传播过程的经验证据相结合。他们假设，即便是基本的认知过程也由它们所表征的社会活动来界定。

> 我们尤其认为，在缺乏社会验证的情况下，经验是暂时的、随机的和短暂的，就像闪光或萤火虫一样。然而，一旦被他人认可并且在进行中的、动态的且我们称之为"共享现实"的社会验证过程中共享，经验就不再是主观的；相反，它达到了客观现实的现象学状态。就是说，经验是凭借与他人共享的程度来被证明是有效和可靠的。
>
> （Hardin & Higgins，1996，p. 28）

换言之，与他人共享自己的经验和信念产生了可靠的、有效的、可概括的和可预测的主体间性，即作者们明确使用的一个科学哲学隐喻（Hardin & Higgins，1996，p. 35）。这种共享现实是可靠的，因为它由他人再生产；它是有效的，因为它指涉现实的某一确定方面；它是可概括的，因为它对一些个体、时间和情境来说是有效的；它也能用于预测，因为它有助于控制人们自己的情境行为。尽管共享现实未必能在所有情况下带来"真相"，但它是个人能够证实自己对现实感知的最佳方法。实现共享现实的途径是传播："对现实的把握需要合作性社会活动；尤其是，个体经验现实的互动生产、监督与维持必需共意性合法的社会角色和关系。"（Hardin & Higgins，1996，p. 38）一旦共享现实得以证明，那么它甚至能够在共享现实相互竞争的情况下生存。它对建立和维持刻板印象和个人的社会化具有重要功能（Hardin & Higgins，1996，p，64）。显而易见，新闻工作者时常处于未定和不确定状态。在报道新闻发布会时，报道没人报道的内容或者不报道其他所有人都报道的内容，都令人难堪，而且会伤及报道者的专业地位。当然，主编不希望成为报道没人印刷和播出的新闻的唯一新闻媒体，反之亦然；确认和复查新闻的职业规范以及竞争的影响也支持这种想法。但是，身处"现实前沿"的记者，他们尤为需要在严格的约束下对新闻价值做出伪客观决策。因此，他们寻求与他人"共享现实"。

## 内群体导向的方式

我认为关于现实感知的一般理论能够帮助我们理解新闻职业的决策过程。公开决策的风险处境要求对什么是真实的（事实）、相关的（议程）和可接受的（意见）的感知在他人的帮助下得到确认。但他人是谁？当然，新闻工作者在职业工作中和私下里与许多群体互动。但是，如果真正关乎决策，鉴于两方面的理由，只有一个群体有重要意义：其他新闻工作者，即"内群体"。第一，他们是最容易接触到的。第二，他们是同行，因而同样代表职业规范。因此，从新闻工作者角度来看，内群体被视为对其决策最具合法性影响。

新闻工作者有很多方法与同行沟通，从而评估共享现实。第一，工作中有社会互动。通常几个新闻工作者会报道同一个事件。克劳斯（Crouse, 1972）描述了在1972年竞选巡回活动中，"新闻采访巴士上的新闻工作者"[①] 在决定向各自主编汇报要报道初选中的哪些方面之前如何互动和相互观察。塔奇曼（Tuchman, 1978）和甘斯（Gans, 1979）撰写了对新闻编辑部社会互动的深入观察。对五个国家新闻记者的比较性跨国调查数据也证明了同事的重要性（Patterson & Donsbach, 1996）。

第二，新闻工作者观察其他新闻媒体报道什么和如何报道。通讯社和主要的全国性媒体在决定媒体呈现共享现实中发挥重要作用（Patterson & Donsbach, 1996）。这与布里德（Breed, 1965）对媒体中"意见领袖"作用的证据相互印证。

第三，即便是与工作之外的朋友之间的社会互动也是新闻工作者评估共享现实的方法。美国有四分之三、德国有三分之二的新闻记者声称"三个最好朋友中至少有一个"也是新闻工作者（Patterson & Donsbach, 1996）。因此，设定群体意见的过程不限于新闻编辑部和新闻发布会。需要更多有关新闻工作者社会网

---

[①] 原文为 boys on the bus，也是克劳斯于1972年发表的著名非虚构性作品的书名。这是第一本有关同质化新闻或一窝蜂新闻报道（pack journalism）的研究。——译者注

络的研究来证实这些观察。

## 作为共享现实指标的媒体共鸣

传播学研究一直在讨论媒体报道的"共鸣"问题。研究中最具启发性的一个案例是对伦敦反越战示威游行前后的报道比较。哈洛伦等（Halloran et al., 1972）描述了媒体如何建立起对事件的共同期待（暴力行为发生的可能性和国外示威者的领导作用）。尽管事件本身最终与这些预期背道而驰，但报道仍然聚焦于示威游行中极少数能够印证这些期待的次要事情。因此，报道保持在事件发生前设定的"参考框架"之内。作者们主要从媒体对激进分子群体的偏见角度解释了他们的研究结果。但是，另一种解释是有关新闻价值的普遍共享现实的决定作用。

所谓的"关键事件"是另一个有关共享现实的评估如何深刻影响新闻决策的启发性案例。像灾难这样高可见度的事件发生后，相较于之前，对类似事件的报道会显著增加（Brosius & Weiman, 1991; Kepplinger & Habermeier, 1995）。虽然我们没有一个结论性的因果解释，但是这种报道模式至少在一定程度上可以解释为新闻工作者需要证实他们对新闻价值的专业决策，这看起来很有道理：因为之前已经报道过类似事件，因此符合该模式的事件在后续阶段会优先获得报道。

从历时角度来看，这些普遍共享视角能够永久性地改变新闻价值。负面新闻的逐渐增多是这些长期共享现实的一个指标。这就是威斯特斯托尔和约翰逊（Westerstahl & Johansson, 1986）所称的"新闻意识形态"变化。新闻意识形态是更高级别的新闻因素。它不仅是决定事件或表述的新闻价值的标准，也反映了新闻工作者如何看待他们在社会中以及对政治体系的一般作用。

"新闻框架"概念也能被视为新闻工作者共享现实的另一个副产品。科贝尔和罗斯（Kerbel & Ross, 1999）把框架视为新闻工作者生产的普遍共享脚本的结果。脚本体现了新闻工作者理解政治世界的工作预设。虽然框架是新闻工作者的有形产品，但脚本却是新闻工作者用来诠释世界的内化的、通常隐含的理解

（Kerbel & Ross，1999，p.3）。在政治上，这些脚本往往与政治人物的动机和目标有关。在科贝尔和罗斯对美国1984年至1996年选举报道的分析中，他们发现媒体内容经常抨击候选人的动机。

本内特认为一个"小的规则集合可以解释新闻中的大部分政治内容……以及采集、分类、掩盖和包装当天的政治信息，这反映了以这些规范为基础或使之合理化的创造性决策规则的应用"（Bennett，1996，p.378）。根据共享现实理论，这种"规则"不过是新闻工作者对现实的普遍观点的凝练和一般化。按照凯普林格的看法，在诽谤形成的过程中，新闻工作者通常会犯两类错误。第一，他们会错误地认为他们能够独立做出判断。第二，他们会错误地认为，久而久之，同事群体间判断的趋同是这些判断有效的证据（Kepplinger，2001）。谢里夫实验[①]（Sherif，1966）就是新闻记者面临的典型情境：在未定状态下决策。因此，对现实做出决策反映的是群体动力和群体规范，而非现实。由于新闻工作者拥有相似的价值观和态度，他们比绝大多数其他职业的成员更易建立共享现实。

## 作为社会确认过程的组织影响和公共关系

尽管同事很重要，但他们并非新闻工作者唯一的参考群体。我认为，我们可以将组织角色和公共关系的影响概念化，作为在未定语境下定义新闻的社会心理过程的一部分。这些角色凭借自身目标和不同程度的影响，影响着新闻工作者的判断。

在民主社会中，新闻业是一个独立的职业，至少从自然法则或法律上来讲，职业新闻工作者不能被迫做出有违自己判断的决定。然而，迫于上司、管理层和所有者的压力而做出特别新闻决策的情况的确存在。不过，这种影响更多是心理层面的。新闻工作者有意做出与他们良好知识相悖的新闻决策的例子是例外而非规则。绝大多数情况下，他们审慎地做出专业决策。组织角色的影响是说服过程

---

[①] 谢里夫实验是20世纪30年代一项著名的从众行为实验。在该实验中，首先告诉被试黑暗环境下的光点在运动，然后让大家判断一个光点运动的距离。由于人们一般没有游动错觉的知识，因而就做出了各种各样的距离判断。随后谢里夫再让一位实验助手以肯定的口吻指出距离判断的尺度。结果发现，经过几次实验之后，被试的距离判断越来越接近于实验助手所做出的距离判断。——译者注

而不是强制服从。这并不意味着不存在真正的威胁。对这些影响无动于衷仍然会危及新闻工作者的经济和专业地位。

在许多国家，专家抱怨新闻决策中日益增多的商业影响。的确，有更多的软新闻和小报新闻样式迎合预期的受众口味（Kalb，1998；Esser，1999）。这种"新新闻"（Kalb）很可能并非新闻工作者自身专业导向和伦理的产物，而是受上司、管理层和所有者微妙影响的结果。不过，我们显然没有意识到这种影响。

信源及其公关策略的影响是另一个我建议应该从社会心理视角来看待的因素。比如在报道政治领导人的重要演讲时，界定什么重要，既是报道者之间，也是报道者与公关官员或媒体顾问（spin doctors）之间沟通的结果。这里，沃尔特·李普曼又一次清晰描述了这一过程，他指出"发布人"（the publicity man）的有益作用，"省去了记者的很多麻烦，为他提供关于现实情况的清晰图景，以免他什么都不知道"（Lippmann，1922，p.218）。

测量公共关系对新闻决策实际影响的方法和结果各不相同。当新闻工作者自己认为政府官员的影响是他们的新闻决策因素时，结果差异也相当大。在德国，甚至是在意大利，略微多数的人认为政府官员决定了新闻议程（Patterson & Donsbach，1996）。虽然这两个问题并不具有可比性，但结果表明，新闻工作者认为公关信源的影响要大于管理层的影响。

当然，第三个影响新闻决策的群体是受众。有些影响是由上述迎合受众口味的制度目标决定的。但是新闻工作者对于受众及其口味有着自己的想法。尽管缺乏与受众成员的直接互动，但是通过读者来信、来电互动节目（call-ins）、市场研究数据的反馈，他们差不多掌握了普通公众的连贯图像。有些学者将新闻工作者的新闻决策描述为与这一受众图像象征互动的结果（Früh & Schönbach，1982）。这也是一个导致对现实和新闻价值明确界定的传播过程。但是，大多数新闻工作者主观上不认为受众的期待对他们的专业表现构成威胁（Flegel & Chaffee，1991；Patterson & Donsbach，1996）。

## 既有倾向的力量：感知过程的选择性

影响新闻工作者的感知进而影响他们新闻决策的第二大心理因素是新闻工作

者的既有知识和态度。这些既有倾向在新闻工作的三个不同阶段发挥作用：在工作环境中接触表述和事件，在认知系统中处理这些信息，以及在再生产过程中激活。这里不会详细讨论感知心理学。但是，有些方面必须要提及。

感知是一个从环境以及认知与物理系统内部获取信息的过程，包括这些活动中的情感过程。感知过程的结果往往是环境中刺激物和长期记忆中存储的先前经验的副产品。换言之，不同的人对同一客体的感知不同（Fröhlich，1991；Flade，1994）。因此，感知过程的一大特征就是高选择性。选择性分为选择性注意、选择性感知和选择性接受三个层面。在选择性注意过程中，个人决定他们的知觉系统处理外部世界无数刺激物中的哪一个。为了在环境中行动，高选择性是必要的（"自动性"；参见 Donohew et al.，1984），犹如在开车时，从数以百万计的信号中挑选出相关的视觉和听觉信号。此时，刺激物的特征（比如颜色和噪声）和个人的特征（比如先前的经验）也发挥作用。

在选择性感知阶段，我们要决定如何处理和存储已经适应我们认知系统的信息。在感知的"假设理论"中，假定每次感知始于个人的假设。这个假设建立在先前感知基础上，包括对特定信号和信息的概率的假设。这一假设的强度在于基于先前验证、替代性假设的数量与强度，以及各个假设的动机性支持（Bruner & Postman，1949；Hoffmann，1994）。

假设理论与图式理论（Axelrod，1973；Brosius，1991）紧密相连。图式可以被视为存储新信息的"抽屉"。缺少图式的信息不能按它们的方式进行处理和存储，必须进行调整。支持既有倾向的信息相较于非支持性信息拥有更高的显著性。比如，多丽丝·格雷伯（Doris Graber）[1]描述了图式如何影响公民感知竞选活动中的政治信息（Graber，1984）。"敌意媒体现象"（hostile media phenomenon）[2]可以被视为这种图式存在的另一个间接证据。态度强硬的受众成员通常把中性报道视为对自己的观点有偏见（Vallone et al.，1985；Perloff，1989）。

---

[1] 多丽丝·格雷伯是美国伊利诺伊大学芝加哥分校的政治学教授，曾获得美国政治科学协会古德诺杰出服务奖（Goodnow Distinguished Service Award）。她的研究领域包括美国政治和大众传播、政治传播和策略传播，著作甚丰。——译者注

[2] 敌意媒体现象，又称敌意媒介效应，是大众传播的认知理论。它指的是对一个议题持有很强偏见的人（狂热支持者）会不顾现实地认为媒体的报道总是针对他们，是有偏见的。该现象阐明受众并非被动地接受媒体内容，而是按照自己的价值观和既有倾向有选择地进行解读。——译者注

受众已有的知识越丰富，对某个问题的态度越强硬，就越会选择性地感知新闻报道。

最后，在选择性接受过程中，我们的认知系统决定对哪些先前存储信息保持记忆路径活跃。众所周知，这又是一个高选择性过程。它也深受倾向、态度和动机的影响。很明显，先前认知的存在与特点强烈影响我们注意环境中的哪些信号，其中哪些信号我们会进一步处理，如何处理，以及在记忆中它们会发生什么。引入这一简单的感知模型后，上文提及的共享现实的社会心理理论可以带来感知的三要素模型：客体的特征、个人的倾向和与他人的沟通。

## 新闻工作者的感知

在传播学研究中，有关感知的心理证据的应用主要限于接收者的行为。对于主要基于一致性理论的大众传播的选择性接触研究来说，尤为如此（Zillmann & Bryant，1985；Donsbach，1991）。这些研究的共通之处在于假设个人拥有一致性认知，因此其对所接触的新闻内容具有高选择性。一旦出现不协调，个人将尝试通过回避可能增强不协调的情景和信息，或主动寻求一致性信息来降低它。依照最新证据，一致性动机的效应被高估了。编辑对新闻及其效价（负面性）的强调能弱化选择性接触的"防护板"（protective shield）（Donsbach，1991）。对受众来说，强选择性也会功能失常。个人接触新闻主要受监测环境动机的引导，如果只是因为与既有倾向不符就删除大部分新闻，只会适得其反。

然而，相较于受众，新闻工作者所处的位置稍有不同。他们存储的潜在新闻几乎是无限的，因此，他们比受众更需进行选择。平均而言，报纸读者会阅读一份日报大约一半的新闻报道，至少会阅读它们的标题。相应地，他们的选择率大约是二分之一。相较而言，仅仅是通讯社提供的新闻，新闻工作者就必须至少舍弃十分之九。此外，他们还必须对特派记者、新闻稿和发言人等信源提供的内容，以及他们自己所做的任何主题研究进行选择。虽然新闻工作者的决定受新闻价值的职业惯例引导且事实上受其限制，但是从统计数据来看，很明显，他们的决策受自己既有倾向影响的可能性更大。这一结论适用于话题的选择、他们对政治演讲或文本各方面的选择性关注、对电视辩论中非言语行为的观察，或者对即将报道的新闻的新闻价值的自发性判断。

在凯普林格的工具实现理论中，他经验性地研究了新闻工作者的既有倾向如何影响他们对一则争议报道的新闻价值的判断（Kepplinger et al., 1991）。在他的准实验研究中，支持新闻工作者自己对眼前问题的观点的新闻报道比那些持相反态度的新闻报道被赋予了更高的新闻价值。大约三分之一的新闻决策变化能够用新闻工作者既有倾向的这种"工具性"来解释。显然，主要职业规范（复核和时效性）的应用在很大程度上依赖于新闻工作者对眼前新闻报道的既有倾向。

其他的一些研究证明了，至少对德国人来说，新闻通常是按照它是否符合新闻机构的社论倾向来选择的，正如衡量社论一样［新闻与社论的"同步性"（Schönbach, 1977; Donsbach, 1977）］。这也适用于对专家和发言人等消息来源的引用（Hagen, 1992）。曼恩（Mann, 1974）在研究美国报纸报道有多少人参与争议问题集会时发现了同样的结果。

在新闻业中，选择性感知过程很难与前述的选择性注意区分开来。当新闻工作者赋予一则新闻报道特定新闻价值时，这就可以被视为注意决策和感知决策。斯托金和拉玛卡（Stocking & LaMarca, 1990）曾将感知的假设理论应用于新闻业。通过集中访谈，他们证明了新闻工作者在开始他们的研究时也有一个"假设"，即假设手边案例的真实性、效价或意义。问题在于制度需要提供多少预防措施才能保证这些假设的中立性和有效性检验。

新闻框架的理论概念也能应用于新闻工作者对议题、事件和表述的感知。根据恩特曼（Entman, 1993, p.52）的观点，框架就是选择所感知现实的某些方面，并使其在传播文本中更加显著，从而推广某个问题定义、因果诠释、道德评价以及/或者对所描述报道的处理建议。这种差不多稳定和同质的新闻框架在1998年德国联邦选举报道中被发挥得淋漓尽致（Kepplinger, 1999）。

## 结论

我已经强调了影响新闻决策的两个心理学因素：通过社会互动进行判断的社

会确认的社会心理学概念，以及稳定现有态度和认知的认知心理学概念。二者都不是新闻业的独特现象，可以描述人类行为的一般模式。但是在新闻业中，它们首先更具现时性（present），其次更具相关性。它们更具现时性是因为新闻工作者不同于绝大多数其他职业，他们必须不断做出感知性决策（真实、相关、事实和议题的接受度）。它们更具相关性是因为这些决策构成公民对大部分感知现实的输入。在这种结合之下，我们头脑中的外部世界图景（李普曼语）主要是新闻工作者的感知和职业内群体动态过程的结果。

新闻职业能借鉴其他职业吗？法官和科学家是另外两个可用相关的感知决策来描述其核心功能的职业。法官也必须做出有关现实的事实性和评价性断言。比如，在刑事案件中，他们必须决定某一具体事实是否真实（例如杀人）、哪些情况与程序有关，以及根据这些情况如何评估和惩罚被告的行为。为了确保最优的审判，程序法典规定了法官在做出裁决前必须要做什么。

与此相反，科学是关于理论和假设的接受。根据现代认识论，科学表述受制于经验性证明的断言。科学发现中没有价值判断的容身之地。对于一个假设可接受性的争论要由经验性证据来判定，也就是有效设计的系统研究的结果。

为此，科学社群发展出行为准则（方法论）和接受准则（比如同行评审）。换句话说，这两个职业的工作都建立在规则体系的基础之上，旨在尽可能接近真相。因此，这些规则最重要的功能是矫正主观倾向（法官的偏见、学者偏爱的理论）和群体动态过程（比如，法官与陪审员或律师的私人关系、科学领域中的内部关系和"学派山头"）的影响。

新闻业可能需要更加细化的、主要用于纠正既有倾向和群体动态影响的规则体系。迄今为止，我们的结果显示，两种因素对新闻决策都有强烈且相关的影响。由于新闻工作者通常拥有相似的政治和意识形态观点，因此他们对新闻决策的影响是多重的。

新闻学教育中应该开始贯彻核查和平衡，以此防范这些影响。我们需要把新闻学研究中的相关知识——本章已经呈现了其中一部分——更多地整合进新闻学课程中。新闻工作者必须了解这些影响对自身行为的作用，当这些影响在工作中发挥作用时了解其因素。但是，仅教育和培训改变还不够。有可能的话，我们必须重启 20 世纪 80 年代搁置的关于新闻专业化的讨论（McLoed & Hawley，

1964；Donsbach，1981）。新闻业用高度的职业自主权和社会声誉换取对社会的高质量服务——包括质量控制的刚性系统。因此，专业化进程不仅能开启关于面对主观性和职业内群体动态时如何确保新闻质量的方式的讨论，也会提供抵制商业利益等外部非法影响的可能性。

## 注释

[1] 更详尽的版本发表于《新闻学》（*Journalism*）。Donsbach，W.（2004）. Psychology of news decisions: Factors behind journalists' professional behavior. *Journalism*, 5 (2), 131–157.

## 参考文献

Albert, H. (1980). Die Wissenschaft und die Suche nach der Wahrheit [Science and the search for the truth]. In G. Radnitzky and G. Andersson (eds.), *Fortschritt und Rationalität in der Wissenschaft* [*Progress and rationality in science*] (pp. 221–45). Tübingen: Mohr.

Axelrod, R. (1973). Schema Theory: An information processing model of perception and cognition. *American Political Science Review*, 67, 1248–66.

Bennett, W. L. (1996). An introduction to journalism norms and representations of politics. *Political Communication*, 13, 373–84.

Breed, W. (1965). Newspaper opinion leaders and processes of standardization. *Journalism Quarterly*, 32, 277–84.

Brosius, H. B. (1991). Schema-Theorie. Ein brauchbarer Ansatz für die Wirkungsforschung? [Schema theory. A useful approach for media effects research?]. *Publizistik*, 36, 285–97.

Brosius, H. B., and Weimann, G. (1991). The contagiousness of mass mediated terrorism. *European Journal of Communication*, 6, 63–75.

Bruner, J. S., and Postman, L. (1949). Perception, cognition, and behavior. *Journal of Personality*, 18, 14–31.

Crouse, T. (1972). *The Boys on the bus: Riding with the campaign press corps*. New York: Random House.

Donohew, L. A., Nair, M., and Finn, S. (1984). Automaticity, arousal, and information exposure. In R. N. Bostrom and B. H. Westley (eds.), *Communication Yearbook*. Vol. 8 (pp. 267–84). Beverly Hills, CA: Sage.

Donsbach, W. (1981). Legitimacy through competence rather than value judgements. The concept of professionalization re-considered. *Gazette*, 27, 47–67.

Donsbach, W. (1987). Journalismusforschung in der Bundesrepublik. Offene Fragen trotz "Forschungsboom" [Journalism research in the Federal Republic of Germany. Open questions in spite of "research boom"]. In J. Wilke (ed.), *Zwischenbilanz der Journalistenausbildung* [*"Interim balance sheet" of journalism education*] (pp. 105–42). Munich: Olschläger.

Donsbach, W. (1991). Exposure to political content in newspapers: The impact of cognitive dissonance on readers' selectivity. *European Journal of Communication*, 6, 155–86.

Donsbach, W. (1997). Media Thrust in the German Bundestag Election, 1994: News values and professional norms in political communication. *Political Communication*, 14, 149–70.

Donsbach, W., and Gattwinkel, D. (1998). *Öl ins Feuer. Die publizistische Inszenierung des Skandals um die Rolle der Ölkonzerne in Nigeria* [*Petrol into the fire. The media's staging of the scandal with regard to the role of the oil companies in Nigeria*]. Dresden: Dresden University Press.

Entman, R. (1993). Framing: toward a clarification of a fractured paradigm. *Journal of Communication*, 43(4), 51–8.

Esser, F. (1999). Tabloidization of News. A comparative analysis of Anglo-American and German press journalism. *European Journal of Communication*, 14, 291–324.

Festinger, L. (1954). A theory of social comparison processes. *Human Relations*, 7, 17–140.

Flade, A. (1994). Wahrnehmung [Perception]. In R. Asanger and G. Wenninger (eds.), *Handwörterbuch Psychologie* [*Concise dictionary of psychology*], 5th edition (pp. 833–8). Weinheim: Beltz.

Flegel, R. C., and Chaffee, S. H. (1971). Influences of editors, readers and personal opinions on reporters. *Journalism Quarterly*, 48, 645–51.

Fröhlich, W. D. (1991). *Wörterbuch zur Psychologie* [*Dictionary of psychology*], 18th edition. Munich: dtv.

Früh, W., and Schönbach, K. (1982). Der dynamisch-transaktionale Ansatz. Ein neues Paradigma der Medienwirkungen [The dynamic-transactional approach. A new paradigm of media effects]. *Publizistik*, 27, 74–88.

Gans, H. (1979). *Deciding what's news*. New York: Vintage Books.

Graber, D. A. (1984). *Processing the news: How people tame the information tide*. New York: Longman.

Hagen, L. (1992). Die opportunen Zeugen. Konstruktionsmechanismen von Bias in der Zeitungsberichterstattung über die Volkszählungsdiskussion [The opportune witnesses. Menchanisms of construction of bias in the newspaper reporting about the census discussion]. *Publizistik*, 37, 444–60.

Halloran, J. D., Elliot, P., and Murdock, G. (1970). *Demonstrations and communication: A case study*. Harmondsworth: Penguin.

Hardin, C. D., and Higgins, E. T. (1996). Shared reality. How social verification makes the subjective objective. In R. M. Sorrentino and E. T. Higgins (eds.), *Handbook of Motivation and Cognition*, Vol. 3 (pp. 28–84). New York: Guilford.

Hoffmann, J. (1994). Kognitive Psychologie [Cognitive psychology]. In R. Asanger and G. Wenninger (eds.), *Handwörterbuch Psychologie* [*Concise dictionary of psychology*], 5th edition (pp. 352–6). Weinheim: Beltz.

Kalb, M. (1998). *The rise of the new news. A case study of two root causes of the modern scandal coverage: Press, politics – public policy*. Discussion paper D-34, October. Cambridge, MA: Shorenstein Center for the Press, Politics and Public Policy.

Kepplinger, H. M. (1989). Theorien der Nachrichtenauswahl als Theorien der Realität [Theories of news selection as theories of reality]. *Aus Politik und Zeitgeschichte*, 15, 3–16.

Kepplinger, H. M. (1999). Deutschland vor der Wahl. Eine Frame-Analyse der Fernsehnachrichten [Germany before the elections. A frame analysis of TV news]. In E. Noelle-Neumann, H. M. Kepplinger, and W. Donsbach (eds.), *Kampa. Meinungsklima und Medienwirkung im Bundestagswahlkampf 1998* [*Kampa. Opinion climate and media effects during the election campaign of 1998*] (pp. 78–107). Freiburg and Munich: Alber.

Kepplinger, H. M. (2001). *Die Kunst der Skandalierung und die Illusion der Wahrheit* [*The art of "scandalization" and the illusion of the truth*]. Munich: Olzog.

Kepplinger, H. M., and Habermeier, J. (1995). The impact of key events on the presentation of reality. *European Journal of Communication*, 10, 371–90.

Kepplinger, H. M., and Rouwen, B. (2000). Der prognostische Gehalt der Nachrichtenwert-Theorie [The prognostic power of the theory of newsworthiness]. *Publizistik*, 45, 462–75.

Kepplinger, H. M., Brosius, H. B., and Staab, J. F. (1991). Instrumental Actualization. A theory of mediated conflicts. *European Journal of Communication*, 6, 263–90.

Kerbel, M. R., and Ross, M. H. (1999). A longitudinal analysis of television news frames in US Elections: Some preliminary observations. Unpublished paper.

Lippmann, W. (1922). *Public Opinion*. New York: Harcourt Brace. (Reprint 1965.)

Mann, L. (1974). Counting the crowd: Effects of editorial policy on estimates. *Journalism Quarterly*, 55, 278–85.

McLeod, J. M., and Hawley, S. E. (1964). Professionalization among newsmen. *Journalism Quarterly*, 41, 529–39.

Meckel, M. (1999). *Redaktionsmanagement. Ansätze aus Theorie und Praxis* [*Newsroom management. Approaches in theory and practice*]. Opladen and Wiesbaden: Westdeutscher Verlag.

Patterson, T. E., and Donsbach, W. (1996). News decisions: Journalists as partisan actors. *Political Communication*, 13, 455–68.

Perloff, R. M. (1989). Ego-involvement and third-person effects of televised news coverage. *Communication Research*, 16, 236–62.

Popper, K. R. (1977). *The logic of scientific discovery*. 14th printing. London: Routledge. (First English edition. London: Hutchinson, 1959.)

Rühl, M. (1969). *Die Zeitungsredaktion als organisiertes soziales System* [*The newspaper newsroom as organized social system*]. Bielefeld: Bertelsmann Universitätsverlag.

Schönbach, K. (1977). *Trennung von Nachricht und Meinung. Empirische Untersuchung eines publizistischen Qualitätskriteriums* [*The separation of news and opinion. Empirical study of a journalistic criterion of quality*]. Freiburg and Munich: Alber.

Schudson, Michael (1991). The sociology of news production revisited. In J. Curran and M. Gurevitch (eds.), *Mass media and society* (pp. 141–59). London: Edward Arnold.

Schulz, W. (1976). *Die Konstruktion von Realität in den Nachrichtenmedien. Analyse der aktuellen Berichterstattung* [*The construction of reality in the news media. Analysis of ongoing news coverage*]. Freiburg and Munich: Alber.

Sherif, M. (1966). *The psychology of social norms*. New York: Harper and Row.

Shoemaker, P. J. (1996). Hardwired for news: Using biological and cultural evolution to explain the surveillance function. *Journal of Communication*, 46(3), 32–47.

Shoemaker, P. J., and Reese, S. D. (1991). *Mediating the message. Theories of influences on mass media content*. New York and London: Longman.

Staab, J. F. (1990). *Nachrichtenwert-Theorie. Formale Struktur und empirischer Gehalt* [*Theory of newsworthiness. Formal structure and empirical performance*]. Freiburg and Munich: Alber.

Stocking, S. H. and LaMarca, N. (1990). How journalists describe their stories: Hypotheses and assumptions in newsmaking. *Journalism Quarterly*, 67, 295–301.

Tuchman, G. (1978). *Making News*. New York: Free Press.
Vallone, R. P., Ross, L., and Lepper, M. R. (1985). The hostile media phenomenon: Biased perception and perceptions of media bias in coverage of the Beirut massacre. *Journal of Personality and Social Psychology*, 49, 577–85.
Weischenberg, S. (1992). *Journalistik, Vol. 1: Mediensysteme, Medienethik, Medieninstitutionen [Journalism studies: Media systems, media ethics, media institutions]*. Opladen: Westdeutscher Verlag.
Westerstahl, J., and Johansson, F. (1986). News ideologies as moulders of domestic news. *European Journal of Communication*, 1, 133–49.
Westley, B. H., and McLean, M. S. (1957). A conceptual model for communication research. *Journalism Quarterly*, 34, 31–8.
Zillmann, D., and Bryant, J. (eds.) (1985). *Selective exposure to communication*. Hillsdale, NJ: Lawrence Earlbaum Associates.

# 第7章
# 作为象征性实践的新闻业：新闻学研究的性别路径

格特鲁德·J. 罗宾逊

## 引言

在过去的四分之一世纪，作为职业的新闻业有三个主要研究视角。第一个政治经济学路径将新闻过程的结果与新闻组织的经济结构联系起来。因此，它注重广告主对媒介体制及其实践的影响。这个研究路径尽管对于理解一个特定国家的媒体产业关系至关重要，但无法阐明为何不同的资本主义国家拥有不同的媒介体系，以及它们的法律框架如何影响公共和私有的广播电视网。相反，社会学理论从一开始就关注社会传播过程的生产瞬间。它研究记者-信源关系、职业惯例和专业自主权的限制等重要议题。它也调查了不同国家骨干记者的种族和性别构成、新闻工作及其惯例的本质，以及为捍卫报道自主权而策略性使用的职业价值观。这一理论的局限在于，它假设新闻工作是个人的事业，它无法解释新闻工作者作为职业成员发展出的所谓"对位意识形态"（para-ideological）价值。

不太熟悉的文化路径最近才进入新闻学研究，仅为少数研究者所使用。这些人中有迈克尔·舒德森（Michael Schudson，1992），以及丽斯贝特·范·祖仑①（Liebet van Zoonen，1994）和我本人（Robinson，2005）这样的女性主义学者。文化路径研究广泛的文化象征系统对组织和职业惯例的约束力。这些象征系统包括语言、叙事惯例和潜在价值观，这些很少被实践者关注。例如，赫伯特·甘斯发现的种族中心主义、利他性民主、责任资本主义、小镇田园主义和个人主义等元价值观，指导并架构了20世纪70年代美国广播网新闻工作者的报道（Gans，1979）。托尼·本内特（Tony Bennet）阐释了新闻建构的重要过滤器是"我们呼吸的文化空气"，即我们社会的整个意识形态氛围，这告诉我们有些话可以说，其他的最好别说（Bennet，1982，p.303）。因此，文化路径消弭了系统与主体之间的理论差别，二者都是现代社会中媒体生产文化意义的独特瞬间。即便这样，也只有一小群研究者承认性别是意义生产中的固有类别。

## 性别路径

很难从传播的文化理论中厘清性别理论，因为这两个名称涵盖了各种各样不同的研究路径。不过，我准备将二者区分开来，关注它们之间的理论异同点（Franklin，Lurie，& Stacey，1992）。虽然女性主义思想在理论假设及其目标上非常多样化，但是所有类型的女性主义都具有某些共同元素，比如性别被视为社会组织的主要类别，而非附加于阶级、教育、种族和宗教等社会类别的次要类别。这意味着女性主义研究者系统地关注日常生活中女性和男性之间的复杂关系（van Zoonen，1994）。因此，性别路径认为性别和身份是社会性建构，而不仅仅是生物因素决定。这进一步使女性经验成为关注的中心焦点，创造出归纳这类经验的新的类别，比如承认情感和主体性、研究者与被研究者之间的互惠（Melin-Higgins，2002，p.1）。最后，女性主义思想涉及作为社会行动者的女性的实践，以及她们相对于男性的不对称权力处境是如何产生并影响她们的社会存在的。因

---

① 丽斯贝特·范·祖仑，现为荷兰鹿特丹伊拉斯姆斯大学社会学教授、伊拉斯姆斯社会科学和人文研究生院院长。她的研究涵盖了社会科学和人文学科中的广泛问题，特别是流行文化是否以及如何成为公民理解和社会参与的相关资源。——译者注

此，大多数女性主义者都有一个激进主义议题，即促进公平和社会变革，鼓励社会所有成员的自我实现。

过去 35 年里广泛的性别研究表明，性别在三个层次发挥作用：个人、人际和群体层次，并且涉及三个传播过程。换言之，性别告知我们所做的社会和象征研究，要在社会情境中确认我们作为男性和女性的身份以及我们赋予这些行为的意义。作为一个分类体系，性别把人划分为两个相互排斥的类别：女性和男性。因为我们的社会不认可将两性人作为第三个可能性类别，所以生物二元论似乎指的是社会中一些基本的且不可改变的东西。不过，所有人的社会构成内部都具有女性和男性特征，比如个人主义、坚持不懈、诚实和诉诸感情。当然，归结于这些特征的价值观因社会不同和时间的推移而有所不同。性别也发挥结构化的结构（structuring structure）作用，把女性和少数族裔置于社会体系中的支配/从属等级，这要求女性不断宣告她们的从属地位并付诸行动。最后，在包罗万象的意识形态层次，性别发挥分类体系的作用，它将占总人口 52％ 的女性定义为少数群体，因此成为"利益群体"。这些分类过程中的每一个分类的效果都体现在新闻职业的组织方式和其作为社会系统的运作方式之中。

传播者研究表明，新闻工作者提出了一个具有独特理念、价值观和规则的特殊世界观。其中包括客观性理念、中立性价值观，以及关于如何开展报道活动的特殊规则。因此，像芭比·泽利泽（Zelizer，1993）这样的学者认为，新闻业是由她所称的"阐释共同体"（interpretative community）实践，并发展出了一种可辨认的"文化"。玛格丽塔·梅林-希金斯（Margareta Melin-Higgins）和莫妮卡·德杰夫-皮埃尔（Monika Djerf-Pierre）把这一文化定义为"许多新闻工作者在特定历史时刻所感受、思考……并付诸行动的"（Melin-Higgins & Djerf-Pierre, 1998，p.6）。作为一套鲜活的实践，新闻业在不同国家和不同时代而有所不同。把新闻业视为拥有独特的"文化"，使我能够把职业的社会结构与职业内女性和男性发展不同职业实践和观点的方式联系起来。这些差异随着时间的推移而被建构起来，并且在新闻编辑部发挥主导权力结构的功能，主导的（男性）和从属的（女性和少数族裔）专业人员面临非常不同的工作环境（Valdivia，1995，p.9）。

对于职业的大部分社会学描述没有提到女性的工作由性别系统性建构，而且这些性别偏见被引入组织结构之中。它们也没有注意到，这种引入并非无恶意，性别偏见对女性在组织环境中所能行使权力的方式起到了负面影响。朱丽叶·韦伯斯特（Juliet Webster）[①]认为，工作的性别划分不能简化为对家庭范围内女性角色的讨论，以及她们在劳动力中的后备军地位，必须被视为产生于组织内部的社会赋予与其带来的角色转变之间的相互作用（Webster，1996，p.8）。辛西娅·福克斯·爱泼斯坦（Cynthia Fuchs Epstein）[②]广泛研究了法律、医学和工程学等职业，阐明针对女性的文化偏见是通过她称之为结构和非正式过程引入组织环境的（Epstein，1988，p.145）。广义上，文化偏见在阐释过程中表现为按性别设定职位和工作任务，转而影响准入、晋升和酬劳等结构性过程。在非正式层次，地位的性别标签发挥过滤器作用，只有某些人才能通过（Epstein，1988，p.153）。总之，这些过程表明，职业不仅发挥权力网络由性别构成的社会系统作用，还发展出关于女性和男性在工作环境中应该如何表现的期待。因此，一个国家的整体"文化"设定了舞台，当个人按照规范行动时，他们的行为就强化了现有性别模式。

　　按照性别路径，需要从结构的（组织的）和阐释学的（意义的）视角来分析个人的职业卷入度，这勾勒出社会结构如何影响阐释和行为。性别理论结合权力的文化理论开创了一种研究作为象征性实践的新闻业的新方法。借此可以澄清之前没有解释的四个职业议题，分别是：（1）职业准入（professional access）是如何被曲解的；（2）女性晋升是如何通过被分配"软新闻"条口（beats）而延迟的；（3）女性工资水平如何仍然不同于男性；（4）在新闻编辑部占主导地位的男性如何设计策略来孤立女性员工，从而制造独特的工作"氛围"。

　　本章阐述我对于文化性别理论的理解，并用以分析北美和欧洲新闻职业社会再生产中一些固有的系统偏差。证据来自1995年针对加拿大日报和广播公司人员采集的两个代表性样本。大量证据出自我的《性别、新闻和平等：加拿大、美国和欧洲的经验》（*Gender，Journalism and Equity：Canadian，US and European Experiences*）（Robinson，2005）一书，在这里我只关注一个问题：女性晋升

---

[①] 朱丽叶·韦伯斯特，现为西班牙加泰罗尼亚开放大学互联网跨学科研究所（Internet Interdisciplinary Institute）性别和信息通信技术项目（Gender and ICT Programme）主管。她的研究注重就业平等，特别是信息通信技术行业女性的处境。——译者注

[②] 辛西娅·福克斯·爱泼斯坦，纽约城市大学荣休社会学教授，曾任美国社会学协会主席。她以性别和工作的关系的研究著称，尤其是法律职业中的女性。——译者注

中的"玻璃天花板现象"及其所揭示的女性在职业中的角色。

## "玻璃天花板"：迷思与现实

20世纪90年代早期，在美国财富500强企业的员工中，女性占61%，但企业高管中女性只占4.6%。类似的数字也出现在加拿大，500强企业中仅有6.2%的女性高管；在加拿大广播公司（Canadian Broadcasting Corporation，CBC）、银行和公共服务等国有企业（Crown corporations），女性高管占9%（Morgan，1988）。是什么把女性挡在董事会之外？对这一质疑的常见回答是："玻璃天花板"。但是，这到底意味着什么？美国劳工部将其定义为："基于态度和组织偏见的人为障碍，阻止有能力的个人在其组织中升迁进入管理层职位。"这样的定义太宽泛，不实用。我们所需要的恰是能够说明女性在尝试到达高层过程中所遭遇的特殊行为、实践和态度的理论。除此以外，确定少数群体在哪一关键点能够影响既有权力结构很重要。社会学研究已经把这一边界确定在既定群体的三分之一处，认为在这一点上，少数群体能够通过制定应对多数群体的策略来改变操作规则。这意味着在某个管理层职位中，我们可以用一个小于30%的数字来作为"玻璃天花板"存在的粗略指标。

辛西娅·福克斯·爱泼斯坦把"玻璃天花板"解释为"边界维持"机制，包含通过招聘而引入组织的实际和象征性过程（Epstein，1992，pp. 236-237）。这意味着，在理解这一机制的过程中，文化名称（诸如性别和种族）并不必然比组织或社会心理学名称更有解释力；相反，三者之间的互动会增强它们的综合效果。

### 加拿大、美国印刷和广播电视媒体中的管理现状

在比较加拿大和美国报纸管理者职位时，我的证据表明加拿大女性在管理权力方面超过了她们的美国姐妹，即便她们也仍然被排挤在高层或发行人职位之

外。在加拿大所有发行类别的媒体中，平均有10%的女性主编，而在美国这一数字仅为0.8%。在所有其他管理层也存在相同的差异，同时显示，在两个国家，发行量对晋升产生不同的影响。在加拿大，发行量大的报纸是女性的最佳选择，而在美国恰恰相反，发行量小的日报为女性员工提供了最佳的管理机会。在第二和第三管理层，美国的数字大约是加拿大的一半。在主编和助理/副主编级别，加拿大女性平均占据三分之一（27%）的职位，而她们的美国姐妹在小发行量日报中只占14%，在其他两个发行类别中占比低于1%。在第三管理层，即执行主编级别，基于不同的发行类别，加拿大女性占据管理层的比例保持在10%~45%之间，而美国的比例幅度是13%~16%（Marzolf，1993，p.11）。

比较北美和欧洲的管理层统计数字发现，"玻璃天花板"在欧洲与北美一样明显。这是非常重要的发现，因为一直有人认为拥有社会自由主义政策和强大工会的国家，比如丹麦和瑞典，会更有利于女性管理职位晋升。比较证据表明事实并非如此。加拿大有10%的女性主编/发行人，美国有6%，但欧洲国家没有，这意味着欧洲女性甚至还不如在北美那样的高级管理层中"装门面"（token）地位。根据吉塞拉·布拉克尔特（Giesela Brackert，1992，p.90）的研究，在世纪之交，仅有一家德国的另类报纸《每日新闻报》（taz）① 拥有一个女主编。其次，欧洲的数字表明，相对于北美，它们的"玻璃天花板"处在管理层的底部。这意味着女性仅达到我们称之为编辑主管（城市编辑、新闻编辑等）的层级。在这一级别，德国和西班牙有20%的女性，丹麦是18%，意大利是15%，加拿大是14%。在加拿大，玻璃天花板位于这一层级之上的执行主编（24%）和主编群体（25%）级别，目前其中有四分之一是女性。

为什么数字会有这些不同？正如爱泼斯坦所认为的，高管招聘中性别、组织和社会心理因素之间的相互作用因国家而异。玛格丽塔·吕内伯格（Margaret Lünenborg，1997）的访谈勾勒了对管理层缺乏女性的高度性别化的回应。开明的丹麦和德国男性管理者说"缺乏合格的女性候选人"，这成为基于假设而非证据的典型的男性偏见。德国和丹麦的女性受访者的回答更接近答案。她们认为只

---

① 《每日新闻报》，全名为 Die Tageszeitung，通常简称为 taz，兴起于20世纪70年代的进步和政治左倾运动。该报1978年在柏林创立，创立之始就致力于成为主流媒体的替代（所谓另类报纸），该报由工人自我管理。该报通常支持德国绿党，但也曾批评社民党和绿党的联合政府（1998—2005）。——译者注

有无子女和未婚的女性新闻工作者才会接受要求工作日 10 小时长时间工作的管理层职位。

我的加拿大数据进一步表明，比起印刷媒体行业，女性在电视媒体管理层做得更出色。在加拿大，目前所有高级执行制片人职位中，将近五分之一（18%）是女性，下面两级的新闻部主任和版面主管职位中，整整三分之一（30%）是女性。在美国，这些数字分别是 12%、27% 和 22%（Stone，2007，p.2）。总之，这些比较表明，加拿大电视媒体管理层中的女性已占三分之一，她们可以制定策略并影响多数人，从而发挥有效的管理作用。

有关"玻璃天花板"现象的加拿大和国际证据表明，存在两个非常普遍的阻碍职业发展的社会因素。第一个是将职业与家庭责任相结合的困难。很明显，这一问题的解决方案部分依赖于给定国家的社会立法，包括关于产假/陪产假的规定，日托的可用性和成本，以及对照顾老年人的社会选择。对媒体员工的访谈揭示了妨碍女性职业发展的其他社会因素。这些因素可被称为系统性的，指女性管理人员被她们绝大多数上级男同事对待的固有方式。其中的两种方式已在欧洲引起注意，但是在北美却很少被提及。它们与"可用性"阐释和"写作技能"概念有关。玛格丽塔·吕内伯格（Lünenborg，1997，p.155）第一个证明了花在工作上的时间与"新闻能力"的职业性自我理解有关。她还发现，将"写作能力"视为不可教授的天赋的独特阐释源于职业的"手艺"根源。在印刷和广播电视媒体中，这一概念妨碍了报道实践的理性化，以及在新闻编辑部内推动集体时间管理的运动。借助于计算机、数据库、手机和即时视频录制等新技术，新闻生产所需的新闻编辑部集体时间可以被压缩至工作日正常的 7~8 小时，这为两性的"亲子"需求提供更多时间。

## 感受"玻璃天花板"："阐释性"障碍和"装门面"地位

非营利组织触媒（Catalyst，1995）对 1 251 名美国女性副总裁和 1 000 名男性首席执行官的邮寄问卷调查发现，女性晋升至公司领导层面临六大障碍，形象描述了性别阐释如何影响管理层晋升。根据女性高管的说法，最严重的障碍是阐释性的，由对女性管理能力的性别刻板印象构成。有整整52%的女性和仅仅四分之一（25%）的男性认为这一障碍最严重。第二、第三个障碍是女性被排斥在非正式网络之外，她们缺乏"业务"(line)经验。被提及的最后三个障碍是不友好的公司氛围、缺乏监督，以及对"经验"的狭义定义——用为某公司工作的年限而不是更客观的标准来衡量。监督职位的媒体管理者熟悉所有这些批评意见。

奥莱利和艾克维奇（O'Leary & Ickovics, 1992）指出，性别刻板印象根植于两种态度过程：工作的性别刻板印象和社会角色偏见。工作的性别刻板印象指男性管理者的一套信念，认为作为性别结果，女性不能发挥管理作用（O'Leary & Ickovics, 1992, p.9）；社会角色偏见则把女性纳入家庭的"私人领域"，低估她们对事业的投入。在挑选高级管理职位人选时，当这些与角色相关的期望值发生冲突时，就会变得尤为突出且难以根除。

这到底是怎么回事？要记住管理职位的绩效标准通常是模糊的，而且很少有监督。因此，信任就成了管理层招聘中的一个主要考虑因素（Agocs, 1989, p.5）。奥莱利和艾克维奇发现，消除与角色相关的期望值需要摒弃女性的"天然位置"是在家庭中的这一刻板印象。因为辞职生孩子或结婚而不会执着于自己的事业，以及女性不是"以事业为主"的工作者，这些信念将持续破坏女性管理者的机会（O'Leary & Ickovics, 1992, pp.10-11）。

此外，当女性管理者被提升到高层时，她们会表现出不情愿。为什么她们的男同事不会表现出这种沉默？伊丽莎白·克劳斯（Elisabeth Klaus, 1998）和苏珊娜·凯尔（Susanne Keil, 2001）发现了这种不情愿的两个理由：一是女性在高层所遭遇的"孤立"，因为她在新组织内缺少关系网络。二是她的"装门面"地位，这意味着她并不能调度时间和金钱资源实现自己的想法（Kanter, 1980, p.311）。我自己的研究发现了第三个负面效应：相比于男性专业人士，各种形式的"性骚扰"更多地发生在女性身上。

罗莎贝斯·坎特（Rosabeth Kanter）的组织研究发现，表面文章（tokenism）有两种类型而非一种，这两者都与女性或少数族裔身处高位的群体情境有关。因而，正如最初所假设的那样，"装门面"地位的经历不是千篇一律的，在两种群体情境下程度不同。坎特把第一类称为"曲解的"（少于30%的少数群体）情境，第二类称为"倾向的"（tilted）情境，少于15%的少数群体占据职位

(Kanter, 1976, p.240)。由于大多数加拿大印刷和广播电视媒体员工都处于"曲解的"管理情境,其中她们约占30%,因此她们能与多数群体讨价还价,不认为自身受到歧视。只是她们处于权力高层的姐妹们,占据职位的女性员工比例低于15%,因此感受到被视为"装门面"的所有打击。在高层,异常的个人不仅会被排除在非正式权力网络之外,而且她的想法还会被边缘化而不被接受,并且还必须承受从来不根据她的优点进行评价的打击。

只有德国媒介学者苏珊娜·凯尔（Susanne Keil）的研究探索了适应"倾向的"管理情境意味着什么。她对广播电视媒体的女性管理者的访谈发现,尽管她们相信自己拥有非正式权力来影响组织文化,但她们知道自己无法改变所在新闻编辑部的正式结构（Keil, 2001, pp.157 - 159）。女性管理者试图通过跨越组织部门的非正式网络和改变自己的管理行为来达成这个目标。她们的策略包括在决策情境中更民主、在主编会议中引入"议题"重点来打破竞争性权力仪式,以及通过鼓励员工报道不同议题领域来有意识地重构性别化条口结构。

在高层孤立女性管理者的另一个方法是性别区隔式工作分配（sex-segregated work assignments）,这出现在所有国家和所有职业中。即使管理职位如今已被认为性别中立,但是我的组织媒体数据表明存在管理等级内的区隔。作为现存的性别壁垒的结果,女性和男性管理者拥有不同的中位数年龄和社会特征,具有不同的职业特长。因为女性管理者比她们的男同胞在公司中的工作年限更短,所以女性管理者常常是从组织外招聘,而男性管理者则是一路晋升上来的。这意味着当男性管理者到达高层,他们的非正式网络原封不动,而女性就任者必须从头再建网络。

我发现,高层孤立的最后一个表现是性骚扰,这一点之前没有系统研究过。我的女性和男性专业人士的代表性样本证实,女性比男性更多地遭受骚扰。面对这一问题:"对于女性新闻工作者来说,性骚扰是一个问题吗?"将近二分之一（49%）的女性员工和只有39%的男性员工的答案是"也许"。为了明确骚扰行为,女性主义学者建议把它划分为三个类别:言语的、身体的和心理的。被访者的回答表明,女性从业者更易遭受言语骚扰:近三分之二（60%）的女性员工至少经历过一次。心理骚扰位列第二,近一半（43%）的女性员工至少经历过一次。而令人震惊的是,五分之一（20%）的女性至少经历过一次身体骚扰。不出所料,男性员工的比例低不少:仅有13%至少经历过一次言语骚扰,9%经历过心理骚扰，仅 1% 曾在工作中遭受身体骚扰。相反，在被访者中，目击过骚扰的女性和男性的比例相当接近。约有一半员工见过言语骚扰，四分之一目睹过心理骚扰，而整整四分之一（26%）的女性员工和仅 11% 的男性员工目击过至少一例身体骚扰。所有这些发现都在 $p<0.05$ 的水平上具有显著性，这表明骚扰是多数人控制少数群体的另一种方法。

## 性别路径：评估

芭比·泽利泽（Zelizer, 1993）的研究表明，新闻职业并不具有整合的社会系统功能，因为相较于男性白人，女性和其他少数族裔拥有非常不同的职业经历。这就是系统性偏差，利用性别和/或种族来建构社会分层系统。这影响到分配给女性的工作类型（条口）、她们的晋升、在等级中的位置，以及她们相同价值工作的差别化报酬。尽管在过去 30 年里，对于更年轻的专业群体来说，这一性别分层已经弱化，但在 21 世纪它还没有被完全消除。

在晋升过程中，性别理论可用来说明男性管理者的"态度"和"阐释"偏见。态度上，男性管理者倾向于根据自身利益而非候选人的资质来挑选高层职位人选。奥莱利和艾克维奇称之为"理性选择"理论（O'Leary & Ickovics, 1992, p.14）。正如我们所看到的，对女性管理层候选人不利的阐释偏见包括她们不是"以事业为主"，因此她们不太尽责。这两种偏见都为加拿大的证据所否定，但是它们仍然在异性的媒体工作环境中阻碍女性和少数族裔员工的发展和业绩。

性别路径还解释了为什么目前女性和少数族裔不愿意进入新闻管理层。它证明这种不情愿是女性管理者在新公司缺乏个人网络和她们被排除在非正式网络之外的"合理反应"。此外还论证了在无视个人资质的情境下扮演"装门面"角色的压力。

性别路径进一步发现，"性骚扰"是另一种策略，它出现在所有控制女性同事的组织层面，并与她们的"装门面"地位相关。女性管理者发现，自己所在的群体情境越是被"曲解"（低于 15%），性骚扰就越有可能发生，甚至在管理高层也是如此，而且往往没有办法纠正。

尽管性别路径能够准确指出新闻职业的系统性偏差，但玛格丽特·艾克勒

(Margrit Eichler)提醒我们注意有关这一路径的重要的理论性告诫（*caveat*）。在《双重标准》（*Double Standard*，1980）一书中，她指出，性别是能想到的最有用且最危险的解释，因此必须辩证地使用。这意味着所有的性别分析必须分两步。第一步是描述性的，记录所有新闻语境下存在的性别异同。只有这样，将性别与监督责任和组织规模相结合，才能解释女性和男性专业人员之间的收入差异。但是，她警告这一解释只是可能性的。尽管必要，但性别本身并不是做出因果推断的充分条件。

女性新闻工作者不愿意接受晋升而进入管理层就是一个例子。这里我们看到了女性和男性就任者之间的差异，但无法提供为何发生的解释。正如爱泼斯坦和其他人所指出的那样，不情愿与其所处的"标志性"地位（定义为无法掌控时间和资源来实现自己的想法），以及从公司外招聘的女性缺乏支持网络有关。黑人或少数族裔新闻工作者可能也经历过这两种结果，因为他们也不同于占绝对优势的白人男性管理精英。

本章表明性别理论必须与组织和行动者分析，以及诠释路径相结合，这样才能探索人们赋予经验的意义。语言学家已经表明，语言不仅能发挥描述性媒介的作用，也能发挥表达性媒介的作用。鉴于这一双重性，问卷调查研究方法必须辅以参与式观察手段和访谈，从而探索社会行动者加诸其行为的意义。

## 参考文献

Agocs, C. (1989). *Walking on the glass ceiling: Tokenism in senior management.* 20 pp. Paper presented at the Canadian Sociology and Anthropology Association conference. Quebec City.

Bennett, T. (1982). Media, "reality", signification. In: M. Gurevitch, T. Bennett, J. Curran, and J. Wollacott (eds.), *Culture, society, and the media* (pp. 287–398). London: Methuen.

Brackert, G. (1992). Reflections on women and media. In G. J. Robinson and D. Sixt (eds.), *Women and power: Canadian and German experiences.* 2nd edition (pp. 90–7). Montreal: McGill Studies in Communications and Goethe Institut.

Catalyst. (1995). *Women in corporate leadership: Progress and prospects.* New York.

Eichler, M. (1980). *The double standard: A feminist critique of the social sciences.* Guilford: New York: St Martin's Press.

Epstein, C. F. (1992). Tinkerbells and pinups: the construction and reconstruction of gender. In M. Lamont and M. Fournier (eds.), *Cultivating differences: Symbolic boun-*

*daries and the making of inequality* (pp. 232–56). Chicago, IL: University of Chicago Press.

Epstein, C. F. (1988). *Deceptive distinctions: Sex, gender and the social order.* New Haven, CT: Yale University Press and New York: Russell Sage Foundation.

Franklin, S., Lurie, C., and Stacey, J. (1992). Feminism and cultural studies. In P. Scannel, P. Schlesigner, and C. Sparkes (eds.), *Culture and power* (pp. 90–111). Newbury Park, CA: Sage.

Gans, H. (1979). *Deciding what's news.* New York: Vintage Books.

Kanter, R. M. (1976). The impact of organization structures on work behavior of women and men. *Social Problems,* 23(3), 415–30.

Kanter, R. M. (1980). The impact of organization structure: Models and methods for change. In R. Ratner (ed.), *Equal employment policy for women* (pp. 311–27). Philadelphia, PA: Temple University Press.

Keil, S. (2001). *Einsame Spitze? Frauen in Führungspositionen im öffentlich-rechtlichen Rundfunk* [Lonely top: Women in leadership positions in public broadcasting]. Münster: Lit Verlag.

Klaus, E. (1998). *Kommunikationswissenschaftliche Geschlechterforschung: Zur Bedeutung der Frauen in den Massenmedien und im Journalismus* [Communicational gender studies: Women in journalism]. Opladen: Westdeutscher Verlag.

Lünenborg, M. (1997). *Journalistinnen in Europa: Eine international vergleichende Analyse zum gendering im sozialen System Journalismus* [Female journalists in Europe: An international comparison on gendering in journalism]. Opladen: Westdeutscher Verlag.

Marzolf, M. T. (1993). *Women making a difference in the newsroom.* (August). 16pp. Paper prepared for the Commission on the Status of Women, AEJMC. Kansas City.

Melin-Higgins, M. (2002). *Opportunities and problems in feminist methodology.* Paper presented to the Gender and Communication Group at the IAMCR meeting, Barcelona.

Melin-Higgins, M., and Djerf-Pierre, M. (1998). *Networking in newsrooms: Journalist and gender cultures.* Paper presented to the Gender and Communication Group at the International Association for Media and Communication Research (IAMCR) meeting, Glasgow.

Morgan, N. (1988). *The equality game: Women in the federal public service (1908–1987).* Ottawa: Advisory Council on the Status of Women.

O'Leary, V., and Ickovics, J. (1992). Cracking the glass ceiling: Overcoming isolation and alienation. In U. Sekaran and F. Leang (eds.), *Womanpower: Managing in times of demographic turbulence* (pp. 7–30). Newbury Park, CA: Sage.

Robinson, G. J. (2005). *Gender, journalism and equity: Canadian, US and European experiences.* Creskill, NJ: Hampton Press.

Schudson, M. (1992). The sociology of news production revisited. In J. Curran and M. Gurevitch (eds.), *Mass media and society* (pp. 141–60). London: Arnold.

Stone, V. (2001). Race, gender and TV news careers. Retrieved September 15, 2001, from www.missouri.edu/~jours/tvers/html

Valdivia, A. (1995). Feminist media studies in a global setting: Beyond binary contradictions and into multicultural spectrums. In A. Valdivia (ed.), *Feminism, multiculturalism and the media: Global diversities* (pp. 7–29). Thousand Oaks, CA: Sage.

van Zoonen, L. (1994). *Feminist media studies.* Thousand Oaks, CA: Sage.

Webster, J. (1996). *Shaping women's work: Gender, employment and information technologies.* London: Longman.

Zelizer, B. (1993). Journalists as interpretive communities. *Critical Studies in Mass Communication,* 10(2), 219–37.

第三部分

# 方法论与新闻学研究方法

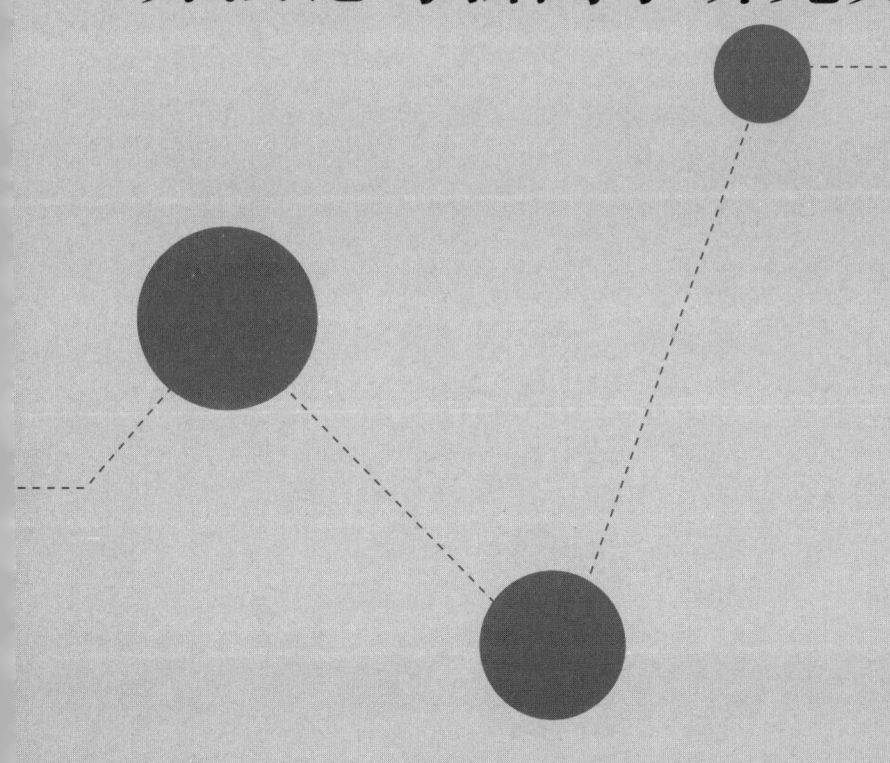

# 第 8 章
# 跨越文化边界的新闻业比较：现状、策略、问题和对策

托马斯·哈尼奇

## 引言

近年来，新闻业的比较研究获得了越来越多的关注。冷战的结束和全球化趋势的演进为研究者创造了更多在国际会议上见面的机会。与此同时，新的传播技术促使科学家全球网络出现，资助机构逐渐意识到跨国研究的优点。为了应对这种趋势，学术性新闻教育开始提供高度专业化的学位课程，在欧洲，这一现象尤为明显。[1]但是，情况并非一直如此。20世纪90年代初，当布鲁姆勒、麦克劳德和罗森格伦将比较研究称之为传播学领域的"延伸的和可延伸的边界"（Blumler, McLeod, & Rosengren, 1992, pp. 3-4）时，跨文化研究是探索性的，处于初步阶段。对于新闻学研究而言，尤为如此。如今，在第三个千年开端之时，媒介和传播学研究领域的研究者们才逐渐采用比较策略。

尽管跨文化研究的重要性日益提升，但研究者很少讨论比较研究方法，而且研究报告通常缺少理论与概念化（Chang et al., 2001; Livingstone, 2003）。新技术使人们可以进行广泛的调查，处理大量数据，使得不同国家的研究者可以使用

这些数据，但是，有关比较传播学研究的理论、概念、设计和方法的复杂讨论才刚刚开始（Hantrais & Mangen, 1996; Wirth & Kolb, 2004）。

不过，大部分新闻学比较研究并非建立在量身定制的跨文化研究基础上，而是基于单一国家数据的二手分析。这些研究通常使用不同的概念化和方法论，因此，想要从这些数据中获取意义可能会成为一种完全凭运气的尝试。真正的新闻学比较研究很少，涉及两三种以上文化的新闻学比较研究更罕见。帕特森和道斯巴赫（Patterson & Donsbach, 1996）深入调查了德国、英国、意大利、瑞典和美国记者的政治作用，他们的研究可作为在概念层面仔细推敲跨国研究的经典案例。比较研究即使不是理解新闻本质及其如何在不同文化语境中发挥作用的最重要策略，也是必不可少的，因此新闻学研究当然需要更多此类的跨文化研究；而且，"将多个国家纳入单一分析的时机已经成熟"（Berkowitz, Limor, & Singer, 2004, p. 161）。

## 什么是比较研究

跨文化研究的根源可以追溯至英国学者爱德华·泰勒（Edward Tylor）及其标志着英语世界人类学研究里程碑的著作《原始文化》（*Primitive Culture*, 1871）。埃米尔·涂尔干关于自杀和社会失范的研究（Durkheim, 1897/1973）很可能是首个重要的国际性比较研究。半个世纪后，也就是第二次世界大战之后，跨文化研究在社会科学和人文学科中的影响力逐渐增强，并迅速扩散至心理学（比如，Triandis & Lambert, 1980）、社会学（比如，Kohn, 1989b）、比较政治学（比如，Larson, 1980），以及组织/管理研究和工作社会学（比如，Hofstede, 1980）。致力于跨文化研究的学术期刊数量的增多反映了学界对比较研究日益浓厚的兴趣，比如《国际比较法季刊》（*International and Comparative Law Quarterly*）（创刊于1952年）、《社会与历史比较研究》（*Comparative Studies in Society and History*）（创刊于1958）、《比较政治学》（*Comparative Politics*）（创刊于1968）、《跨文化心理学》（*Journal of Cross-Cultural Psychology*）（创刊于1970），以及《跨文化传播研究》（*Journal of Intercultural Communication Research*）

（创刊于 2006）。

尽管这种制度化具有悠久的传统，但比较研究中的术语通常模糊不清，令人费解。比如跨国（cross-country）、跨国家（cross-national）、跨社会（cross-societal）、跨文化（cross-cultural）和跨制度（cross-systemic）比较等概念，前缀"inter"和"trans"通常替代"cross"（Øyen，1990）。至少直到20世纪80年代，社会科学领域的大部分比较研究都是跨国家性质的（cross-national），而且究其实质，大部分研究仅限于比较研究者碰巧可以进入的两个特定国家的人群。新闻学研究也是如此。新闻学比较研究始于杰克·M. 麦克劳德（Jack M. McLeod）和瑟尔·E. 霍利（Searle E. Hawley）的开创性研究，他们建立了记者的专业主义指标（professionalism index），并随后应用于许多国家（McLeod & Hawley，1964）。不过，直到20世纪90年代，跨文化比较才成为新闻学研究中一种受欢迎的策略。

文献翔实地记录了仍然作为新闻学研究主要路径的各国新闻制度比较研究（Reese，2001）。这包括帕特森和道斯巴赫的五国研究和斯普理查和斯帕克斯（Splichal & Sparks，1994）的二十二国调查，比较了欧洲国家的新闻内容（Blumler，1983；Gurevitch，Levy，& Roeh，1993），全球监测项目（the Global Monitoring Project）（Spears & Seydegart，2000），以及德国和英国的比较研究（Köcher，1986；Esser，1998），美国与德国（Quandt，2006）、俄罗斯（Wu，Weaver & Johnson，1996）、中国（Zhu et al.，1997）和以色列（Berkowitz，Limor，& Singer，2004）的比较研究。最被认可的当属联合国教科文组织（UNESCO）发起的涉及29个国家的"异国形象"（Foreign Images）研究（Sreberny-Mohammadi，Nordenstreng，& Stevenson，1984），20世纪90年代，安娜贝拉·斯莱伯尼-默罕默迪（Annabelle Sreberny-Mohammadi）和罗伯特·L. 斯蒂文森（Robert L. Stevenson）将该研究复制到了三十八国样本中（Wu，2000）。

其他研究比较了国内不同的语言区（加拿大，Pritchard & Souvageau，1998；瑞士，Marr et al.，2001），某个国家内（之前）不同的州（民主德国和联邦德国：Schoenbach，Stuerzebecher，& Schneider，1998），或者一个国家的不同民族（Hanitzsch，2006a）。除此之外，还有研究比较了跨境地区（比如欧盟、东盟和拉美），功能相当的机构与组织（比如，新闻评议会和道德规范），以及具有不同性别、种族、民族、社会阶层、年龄、教育背景、宗教信仰和其他文化特征的记者群体。

由于术语令人费解，对关键概念也存在不同解释，"比较"（comparative）这个词应该包含一定程度的抽象性，从而抓住比较研究的多样性本质。或许，将"比较"一词归结到文化概念中最具解释力（van de Vijver & Leung, 1997）。假如对两个或两个以上先验文化群体的比较建立在至少一个以上功能对等概念（functionally equivalent concept）的基础上，我们就称之为比较研究。当然，有人会说所有的社会研究都是比较性质的（Beniger, 1992），但是跨文化研究给研究者在概念和方法层面提出了具体挑战，接下来就从对等性概念角度讨论其中一些挑战。

## 比较研究的优点和挑战

比较研究为什么受欢迎？大部分学者认为，为了证明理论的普遍性和对单一国家研究解释的效度，跨文化研究必不可少。比较研究的另一重要方面在于，它迫使我们在跨文化差异和矛盾的背景下检验我们的解释（Kohn, 1989a；van de Vijver & Leung, 1997）。在新闻学研究中，比较研究的优点显而易见。尽管关于新闻制作的经验研究产生了大量数据，但新闻学研究中一些更加基本的问题仍然没有解决。塑造新闻和新闻业结构的最重要因素是什么？是政治、经济，还是文化？西方关于客观新闻的传统观点如何适应非西方文化？在所有文化中，新闻逐渐脱离政治体制会导致对经济理性的依赖吗？尽管诸如此类的问题依然存在，但几乎没有解释性研究（Donsbach & Patterson, 2004），而且诸如帕特森和道斯巴赫（Patterson & Donsbach, 1996）、哈林和曼奇尼（Hallin & Mancini, 2004）在概念层面仔细推敲的比较研究项目仍然只是个例，并非普遍存在。

比较研究也带来了很多挑战。第一，当分析非常不同的制度或时间段时，差异程度会主导有目的的比较（Blumler, McLeod, & Rosengren, 1992）。这些差异不仅巨大而且多维，还会因范围变化而不同（Kohn, 1989a）。我们在一个分析层次上视为相似的元素在更具体的分析层次上会体现出多种多样的差异性。第二，当研究者关注分析单元之间的差异时，通常低估文化内差异（Blumler，McLeod，& Rosengren，1992），但有些时候，文化内差异可能比文化间差异更大（Øyen，1990）。这可能就是现代新闻生产现状，即在任何既定社会中多元新闻文化共存。第三，所谓"高尔顿的问题"（Galton's Problem）[①] 源自文化异同，比如英国和美国在讯息内容或专业价值观方面的异同可以被视为由两国文化所"导致"的，或者是跨文化扩散的结果（Scheuch，1990）。在拥有共同文化渊源的国家之间，扩散现象尤为明显，而且随着全球化媒体生产和消费的演进，这种现象更易发生。比如，客观性专业意识形态已经由美国扩散至世界的大部分地区，促成了里斯口中的对新闻拥有共同标准和理解的新兴的"世界公民"（cosmopolite）记者阶层的出现（Reese，2001，p.178）。

此外，比较研究还面临着认识论的重大挑战。许多跨文化研究都存在一个问题，即在假设方法和理论普遍适用的前提下，出现了"超语境测量"（measurement out of the context）（Livingstone，2003，p.482）。而且，这些研究经常透过研究人员的不同文化价值体系视角来评价文化。克服民族中心主义的唯一途径是合作研究，但这通常需要大量资源，比如时间、资金、基础条件，以及最为重要的妥协的意愿。这也许是合作研究常常被描述为"筋疲力尽""一场噩梦"和"令人沮丧"的原因（Livingstone，2003，p.481）。因此，鉴于跨文化比较的利与弊，研究者需要形成一个明确的想法，即为什么相较于一项非比较设计，比较策略能更好地服务于研究目的（Chang et al.，2001）。

## 比较研究策略

一旦一个研究者或一组研究人员决定采用比较研究，那么他们就必须解释且证明采用哪种策略。理论上讲，决定采用某种研究策略是服务于研究目的与研究重点的。可以通过以下几点来区分比较研究的不同策略：（1）所研究文化人群的

---

[①] "高尔顿的问题"以英国科学家弗朗西斯·高尔顿（Francis Galton）的名字命名，是指依据跨文化数据进行推断的问题，普遍应用于非实验和实验研究中。简言之，该问题探讨的是进行数据判断时的外部依赖问题。——译者注

接近性；(2) 个案在研究设计中的作用；(3) 在多元文化语境中，构建与应用概念和操作化的方法。不过，在新闻学研究中，只有少数研究者曾解释并证明采用比较策略的合理性（比如，Patterson & Donsbach, 1996; Zhu et al., 1997）。

(1) 普沃斯基和图纳（Przeworski & Teune, 1970, pp. 31 - 46）提出了一种比较研究策略的"经典"分类方法。这两位政治科学领域学者区分了最相似系统设计（MSSD）和最不同系统设计（MDSD）。前者旨在发现相似文化中不同的关键因素。比如，比较在政治、经济、社会和文化方面具有一些实质性相似点的西方国家。道斯巴赫和帕特森（Donsbach & Patterson, 2004）、哈林和曼奇尼（Hallin & Mancini, 2004）使用了这种方法，他们中和了一些不同因素并突出其他因素，确保实验变量的总数相对较少，从而更易确定解释观察结果的因素（Landman, 2000）。相反，最不同系统设计旨在发现非常不同的文化之间的相似结果。它的假设是，假如因变量和自变量之间的相似关系存在于所有文化之中，那么比较研究对象之间的文化差异肯定很小或不相关。这一策略很少应用于比较新闻学研究中，尽管没有明确说明，但美国与巴西（Herscovitz & Cardoso, 1998）、美国与乌干达（Mwesige, 2004）的比较就属于这一类。

(2) 社会学家梅尔文·科恩（Melvin Kohn, 1989b, pp. 20 - 24）根据文化人群在研究设计中的作用，提出了比较研究的四重分类法（fourfold typology）。第一类，将不同国家作为研究对象；研究者的主要兴趣在于从自身利益角度来理解特定国家（比如，Wilke, 1998）。第二类，将不同国家作为研究语境，研究者的主要兴趣在于检验结果与解释的普遍性（比如，Herscovitz & Cardoso, 1998; Mwesige, 2004）。第三类，把国家当作分析单元，研究者主要关心的是某种现象与国家特征变化之间系统相关的方式，通常导致从一个或多个语境维度来进行国家分类（比如，Weaver, 1998a; Deuze, 2002）。第四类，即跨国研究，考虑到国家并不是孤立实体而是系统相关这一事实，国家被视为更宏观的国际系统的组成部分（比如，Sreberny-Mohammadi, Nordenstreng, & Stevenson, 1984; Wu, 2000）。

(3) 通常而言，可以根据多元文化语境中，概念和操作化的构建与应用的方法来对比较研究进行分类。在比较研究的游猎（safari）路径中，至少有部分研究者是在一个不同于自身所处文化的文化语境中开展研究的,但大部分情况下研究者将自己的国家与其他国家进行比较(比如,Köcher,1986；Wu,Weaver,& Johnson,1996；Esser,1998)。将研究完全置于异国语境也并非罕见(比如,Hanitzsch,2006a)。研究者通过应用(application)路径,将原本为其他文化设计的一个研究复制并应用到自身语境中(比如,Herscovitz & Cardoso,1998；McMane,1998)。换句话说,研究者借鉴自己或他人的研究,从其他研究中"借用"概念、研究设计和操作化,在对原始研究工具进行一些调整后,将其应用于不同文化语境。但是,大部分情况下,研究者只采用部分原始工具,比如韦弗和威尔霍伊特(Weaver & Wilhoit,1991,1996)对记者角色认知的测量。最后,组装(assembly)路径象征着真正的协同发展、应用、评估与研究发表(比如,Patterson & Donsbach,1996；Berkowitz,Limor,& Singer,2004)。[2]

## 方法论问题

### 文化选择

尽管哪些文化应被纳入比较研究这个问题很重要,需要仔细思考,但是大部分新闻业跨文化研究都没有证明文化选择的原因。这似乎是传播与媒介研究中普遍存在的问题,文化选择主要考虑便利因素:可用性、个人爱好和现有研究网络、语言技能、资助机构的优先性、划拨给研究的资源等(Chang et al.,2001)。基于理论导向选择国家的一个范例是祝建华等(Zhu et al.,1997)对中国和美国的比较研究。

假如对进行比较的文化没有进行审慎选择,那么研究者会发现很难识别因果关系,也很难挑选出文化变迁的决定因素。此外,挖掘比较研究潜力的最佳方法是进行类实验设计(Wirth & Kolb,2004)。可以根据不同文化在生态化水平上的理论识别语境维度的分值(比如,新闻自由程度和民主化水平)来选择文化,由此,目标变量的变化可以归因于特定先验(priori)特殊语境因素的影响。[3]不论抽样原理是什么，个案选择从本质上需要理论论证；它应有意设计，而非偶然而得（Change et al.，2001）。

## 对等性问题

对等性应该被视为比较研究的主要问题（Wirth & Kolb，2004），研究者一旦忽视对等性问题，其研究会面临偏差（bias）的危险。在这个方面，梵·德·维杰威和梁（van de Vijver & Leung，1997）区分了跨文化研究中的三种偏差：构建偏差、方法偏差和条目偏差（item bias）。鉴于这种区别，我们简要讨论下概念、方法、管理和语言与含义方面的对等性问题。

*概念对等性*：在比较研究中，既定义分析单元又是被测量的对象的构建，在应用于所有文化语境时必须完全相同，但是在跨文化新闻学研究中，这一前提经常被忽视。比如，"自主权"或"编辑"概念远非不证自明，它们在不同语境和不同分析层次上通常具有不同含义。界定到底谁是记者有多种方法，通常情况下，适用于一种文化语境的定义不适用于其他文化语境。在不同社会，新闻业可能具有不同的规范功能，服务于不同利益群体，与此同时，记者的角色也可能因文化而异。

"新闻业"概念的内涵与其所运作的社会历史背景高度相关。韦弗的《全球记者》（*The Global Journalist*，1998b）一书囊括了 25 份记者调查，这是一本有价值的国际性参考书。瞧一瞧这本书，令人深受启发：尽管很多研究者借用了韦弗和威尔霍伊特（Weaver & Wilhoit，1991）的最初定义，但是人们会发现，自相矛盾、相互冲突的概念定义混乱共存。比如，一些研究者将其调查限定在传统的新闻记者范围内，而其他研究者将供职于大众或小众出版物的记者排除在外。大部分研究包含了全职编辑，但排除了自由撰稿人，而对于摄影师和摄影助理是否是真正的记者这个问题，也有很多种处理方法。

为了解决概念层面上的对等性问题，研究者基本上有三种选择：第一，假如研究者在概念产生之前和概念发展过程中没有注意到对等性问题，他们也许可以通过高级统计分析（比如因子或信度分析），决定到何种程度算是真正实现了事后（post hoc）的概念对等。第二，研究者可以在收集数据前控制概念的对等性，然后决定事后成果的水平。这两种解决方案都适用于游猎和应用策略。第三，研究者可以让深入了解研究所涉及各种文化的同事参与其中，并与他们一起发展概念。这种组装策略的好处是，概念尽可能地"文化无涉"（culture-free），能够体现所涉文化的最大共性。

*方法和管理的对等性*：在国际研究中，各国在方法和程序习惯上通常存在巨大差异，使得参与研究者倍感失望。不仅收集数据的首选方式不同，抽样方法、"合格的"（acceptable）回复率、视觉线索的使用和培训采访者的方法等也各异（Jowell，1998）。通常来说，比较研究应避免使用便利抽样方法，因为这种方法无法保证对等性。研究者不仅需要确保以对等的方式选择分析单元，而且还需要保证在所有文化中都使用一样的抽样方法（比如随机或定额抽样）。比如，斯普理查和斯帕克斯（Splichal & Sparks，1994）在22个国家对1 855名一年级新闻学专业学生的调查中，把抽样方法的决定权完全交给了每个参与合作的研究者。在道斯巴赫和帕特森（Donsbach & Patterson，2004）里程碑式的研究中，记者是从机构花名册中挑选出来的，或者由新闻编辑挑选，但是在意大利个案中，样本是根据全国记者协会（National Union of Journalists）的会员名单挑选出来的。

必须在所有参与的文化人群中使用同一套科学方法（指标、规模等等）来测量概念。很多情况下，研究者采用面对面采访、电话调查、网络调查、自填式问卷调查会导致实质性差别，尤其当涉及文化敏感问题时。比如，相比自填式调查问卷，在面对面采访中更容易出现新闻业中接受免费赠品的社会意愿（Hanitzsch，2006b）。但是，即便针对不同文化背景的受访者采用同样的数据收集方法，仍然会导致不同的行为。作为研究对象，某些文化背景的人群可能不适应、不积极；他们的回答可能会受到特定文化价值观的影响（Johnson & Tuttle，1989）。相较于个人主义占优势的文化，在高度集体主义的文化语境下，社会期望水平可能更高。对于普遍默认水平而言，也是如此。不管实际问卷内容是什么，某种文化背景的受访者的回答会比其他受访者更积极。这一问题甚至也出现在比较某个国家中不同民族背景记者的研究中（比如，Hanitzsch，2006a）。

最后，当具有特定文化背景的采访者的态度、行为和/或特征在方法论层面施加人为影响时，可能会出现管理偏差（Wirth & Kolb, 2004）。在很多亚洲文化中，是让教授、研究人员还是让学生采访职业记者至关重要，因为身份在人际传播中发挥着关键作用。因此，应该仔细挑选并培训采访者。他们要熟悉文化环境，接受过高等教育，而且掌握当地语言。理想状态下，他们应该与受访者属于同一个种族或民族，而且与受访者处于同等社会地位（Johnson & Tuttle, 1989）。

语言和含义的对等性：比较研究经常产生偏差，因为在调查研究中，由于语言内涵不同而导致条目（item）的定义、分类或描述含义不同。因此，针对所有文化人群，问题和编码须知应该大致相同，而且要保证旨在测量某一构建的条目在所有文化语境中有效且相同。比如，为了评估记者对媒介作用的看法，很多研究者复制了韦弗和威尔霍伊特（Weaver & Wilhoit, 1991）原创的量表，但文化差异会导致不同的解释。原本用来测量对新闻的"敌对性"（adversarial）理解的条目可能会与很多亚洲文化中对一致与和谐的偏好相冲突。因此，这些条目的低支持率并不必然意味着接受采访的记者不太具有批判性、不太独立。更确切地说，亚洲记者可能认为这些条目所表征的态度过于咄咄逼人而且缺乏文化，但他们仍然能够站在敌对立场进行报道。

一种广泛应用的控制语言文化独特性的方法是翻译-回译（translation-back-translation）。在这个过程中，首先形成问卷或编码须知的翻译版本，然后再回译成源语言。将回译结果与原文进行比较，从而评估翻译质量。理想情况下，这一过程循环往复，直至两个版本可靠匹配（Wirth & Kohb, 2004）。另一种方法是文化去中心（cultural decentering），即剔除很难从原文翻译过来的文化类词语、短语和概念。梵·德·维杰威和梁（van de Vijver & Leung, 1997）提出一种委员会路径（committee approach），即由掌握文化、语言和研究领域专业知识的跨学科、多元文化小组共同研发研究工具。

## 系统化比较研究的简短指南

想要从事比较研究的新闻学研究者不必另起炉灶，充分借鉴长期进行比较研究的其他学科，比如政治科学、社会学和心理学的概念和方法论演进是明智之举（Kohn, 1989b; van de Vijver & Leung, 1997; Landman, 2000）。

第一，新闻学研究者应该经常自问：跨文化比较是否会拓展阐释的范围且值得冒此风险（Kohn, 1989a）。比较研究的目的和预期并非不证自明；必须解释清楚，不能想当然（Gurevitch & Blumler, 2004）。

第二，应该将研究置于一种理论或概念视角。在新闻学研究中，大部分比较研究并非基于完善的理论，导致不明确的概念充当了比较的共同参照基础。假如经验研究不能联系某种理论视角，那么它的解释力仍然有限。

第三，一旦缺乏理论框架，形成研究问题或假设就变成一种猜谜游戏。古雷维奇和布鲁姆勒认为，最初的概念化应该包含比较研究会产生何种结果的期望的前述，因为这可以为研究设计和分析发现提供有用的指导。

第四，不言而喻，研究者不要试图解释他们知之甚少或者完全不知的文化数据（Jowell, 1998）。研究者拥有研究中涉及的所有文化的内行知识至关重要。

第五，"对等性应该被证明而不能被假设。"（van de Vijve & Leung, 1997, p.144）每一篇发表的跨文化比较研究论著都必须论述构建、方法和管理、语言和含义，以及解决方案的对等性问题。

## 注释

[1] 五所欧洲大学（丹麦奥胡斯大学、荷兰阿姆斯特丹大学、英国威尔士大学、德国汉堡大学和英国伦敦城市大学）联手推出了国际新闻学硕士学位课程。英国卡迪夫大学、英国利物浦摩尔大学和英国中央兰开夏大学也提供国际新闻学硕士学位课程。英国威尔士大学已经推出了比较新闻学硕士学位课程，英国伦敦

大学金史密斯学院推出了比较国际新闻学硕士学位课程，英国考文垂大学推出了国际媒介新闻学硕士学位课程。

［2］这一分类简化并融合了之前对比较研究方法的分类。"游猎路径"一词来源于汉查斯和曼根（Hantrais & Mangen，1996，p. 4），而"组装"一词曾被梵·德·维杰威和梁（van de Vijver & Leung，1997，p. 36）用于不同语境。

［3］国际机构逐渐提供了更加细化的指标，使得国家选择比以往更加容易［比如自由之家（Freedom House）、国际电信联盟（ITU）、网络用户协会（NUA）、联合国和世界银行］。

## 参考文献

Beniger, J. R. (1992). Comparison, yes, but: the case of technological and cultural change. In J. G. Blumler, J. M. McLeod, and K. E. Rosengren (eds.), *Comparatively speaking: Communication and culture across space and time* (pp. 35–50). Newbury Park, CA: Sage.

Berkowitz, D., Limor, Y., and Singer, J. (2004). A cross-cultural look at serving the public interest: American and Israeli journalists consider ethical scenarios. *Journalism*, 5(2), 159–81.

Blumler, J. G. (ed.) (1983). *Communicating to voters: Television in the first European parliamentary elections*. London: Sage.

Blumler, J. G., McLeod, J. M., and Rosengren, K. E. (1992). An introduction to comparative communication research. In J. G. Blumler, J. M. McLeod, and K. E. Rosengren (eds.), *Comparatively speaking: Communication and culture across space and time* (pp. 3–18). Newbury Park, CA: Sage.

Chang, T.-K., Berg, P., Ying-Him Fung, A., Kedl, K. D., Luther, C. A., and Szuba, J. (2001). Comparing nations in mass communication research, 1970–97: a critical assesment of how we know what we know. *Gazette*, 63(5), 415–34.

Deuze, M. (2002). National news cultures: a comparison of Dutch, German, British, Australian and US journalists. *Journalism & Mass Communication Quarterly*, 79(1), 134–49.

Donsbach, W., and Patterson, T. E. (2004). Political news journalists: partisanship, professionalism, and political roles in five countries. In F. Esser and B. Pfetsch (eds.), *Comparing political communication: Theories, cases, and challenges* (pp. 251–70). New York: Cambridge University Press.

Durkheim, E. (1897/1973). *Der Selbstmord [Suicide]*. Neuwied: Luchterhand.

Esser, F. (1998). Editorial structures and work principles in British and German newsrooms. *European Journal of Communication*, 13(3), 375–405.

Gurevitch, M., and Blumler, J. G. (2004). State of the art of comparative political communication research: poised for maturity? In F. Esser and B. Pfetsch (eds.), *Comparing political communication: Theories, cases, and challenges* (pp. 325–43). New York: Cambridge University Press.

Gurevich, M., Levy M. R., and Roeh, I. (1993). The global newsroom: convergences and diversities in the globalization of television news. In P. Dahlgren and C. Sparks (eds.), *Communication and citizenship: Journalism and the public sphere* (pp. 195–216). London: Routledge.

Hallin, D. C., and Mancini, P. (2004). *Comparing media systems: three models of media and politics*. New York: Cambridge University Press.

Hanitzsch, T. (2006a). Mapping journalism culture: a theoretical taxonomy and case studies from Indonesia. *Asian Journal of Communication*, 16(2), 169–86.

Hanitzsch, T. (2006b). Selling the autonomy of journalism: the malpractice of corruption among Indonesian journalists. In H. Xiaoming and S. K. Datta-Ray (eds.), *Issues and challenges in Asian journalism* (pp. 169–88). Singapore: Marshall Cavendish Academic.

Hantrais, L., and Mangen, S. (1996). Method and management of cross-national social research. In L. Hantrais and S. Mangen (eds.), *Cross-national research methods in the social sciences* (pp. 1–12). London: Pinter.

Herscovitz, H. G., and Cardoso, A. M. (1998). The Brazilian journalist. In D. H. Weaver (ed.), *The global journalist: News people around the world* (pp. 417–32). Cresskill, NJ: Hampton Press.

Hofstede, G. (1980). *Culture's consequences: International differences in work-related values*. Beverley Hills, CA: Sage.

Johnson, J. D., and Tuttle, F. (1989). Problems in intercultural research. In M. K. Asante and W. B. Gudykunst (eds.), *Handbook of international and intercultural communication* (pp. 461–83). Newbury Park, CA: Sage.

Jowell, R. (1998). How comparative is comparative research? *American Behavioral Scientist*, 42(2), 168–77.

Köcher, R. (1986). Bloodhounds or missionaries: role definitions of German and British journalists. *European Journal of Communication*, 1(1), 43–64.

Kohn, M. L. (1989a). Cross-national research as an analytic strategy. In M. L. Kohn (ed.), *Cross-national research in sociology* (pp. 77–102). Newbury Park, CA: Sage.

Kohn, M. L. (1989b). Introduction. In M. L. Kohn (ed.), *Cross-national research in sociology* (pp. 17–31). Newbury Park, CA: Sage.

Landman, T. (2000). *Issues and methods in comparative politics: An introduction*. London: Routledge.

Larson, A. L. (1980). *Comparative political analysis*. Chicago, IL: Nelson-Hall.

Livingstone, S. (2003). On the challenges of cross-national comparative media research. *European Journal of Communication*, 18(4), 477–500.

Marr, M., Wyss, V., Blum, R., and Bonfadelli, H. (2001). *Journalisten in der Schweiz. Eigenschaften, Einstellungen, Einflüsse* [Journalists in Switzerland: Characteristics, attitudes, influences]. Konstanz: UVK.

McLeod, J. M., and Hawley, S. E. (1964). Professionalization among newsmen. *Journalism Quarterly*, 41(4), 529–39.

McMane, A. A. (1998). The French journalist. In D. H. Weaver (ed.), *The global journalist: News people around the world* (pp. 191–212). Cresskill, NJ: Hampton Press.

Mwesige, P. G. (2004). Disseminators, advocates and watchdogs: A profile of Ugandan journalists in the new millennium. *Journalism*, 5(1), 69–96.

Øyen, E. (1990). The imperfection of comparisons. In E. Øyen (ed.), *Comparative methodology: Theory and practice in international social research* (pp. 1–18). London: Sage.

Patterson, T. E., and Donsbach, W. (1996). News decisions: journalists as partisan actors. *Political Communication*, 13(4), 455–68.

Pritchard, D., and Souvageau, F. (1998). The journalists and journalisms of Canada. In

D. H. Weaver (ed.), *The global journalist: News people around the world* (pp. 373–93). Cresskill, NJ: Hampton Press.

Przeworski, A., and Teune, H. (1970). *The logic of comparative inquiry*. New York: Wiley.

Quandt, T., Löffelholz, M., Weaver, D. H., Hanitzsch, T., and Altmeppen, K.-D. (2006). American and German online journalists at the beginning of the 21st century: A binational survey. *Journalism Studies*, 7(2), 171–86.

Reese, S. D. (2001). Understanding the global journalist: A hierarchy-of-influences approach. *Journalism Studies*, 2(2), 173–87.

Scheuch, E. K. (1990). The development of comparative research: Towards causal explanations. In E. Øyen (ed.), *Comparative methodology: Theory and practice in international social research* (pp. 19–37). London: Sage.

Schoenbach, K., Stuerzebecher, D., and Schneider, B. (1998). German journalists in the early 1990s: East and West. In D. H. Weaver (ed.), *The global journalist: News people around the world* (pp. 213–27). Cresskill, NJ: Hampton Press.

Spears, G., and Seydegart, K. (2000). Women's participation in the news. In G. Spears and K. Seydegart (eds.), *Who makes the news? Global media monitoring project* (pp. 10–45). London: WACC.

Splichal, S., and Sparks, C. (1994). *Journalists for the 21st century: Tendencies of professionalization among first-year students in 22 countries*. Norwood, NJ: Ablex.

Sreberny-Mohammadi, A., Nordenstreng, K., and Stevenson, R. L. (1984). The world of the news study. *Journal of Communication*, 34(1), 134–8.

Triandis, H. C., and Lambert, W. W. (1980). *Handbook of cross-cultural psychology*. Vol. 1: *Perspectives*. Boston, MA: Allyn and Bacon.

Tylor, E. B. (1871). *Primitive culture: Researches into the development of mythology, philosophy, religion, art, and custom*. London: J. Murray.

van de Vijver, F. J. R., and Leung, K. (1997). *Methods and data analysis for cross-cultural research*. Thousand Oaks, CA: Sage.

Weaver, D. H. (1998a). Journalist around the world: commonalities and differences. In D. H. Weaver (ed.), *The global journalist: News people around the world* (pp. 455–80). Cresskill, NJ: Hampton.

Weaver, D. H. (ed.) (1998b). *The global journalist: News people around the world*. Cresskill, NJ: Hampton.

Weaver, D. H., and Wilhoit, G. C. (1991). *The American journalist*. 2nd edition. Bloomington, IN: Indiana University Press.

Weaver, D. H., and Wilhoit, G. C. (1996). *The American journalists in the 1990s: US news people at the end of an era*. Mahwah, NJ: Lawrence Erlbaum Associates.

Wilke, J. (1998). Journalist in Chile, Ecuador and Mexico. In D. H. Weaver (ed.), *The global journalist: News people around the world* (pp. 433–52). Cresskill, NJ: Hampton.

Wirth, W., and Kolb, S. (2004). Designs and methods of comparative political communication research. In F. Esser and B. Pfetsch (eds.), *Comparing political communication: Theories, cases, and challenges* (pp. 87–111). New York: Cambridge University Press.

Wu, H. D. (2000). Systemic determinants of international news coverage: A comparison of 38 countries. *Journal of Communication*, 50(1), 110–30.

Wu, W., Weaver, D. H., and Johnson, O. V. (1996). Professional roles of Russian and US journalists: A comparative study. *Journalism & Mass Communication Quarterly*, 73(3), 534–48.

Zhu, J.-H., Weaver, D. H., Lo, V., Chen, C., and Wu, W. (1997). Individual, organizational, and societal influences on media role perceptions: A comparative study of journalists in China, Taiwan, and the United States. *Journalism & Mass Communication Quarterly*, 74(1), 84–96.

# 第9章
# 新闻学研究方法：调查法

戴维·韦弗

记者调查与普通公众调查既相似又不同。调查研究的许多注意事项和规则都适用于这两个群体。比如：必须十分注意问题的措辞，尽量避免明显的偏差（biases）；必须十分注意问题的排列顺序，以免对后续问题的答案产生偏见；必须十分注意限制访谈的长度；必须十分注意精确定义研究人群及其随机抽样（假如必须抽样的话）；必须十分注意确定哪种访谈模式（面对面、信件、互联网或电话）最合适；必须十分注意决定使用什么研究设计（横断式、趋势或者固定样本）；以及必须十分注意采用最能揭示事物本质的分析数据方法。

但是，记者调查和普通公众调查之间也存在区别。比如：很多记者习惯于提问而不是回答问题；面对严格的截稿压力，很多记者无法在工作的同时接受冗长的（甚至简短的）访谈。一般而言，很多记者对调查持怀疑或批判的态度，很多记者怀疑从事调查的研究者的匿名保证及其进行调查的内在动机。

这一章讨论记者调查和普通公众调查之间的一些区别，同时以作者所进行的三次大规模全美记者电话调查（Weaver & Wilhoit, 1986, 1996; Weaver et al., 2007）、对驻纽约和华盛顿的外国记者的信件调查（Willnat & Weaver, 2003），以及主编的包括21个国家和地区的20 280名记者调查报告的图书（Weaver, 1998）为基础，讨论采用调查法进行记者研究较之于观察法、深度访谈法和内容分析法的优点和缺点。

## 调查法的优点

相较于记者研究的其他方法，比如新闻编辑室观察或深度访谈，调查法具有几大优点。其中，最常提及的是代表性或普遍性，有时研究者称之为外部效度。如果能精确地从定义明确的记者群体（或公众）中进行随机抽样，那么有可能在已知抽样误差范围内将结论推广到更大范围。

因此，假如研究目的是判断大规模记者群体的特征或态度，比如各类人口统计特征（年龄、性别、教育、收入），或者对各种议题的政治倾向或态度，那么在这种情况下，精确的抽样调查应该成为首选研究方法。

调查法的另一个优点是可以在相对较短的时间内，以合理的成本，搜集关于很多变量的信息，同时产生便于各种统计方法进行分析的量化数据。还有一个优点是大部分调查是"不受地理边界限制的"（Wimmer & Dominick, 2006, p.180），尤其是通过电话、信件或互联网方式进行时，更是如此。此外，还可以对调查数据档案进行时空比较，从而更好地了解记者特征和态度的大致趋势与模式。比如，在1971年至2002年的全美记者调查中，很多问题都是一样的（Weaver et al., 2007）。全球化的演进导致目前出现了更多跨国调查，尤其表现为研究者采用了翻译成不同语言的相同问题〔例如，猪口孝等（Tekashi et al., 2005）在10个亚洲国家进行的亚洲晴雨表（AsiaBarometer）调查，以及阿瑟诺（Arcenaux, 2006）在9个欧洲国家进行的欧洲晴雨表（EuroBarometer）调查〕。

## 调查法的缺点

相较于记者研究的其他方法，调查法也存在几大缺点。最大的缺点存在于测量实际新闻传播行为方面。在研究记者实际做了什么方面，观察法和内容分析法比询问记者做了什么的调查法更胜一筹（效度更高）。不仅对于记者研究而言是这样，对于普通公众研究也是如此。普通公众往往以社会理想方式来回答有关行为的问题，或者，普通公众无法准确感知或记住他们各自行为的细节。调查法更适合于评估基本特征、观点或态度，而不是测量行为。

调查法的另一个缺点是通常无法很好地回答"为什么"和"如何"这类问题，原因在于大部分问题强迫调查对象在固定选项中进行选择。尽管调查法中的测量值或变量可能彼此相关，由此判定各种态度或观点之间的最强和最弱关系，但是研究者往往无法预料或预知解释这些态度的所有可能的理由。除非调查法中包含一些开放式问题，允许调查对象用自己的话来解释持有某种观点或如何形成某种观点的原因，否则在回答"为什么"和"如何"这类问题方面，调查法不如深度访谈法。而且，鉴于记录和分析答案文本需要耗费大量时间，大规模调查通常无力承载大量开放式问题。

此外，判定因果关系也不是调查法，特别是最常见的一次性调查的强项。因为在实施调查时，所有问题大都在同一时间提出，往往很难确认所测变量之间关系的时间顺序。比如，当研究者发现职业满意度水平与新闻机构影响公众的感知表现之间存在相关性时，这就意味着记者因为认为自己所属机构在告知公众方面做得很糟糕而感到不满意吗？还是正因为他们不满意，才认为自己供职的新闻机构表现很差？如果没有进行固定样本调查，没有对同一批记者进行历时访谈，就不可能从经验层面判定各类相关性之间的时间顺序，毋庸说判定因果关系的必要条件之一即什么是原因，什么是结果了（Stempel et al., 2003, pp. 161 - 162, 234 - 235）。

判定因果关系的另一个条件是从数据层面（通过测量），或者从实际发生层面（比如在实验研究中，随机将调查对象置于不同情景之下，然后观察产生什么效果）控制所有其他可能性原因。一般而言，这也不是调查法的强项，正如休梅克和麦克姆斯所言：

> 不过，使用数据控制仅仅与研究者识别并测量可能的替代性解释一样有效。随机实验更易排除替代性解释，因为实验者随机将调查对象分配到控制组，从而控制了大量无法识别和测量的变量。
>
> （Shoemaker & McCombs, 2003, p. 234）

最后，调查法正变得越来越难实施，原因包括调查法的过度使用，比如：一些电话销售员假借调查之名推销商品；在这个身份盗用时代，隐私保护日益受到重视；以及使用电话留言机、来电识别设备、手机和其他屏蔽电话技术。很多新闻机构和记者鉴于增加的工作压力、大量的邮件，以及对很多调查的目的持怀疑态度而越来越不愿意参与调查。然而，记者调查通常比新闻编辑室观察研究更易进行，因为研究者很难获准进入新闻机构从事新闻编辑室观察。但是，大规模调查，特别是电话或面对面访谈的成本很高。在我们的 2002 年调查中，一个 50 分钟电话访谈的成本大约为 70 美元，而且这些费用持续上涨。

接下来，我们介绍一些相较于普通公众调查而言，实际进行记者调查需要注意的事项。

## 问题与问卷

很多关于调查法的教材强调了精确结构化问卷和清晰问题的重要性。正如福勒（Fowler, 1988, p.74）所言，"好的问卷能最大限度地解释所录入答案与研究者想要测量问题之间的关系"。这句话尤其适用于记者调查，因为相较于普通公众群体，记者群体对于问题更加挑剔，而且不太愿意被迫在互相排斥的答案中进行选择。这表明，如果有可能，应该在记者调查中更多地采用开放式问题。

在我们自己的记者调查中，尽管分析开放式问题的答案比可以迅速编码和制表的封闭式问题花费了更多时间，我们还是在每项后续研究中增加了更多的开放式问题。开放式问题允许记者用自己的话来回答，而且通常有助于回答封闭式问题不能很好解决的"为什么"和"如何"这类问题。开放式问题还可以提供丰富的直接引语，用来解释或证明封闭式问题答案所得出的模式。

我们所做的全美记者调查提供了一个范例，在有关职业满意度的封闭式问题之后跟进了一个开放式问题（Weaver et al., 2007, p.264）。首先，我们提出了一个封闭式问题："综合考虑，您对目前工作的满意度如何——非常满意、有些不满，还是非常不满？"接着，提出一个开放式问题："您对目前工作（非常满意、还算满意等）的最重要原因是什么？"这个开放式问题提供了我们作为研究者无法预料的很多满意或不满意的原因，而且可以让我们对答案进行内容分析，找出最经常（和最不经常）提及的原因，同时提供了很多有趣、具有启发性的直接引语。

一般来讲，关于特定主题的开放式问题应该置于封闭式问题之前，以免向调查对象暗示答案。但是，实际情况并非如此。在上述的工作满意度调查中，开放式问题问"为什么"会给出某个答案，或者询问对封闭式问题答案的解释。比如，在我们最近的全美记者调查中，我们提出了一个封闭式问题：在未来五年，记者最希望去哪里工作，新闻媒体还是其他机构？针对那些回答"其他机构"的记者，我们又问了两个开放式问题：想要去哪个领域或从事什么职业？为什么想要离开新闻媒体？（Weaver et al.，2007，p. 263）

然而，当问到新闻自由或自主权时，为了避免暗示答案，我们在封闭式问题之前问了一个开放式问题。我们首先问："作为记者，总体而言，您认为限制您自由的最重要因素是什么？"紧接着，我们提出两个封闭式问题：记者在选择报道主题和决定强调报道的哪些方面时拥有多大自由？（Weaver et al.，2007，p. 266）

调查法中有关问题措辞的另一个问题是各项调查之间的连贯性（或缺乏连贯性）。正如亚瑟所述：

即便赞助者没有表现出明显的别有用心，问题措辞的选择也会对结果产生很大影响。很多情况下，享有高度声誉的各家调查机构会得出不同结论，仅仅是因为它们根据某个主题提出了不同的（尽管都是精确构造的）问题。

（Asher，2001，p. 45）

在约翰斯通等人的美国记者调查（Johnstone et al.，1976）和我们的2002年调查（Weaver et al.，2007）中，我们都尽力保持每份调查中的大部分问题措辞一致，在进行历时比较研究时不会因为问题措辞的不同而感到困惑。其他国家的很多记者调查采用了同样的措辞，从而开展更多可控的跨国比较研究（Weaver，1998）。这一点对于任何旨在就观点、态度和行为方面发现真正异同点的记者比较研究来说，尤为重要。但是，正如托马斯·哈尼奇在本书比较新闻学研究方法那一章中所指出的，完全相同的措辞并不能保证不同文化背景的记者能够以同样的方式来理解并建构问题的含义。目前，哈尼奇教授领衔的名为"新闻世界"

(Worlds of Journalisms)的项目（登录 www.worldsofjournalisms.org/，可以了解更多关于形成适用于不同语境的调查问卷的信息）涵盖了 10 个不同文化语境的记者调查。

　　对于任何类型的调查研究而言，构造问卷都很重要；记者调查尤为如此。敏感和难以回答的问题不能放在问卷开头，越是敏感、越难回答的问题应该尽量置后。一般来讲，有关年龄、收入、婚姻状态、子女数量等人口统计问题应该放在问卷的结尾部分，以免在访谈开始时冒犯调查对象，或令调查对象一开始就拒绝继续进行访谈。在我们的研究中，我们一开始就问新闻机构的名称、职位头衔、进入新闻机构的年份、从事新闻工作的时间，以及调查对象为什么会成为一名记者。最后，我们问种族和民族、宗教信仰、婚姻状态、子女数量、政党身份、新闻机构的所有制类型、上一年收入，以及在过去几年间新闻机构的规模是否发生变化（Weaver et al.，2007，pp. 262 - 267）。

　　在中间部分，我们询问了工作不同方面（比如收入、编辑政策、自主权等）的重要性、工作满意度、工作中使用电脑的方式、从上级和其他人那里获取反馈的频度、监督责任、编辑量、选择报道主题和突出新闻报道不同方面的自由度、报道频度、是否为记者协会成员、对受众的看法、对媒体影响舆论的看法、对采用各种争议性报道手法的观点、对新闻中对错观点的影响、不同新闻媒体角色和实践的重要性、对新闻机构在告知公众方面的表现的评价、对新闻机构所有者和高级管理人员优先权的看法、影响新闻价值的因素、记者本人与新闻机构的政治倾向性、对堕胎和枪支法律的看法、对最佳作品的描述、专业出版机构和其他新闻媒体的读者、教育背景和学位、在职培训情况，以及与其他新闻或传播人员的交往程度（Weaver et al.，2007，pp. 262 - 269）。

## 抽样

　　在一些国家，对记者进行简单或系统随机抽样是一项相当简单的任务，因为这些国家存在最新、最完整的记者名录，这些国家的记者必须加入一个全国性协会或其他专业组织，或者以某种方式获得许可或认证。但是，在有些国家，比如美国和德国，并不存在完整的记者名录，因此抽样变得更加复杂，通常采用多层抽样方法。首先对新闻机构进行随机抽样，然后对这些新闻机构中的记者进行随机抽样。

大部分介绍调查研究的图书或章节会介绍简单随机、系统随机、分层随机和多层随机抽样方法，还会解释如何计算抽样误差（Wilhoit & Weaver, 1990; Asher, 2001; Stempel et al., 2003; Manheim et al., 2006; Wimmer & Dominick, 2006）。限于篇幅，本章不能详述这些不同的抽样方法和抽样误差的计算，读者可以参考以上提及的论著或其他研究方法教材，详细了解这些方法。

对记者（或其他调查对象）进行抽样的第一步是对被抽样人群下定义。他们都是供职于某个国家、地区、州或其他地理区域的日报记者？都是供职于某个地区电视台的记者？都是属于某个专业协会的记者？都是供职于各类媒体的全职记者，还是包括兼职、特约记者和自由撰稿人在内？

在我们的全美记者调查中，由于缺乏完整的记者名录，所以我们不得不采用多层随机抽样方法来构造一个代表性样本。美国最大的新闻业组织美国职业记者协会（Society of Professional Journalists, SPJ）拥有10 000名会员，但这个数字还不及全美主流新闻媒体全职记者总人数的十分之一，因此美国职业记者协会的会员名单不能用来代表所有的美国记者。美国还有很多其他记者组织，但这些组织没有哪个可以声称代表了大部分记者。

不过，在美国和很多其他国家，存在完整的几乎涵盖了所有报纸、广播和电视台、通讯社分社或办事处，以及新闻杂志的新闻媒体名录。这些名录可用来进行系统随机抽样。一般来说，假如新闻机构在规模上差别很大的话，通常可以根据机构规模进行分层。例如研究美国日报的案例中，只有很少一部分日报的发行量超过50万，如果使用简单或系统随机抽样的话，那么发行量低于50万的日报可能会被忽略掉。

在我们的全美记者调查中，我们将记者群体定义为美国主流大众英语新闻媒体中负责信息内容的全职编辑或新闻工作人员。换句话说，我们只研究那些供职于目标受众为普通公众而非特殊利益群体或族群的新闻媒体的记者。这些主流新闻媒体包括美国境内的日报和周报、新闻杂志、广播和电视台，以及综合新闻或通讯社服务（比如美联社和路透社）。我们进一步将记者定义为承担新闻报道或

*112*

者其他及时信息制作或传播的新闻工作者，包括所有的全职记者、撰稿人、驻外记者、编辑、新闻主播、专栏作者、摄影记者和其他新闻工作者。我们没有将图书管理员、摄像师、音视频技术人员包含其中，尽管这些人协助新闻内容的生产与传播，但不能直接决定什么能成为新闻（Weaver et al., 2007, pp.255-256）。

这一定义将不同新闻机构的很多兼职记者和独立记者、非新闻类杂志工作人员，以及无数博主和拥有个人网站者排除在外，因此备受质疑。未来的记者研究似乎需要根据新闻采编和传播的所有新发展来拓展记者定义的外延，但这会使得记者群体的定义和抽样工作更加困难。比如，如何定义与新闻相关的网站工作人员，以及从哪里找到有关此类网站的较完整名录进行抽样？所有的博主都是记者吗？如果是的话，难道所有在网络上传播信息的人都是记者吗？在网络上进行传播的人与记者之间没有区别吗？信息传播与新闻业之间的区别无关紧要了吗？这些都是未来记者调查必须设法解决的问题。

在美国，我们在1982年、1992年和2002年的研究中采用了三层抽样法，包括：(1) 收集包含各类新闻机构（日报和周报、广播和电视台、通讯社和新闻杂志）的名录，根据名录进行系统抽样；(2) 从被抽取的新闻机构样本获取记者名录（至少是记者总人数）；(3) 根据这些记者名录，进行随机抽样。鉴于非洲裔、亚洲裔、拉美裔和印第安裔记者样本不足，我们又从这四个主要少数民族记者协会的会员名单中随机抽取了独立样本作为补充。在2002年的研究中，我们还根据美国网络新闻协会（Online News Association）的会员名单抽取了独立样本，增加网络记者人数（Weaver et al., 2007, pp.256-260）。为了进行历时比较，并判断美国记者群体的人口特征和其他特征，我们只采用了主要的全美记者随机样本。

如前所述，对记者的定义和抽样会因为研究地点、研究目的的不同而变化。假如研究目的只是将研究发现推广到特定记者群体，比如某个新闻机构的成员，那么研究者只要能够获取成员名录，就可以进行一次抽样。可以从1到n之间的任意一点开始，每n个（每四或五个等等）名字，进行系统随机抽样。假如一个机构拥有10 000名记者，那么研究者可以从1到20之间的任意一点开始，每20个名字，抽取500个记者样本。样本规模还会因研究目的而变化，但通常400左右的样本量可以在信度95%的水平上取得正负5%之间的抽样误差（Stempel et al., 2003, p. 241)。400 的样本量足以根据媒介、年龄、性别等类别进行交叉分析。假如研究者想要把结论推广至数量不大于 500 人的记者群体,那么建议不要进行抽样,而是对所有人员进行访谈。

## 访谈

大部分介绍调查研究的图书和章节都讨论了不同访谈类型,比如个人或面对面、电话、信件和邮件、互联网访谈的优缺点(Wimmer & Dominick,2006,pp. 194-205)。即便是在当下的互联网时代,在电话入户率很高的国家,大多数公众调查显然仍是通过电话调查完成的。这是因为电话调查的回复率高于信件或互联网调查,价格又低于个人访谈,而且它可以由一个访谈团队迅速完成。电话调查还可以包含更多细节问题,访谈人员可以控制访谈速度和顺序,同时帮助解释疑问或答案选项。

但是,电话访谈也存在一些明显的缺点,比如屏蔽电话的来电身份证明设备、根据分钟数向接听者收取费用的手机,以及"变相推销"(sugging,借调查之名销售某物,阻碍参与调查)的日益使用。电话访谈的其他缺点还包括无法使用视觉演示(图片、报纸或杂志等)。

在全美记者调查中,我们在所有调查中都使用了电话访谈,但在很多国家,情况并非如此。在《全球记者》(The Global Journalist)一书中所包含的 21 个国家和地区的 26 项记者调查中,13 项采用了信件调查,5 项采用了个人(面对面)访谈,7 项采用了电话访谈,还有 1 项采用了信件和私人访谈相结合的方法(Weaver,1998,pp. 3-5)。澳大利亚、英国、德国、加拿大和美国的研究采用了电话访谈,总体而言,其回复率高于信件调查。

在全美记者研究中,在访谈人员打电话前两周,我们向被抽取的所有记者寄去了解释研究背景的信件。此外,我们还对不在研究样本范围内的一小部分地方记者进行了问卷前测。我们要求电话访谈人员询问每个记者方便接受访谈的时间,若有必要,重新约定时间。在最近的 2002 年调查中,除非记者本人拒绝接受访谈,所有拥有确定有效电话号码的记者都被致电多达 24 次。对于有效性不明的个案(持续无人接听或无电话应答),在工作日的上午、下午、傍晚、晚上和周末至少致电 14 次。对于每个拒绝者，我们都致电两次，即在第一次被拒绝之后过几天再次致电，使其形成一个完整的访谈。只有在原始调查对象已经离开新闻业或无法联系到的情况下才使用替代人选（substitutions）。假如原始调查对象进入了其他新闻机构，那么会要求访谈人员继续追踪他们。只要条件允许，会在原始新闻机构中找另一个占据相同职位的人来替代。我们将丧失工作能力、疾病、死亡、没空或不再从事记者职业的记者从原始样本中减去，同时从原始名录中随机抽样进行替代，最终回复率达到 79%（Weaver et al.，2007，p. 261）。

如果采用信件或个人访谈，回复率不可能如此之高，互联网调查的回复率也不可能这么高。我们无力承担对所有 50 个州的记者进行个人访谈，而且不可能经常、持续跟进信件调查。此外，我们发现相较于信件或邮件讯息，美国记者更愿意接听电话，对于供职于某个新闻机构的记者是如此，在实际访谈中也是如此，平均访谈时间为 50 分钟。

## 分析调查数据

进行计算机协助电话访谈（CATI）的优点之一是访谈人员在访谈过程中可以直接将数据输入电脑文档，访谈一结束，可以利用 Excel 等分析表、SPSS（社会科学统计软件包）等数据程序立即分析固定选项数据［更多关于 SPSS 和数据分析的信息请参阅里夫（Riffe，2003）］。如今，还有其他分析开放式问题文本答案的程序，但是，相较于在计算机协助电话访谈结束后立即对封闭式问题答案进行的数据分析，这类分析需要更长的时间，而且所涉及的步骤更多。

分析量化数据的第一步是获取每个变量的频度，检验答案的分布情况，确保在电脑处理描述性数据（平均值、中位数、众数、标准差、方差等）或推断数据（各种相关性、比例或平均值差异检验）前，所有无效值（没有回复、拒绝、不知道）已经从数据文档中"消失"（Weaver，2003）。

第二步是判断哪种测量收益最多（所谓的希望预测或解释的因变量），哪些可能成为这些因变量的预测因素（或者至少是相关因素）（通常称之为自变量）。接着，研究者可以使用交叉分析或相关分析检验这些关系的强度、趋势和统计显著性（如果使用随机抽样的话）。更复杂的数据检验（通常称之为多变量）可以用来测量几个自变量与一个或多个因变量之间的关系（多元回归、逻辑回归、方差分析等）[有关统计的更多细节请参阅韦弗（Weaver，2003）和海耶斯（Hayes，2005）]。

分析调查数据的第三个可能的步骤是与提出相似问题的其他时间段或其他地点进行的记者调查进行比较。这是《全球记者》这本书所采用的路径，只要条件允许，就会对 21 个国家和地区的记者调查进行比较（Weaver，1998）；这也是 1971 年至 2002 年全美记者系列调查所采用的路径（Weaver & Wilhoit，1986，1996；Weaver et al.，2007）。关于不同时间和不同地点的记者和新闻业数据比较的优势与陷阱，请参阅本书中托马斯·哈尼奇撰写的比较新闻学研究方法。

## 结论

这一章回顾了调查法作为记者研究的一种方法，与观察、深度访谈和内容分析等方法相比所具有的主要优点和缺点。本章还讨论了构造调查问题和问卷、抽取记者样本、进行记者访谈和分析调查数据中的一些重要注意事项和实践。本章尽可能对记者调查和普通公众调查进行了比较。

调查法仍然是搜集关于大规模记者群体特征、观点和态度的代表性信息的最常见、最有效的方法之一。在搜集实际新闻行为信息方面，调查法不如观察法和内容分析法适用，而且在回答"为什么"和"如何"这类问题方面又不如深度访谈法和观察法有说服力。理想情况下，调查法应该包含尽可能多的开放式问题，允许记者尽可能用自己的话来回答；而且调查法应该与内容分析法和观察法等其他方法相结合，从而呈现更加完整和精确的世界新闻业和记者的图景。

## 参考文献

Arceneaux, K. (2006). Do campaigns help voters learn? A cross-national analysis. *British Journal of Political Science*, 36, 159–73.

Asher, H. (2001). *Polling and the public: What every citizen should know.* 5th edition. Washington, DC: CQ Press.

Fowler, F. J. Jr. (1988). *Survey research methods.* Revised edition. Thousand Oaks, CA: Sage.

Hayes, A. F. (2005). *Statistical methods for communication science.* Mahwah, NJ: Lawrence Erlbaum Associates.

Inoguchi, T., Basanez, M., Tanaka, A., and Dadavaev, T. (eds.) (2005). *Values and life styles in urban Asia. A cross-cultural analysis and sourcebook based on the AsiaBarometer survey of 2003.* Mexico City, Mexico: Siglo XXI Editores for University of Tokyo.

Johnstone, J. W. C., Slawski, E. J., and Bowman, W. W. (1976). *The news people: A sociological portrait of American journalists and their work.* Urbana, IL: University of Illinois Press.

Manheim, J. B., Rich, R. C., Willnat, L., and Brians, C. L. (2006). *Empirical political analysis: Research methods in political science.* New York: Pearson Longman.

Riffe, D. (2003). Data analysis and SPSS programs for basic statistics. In G. H. Stempel, D. H. Weaver, and G. C. Wilhoit (eds.), *Mass communication research and theory* (pp. 182–208). Boston, MA: Allyn and Bacon.

Shoemaker, P. J., and McCombs, M. E. (2003). Survey research. In G. H. Stempel, D. H. Weaver, and G. C. Wilhoit (eds.), *Mass communication research and theory* (pp. 231–51). Boston, MA: Allyn and Bacon.

Stempel, G. H., Weaver, D. H., and Wilhoit, G. C. (eds.) (2003). *Mass communication research and theory.* Boston, MA: Allyn and Bacon.

Weaver, D. H. (1998). *The global journalist: News people around the world.* Cresskill, NJ: Hampton Press.

Weaver, D. H. (2003). Basic statistical tools. In G. H. Stempel, D. H. Weaver, and G. C. Wilhoit (eds.), *Mass communication research and theory* (pp. 147–81). Boston, MA: Allyn and Bacon.

Weaver, D. H., and Wilhoit, G. C. (1986). *The American journalist: A portrait of US news people and their work.* Bloomington, IN: Indiana University Press.

Weaver, D. H. and Wilhoit, G. C. (1996). *The American journalist in the 1990s: US news people at the end of an era.* Mahwah, NJ: Lawrence Erlbaum Associates.

Weaver, D. H., Beam, R. A., Brownlee, B. J., Voakes, P. S., and Wilhoit, G. C. (2007). *The American journalist in the 21st century: US news people at the dawn of a new millennium.* Mahwah, NJ: Lawrence Erlbaum Associates.

Wilhoit, G. C., and Weaver, D. H. (1990). *Newsroom guide to polls and surveys.* Bloomington, IN: Indiana University Press.

Willnat, L., and Weaver, D. H. (2003). Through their eyes: The work of foreign correspondents in the United States. *Journalism,* 4, 403–22.

Wimmer, R. D., and Dominick, J. R. (2006). *Mass media research: An introduction.* 8th edition. Belmont, CA: Thomson/Wadsworth.

# 第10章
# 新闻学研究方法：内容分析

克里斯汀·科尔默

通过新闻产品，新闻活动的动机和约束与它们的社会影响密切相连。虽然媒介存在本身就能对公众产生强烈影响（Donsbach, 1986），但其他形式的影响与内容——公众可获得的信息——有关。内容分析已经成为一种重要的新闻学研究方法，它是分析新闻活动产品的重要工具。尽管记者的工作环境与他们各自的动机和目标之间的关系因事而异，但评估新闻工作质量使科学家能够测量媒介内容生产中文化、政治和经济框架的相关性。在哈林和曼奇尼（Hallin & Mancini, 2004）提出的几大媒介体制中，记者和媒体机构的作用明显不同。如果不参考新闻生产流程的实际输出结果，就无法评估记者日常工作中面临的各种约束因素之间的最终相关性。

例如，不参考内容，就无法有意义地讨论偏见问题。虽然很多记者调查都证明了特定政治偏好的存在（Donsbach, 1981），但只有当实际新闻产品被证实存在某种偏见，才会损害没有保持预期客观性的新闻作品。格罗斯克洛斯和米尔奥（Groseclose & Milyo, 2005）分析了新闻报道中援引政治智库的内容，并将其与政治新闻人物的引语结构进行比较，由此检验美国媒体信源中的政治偏见。格罗斯克洛斯和米尔奥本人没有对政治倾向作出任何评价，他们设法将实际媒介内容与媒介外部基线（extramedia baseline）进行比较。

作为一种传播学研究方法，内容分析在二战以后获得了显著发展。1952年，伯纳德·贝雷尔森（Bernard Berelson）出版了第一本教科书，为后代媒介科学家铺平了道路。尽管如此，内容分析研究在科学共同体之外的接受度相当低；相较于民意调查，更是如此。一般来说，研究经费有限而导致的研究局限性损害了内容分析研究的相关性与效度。尽管在医学或社会科学领域，抽样法已被用于调查大规模人群，但是，文学或哲学领域的文本研究方法大都规避抽样法。至于研究范畴，大部分研究仅限于选定的主题、媒体来源、时间段或报道的随机样本，与基于访谈或观察结果的其他研究的比较很少。跨国或更广泛语境下的跨文化比较则更少。

通过方法创新来解决限制因素问题，随之产生了大量研究并最终大幅提升了对新闻活动条件、惯例和流程的理解。不过，为了研究媒介内容在时间和媒体结构方面的巨大变化，必须进行连续且全面的研究；换句话说，要进行连续性媒体监测。这种对主题和新闻人物结构的长期记录，不仅有助于深入了解新闻活动本质，还能够为针对单一主题、事件或媒体机构的具体研究奠定基础和框架。因此，基于媒介内容观察是分析可能性媒介效果的必要条件，连续性内容分析有助于更好地理解媒体对社会的影响。布雷特施耐德（Brettschneider, 2000）证明了电视新闻对公众感知经济状况的影响。在他看来，"全面数据是研究各种主题的媒介效果必不可少的资源"（Brettschneider, 2004, p. 78）。

## 内容分析类型

区分内容分析法有几种途径，或依据方法论，或依据分析对象来划分，将媒介内容与传播者、接收者或传播现状联系起来（Merten, 1995, pp. 119-278）。一般来讲，诠释学或语言学的文本分析与已经成为传播科学中最重要研究方法的"经典的"内容分析相对立（Früh, 2001, pp. 47-66）。作为对内容分析支配地位的部分反应，过去几十年产生了替代性手段。

当下所指的内容分析"是一种客观、系统和量化描述显性传播内容的研究方法"（Berelson, 1952, p. 18）。这种研究方法经常被定义为"量化的内容分析"，而诠释学、语言学传统的方法被划归为"质化的"。与其他旨在发现和分析媒介内容特征与决定性元素的分析方法相比，量化的内容分析首先证明变量的数量分布,其次根据这些发现进行推论。如今,传播科学家大都认为,内容分析不仅能描述媒介产品的主题,还可以实现其他研究目的。根据内容分析结果,可以得出关于媒体机构、记者、社会和政治环境,以及可能性的媒介效果结论,还可以与其他研究进行比较。鉴于每项内容分析至少在定义研究目的、操作化变量和解释结果时都涉及质化因素,因此将"量化"和"质化"分析对立具有误导性(Früh,2001,pp.67-74)。相比于内容分析的其他手段,贝雷尔森流传下来的经典方法论更适合被列为标准化的内容分析。

邦法黛莉(Bonfadelli,2002)对所有不同研究传统的内容分析法进行了分类(见表10.1)。

在美国和德国,为了处理大量的大众媒介内容材料,绝大部分研究都采用量化方法(Bonfadelli,2002,p.53)。

表 10.1    分析工具系统

| 计数、评级内容——标准化的量化工具 | |
|---|---|
| 描述 | 主题、时间、新闻人物和文体结构 |
| 解释 | 新闻价值、清晰度 |
| 评价 | 媒介偏见研究、真实性核实、媒介表现 |
| 理解文本——文本分析的质化维度 | |
| 传播科学 | 框架/基模理论 |
| 意识形态批判 | 修辞、话语分析、性别研究 |
| 语言学 | 媒介语言、对话分析、会话分析、话语分析 |
| 符号学 | 形象分析、广告、性别研究 |
| 文化研究 | 仪式、叙事、收受分析 |
| 媒介文本的收受与效果 | |
| 传播科学 | 输入-输出分析、媒体共鸣、收受分析 |

资料来源:Bonfadelli,2002,p.58。

## 新闻学研究中内容分析的缺点和优点

量化的内容分析因几大原因备受质疑。在纯粹的感情层面,记者特别反对"锱铢必较",认为这是对他们创造性工作的误解。沉浸在日常工作中的新闻从业人员不明白主题结构和语气测量的分析层次与评价编辑质量等解释层次的不同。对于这些人来说,比较分析具有启发意义。从科学角度来讲,基于媒介内容数量对其意义和重要性作出推论的效度也遭受质疑。量化分析媒介内容隐含着风险，即低估产生与其频度不成比例的效果的单独个案和单独事件的重要性。这种对纯数字的不信任隐藏着非标准化的研究方法也可以从结构和数量进行推论，但不采用相同的结构化方式这一事实（Früh, 2001, p. 68）。

反对内容分析更主要的原因在于媒介内容生产与收受的社会语境无法单独分析（Ritsert, 1972）。由于这种反对意见适用于所有类型的经验研究，因此解决路径与数据收集方法无关，而与研究的基础设计有关。在国家和国际层面采用比较路径特别有利于研究者考虑社会和政治框架因素。

上文所援引的伯纳德·贝雷尔森的经典定义，只适用于分析"显性"内容，即根据一整套分析规则可以明确解释的内容。因此，这一定义将所有不参考其他信息就无法被解释的讯息类型排除在外，比如在"字里行间"表达观点的文学资料。来自大众媒体的文本和视觉信息适用于普通公众的共识，因为从定义来看，它们为这类公众而生产。正确理解一个文本往往需要一定程度的特定知识。这是文本作者的假设，而且与目标公众生活在同一环境中训练有素的媒体分析员也抱有如此的期望。比如，大部分德国人都知道"总理"或"戴姆勒-克莱斯勒的老板"，因此，即便文本中没有提及他们的名字，人们也能分辨出来。

准确辨别隐性媒介内容并非无关紧要——即使定义全面详尽、案例精心挑选，编码信度仍然有限。因此，研究者应该尽可能根据显而易见的特征提出假设，从而降低分析难度。比如，根据主题而不是暗指的框架提出假设，或者根据视觉呈现的人和行动类型而不是对画面的喜好度来提出假设。但是，当涉及报道语气时，测量隐性内容不可避免。分开测量显性和隐性特征时，也可以获得这些变量的可信结论。

一般而言，处理大量大众媒体内容的学术研究依赖抽样；邦法黛莉明确指出："只有这种方法考虑到了大众媒体研究所特有的大量文本的可信的和量化的叙述。因此，代表性样本必不可少……"（Bonfadelli, 2002, p. 53）。从批判角度来看，量化内容分析的信度损害了结果的效度。批评者尤其反对这些抽样程序，理由是其无法测量缺失样本。很明显，引入连续性媒体监测至少可以部分克服这些缺点。即便如此，哪怕是对单个媒体机构的所有内容进行全面分析也可能是不切实际的。

## 媒介样本

内容分析必须从定义研究的基本人口开始。这包含媒体、相关部门和分析周期等几个层次。第一个选择是可替代的个案研究和历时的比较研究。尽管对于专门研究来说，必须根据调查的引导问题（guiding questions）来检验被选择的媒体，但是对于新闻产出的一般性分析来说，必须首先建立参考框架，因为没有通用标准做参考，单个媒体来源的分析就毫无意义。研究者在建立时间框架时，应该考虑媒介内容的高波动性，这正是媒体上不断变化的话题与趋势的特征。很明显，由小样本得出的结论的普遍效度存在潜在危险。

"意见领袖"概念从探讨社会环境中的个体转而应用于研究公共领域的媒体来源，由此产生了舆论引导型媒体。一方面，舆论引导型媒体来源的定义是指它们对其他记者的影响。被记者用来定期获取个人信息和新闻内容生产来源的媒体是媒体间议程设置者。识别这类媒体有几种方式，比如记者调查（Reinemann，2003）、新闻活动观察，以及媒介内容的引语结构分析。这类媒体被记者视为成功且具有示范意义的典型。

连续分析德国 37 家电视和印刷媒体对其他媒体的援引发现，知名的舆论引导型媒体《明镜周刊》和《图片报》是德国最重要的媒体机构（见表 10.2）。

这一案例证明了国家参考框架内的意见领袖模式。在最常被援引的 10 家新闻机构中，没有国际或外国媒体。近来，随着半岛卫星电视频道提供来自中东战争和恐怖主义盛行区域的戏剧性画面，并在国际电视市场中以竞争者身份出现，这一模式发生了改变（Hahn，2005）。

表 10.2　　意见领袖：2004 年 1—6 月德国媒体的援引量

| 媒体 | 引用数量 |
| --- | --- |
| 《明镜周刊》 | 1 139 |
| 《图片报》 | 622 |
| 《焦点周刊》 | 496 |
| 《星期日世界报》 | 377 |

续前表

| 媒体 | 引用数量 |
| --- | --- |
| 德国电视二台 | 349 |
| 德国电视一台 | 335 |
| 《世界报》 | 321 |
| 《南德意志报》 | 294 |
| 《柏林报》 | 288 |

注：基础数据为德国 37 家电视和印刷媒体的 11 713 条引用（Albrecht, 2004, p. 68）。

另一方面，舆论引导型媒体还可以被定义为对普通公众具有最大影响力的媒体来源。除了发行数据和电视收视率，还可以结合使用内容分析和问卷调查来论证媒介类型和单个媒体的议程设置能力。德国的案例证明，尽管电视新闻在设置全国性议题方面的能力有限，但在人们对问题的看法方面具有相当强的影响力。

关于电视议程设置能力的一个显著案例是 2000—2001 年发生在德国的疯牛病恐慌。直到 2000 年秋天，德国电视台对疯牛病的报道仍将其视为英国的农业问题，与德国毫无关系。但是，自从发现第一例疯牛病感染病例后，有关疯牛病的电视报道急剧增加。这些报道不仅影响了公众对于最重要问题的看法，还影响了牛肉消费。在媒体对疯牛病的报道快速下降后仅仅 9 个月，牛肉消费又回到了之前的水平〔参见 2002 年农业中央市场和价格报告机构公告（Central Market and Price Reporting Agency for the Agricultural Sector）〕。

这些发现表明，知名的全国性日报、主要政治周刊和电视晚间新闻的样本可以作为内容分析研究的参照框架。基于地区结构和人们使用地方媒体的考虑，这一样本中还需添加地区性报纸或电视节目。

因此，为了便于比较，应该全面分析电视新闻；否则，如果研究目的是分析媒体对时事的报道，那么评估印刷媒体可能会简化成评估新闻/政治版和商业版。在挑选分析材料时，必须考虑相应媒介系统的特点。区分扉页、商业版头版和报纸其他版面是考虑到电视和印刷媒体在选择新闻时面临不同限制因素。对于印刷媒体专版讨论的话题（比如艺术和技术），新闻版和商业版的报道只能抓住普通公众的注意力，详尽的分析必须由专版完成。

主题结构和报道语气的巨大可变性是新闻业的重要元素。事件和主题在媒体议程中或隐或现，缺乏一种便于理解的模式。因此，唯有连续分析某一媒介的所有内容，才能获取媒介产品的准确形象。虽然可以每周或每月进行公众意见调查，但评估媒体对公众意见的影响只能通过不间断地分析媒介内容才能实现。

很多情况下，内容研究依赖于媒体数据库，比如从 Lexis-Nexis、Factiva 获取资料。媒体数据库显然不适用于连续的媒体监测，因为这些来源不能完整且结构性地复制媒介内容；即使是专题分析，使用数据库也相当危险。数据检索获得的资料质量取决于搜索字符串的质量，而对媒介内容的不完全认知会造成搜索字符串的构成存在缺陷。研究者很可能事先不知道他的研究主题的一些方面已经被媒体提及。更有甚者，数据库内容可能被证明不完整，且与出版内容不一致。尽管电子报纸与印刷报纸完全相同，但数据检索更加复杂。

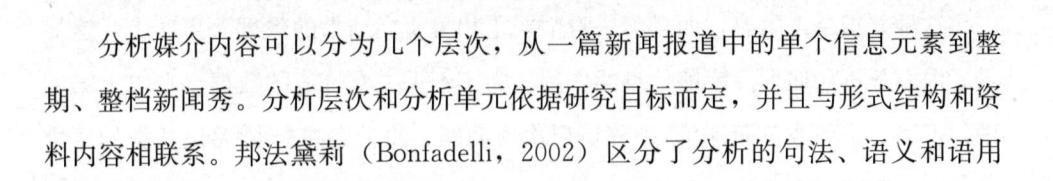

## 分析层次

分析媒介内容可以分为几个层次，从一篇新闻报道中的单个信息元素到整期、整档新闻秀。分析层次和分析单元依据研究目标而定，并且与形式结构和资料内容相联系。邦法黛莉（Bonfadelli，2002）区分了分析的句法、语义和语用层次，与根据形式或内容定义的分析单元形成对比（见表 10.3）。

表 10.3　　分析层次和分析单元

| 分析层次 | |
|---|---|
| 句法层次 | 每个字的音节：字长 |
| | 每句话的字数：句长 |
| | 每栏（厘米）、每平方毫米的报道长度 |
| | 句子结构 |
| | 清晰度 |
| | 标题—导语—主体—插图 |
| | 设计型图片、框架或色彩元素 |
| 语义层次 | 主题和主题结构 |
| | 新闻人物 |
| | 评价 |
| | 观点 |
| 语用层次 | 直接讲话/引用 |
| | 行动指导＞预期效果 |
| 分析单元 | |
| 形式单元 | 整期：编辑内容 vs. 广告 |
| | 整篇报道：每平方毫米的空间 |

续前表

| 内容单元 | 单独句子：字数 |
| --- | --- |
|  | 单独元素：导语（是/否）、插图（数量） |
|  | 每篇报道的主题 |
|  | 人物或人群 |
|  | 观点 |
|  | 评价 |

资料来源：Bonfadelli, 2002, p. 89.

一方面，选择合适的分析层次对研究结果至关重要。很明显，报道的主题结构可以采用检验叙述的方法来具体分析。另一方面，报道层次的分析和叙述层次的分析可能会产生不同结果。这对于测量评价尤为重要（Reinemann & Engesser, 2001）。根据分析目标和文本语气定义，报道层次的分析结果比叙述层次更加极化。原因在于中立或模棱两可的信息被忽略而导致样本不足，因此少量多余的正面或负面信息就对整篇报道的评价起到了决定性作用。

这种差别令人困惑，而且乍一看削弱了相关研究结果的效度。事实上，这显示了内容分析如何发挥浓缩信息的作用。为了不丢失有价值的数据（在以上案例中，不丢失正面或负面评价），分析层次愈简略，将信息进行最大化分类的压力就愈大。因此，当通篇中立的报道包含一段正面/负面信息时，编码本可以明确要求分析员将这篇报道列为"显著正面/负面"。为了方便记录这一结果，编码本应该为这些评价设定专门的编码。对政治和商业新闻人物报道的详细分析证明了叙述层次编码的优越性，因为它在更加丰富的数据环境中复制了主题和信源结构。

## 编码本：分类和定义

为了寻求摆脱研究者个人特征的客观性、研究问题的系统性和研究沟通的穷尽性，内容分析必须依据规则。媒介内容的特征显而易见，但如果不受这些规则制约，就无法在内容分析的边界内准确分析，而只能充当解释结果的线索。

对于全面的编码系统来说，鉴于研究者知识的不完整性和现实世界的持续变动性，大部分主题和新闻人物的分类是开放性的。当然，主题和新闻人物的分类系统能为所有可能性话题、包括人和机构的新闻人物类别提供编码框架。为了便于编码，编码系统应该由几个类别层次构成，为每个子群提供剩余类别（residual category）。对于编码系统未包含的主题和新闻人物，应该指导编码员清晰记录下来。这有利于继续更新编码本。

信息技术的进步允许使用电脑来输入数据，而不必使用纸质编码表。利用电脑进行编码提高了编码速度，并且减少了媒体分析员的错误。在培训媒体分析员时，主题分类和类似的结构化新闻人物分类不存在严重问题。只要对主要新闻人物和主题进行编码，就必须制定选择这些元素的规则。而至于编码信度，电视新闻的台词量或秒数等报道量是决定性因素。假如两个或两个以上主题或新闻人物同等出现，那么不能强迫编码员做决定，可以让他们在剩余类别，比如"几个新闻人物""没有主题"中选择。媒体分析员必须如实复制媒介内容，比如，当新闻报道提到政治动机或背景时，媒体分析员只能将犯罪行为编码为政治犯罪。

对评价、报道语气进行编码更加困难。为了严格地组织对评价的编码，只对新闻人物，即人和机构的评价进行编码。只对新闻人物的描述进行评价，不包括对事件的描述。在对评价进行编码时会遇到"隐性"内容的问题。评价一般有两种表达方式：使用带有明显正面或负面含义的词，例如"歹徒"或"英雄"。明确评价与隐性评价形成对比，后者将新闻人物的描述嵌入正面或负面语境之中。媒体研究中心（Media Tenor）[①]将整篇报道作为语境单元，如果编码员可以将同一篇报道中模棱两可的信息与其他明确的信息联系起来，那么，这一语境可以用来解释相关评价。比如，当谈到企业成本节约时，"冗余"会呈现在正面语境中。但是，显而易见的是，商业报纸报道的"冗余"并非有偏见地认为信息本身是正面的。

隐性评价还涉及特定社会中被视为正面或负面的事实或议题。比如，即便记者没有明确评价，日益上涨的失业数字也属于负面新闻，因为这些数字构成了关于经济现状的负面信息。假如有些评价无法明确判定，媒体分析人员必须将其列为"模棱两可"评价。为了区分显性和隐性评价，很多研究采用 6 个数值分别

---

[①] 媒体研究中心成立于 1993 年，是一家专门进行媒体分析的研究机构，主要为绩优上市公司、非政府组织、政府、媒体和精英大学提供媒体监测服务。——译者注

测量：

/0/ 中立

/1/ 正面

/2/ 非常正面

/3/ 模棱两可

/4/ 非常负面

/5/ 负面

对新闻人物评价的分析充分可靠，但是，评估报道中所描述的事件却相当困难。除了自然灾害等显著负面的事件，现实世界中的大多数突发事件都无法在缺乏基本价值参照的前提下进行评估，而这些基本价值不能以可信的方式通过编码本强加给媒体分析员。作为替代品，"否定主义"（negativism）概念可以追溯到新闻人物报道的语气。

## 编码员培训和质量控制

为了确保依据规则对资料进行编码，质量控制贯穿于整个测量过程。质量控制自招募和培训媒体分析员时就开始了，但对连续分析编码员的工作也必须定期且系统地进行检查。此外，编码员必须时刻跟进编码本的修改，以及现实和媒体世界的最新发展。

对于连续分析来说，培训编码员最重要。编码员不仅需要根据所描述的事实全面理解文本，还必须习惯于根据编码规则来处理文本。对于全面的内容分析来说，编码员培训可能要花费 12 周。首先，必须测试编码员的文本理解能力，以避免浪费昂贵的培训费用。特别是商业版分析，编码员不只需具备经济学术语和商业生活的基本知识。使用术语表，有助于增进对商业版的必要理解和编码。即便如此，在整个编码阶段，经过培训的研究人员应该随时回答媒体分析人员的问题。

不同于固定时间段的分析项目，连续性内容分析必须应对不断变化的媒体世界；媒体不断引入新的主题、新的新闻人物和新的术语，对此通常无法预测。因此，系统更新编码本必不可少。这些变化必须及时告知分析人员，并且检查他们的认知和遵照执行情况。必须通过专门的培训课程来牢记编码本中与分析资料不太相关的主题。

遵守编码原则是一项可信的内容分析的必要条件。除了传播科学家经常使用和评审期刊要求的可信度测量外，连续监控分析人员的表现可以提升编码质量。这包括采用培训部门提供的模式解决方案且由研究人员执行的每月标准化检查，以及由培训部门员工对编码资料进行的抽查。这种连续性质量控制是保证结果可信的手段。作为参考标准，有关核能源的专门编码本，弗鲁认为主题变量的编码员间信度在 0.75 和 0.85 之间就代表好和非常好（Früh，2001，p. 173），但媒体研究中心认为平均相似度应达 90%，相似度低于 85% 的分析人员需要进行额外的培训。编码系统的外部效度可以通过与编辑团队、记者和具有政商背景的客户讨论和介绍结果来提高。

跨国研究发展中出现了一些特殊问题。尽管在国家背景下，编码系统本身是中立的，但相关分类的措辞会受国家语境影响。应该由所有国家参与项目的研究者和分析人员来翻译编码本。虽然在有些国家，对英文文本的理解程度有限，但只要条件允许，就应该在所有国家使用完全相同的文本进行标准化检查。因为将编码本翻译成不同语言会破坏或改变隐性内容，不利于正确的信度控制。至少在员工培训方面，标准化检查是确保分析的跨文化信度和效度的必要条件。

一项针对主要晚间电视新闻的主题结构的国际比较分析证明，差异来源于媒介体制、2003 年伊拉克战争的卷入程度等构成的不同媒介环境。相较于德国或南非的新闻节目，英国、美国和同盟国家的阿拉伯语卫星节目和电视新闻更关注国际政治。表 10.4 显示，内容分析有助于国际性的新闻学比较研究。

表 10.4　电视国际新闻中国外电视报道的主题结构（%）

|  | 德国 | 英国 | 美国 | 阿拉伯语卫星电视 | 南非 | 总量 |
| --- | --- | --- | --- | --- | --- | --- |
| 犯罪/国内安全 | 12.57 | 12.51 | 8.34 | 11.90 | 7.18 | 11.35 |
| 国内政策 | 10.58 | 14.31 | 13.46 | 22.09 | 13.47 | 14.63 |
| 国际政策 | 22.97 | 32.61 | 49.17 | 44.51 | 18.71 | 32.61 |
| 商业/经济 | 9.92 | 6.42 | 1.96 | 8.50 | 3.64 | 7.58 |

续前表

|  | 德国 | 英国 | 美国 | 阿拉伯语卫星电视 | 南非 | 总量 |
|---|---|---|---|---|---|---|
| 社会/社会政策 | 10.80 | 8.76 | 14.02 | 3.97 | 8.71 | 9.01 |
| 环境/交通/科学 | 4.55 | 3.88 | 2.72 | 1.09 | 1.62 | 3.07 |
| 体育 | 13.79 | 7.75 | 0.95 | 4.49 | 34.35 | 10.94 |
| 意外/自然灾害 | 9.40 | 6.66 | 5.35 | 2.20 | 6.90 | 6.47 |
| 人性化故事/历史/其他主题 | 5.41 | 7.10 | 4.02 | 1.25 | 5.42 | 4.33 |
| 总量 | 100 | 100 | 100 | 100 | 100 | 100 |

注：基础数据为 26 个电视新闻节目的 155 889 篇新闻报道 (Kolmer, 2006, p. 17)。

在过去十年间，对舆论引导型媒体的连续性内容分析明显进步，尽管其主要充当公共关系咨询和政治媒体研究的工具。政治和经济行为主体已经采用"媒体监测"，即连续性内容分析，并将其作为议题管理工具，媒体机构使用相同的数据进行质量控制。新闻机构中的意见领袖可以通过分析一段时间内的引语和主题结构来判定。专业标准的效度，比如新闻与观点分开，可以通过比较拥有不同媒介体制的各个国家的不同类型的媒体来检验。来自不同国家的长期大事年表为新闻学研究提供了新的机遇。对主题或新闻人物结构进行国际比较，可以为研究外部因素对新闻流程的影响提供新的认识。将内容分析与其他方法相结合，可以为探究不断变化的世界中新闻业本质提供新视角。

## 参考文献

Albrecht, C. (2004). Der Wille zur Wirkung: Welche Themen die einflußreichsten Medien auf die Agenda setzten [The will to influence: Which topics influential media put on the agenda]. *Medien Tenor*, 146, 68–71.

Berelson, B. (1952). *Content analysis in communication research*. Glencoe, IL: Free Press.

Bonfadelli, H. (2002). *Medieninhaltsforschung: Grundlagen, Methoden, Anwendungen* [*Media content research: Basic principles, methods, and applications*]. Konstanz: UVK.

Brettschneider, F. (2000). Reality Bytes: Wie die Medienberichterstattung die Wahrnehmung der Wirtschaftslage beeinflußt (How media coverage influences the perception of the state of the economy). In J. W. Falter, O. W. Gabriel, and H. Rattinger (eds.), *Wirklich ein Volk? Die politischen Orientierungen von Ost- und Westdeutschen im Vergleich* [*Really one people? Political orientations of East and West Germans in comparison*] (pp. 539–69). Opladen: Leske and Budrich.

Brettschneider, F. (2004). Medien tenor: Indispensable to a scientific analysis of media coverage. In *Medien Tenor. Agenda Setting Conference 2004: Conference Material*. Bonn.

Donsbach, W. (1981). *Gesellschaftliche Aufgaben der Massenmedien und berufliche Einstellungen von Journalisten. Ein Vergleich kommunikationspolitischer Konzepte über die Funktionen der Massenmedien mit empirischen Ergebnissen zum Selbstverständnis von Journalisten* [Social function of mass media and professional self-conception of journalists. A comparison of communication-political concepts of the function of mass media with empirical results about the self-conception of journalists]. Philosophy dissertation. Mainz.

Donsbach, W. (1986). *The impact of television on rural areas of tunesia. A panel field experiment on changes in social perception, attitudes and roles after the introduction of television.* Section sociology and social psychology of the International Association for Mass Communication Research. New Delhi.

Früh, W. (2001). *Inhaltsanalyse: Theorie und Praxis* [Content analysis: Theory and practice]. Konstanz: UVK.

Groseclose, T., and Milyo, J. (2005): A measure of media bias. *The Quarterly Journal of Economics*, CXX(4), 119–237.

Hahn, O. (2005). Arabisches Satelliten-Nachrichtenfernsehen. Entwicklungsgeschichte, Strukturen und Folgen für die Konfliktberichterstattung aus dem Nahen und Mittleren Osten [Arab satellite news TV. History of development, structures and consequences for conflict reporting from the near and Middle East]. In C. Eilders and L. Hagen (eds.), *Medien und Kommunikationswissenschaft, Themenheft "Medialisierte Kriege und Kriegsberichterstattung,"* 53, pp. 241–60.

Hallin, D. C., and Mancini (2004). *Comparing media systems. Three models of media and politics.* Cambridge, UK: Cambridge University Press.

Kolmer, C. (2006). *Worlds apart. Structures and tendencies in the foreign coverage of German, English, US, Arab and South African television news.* Paper presented to the ICA Preconference 2006, Messages from abroad – Foreign political news in a globalized media landscape. Munich, June 17, 2006.

Merten, K. (1995). *Inhaltsanalyse: Einführung in Theorie, Methode und Praxis* [Content analysis. Introduction in theory, methodology and practice]. Opladen: Westdeutscher Verlag.

Reinemann, C. (2003). *Medienmacher als Mediennutzer. Einfluß- und Kommunikationsstrukturen im politischen Journalismus der Gegenwart* [Media producers as media users. Influence and communication structures in contemporary political journalism]. Cologne, Vienna, Weimar: Böhlau.

Reinemann, C., and Engesser, E. (2001). Können sich Aussagen und Beiträge widersprechen? Die Relevanz sozialpsychologischer Erkenntnisse zur Personenwahrnehmung für die inhaltsanalytische Tendenzmessung [Can statements and stories contradict another? The relevance of social-psychological insights about the perception of personality for content-analytical measurements of tone]. In W. Wirth and E. Lauf (eds.), *Inhaltsanalyse: Perspektiven, Probleme, Potentiale* [Content analysis: Perspectives, problems, potentials] (pp. 218–33). Cologne: Herbert von Halem.

Ritsert, J. (1972). *Inhaltsanalyse und Ideologiekritik: Ein Versuch über die kritische Sozialforschung* [Content analysis and criticism of ideology. An essay about critical social science]. Frankfurt/Main: Athenäum Fischer.

# 第 11 章
# 新闻学研究方法：观察

索尔斯坦·柯万特

> **超越日常感知：作为媒介与新闻学研究方法的观察**

　　假设一个阳光灿烂的午后，你坐在街边咖啡厅。街道繁忙，你观察从面前经过的人。你看见一个母亲推着双人童车，向地铁站旁边的电梯匆忙地走去。一个年轻男子，或许是一名学生，坐在你邻桌。他正饶有兴趣地看报纸，面前的咖啡变凉了。另一位客人是四十多岁的优雅女士，正用手机与某人交谈。就在你观察这一情景时，一辆救护车鸣笛，沿着马路呼啸而过。那名学生抬起头，看看发生了什么。那位女士开始提高嗓门，想要压过噪声。突然，她快速说道"我待会儿打给你"，便结束了通话。所有这些都发生在几秒钟之内，你很可能观察到了更多细节：那位女士裙子的颜色，双人童车的特殊尺寸，那名学生的胡子，你面前咖啡的清香，等等。

　　这只是日常观察的一个例子。每个人在仔细观察周围环境和朋友的行为时，都会加入更多情境。正如瑟尔提茨（Selltiz）、雅霍达（Jahoda）、多伊奇（Deutsch）和库克（Cook）在其经典著作《社会关系的研究方法》（*Research Methods in Social Relations*）中所描述的，"我们都在不断地观察，注意我们周围正在发生的事……只要我们醒着，我们几乎无时无刻不在观察。这是我们获取我们所处世界信息的基本方法"(Selltiz et al., 1967, p.200)。不过，在社会科学中，"观察"一词有着更加特殊的含义。它是指一种特定的数据搜集方法，而且具有数据搜集过程以外的方法论意义。几大特点将科学路径与瑟尔提茨等口中的日常观察（或"偶然观察"）(Selltiz et al., 1967, p.200)区别开来，诚如四十多年前所描述的：

> 观察变成一种科学方法，某种程度上是因为它（1）服务于一个明确的研究目标，（2）经过系统化设计，（3）系统化记录且涉及更加普遍的命题，而不是作为一组有趣的珍品被呈现，以及（4）有待于效度和信度的检验与控制。
>
> (Selltiz et al., 1967, p.200)

对于任何类型和用途的方法来说，包括严格结构化的观察、自动观察、更加开放的质化路径，前三点肯定正确；但是，第四点仍然受到很多人的质疑，尤其是那些喜欢更加"开放的"质化路径的作者们，他们将观察视为一种更加主观的方法，本质上是无法像其他数据采集方法那样被控制的一个阐释过程。事实上，在传播学与新闻学研究中，观察经常被批评者及其追随者简化为一种特殊的质化探索性方法。实际上，大部分新闻学研究者仍将观察研究视为一种"软性的"研究方法，只是其他数据搜集方法的一种补充。这是一种非常令人遗憾的简化：传播者研究领域的几个突破性研究都依靠观察，尤其是很多新闻信息，如果不使用这种方法就无法搜集。事实上，观察是获取新闻信息的最古老和最直接的方法——早期的传播学和新闻学研究并不依赖访谈研究和内容分析，而主要使用观察法。[1]

接下来，我们将介绍观察研究的几种类型，展示除了"日常感知"和"质化探索"之外，观察研究还有其他变化。然后，我们基于"现实生活"情境和共同研究兴趣的解决方案，讨论观察研究的可能性和用途，从而评价一些重要路径的优点和缺点。最后，我们简要概括新闻学研究中观察法的后续发展和未来用途。

## 观察研究：分类

在本章一开始，我们就描述了一个"日常"观察案例，这个案例也可以被称为是不采用结构性方法的开放参与式观察。很多人将这种形式视为观察研究的主导角色榜样,因为它是感知的"标准模式"。其实,这只是所有观察研究中的一小部分。从根本上来讲,有三个重要维度来区分观察研究的不同类型。第一个是标准化水平,第二个是观察者卷入田野的程度,第三个是观察情境中的强制性接触(obtrusiveness)。每个维度都存在几种变化形式,而且并非所有组合都实用[综述参阅格劳(Gehrau,2002)]。

数据搜集中最显著的变化通常是标准化水平(grade of standardization),意思是,观察者是否采用了标准化编码本,而不是诸如在日记中记录自己感想的开放文档。也存在两者组合和介于两者之间的情况,比如将标准化编码本与一些开放性内容(比如,记录"额外观察")相结合。除了这种基本形式,还有很多其他变化形式。比如,可以区分自动和传统的"人工"观察法。自动观察法是指借助于计算机搜集数据,比如日志文件归档、网站使用(可被视为对人类行为的自动化机器编码)。这又指向了另一个区分标准。有些观察是"直接的",从某种意义上是指观察与被观察行为同步,而其他观察将"行为痕迹"(Wolling & Kuhlmann, 2003, p.138) 当作分析基础。这些"痕迹"是之前行为的可观察结果,大都以物质人工制品形式存在[2],因此数据搜集并不与行为本身同时发生。

观察者卷入度(involvement of the observer)(主要根据观察者的参与水平定义)是区分观察研究不同类型的另一个重要维度。在很多情况下,只有在观察者成为被观察现实一部分时,才能进行观察:"参与其中的观察者通过参与他所研究的群体或机构的日常生活来搜集数据。"(Becker, 1958, p.652)但是,参与式观察可能会导致伦理问题(观察者隐姓埋名,对那些未察觉被观察的人的行为编码)和反应性(reactivity)(因为观察者的参与而改变了田野)。尽管如此,在一些情况下,观察仍然是新闻学研究的首选方法,因为它是进入田野及相应观察对象的唯一方法——一些专业人士只能通过其他专业人士观察到。不过,对于"参与式"观察存在一种误解:人们经常可以看到观察者"参与"田野的情况,尽管明显指出,但他保持了绝对的被动。很多新闻编辑部观察都存在这种情况,观察者不做新闻工作,只是在不卷入新闻流程的情况下进行观察。为了明确起见,这里应该补充观察者是否主动参与其中,因为主动参与且被卷入观察过程是一种非常特殊的观察类型,而被动参与只是"标准的"田野研究。

保持被动或变得主动是观察者参与的质量,有时会与观察的"可见性"和强制性接触相混淆。从表面来看，一个被动观察者的出现会为田野里的每个人所知晓（开放式观察），而一个主动观察者可以保持不被发现，因为他干着新闻工作，暗地里进行记录（隐藏式或秘密式观察）；反之亦然。强制性接触涉及整个观察环境的质量，它与观察者的定位和观察对象对观察的了解程度有关。在开放式观察中，这种了解会影响观察对象的行为（反应性）；因此，很多研究者更喜欢隐藏式观察。相较于开放式观察，隐藏式或秘密式观察无须观察对象了解情况，而且通常未获观察对象的同意。毫无疑问，这会产生前文所述的严重的伦理问题。不过，新闻业的田野观察通常是部分开放式的。比如，要观察某个记者的行为，那么观察者必然要跟着他一起去参加新闻发布会等。出于实际考虑，向与记者（和观察者）在那场新闻发布会上碰面的每个人告知实情是不可能的。因此，被观察的记者知道观察这个事，但田野中的其他人不知道。

这不是观察情境的唯一变化形式。通常而言，新闻学研究忽略了一种研究类型：观察还可以被运用于实验设计。大部分情况下，这也导致了一种非常特殊的"设定"——非实验性观察几乎都在田野中进行，很多实验性观察都在实验室完成。例外的情况是，人们可以在田野中设定控制刺激（controlled stimulus）作为实验设计的一部分；因此，实验与实验室之间不存在必然联系。不过，实验是一种罕见的研究形式，至少在新闻学研究中是如此[3]，实验性田野观察比实验室实验更罕见。

除了以上提到的观察研究的不同形式外，还有其他不太显著的形式（比如自我观察/内省-外向观察）(Gehrau, 2002, p. 31)。不过，我们认为，新闻学研究中的大部分观察类型都可以用本章所提及的分类原则进行描述。三大维度（工具的标准化、观察者卷入田野的程度和观察环境中的强制性接触）开辟了一个可以定位大部分研究的空间。值得一提的是，这一空间中的有些领域描述了不太可能的组合，比如一个完全标准化的主动参与者进行隐藏式观察（但这并不意味着这种组合不存在）。其他一些组合经常使用，因为它们非常适用于特定的田野。以下会详细介绍其中的三种组合，理由是我们认为新闻学研究者可能对这些组合最感兴趣。

## 新闻学研究的应用与方案

在这短短的一节，我们无法对观察研究的优点和问题进行完整的方法论讨论，其他有关经验研究的专门著作已经做到了这一点（Berger，2000；Stempel，Weaver，& Wilhoit，2003；Bryman，2004）。尽管如此，我们还会简要描述常见方法，介绍该方法在新闻学研究中的一些可能性应用。这一简短的概述能让读者很好地了解这一方法的可能性与局限性。

## 新闻编辑部观察

新闻编辑部观察也许是新闻学研究中的标准化观察。在这类研究中，观察者进入媒体机构，试图在日常情境下观察新闻工作。世界各地的研究者已经成功地观察了各种各样的编辑部和新闻工作者（比如，Berkowitz，1992；Christensen，2003；Clausen，2004；Matthews，2005；Quandt，2005）。这类研究的历史可以追溯至早期的把关人研究，它包含了一些学科经典研究（参见注释[1]）。

相较于其他研究，新闻编辑部研究受欢迎有几个原因。首先，它是想要获得新闻工作流程和工作环境第一印象的首选方法。因此，特别是新的且未知的新闻工作类型是这类探索性研究的理想搭档。其次，它提供了关于新闻工作的社会现实的一种"未过滤的"观点（前提是能控制反应性和观察的其他副作用）。我们从调查和观察相结合的研究中发现，观察研究更善于获得有关记者正在做什么以及已经做多久的"客观"数据（Altmeppen，Donges，& Engels，1999），而访谈研究能让我们很好地了解新闻工作者的观点、态度、看法和价值观。再次，如上所述，新闻编辑部研究拥有很长的历史。很多研究可以成为典范，而且在一定程度上，研究者可以比较研究发现。最后，新闻编辑部研究可以成为研究某种类型新闻业的灵感来源。新观点和新问题往往产生于新闻编辑部研究，之后采用代表性的调查研究进行检验。从这个意义上来说，新闻编辑部研究有助于发现出乎意料且令人惊讶的结果。

当然，可能的研究设计范畴很广，涵盖了由身份被田野中每个人知晓的被动参与观察者进行的高度结构化观察（比如，Quandt，2005）至由主要任务是记录的主动参与观察者进行的秘密式观察（Wallraff，1977，作为非科学性[4]案例）。研究者可以观察个人，也可以观察整个新闻编辑部（Rühl，1969），可以关注每种行为类型，也可以只关注挑选出来的行为（比如决策和写作过程）。方法选择很大程度上取决于研究目标和现实因素，毫无疑问，还依赖于对田野的了解程度——假如观察者可以基于之前的研究制定编码类别，那么结构性观察才能成为其研究选项。假如研究者接触的是未知现象，那就必须采用观察日记等开放式手段。[5]

## 输入（-吞吐量）-输出分析

新闻学研究者通常对新闻编辑部内发生的选择过程感兴趣，同时对新闻生产流程的其他阶段，比如新闻通讯社、公关部门、政治领域等的选择过程也感兴趣。最大一部分相关研究发生在新闻编辑部；事实上，这是早期把关人研究的主要兴趣所在，即关注编辑们的选择过程。不过，输入-吞吐量-输出分析是一种特殊的观察形式，并不局限于新闻编辑部，而且某种程度上区别于以上所讨论的标准化的新闻编辑部研究。输入-吞吐量-输出研究不关注新闻工作流程本身，而是关注新闻报道的流动，以及这些新闻报道在编辑过程中发生了什么变化。

正如其名称所示，这类研究检验输入新闻系统（或新闻系统各部分）的信息，观察这一系统的变化，并且将其与输出进行比较。因此，输入-吞吐量-输出分析的观察对象不是某个新闻工作者或新闻工作者群体，而是某个选择阶段（横向视角）或者正经历不同阶段的新闻报道（纵向视角）。研究者可以从早期的把关人研究中发现此类研究设计的基础：戴维·曼宁·怀特让一个通讯社编辑搜集一天所需处理的所有新闻报道。结束一天工作后，这位编辑必须解释他为什么保留或不保留搜集到的每条新闻报道（White，1950）。虽然这一研究的确包含一些新闻工作者的自我观察，但主要采用了内容分析（或阐释）和访谈相结合的方法。事实上，研究者可以只分析什么进入了新闻编辑部"黑箱"，什么离开了系统，完全忽略吞吐量，从而排除任何观察部分。这通常被称为输入-输出研究。尽管纯粹的输入-输出研究更受欢迎，但是完整的输入-吞吐量-输出研究可以更加深入地了解新闻编辑部的选择过程，因为后者不是建立在可能已经发生什么的基础上。当然，这种研究是有代价的。观察新闻编辑部各种选择过程是一项非常复杂的任务。一般而言，即便是在同一新闻编辑部，一条新闻报道都要经过很多阶段。在高度团队导向的现代新闻媒体工作环境中，跟踪一条新闻报道非常困难，因为它受观察对象关系网络中各种决策和选择过程的影响。新闻处理过程通常不是线性的，因此追踪新闻报道的路径犹如在迷宫中寻找道路。假如要分析这一过程的不同阶段并分析新闻报道在这些阶段实际上发生了什么，就会更复杂。在这种情况下，关注单个新闻报道或小部分新闻输入甚至更多内容是明智之举，因为新闻媒体要处理的信息量巨大。比如，新闻通讯社通常每天生产成百上千条新闻报道（Quandt，2005），而且大部分新闻媒体广泛采用这类材料。

因此，依据研究者的兴趣，输入-吞吐量-输出研究有几种方案：个案研究关注整个选择过程中的单个新闻报道，其他研究试图控制通过每个选择阶段的所有新闻。后者可能依靠标准化编码方法，而前者采用完整的案例描述。在这两种情况下，观察不必依赖田野中的观察者：观察输入、吞吐量和输出可以自动完成，或由新闻工作者自身完成（如果组织巧妙，并不会影响工作时间内实际的选择过程）。但是，这样的研究要求更多。假如研究者对选择过程的原因感兴趣，那么他必须询问相关编辑的观点和解释。因此，研究者必须结合几种方法。

### 可用性研究

前两种研究方案有点"传统"，至少从新闻学研究者角度来讲是如此。这两种方案都集中研究新闻编辑部流程，至少是生产流程。这是新闻学研究的"经典"视角，大都属于"新闻工作"研究。不过，新闻学研究者应该对信息处理的其他元素感兴趣，比如新闻内容和受众。

观察研究可以成功地用于分析各种方式的新闻接收。在过去十年间，很多研究关注网络媒体的"可用性"（其中大部分是"实用的"市场研究，而不是科学性"纯研究"）。研究者通过观察新闻媒体的使用和发现接收过程中的问题来优化新闻媒体。当然，这类研究还包括其他方面，比如，它可以用于开发用户类型，在给定的媒体使用环境中直接分析新闻接收逻辑。这类研究被应用于"新的"（互联网）媒体并不令人感到惊讶。在这方面，关于媒体的实际使用的知识相当有限。

从方法论来看，可用性研究存在多种形式，但所有形式都包含向受众或个人呈现一些（新闻）媒体材料，观察并随后分析所呈现材料的使用情况。因此，这类研究可以针对内容和/或接收过程，从而为传收双方提供很多变化的可能性。比如，研究者可以控制刺激材料并将其呈现给各类用户群体，进而发现某些变量变化与用户反应变化之间的因果关系（实验室环境下）。这类可用性研究通常在实验室进行，可以最大化地控制观察环境。观察者以及相机、手机、录音设备等数据搜集工具是否可见根据研究目的而定，但是不管怎样，实验室环境是人工设定的。曾有批评意见指出，研究发现移植到实际生活环境中（尽管这未必是实验研究目的）并不容易。

必须注意的是，可用性研究并不局限于实验室环境下的实验观察。可用性研究也可以在现实生活环境下进行，不必是实验性的。还可以将观察与其他方法相结合，比如在使用过程中让用户解释其行为。此外，还有很多新闻学研究至今未尝试的可能性。

## 新闻学研究中观察研究的未来

观察是一种非常有影响力的研究方法。如上所述，它为新闻学研究提供了很多可能性，适用于很多不同的情境。观察不局限于通常被视为"角色榜样"的非结构化、开放的参与式观察。

不过，不可否认，观察研究存在一些问题。有些问题在我们之前的描述中已经提及，有些问题很好地记录在了文献中（比如，Stelltiz et al.，1967；Becker，1958；Berger，2000；Gehrau，2002）。最突出的批评意见可以总结如下：

● 在大部分情况下，几乎不可能随机抽取样本，因此无法实现"代表性"（基于推论统计得出结论）。

● 进入田野很困难而且相当复杂。有些情况下，完全不可能直接进入田野。

● 在田野环境中，不能完全控制潜在的问题来源。研究者无法预见所有可能威胁研究成功进行的事件。

- 除了无法预料的事件外,还有其他问题来源,比如,观察者与田野之间的互动可能会导致不必要的效果和反应性。
- 大部分田野观察被认为信度低。很明显,在很多情况下,"观察者间"检验(类似于编码员间信度检验)出于实际原因无法实现。不可能派两个或更多观察者进入田野。
- 在进行秘密式或隐藏式观察时,研究者必须仔细考虑伦理和法律结果。严肃的社会研究还必须关心被观察的个体,因此有些研究路径不能使用。

尽管如此,观察法还是有很多正面且相当独特的优点(参见以上所列参考文献,以下大部分观点在同样的文献中讨论过)。

- 允许直接观察。数据没有因为行为主体的评价和自我评估而被过滤,至少直接观察他们的行为时是如此。因此,这在很大程度上是"所见即所得"。所以观察法常常被认为(外部)效度很高。
- 观察法可用于探索未知领域并带来意想不到的发现。非标准化观察是在惊人见解的基础上发现新的研究问题的好工具。
- 有些观察类型生产深度信息,有助于了解现实生活环境下被观察现象的复杂关系。
- 对于有些研究问题来说,观察研究是唯一的解决方案。在相当多的情况下,鉴于不同原因,你无法通过访谈和内容分析获得有效信息。比如,并非所有人类行为都能由行为主体自身主动体现,因此访谈只会导致"貌似可信的"的重构——这可能是系统性错误。

也许,观察研究还有很多的优点和缺点,但以上的介绍应该足以暗示研究的限制和可能。不过,即便是考虑到它的缺点,我们也坚定地认为,特别是在新闻学研究中,观察研究可以带来独特的发现,而且有充分的理由证明,我们急需观察研究。

在最近几十年,研究者主要采用访谈和内容分析。一方面,这些传播学研究的标准方法已经发展到了惊人的成熟程度。但是,研究者不得不承认,正如诺德所言:"愈来愈狭隘的研究宣称,对越来越少的东西知道得越来越多。"(Nord,1985,p. 1;转引自Weaver,1988,p. 38)韦弗补充道:"很多新闻工作者指责此类研究过于理论化、过于抽象、过于量化，没有用易于理解的语言写作。"（Weaver，1988，p. 22）在这种情况下，凭借"脚踏实地"的路径和田野研究的开放性眼光，观察研究可以成为有益补充。这并不是说，观察研究应该替代其他方法。我们认为，观察研究在研究过程中具有特殊的位置与功能，是有益的补充。观察研究提供了有关社会现实的替代性观点，可以与其他研究方法成功结合。

但是，从短期来看，观察研究最大的任务是方法的进一步发展及其使用的专业化。还有很多需要填补的方法论空白。这要求研究者愿意摒弃旧的偏见、使用"新的"（以及尚未旧的）方法。走一条新路—如既往地有风险，但是，我们认为路的方向充满希望。

## 注释

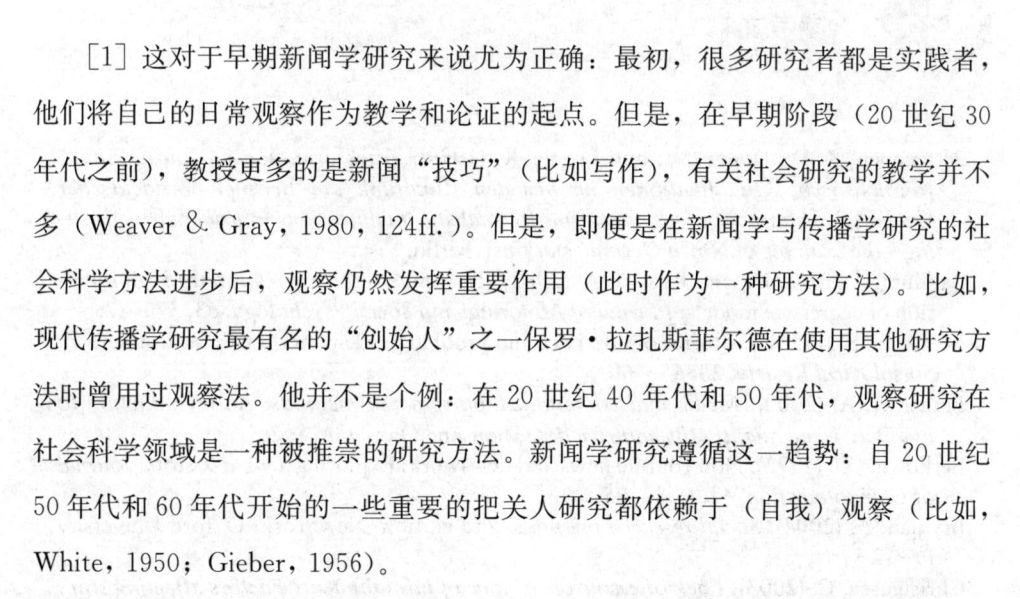

[1] 这对于早期新闻学研究来说尤为正确：最初，很多研究者都是实践者，他们将自己的日常观察作为教学和论证的起点。但是，在早期阶段（20 世纪 30 年代之前），教授更多的是新闻"技巧"（比如写作），有关社会研究的教学并不多（Weaver & Gray，1980，124ff.）。但是，即便是在新闻学与传播学研究的社会科学方法进步后，观察仍然发挥重要作用（此时作为一种研究方法）。比如，现代传播学研究最有名的"创始人"之一保罗·拉扎斯菲尔德在使用其他研究方法时曾用过观察法。他并不是个例：在 20 世纪 40 年代和 50 年代，观察研究在社会科学领域是一种被推崇的研究方法。新闻学研究遵循这一趋势：自 20 世纪 50 年代和 60 年代开始的一些重要的把关人研究都依赖于（自我）观察（比如，White，1950；Gieber，1956）。

[2] 比如日志文件。研究者可以进一步论证，在媒介文本形式上，任何内容分析都无非是对行为痕迹的"非同步"观察。但是，媒介内容是否可以与某个人的早期行为直接联系起来也值得怀疑。很多媒介内容由组织机构中的小组生产（对于大部分取材于新闻通讯社的报纸报道来说，尤为正确），因此，不可能从结

果推导出早期行为的结论。

[3] 其他学科不一样。比如，在心理学领域，实验环境下的观察研究起着非常重要的作用。始于 20 世纪上半叶，斯金纳（B. F. Skinner）和华生（J. B. Watson）等"行为主义者"通过观察分析了动物（之后分析人类）行为。与人类学和社会学路径不同，他们在控制的实验环境下进行观察［比较华生和斯金纳的研究（Watson，1913；Skinner，1938）］。此外，20 世纪最壮观的一些心理实验（比如，Bandura, Ross, & Ross，1961；Milgram，1963，1974；Zimbardo，1971）也基本上是观察研究。

[4] 在新闻学研究中，秘密式观察和内部观察（Soloski，1979，观察者作为新闻工作者的案例）并不常被视作科学方法使用。这类观察中的大部分源自非科学语境。

[5] 日记可以作为标准化观察的补充，从而解释有问题的编码、不太重要的观察。还可以将开放性元素和标准化元素相结合：半标准化观察手段包含了这样的元素，如用于田野中意想不到元素的特别编码的空间。

## 参考文献

Altmeppen, K.-D., Donges, P., and Engels, K. (1999). *Transformation im Journalismus. Journalistische Qualifikationen im privaten Rundfunk am Beispiel norddeutscher Sender* [*Transformation in journalism. Journalistic qualifications in private broadcasting – the example of North German stations*]. Berlin: Vistas.

Bandura, A., Ross, D., and Ross, S. A. (1961). Transmission of aggression through imitation of aggressive models. *Journal of Abnormal and Social Psychology*, 63, 575–82.

Becker, H. S. (1958). Problems of inference and proof in participant observation. *American Sociological Review*, 23, 652–60.

Berger, A. A. (2000): *Media and communication research methods: An introduction to qualitative and quantitative approaches*. Thousand Oaks, CA: Sage.

Berkowitz, D. (1992). Non-routine news and newswork: Exploring a what-a-story. *Journal of Communication*, 42(2), 82–95.

Bryman, A. (2004). *Social research methods*. 2nd edition. New York: Oxford University Press.

Christensen, C. (2003). *Lack of resources or love of infotainment? Factors affecting story selection in local and regional television news in Sweden*. Conference paper. 23 pages. Annual Conference of the International Communication Association, San Diego.

Clausen, L. (2004). Localizing the global: "Domestication" processes in international news production. *Media, Culture and Society*, 26(1), 25–44.

Gehrau, V. (2002). *Die Beobachtung in der Kommunikationswissenschaft* [*The observation in communication studies*]. Konstanz: UVK.

Gieber, W. (1956): Across the desk. A study of 16 telegraph editors. *Journalism Quarterly*, 33, 423–32.

Matthews, J. (2005). "Out of the mouths of babes and experts": Children's news and what it can teach us about news access and professional mediation. *Journalism Studies*, 6(4), 509–19.

Milgram, S. (1963). Behavioral study of obedience. *Journal of Abnormal and Social Psychology*, 67, 371–8.

Milgram, S. (1974). *Obedience to authority: An experimental view*. New York: Harper and Row.

Nord, D. P. (1985, September 30). Career narrative. Unpublished memorandum, 1.

Quandt, T. (2005). *Journalisten im Netz. Eine Untersuchung journalistischen Handelns in Online-Redaktionen* [Journalists in the net. A study on journalistic action in online newsrooms]. Wiesbaden: Verlag für Sozialwissenschaften.

Rühl, M. (1969). *Die Zeitungsredaktion als organisiertes soziales System* [The newspaper editorship as an organized social system]. Bielefeld: Bertelsmann Universitätsverlag.

Selltiz, C., Jahoda, M., Deutsch, M., and Cook, S. W. (1967 [1951]). *Research methods in social relations*. Revised one-volume edition. New York: Holt, Rinehart, and Winston.

Skinner, B. F. (1938). *The behavior of organisms: An experimental analysis*. New York: Appleton-Century.

Soloski, J. (1979). Economics and management: The real influence of newspaper groups. *Newspaper Research Journal*, 1(1), 19–28.

Stempel, G., III, Weaver, D. H., and Wilhoit, G. C. (eds.) (2003). *Mass communication research and theory*. Boston, MA: Allyn and Bacon.

Wallraff, G. (1977). *Der Aufmacher. Der Mann, der bei "Bild" Hans Esser war* [The lead. The man who was Hans Esser at "Bild"]. Cologne: Kiepenheuer and Witsch.

Watson, J. B. (1913). Psychology as the behaviorist views it. *Psychological Review*, 20, 158–77.

Weaver, D. H. (1988). Mass communication research. Problems and promises. In N. W. Sharp, (ed.), *Communications research: The challenge of the information age* (pp. 21–38). Syracuse, NY: Syracuse University Press.

Weaver, D. H., and Gray, R. G. (1980). Journalism and mass communication research in the United States: Paste, present and future. In G. C. Wilhoit and H. de Boek (eds.), *Mass communication review yearbook*. Vol. 1 (pp. 124–51). Beverly Hills, CA: Sage.

White, D. M. (1950). The "gatekeeper": A case study in the selection of news. *Journalism Quarterly*, 27, 383–90.

Wolling, J., and Kuhlmann, C. (2003). Das Internet als Gegenstand und Instrument der empirischen Kommunikationsforschung [The Internet as an object and instrument of empirical communication research]. In M. Löffelholz and T. Quandt (eds.), *Die neue Kommunikationswissenschaft. Theorien, Themen und Berufsfelder im Internet-Zeitalter. Eine Einführung* [The new communication studies. Theories, topics and occupational fields in the Internet age. An introduction]. (pp. 131–61). Wiesbaden: Westdeutscher Verlag.

Zimbardo, P. G. (1971). *The power and pathology of imprisonment*. Congressional Record. (Serial no. 15, October 25, 1971). Hearings before subcommittee no. 3, of the Committee on the Judiciary, House of Representatives, 92nd Congress, First session on corrections, Part II, Prisons, Prison reform and Prisoner's rights, California. Washington, DC: US Government Printing Office.

# 第四部分

# 新闻学研究范式与发现精选

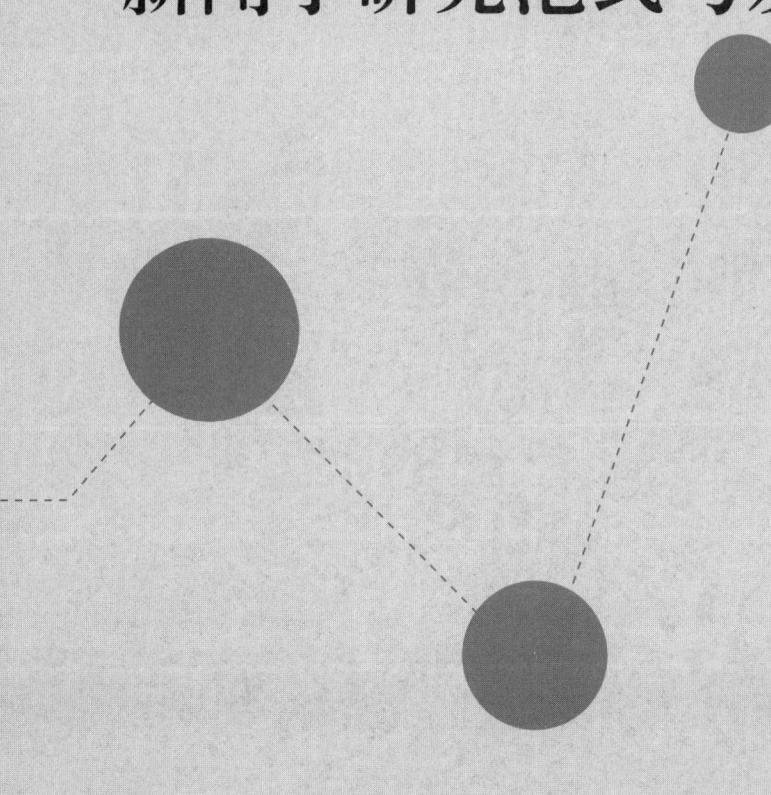

# 第 12 章
# 美国的新闻学研究：网络世界的范式变革

简·B. 辛格

1924年3月，美国新闻业教师协会出版了第1期《新闻学公告》（*Journalism Bulletin*）。内容包括：

● 思考新闻业是否是一种职业。作者身为法律学教授，毫不犹豫地做出了这样的分类（Miller, 1924）。

● 基于对14位美国新闻学项目主管的问卷调查，一篇论文讨论了一个哲学博士教学生从事报纸工作的价值。文章表明，新闻编辑部经验"毋庸置疑更具价值"（Higginbotham, 1924, p. 10）。但是两期后刊登的一篇文章回应指出，这项研究只包含两个拥有哲学博士学位的人，至于其他人拿的也不是新闻学博士学位，因为当时新闻学领域还没有设立博士学位，因此文章的结论恐怕站不住脚（Scott, 1924）。

● "爸爸"布莱耶（Bleyer, 1924）提出了进行报纸研究的路径，即将潜在主题分成几大类别，诸如报纸的形式、内容和效果。

80年后，《新闻学公告》已经更名为《新闻与大众传播季刊》（*Journalism & Mass Communication Quarterly*），同时出现了125份以上的英语的传播学期刊。每年，美国的新闻学与大众传播学项目授予500多个博士学位（Coffey, Becker, & Vlad, 2004），绝大多数大学雇主都寻找拥有博士学位的申请者（Downes & Jirari,

2002）。在大多数新学成的学者诞生之前，一个领域宣告"正在枯萎"，这还不算太糟（Berelson, 1959, p. 1）。

然而，在当下的美国，诞生于 20 世纪 20 年代、30 年代和 40 年代的新闻学研究范式依旧占据主导地位。来源于社会科学和人文学科领域的方法论与理论路径最初形塑了传播学研究，目前仍以本章认为具有局限性的方式告诉人们值得研究的问题的概念和分类。随着旧的解释工具受到社会变化、侵蚀形式和功能边界的新媒体的挑战，新闻学研究的第一个真正的范式变革可能已经到来。

## 学术根源和现代范式

尽管美国的新闻学研究始于 19 世纪和 20 世纪初的人文学科，而且大都属于写作和修辞范畴，但是随着新闻学研究的发展，它逐渐转向社会科学。在 20 世纪 30 年代的威斯康星，布莱耶在当时的政治科学和社会学博士项目中开创了辅修新闻学博士；很快，美国的其他大学开始雇用获得此类博士学位的人员，从社会科学方法和视角来进行新闻学教学和研究（Weaver & McCombs, 1980）。社会科学主题塑造了这些新的研究者所感兴趣的问题，特别是政治机构（及其宣传）的影响、传播学在社会生活中的作用，以及传播学的社会心理学意义（Delia, 1987）。传播被认为具有功能性且可观察，其测量效果可以通过具有解释力的可检验的理论来评估（Berger & Chaffee, 1987）。

这些学者研究"大众传播"（mass communication），这个术语自 20 世纪 30 年代后期提出后就已经引发争论（Chaffee & Metzger, 2001）。"大众"是一个主观、过时且直白的词。"传播"这个词主要解释为线性的信息传递而不是分享和回应此类信息的互动体验，这来自香农和韦弗解释该过程的数学模型概念（Shannon & Weaver, 1949），以及这种模型的后续完善。尽管打破"大众传播"的有限内涵、适应社会与媒介变化的呼声定期出现（Darnell, 1971; Rogers & Chaffee, 1983; Turow, 1992），但这个有问题的词组一直存在。

因为与具体的实践和产品联系在一起，"新闻"（journalism）看起来是个不太麻烦的术语。但是，作为一个学术领域，新闻学一直努力将其与更为宽泛的

"大众传播"区别开来。在大学里，新闻学项目也一直努力地不在归属上被视为职业学院。《新闻学公告》第 1 期中提及的令人心酸的主题，即学者在培养实践者中的价值，从未消失。校园政治、机构认可、个人升迁和终身教职都表明，美国新闻学的学术研究深受传播学研究的提携——后者本身也是社会其他方面研究的衍生物——而没有形成自己的重要的概念范式（Medsger，1996）。甚至借鉴来的大部分范式都追溯至 20 世纪 80 年代或更早，自那以后只有很少的主要的新理论出现（DeFleur，1998；Bryant & Miron，2004），而应对 21 世纪媒介环境的理论几乎没有。

即便如此，美国每年都会进行大量的新闻学相关研究。但大部分都是经验研究；1980—1999 年，美国主要大众传播期刊发表的文章中，只有四分之一属于包含法律和历史研究在内的质化研究（Kamhawi & Weaver，2003）。

美国的大部分新闻学研究对于理想社会——民主、世俗、个人主义、有序且多元化——也拥有基本的规范性观点（McQuail，1994）。国家社会理想告诉我们，学术理想既不令人惊讶，也不与众不同。学术理想对于解释新闻业的学术探究（inquiry）尤为有用，因为美国的新闻业本身就是典型的美国制度。那些形容词描述被职业人士和成为学者的前职业人士理想化的新闻业。美国新闻工作者都遵循甘斯（Gans，2003）所说的民主的新闻理论：他们将提供信息、使公民能够明智选择自治视为己任。很多新闻学研究关注成功完成这一任务的程度。

很多学者曾从事新闻工作的这一事实也有助于解释为什么美国的大部分新闻学研究都是描述性的，很少或完全不包含理论成分（Kamhawi & Weaver，2003；Bryant & Miron，2004）。这些研究者在社会化过程中发现、观察、调查和记录发生的事件，接着在公认的新闻惯例框架内传递相关信息。当他们向公认的学术惯例转型时，很多人做了同样的事情，即轻松地记录"事实"而不是产生广泛的概念。此外，他们倾向于采用访谈或阐释文献的扩展版方法；美国主要研究期刊近期出版的内容中，近三分之二都使用了调查法和内容分析法（Kamhawi & Weaver，2003）。

当研究者引入理论成分时，他们或者如上所述，紧密联系大众传播概念，或者只是把新闻业框定为研究对象。正如培养和基模理论所述，信息处理路径来源于心理学。议程设置和框架研究属于媒介效果研究。检验参与大众传播动机的使用与满足理论主要是对效果研究传统的回应，它假设积极的受众出于特定目的选择以特定方式使用媒介。媒体霸权等理论将其血统追溯至政治和经济学概念。起源于20世纪50年代的新闻工作传统的社会学研究，将由来已久的社会学概念应用到了新闻编辑部。比如，社会学的把关概念开启了大量媒介社会学研究（Reese & Ballinger, 2001），认为记者在决定公众接收什么信息方面起关键作用。这一概念继续被广泛应用，特别是被用于政治报道研究中。

新闻学研究者还借鉴和实践社会科学以外的范式。比如，新闻学伦理研究将哲学原理与适用于所有职业的一般标准结合起来；法律和历史研究借鉴了其他人文学科。但是，对于法律、历史和伦理学者来说，新闻业只是一个应用现有理论和方法论框架的主题。这些研究提供的丰富语境是有价值的，但研究路径本身只是衍生物。

这并不是说，追根溯源至不同学科是一件坏事。相反，新闻学研究必须借助跨学科谱系来解决当下的复杂问题。问题是，多种多样的分支很少融合，而且几乎不杂交生成原创或新兴种类。与此相反，每种研究路径主要依靠自身发展，而且倾向于自我借鉴和重复；因此，新闻学研究的发展被阻碍，无法满足不断变化的媒介环境的融合需求。

## 研究种类

美国学者将这些范式应用于什么主题，哪些研究对象？有很多方法来对新闻学研究进行分类，以下四种方法可能有助于突出概念适应的必要性：形式、功能、资金和信托人。

### 形式

形式包括新闻内容及其传递渠道的研究。20世纪最后20年，在美国顶尖期刊发表的研究中，70%以上与广播电视或印刷媒体有关，另外的10%综合研究了这两种媒介形式。不到10%的研究讨论了一般意义上的媒介（Kamhawi &

Weaver，2003）。内容分析法已经成为这个领域的主力，仅在 1971 年至 20 世纪 90 年代中期的《新闻与大众传播季刊》中，就有 486 篇研究文章采用了内容分析法。这些研究大都是非理论性的；只有约四分之一的研究有明确的理论框架，一半以上的研究缺乏假设或研究问题（Riffe & Freitag，1997）。

## 功能

功能包含新闻内容的效果、媒介受众使用这些内容的方法的研究。美国新闻学研究者采用的功能主义路径可以追溯至 20 世纪 40 年代的拉斯韦尔和 60 年代的赖特。他们提出了大众传播的基本功能，即环境监视（告知和提供新闻）、协调（监测公众意见和实施社会准则）、传递（教育和增强社会凝聚力），以及赖特提出的娱乐（Lasswell，1960；Wright，1960）。尽管功能主义存在学术困境，但是将媒介功能定义为明确的任务、目标或动机奠定了一个充分理解的共同基础（McQuail，1994）。它为一系列其他概念，比如议程设置（McCombs & Shaw，1972）、培养理论（Gerbner et al.，1980）和"知识沟"假设（Tichenor, Donohue, & Olien，1970）奠定了基础。

研究媒介功能的必然结果是研究受众的需求及其对其他媒介的使用。30 多年前，卡茨与其同事（Katz et al.，1973，1974）一起将受众需求组合成了几大类别，比如认知（获取信息、知识和理解）和情感（获得感情的、情趣的，或者美学的体验），使用与满足理论仍然被美国学者广泛使用（Kamhawi & Weaver，2003；Bryant & Miron，2004）。很多关于新闻受众、新闻受众与新闻产品之间的相互作用的研究将其概念根源追溯至媒介功能与效果研究、受众的使用与满足研究，或两者都包括。

## 资金

资金包括经济结构、决策机构和媒体企业之间的相互联系与影响。在美国，受宪法保护的新闻媒体的公共服务角色和媒体产业驱动和带动的经济力量之间的冲突一直存在。正在进行的放松媒体管制和"集团化"进程已经对经济理论和媒介现实之间的可能性关系进行了大量探索。媒体所有权、企业规模、商业联系和新闻内容之间的关系向来不明确，但是自治权（autonomy）的职业规范建构使得新闻工作者和学者严肃质疑对独立判断的任何潜在侵犯（Larson，1977）。

从批判和文化学者的研究中可以发现美国新闻学研究传统范式的最重要突破，这些研究大都采用了源于欧洲的政治经济学观点。除了检验媒体霸权和其他权力关系，这类研究还涵盖了政策批判、媒体制度的后结构主义分析等内容。这些学者也不倾向于采用典型的量化研究方法，相较于内容分析法，他们选择文本或话语分析；相较于调查法，他们选择民族志方法。而且，他们的论文通常是不借助于任何数据基础的批判模式。尽管批评意见认为，这类研究"沉浸于批判视角而不是研究"（DeFleur，1998，p. 85），但恰恰因为这类研究寻找对于当代新闻业的另类解释，因此很有价值。

## 信托人

信托人，或者被授权"做新闻工作"的人，即新闻工作者本身，构成了第四类别。除了对新闻工作和新闻工作者的社会学研究，很多探索新闻工作者权利和责任的法律和伦理研究都属于这个类别，探讨媒介在现实的社会建构中的作用也属于这一类别（Berger & Luckmann，1967）。尽管这类研究与经济因素，特别是组织性限制因素有重合之处，但其研究重点是实践者及其情境实践。这类研究的主要分析方法是调查和个案研究。

这类研究包含几大主题。有些研究将新闻工作者视为共同体成员，比如某一职业（McLeod & Hawley，1964；Johnstone，Slawski，& Bowman，1976）、阐释共同体（Zelizer，1993），或新闻机构（Bantz，1990；Beam，1990）的成员。有些研究考察了新闻工作者"做新闻"的方法（Tuchman，1978），包括创建工作惯例和结构。考察新闻工作者的社会角色是这类研究的基础，至少可以追溯至20世纪20年代的李普曼-杜威之争。近来，要求新闻工作者跨媒介生产内容的新闻编辑部融合成了推动有关工作角色和关系的新研究的动力。

## 范式变革

总体而言，延续了 80 多年的美国新闻学研究已经深化了对主要来源于其他社会科学和人文学科的范式框架的解释力。上代学者在上述框架内建立的研究路径产生了累积性和协作性研究，拓展并提升了对美国新闻产品和实践的认识范畴和准确性。在过去的四分之一世纪里，尽管不多，但已经出现了新的新闻学或大众传播理论。所有这些理论都不是产生于多频道有线电视广泛使用的媒介环境，而是挑战功能性观点的互联网这种媒介环境中。科学范式并非无限有用。原有的解释不足以诠释有意思的新现象，因此必须改变相关问题的定义及其分析手段（Kuhn，1970）。

这就是当今美国的新闻学研究者所面临的情境。全球化等广泛的社会力量正在创造变化的动力。除了值得注意的以《全球新闻工作者》（*The Global Journalist*）（Weaver，1998）为代表的跨文化研究外，大部分美国学者只关注本国范围内的新闻业，但不论是媒体机构还是受众都不再受地域限制。媒介消费模式的变化令媒介效果测量越来越难。公民参与水平的下降挑战了"好"社会概念以及其中的新闻业角色。人口变化意味着能够消费主流新闻产品的讲英语的人越来越少；在 2000 年，4 700 万美国公民在家不讲英语，这个数字比 1990 年猛增了近 50%（Shin & Bruno，2003）。

但是，对于很多新闻学研究者来说，他们对媒介本身的变化本质尤为感兴趣，这包括社会、文化和历史多维语境下正在发生的技术变革（Boczkowski，2004）。在当下的媒介环境中，新闻形式、功能、资金和信托人的相关概念都发生了变化且相互影响，这就需要新的思考方式。跨国流动性是每类研究的主要特点，这增加了应用现有范式的难度。

### 形式

大部分美国新闻学研究者研究特定的媒介形式，比如报纸，早期的互联网描述性研究采用了类似的研究路径。尽管将旨在探索有限且稳定的产品的方法应用于既非有限也非稳定的媒介中存在问题，但过去十年有很多关于网站的内容分析（McMillan，2000）。研究互联网新闻的学者已经进行了大量的针对链接、多媒体附件等元素的分类和统计工作。

但是，伴随着新媒介的发展与普及，这类统计工作的最初效用迅速下降。更重要的是，统计单个网站的元素忽略了网络媒介的本质，即整体显著大于组成部分之和。孤立地研究其中任何一个元素证明不了什么；显著性存在于元素的组合，以及聚合整体的无限性本质。

网络分析以及相应的互联范式（paradigms of interconnectivity）给新闻学研究带来了巨大前景。这一路径已经用于考察不同媒体产业之间的融合（Chon et al.，2003）、互联网新闻的超链接使用（Tremayne，2004），以及互联网生产者和用户之间的连接（Schneider and Foot，2004）。除此之外还有很多机遇，比如，霍华德（Howard，2002）建议将他称之为的"网络民族志"作为协同性研究设计的一部分。一般来说，研究互联网内容和生产元素交织在一起的方法有助于我们超越建立在有限且具体媒介形式之上的范式，即超越布莱耶（Bleyer，1924）针对报纸研究所提出的建议。

同样，在互联网平台，新闻本身的形式是液态和灵活的。传统新闻业采用文本、视频等有限数量的形式，用稍纵即逝的内容填补有限的版面空间。互联网情境为新闻业提供了各种各样的讲故事模式，向通过不同数字设备获得信息的用户呈现千变万化的新旧信息组合。努力应用旨在具体媒介形式中测量稳定内容的范式犹如向一个不断变化的圆靶投掷飞镖。

## 功能

人际传播功能和大众传播功能之间的区别充其量也就是模糊的，这已不是什么新闻了。施拉姆（Schramm，1958）在半个世纪以前曾这么说过；当时，他强调必须将大众传播作为一个独特的社会机制来研究。之后多年，很多研究者都呼吁一个更加广泛的功能概念；当下媒介强调了这一需求。大众传播和人际传播在互联网上密不可分，有了网站，任何人都能在全球范围内及时触及（reach）各种各样的社会和制度情境（Lievrouw et al., 2001）。允许大众传播形成区别于其他形式的自身身份的定义如今阻碍了理解当下的传播渠道及其所包含的新闻业是如何运作的。

"大众"这个概念本身也存在越来越多的问题。在过去25年有线电视分化了电视受众，由此动摇了"大规模受众"（mass audience）这个概念，在互联网上，这个概念完全消失了。尽管主流媒体的网站仍然吸引大量受众，但是，在受欢迎程度上逐渐为与传统新闻业几乎无关的雅虎新闻（Yahoo! News）等聚合型网站所赶超（Online/Ownership, 2007）。用户生成的新闻服务是脱离传统大众媒体的下一步；向特定个人传递定制新闻的RSS阅读器最终将我们分割为不同的媒介世界。当然，也可能存在相反的判断：上传到网站上的任何一篇报道都可能被全世界数以亿计的公众阅读，这的确是"大量的"（massive）受众。

与此同时，博客、维基和其他形式的"公民新闻"使得数以百万计的公众能够不断生产新的、及时的，以及（至少对于某些人来说）"具有新闻价值"的内容。博主创造的是"大众"传播、"人际"传播，还是两者的结合物？显而易见，在一个媒介生产者和媒介消费者身份可互换，即本质上是同一个人的世界中，即使内置了所有的反馈回路（Westley & MacLean, 1957），传统的一对多式线性的、层级式的大众传播模式也毫无用处。

某种程度而言，这种持续积极的受众适用于使用与满足理论的框架（Chaffee & Metzger, 2001）。互联网用户无疑是主动挑选内容来满足各式各样的欲望或需要；除非他们想要永远盯着一块屏幕，否则他们必须这么做。不过，互联网上各种传播形式的融合——不仅包括大众传播和人际传播的融合，还包括人机交互，以及身份建构和勾连的新网站——意味着必须拓展当下相对简单的概念。可以将使用与满足理论再次概念化，将创造和传播内容及参与内容的迭代过程包含在内。此外，还应考虑线上和线下传播活动的互动与目标。

## 资金

随着跨国企业合并与合作，媒介产品跨越相互渗透的地缘政治边界，媒介经济结构也是液态的。资金因素强调了研究者必须调整思路，适应所有传播行为的全球化本质。当下，美国新闻学研究者历来最漠视的范式最有前途。全面的批判和文化研究路径大量借鉴了起源于美国以外的理论和政治灵感（McLuskie，Hegbloom，& Woodfin，2004），非常适用于研究动态的全球语境下的传播本质。这一路径也非常有助于思考真正的全球化媒介所引发的权力结构和霸权问题。

在更加微观的层面，有关新媒介的大量"资金"问题令新闻学研究者忙个不停。比如，对互联网新闻业的经济支持问题。虽说互联网新闻服务已经开始挣钱，但是还没有出现有望让新媒介像旧媒介一样盈利的经济模式，这意味着"支撑最困难、最昂贵的新闻事业的经济基础正在消失"（Online/Intro，2005）。除了资源分配和内容之间的关系，值得研究的问题还包括旧的广告支持的媒体模式的变化，互联网上商业、娱乐和社论信息的区分（或缺乏区分）。

## 信托人

当新闻工作者的定义逐渐变成规范性概念时，研究谁对新闻业负责同样至关重要。当每个人都能及时发布信息并且在全球范围内传递时，人人成为发布者，并不必然是新闻工作者。职业新闻工作者将由遵守职业文化的道德准则的程度来定义；在美国，这些准则包括对真相、独立和责任的承诺。

对于研究新闻从业者及其工作的研究者来说，明确研究对象的第一步变得更加困难。网络化的参与式互联网媒介可能会成为镜厅：谁是新闻工作者，谁是信源，以及谁是开放和不断迭代的新闻环境中的受众成员？新闻的定义愈加宽泛。新闻的传递不再需要与一个公认的媒介渠道有关。随着电子设备变得越来越小、越来越便宜、更无所不在且更容易联网，所谓的"业余新闻业"（amateur journalism）有可能会呈指数级发展。

新闻学研究者提出了自己的独特理论，既是挑战也是机遇。以上所论表明，把关概念是少量与新闻业直接相关的概念路径之一——准确地说，也是当下最不适用的。在一个拥有无限信息来源的媒介环境中，已经不存在让信息通过的独立关口，因此也不再需要任何人去看管（Williams & Delli Carpini，2000）。新闻工作者已经认识到这种范式变革，并且作为部分的应对措施，他们将把关的定义轻轻地由新闻选择推向新闻判断、价值观和专业实践（Singer，1997）。此外，新闻工作者还为个人化和受众控制内容的其他形式提供了更多选择。对于研究者来说，他们仍然需要发展适应"新闻"新的现实的范式，并且在更广泛的社会语境中探索其意义。

## 结论

现在是考虑新闻学研究范式，以及在当下液态互联的媒介环境中这些范式可以有效解决什么问题的最好时机。随着所有类别的边界消失，服务于美国学者80多年的惯例和分类正成为约束。本章指出，范式变革的动力来自一系列因素，比如全球化、社会转型和制度变化，尤其是曾经界限分明的新闻业的形式、功能、资金和信托人日益模糊。

正是发现问题、提出解决方案的标准的这些变化才带来了知识和理解的进步（Kuhn，1970）。美国的新闻学研究产生于社会科学和人文学科，这些领域的研究者汇集于大众传播这一主题，在既有框架中提出了有意思的新问题。在接下来的几十年，这一领域分化成各种各样的分支，为学术研究提供了琳琅满目的主题。这导致的结果是分析和阐释重点的逐渐窄化，使得研究者投身于研究某一特定媒介形式的不同方面，而且通常使用单一的概念或方法论视角。对于单个理论和主题都有全面的阐释，尤其适用于特定的媒介形式和功能，但是有关这些理论与主题的综合研究几乎没有。

范式变革包括研究重点的变化，承认旧的路径不再能充分地解决重要问题。对于新闻学研究者来说，这些重要问题与"大众传播"几乎没有任何关联，他们的前辈使用"大众传播"这一术语在众多基础性学科中开辟了一个领域，但现如今这一术语已经失去了大部分概念价值。必须开拓学术传统的潜在多样性，统一各个分支，在丰富和多面的语境中研究当代的新闻业。新范式最有可能是过去各不相同的路径相结合的产物，比如，数据搜集的科学方法与数据的文化和综合分析相结合。

*154*

传播的形式与功能日益融合、重叠，且成为难以区分的不同研究领域。媒体机制和结构也以跨越经济、地理等各种旧边界的方式，进行液态组合与重组。对新闻工作者和新闻业的研究——新闻学研究的新兴领域——可以成为探索这些变化的理想的学术场所。作为网络化全球社会中的自觉的信托事业，新闻业本质上是一项跨学科且逐渐跨文化的事业。它期待我们发现范式来解决 21 世纪新闻业所提出的问题。

## 参考文献

Bantz, C. R. (1990). Organizational communication, media industries, and mass communication. *Communication Yearbook*, 13, 502–10.

Beam, R. A. (1990). Journalistic professionalism as an organizational-level concept. *Journalism Monographs* 121. Columbia, SC: Association for Education in Journalism and Mass Communication.

Berelson, B. (1959). The state of communication research. *Public Opinion Quarterly*, 23(1), 1–17.

Berger, C. R., and Chaffee, S. H. (1987). The study of communication as a science. In C. R. Berger and S. H. Chaffee (eds.), *Handbook of communication science* (pp. 15–19). Newbury Park, CA: Sage.

Berger, P. L., and Luckmann, T. (1967). *The social construction of reality*. Garden City, NY: Doubleday.

Bleyer, W. G. (1924). Research problems and newspaper analysis. *Journalism Bulletin*, 1(1), 17–22.

Boczkowski, P. J. (2004). *Digitizing the news: Innovation in online newspapers*. Cambridge, MA: MIT Press.

Bryant, J., and Miron, D. (2004). Theory and research in mass communication. *Journal of Communication*, 54(4), 662–704.

Chaffee, S., and Metzger, M. (2001). The end of mass communication? *Mass Communication and Society*, 4(4), 365–79.

Chon, B. S., Choi, J. H., Barnett, G. A., Danowski, J. A., and Joo, S.-H. (2003). A structural analysis of media convergence: Cross-industry mergers and acquisitions in the information industries. *Journal of Media Economics*, 16(3), 141–57.

Coffey, A. J., Becker, L. B., and Vlad, T. (2004, August). Survey of doctoral programs in communication: Updated report for 2002–3 graduates. Retrieved November 14, 2005, from: www.grady.uga.edu/annualsurveys/doctoralsurvey/doc03sum.htm

Darnell, D. K. (1971). Toward a reconceptualization of communication. *Journal of Communication*, 21(1), 5–16.

DeFleur, M. L. (1998). Where have all the milestones gone? *Mass Communication and Society*, 1(1/2), 85–98.

Delia, J. G. (1987). Communication research: A history. In C. R. Berger and S. H. Chaffee (eds.), *Handbook of communication science* (pp. 20–98). Newbury Park, CA: Sage.

Downes, E. J., and Jirari, J. (2002). Hiring trends in the communications disciplines. *Journalism & Mass Communication Educator*, 57(1), 49–58.

Gans, H. J. (2003). *Democracy and the news*. New York: Oxford University Press.

Gerbner, G., Gross, L., Morgan, M., and Signorielli, N. (1980). The "mainstreaming" of America: Violence profile no. 11. *Journal of Communication*, 30(3), 10–29.

Higginbotham, L. (1924). Practice vs. PhD. *Journalism Bulletin*, 1(1), 10–12.

Howard, P. N. (2002). Network ethnography and the hypermedia organization: New media, new organizations, new methods. *New Media & Society*, 4(4), 550–74.

Johnstone, J. W. C., Slawski, E. J., and Bowman, W. W. (1976). *The news people: A sociological portrait of American journalists and their work*. Urbana, IL: University of Illinois Press.

Kamhawi, R., and Weaver, D. H. (2003). Mass communication research trends from 1980 to 1999. *Journalism & Mass Communication Quarterly*, 80(1), 7–27.

Katz, E., Blumler, J. G., and Gurevitch, M. (1974). Utilization of mass communication by the individual. In J. G. Blumler and E. Katz (eds.), *The uses of mass communications: Current perspectives on gratifications research* (pp. 19–32). Beverly Hills, CA: Sage.

Katz, E., Gurevitch, M., and Haas, H. (1973). On the use of the mass media for important things. *American Sociological Review*, 38(2), 164–81.

Kuhn, T. S. (1970). *The structure of scientific revolutions*. 2nd edition. Chicago, IL: University of Chicago Press.

Larson, M. S. (1977). *The rise of professionalism: A sociological analysis*. Berkeley, CA: University of California Press.

Lasswell, H. D. (1960). The structure and function of communication in society. In W. Schramm (ed.), *Mass communication* (pp. 117–30). Urbana, IL: University of Illinois Press.

Lievrouw, L. A., Bucy, E. P., Finn, A. T., Frindte, W., Gershon, R. A., Haythornthwaite, C., Kohler, T., Metz, J. M., and Sundar, S. S. (2001). Bridging the subdisciplines: An overview of communication and technology research. *Communication Yearbook*, 24, 271–95.

McCombs, M. E., and Shaw, D. L. (1972). The agenda-setting function of mass media. *Public Opinion Quarterly*, 36(2), 176–87.

McLeod, J. M., and Hawley, S. E., Jr. (1964). Professionalism among newsmen. *Journalism Quarterly*, 41(4), 529–38.

McLuskie, E., Hegbloom, M., and Woodfin, F. (2004). In the company of Hanno Hardt: A festschrift on the future of critical communication studies. *Journalism*, 5(2), 227–41.

McMillan, S. J. (2000). The microscope and the moving target: The challenge of applying content analysis to the world wide web. *Journalism & Mass Communication Quarterly*, 77(1), 80–98.

McQuail, D. (1994). *Mass communication theory*. 3rd edition. London: Sage.

Medsger, B. (1996). *Winds of change: Challenges confronting journalism education*. Arlington, VA: Freedom Forum.

Miller, R. J. (1924). The professional spirit. *Journalism Bulletin*, 1(1), 3–9.

Online/Intro. (2005). The state of the news media 2005: An annual report on American journalism. Washington, DC: The Project for Excellence in Journalism. Retrieved November 14, 2005 from: stateofthemedia.org/2005/narrative_online_ownership.asp?cat=5&media=3

Online/Ownership. (2007). The state of the news media 2007: An annual report on American journalism. Washington, DC: The Project for Excellence in Journalism. Retrieved August 17, 2007, from: stateofthemedia.com/2007/narrative_online_ownership.asp?cat=4&media+4

Reese, S. D., and Ballinger, J. (2001). The roots of a sociology of news: Remembering Mr Gates and social control in the newsroom. *Journalism & Mass Communication Quarterly*, 78(4), 641–58.

Riffe, D., and Freitag, A. (1997). A content analysis of content analyses: Twenty-five years of *Journalism Quarterly*. *Journalism & Mass Communication Quarterly*, 74(4), 873–82.

Rogers, E. M., and Chaffee, S. H. (1983). Communication as an academic discipline: A dialogue. *Journal of Communication*, 33(3), 18–30.

Schneider, S. M., and Foot, K. A. (2004). The web as an object of study. *New Media & Society*, 6(1), 114–22.

Schramm, W. (1958). The challenge to communication research. In R. O. Nafziger and D. M. White (eds.), *Introduction to mass communications research* (pp. 3–28). Baton Rouge, LA: Louisiana State University Press.

Scott, F. W. (1924). Significance of the PhD. *Journalism Bulletin*, 1(3), 88–90.

Shannon, C., and Weaver, W. (1949). *The mathematical theory of communication*. Urbana, IL: University of Illinois Press.

Shin, H. B., and Bruno, R. (2003, October). Language use and English-speaking ability: 2000. Retrieved November 14, 2005, from: www.census.gov/prod/2003pubs/c2kbr-29.pdf

Singer, J. B. (1997). Still guarding the gate? The newspaper journalist's role in an on-line world. *Convergence: The Journal of Research into New Media Technologies*, 3(1), 72–89.

Tichenor, P. J., Donohue, G. A., and Olien, C. N. (1970). Mass media flow and differential growth in knowledge. *Public Opinion Quarterly*, 34(2), 159–70.

Tremayne, M. (2004). The web of context: Applying network theory to the use of hyperlinks in journalism on the web. *Journalism & Mass Communication Quarterly*, 81(2), 237–53.

Tuchman, G. (1978). *Making news: A study in the construction of reality*. New York: Free Press.

Turow, J. (1992). On reconceptualizing "mass communication." *Journal of Broadcasting and Electronic Media*, 36(1), 105–10.

Weaver, D. H. (1998). *The global journalist: News people around the world*. Cresskill, NJ: Hampton Press.

Weaver, D. H., and McCombs, M. E. (1980). Journalism and social science: A new relationship? *Public Opinion Quarterly*, 44(4), 477–94.

Westley, B. H., and MacLean, M. (1957). A conceptual model for communication research. *Journalism Quarterly*, 34(1), 31–8.

Williams, B. A., and Delli Carpini, M. X. (2000). Unchained reaction: The collapse of media gatekeeping and the Clinton–Lewinsky scandal. *Journalism*, 1(1), 61–85.

Wright, C. R. (1960). Functional analysis and mass communication. *Public Opinion Quarterly*, 24, 605–20.

Zelizer, B. (1993). Journalists as interpretive communities. *Critical Studies in Mass Communication*, 10(3), 219–37.

# 第13章
# 德国的新闻学研究：发展与主要研究兴趣

齐格弗里德·维申伯格　马亚·马利克

## 开端："新闻名人"和政治化形变

在德国，第一个尝试系统研究新闻业的学术研究可以追溯至19世纪中期，当时罗伯特·普鲁茨（Robert Prutz, 1845）出版了《新闻历史》（*Geschichte des Journalismus*）一书。但是，直到20世纪初，社会学家马克斯·韦伯（Max Weber, 1911）才首次提出了新闻业的经验研究概念。1910年，在法兰克福举行的"首届德国社会科学家日"上，他介绍了他的"新闻媒体社会学"（Soziologie des Zeitungswesens）思想，提出的问题对如今的新闻学研究仍然重要。但是，他的经验性试验项目只有部分得以实现（Kutsch, 1988）。

在德国，经验新闻学研究成为一个独立的研究领域又经历了差不多60年时间。在德语国家，"新闻媒体科学"最初是作为历史而不是社会学科发展起来的，重点关注作为"新闻名人"（Publizistische Persönlichkeiten）的个体新闻工作者，即新闻行业中表现突出的个人。迪特尔·保罗·鲍默特（Dieter Paul Baumert, 1928）的研究属于少数例外的情况，他从新闻工作的制度限制角度介绍了"德国新闻业的发展"。大部分学者都是从规范性角度研究表现突出的新闻工作者和新闻业的本质（比如，Spael, 1928）。因此，核心的研究问题聚焦于新闻工作者个体及其传记，或者重点分析新闻技巧（比如，Groth, 1928 – 1930; Dovifat, 1931）。由于研究的重点在于个体新闻工作者的能力和思想，因此，这种"规范性个人主义"（Löffelholz, 2003, p. 32）的理论复杂性和经验性结果一直不足。

纳粹主义时期（1933—1945）也是如此。尽管接受研究和内容分析，尤其是针对广播电视的研究，日益采用经验研究方法，但是有关新闻生产的研究仍然使用传记式和实践视角，而不是系统视角。甚至 1933 年以后，学术研究逐渐由意识形态、资金、议题和人事等方面的政治影响决定。比如，埃米尔·多维法特（Emil Dovifat）重写了《新闻媒体科学》（Zeitungswissenschaft, 1931），并于 1937 年将该书重新命名为《新闻媒体教科书》（Zeitungslehre），由此将新闻媒体的功能视为一种政治领导方式。尽管之后联邦德国传播科学领域的顶尖学者都供职于纳粹德国的大型新闻部门，但新闻学科本身很晚才向纳粹时期的新闻业角色和新闻学研究的功能让步。事实上，这一问题至今仍引发争论（比如，Hachmeister, 1987; Duchkowitsch, Hausjell, & Semrad, 2004）。[1]

在民主德国，1945 年后建立起了马克思-列宁式的"新闻媒体科学"，后来主要由莱比锡大学的"新闻学部"（Sektion Journalistik）教授（Budzislawski, 1962, p. 45; Traumann, 1971, p. 5）。在这里，学者们付出了很多的努力，从马克思、恩格斯和列宁的著作中提炼出"社会主义新闻学"理论。1975 年，"新闻学部"出版了苏联学者古列维奇（Gurjewitsch, 1975）的重要著作的德语版，其中"新闻业的性质"和"新闻编辑部的组织工作原则"与经典社会主义著作的重点章节相关。但是，正如莱比锡大学新闻系的一位学者所言，在民主德国存续的最后几年，批判意识逐渐增强，这导致了新闻学研究和教学接受度的下滑（Grubitzsch, 1990, p. 402）。[2]

在联邦德国，1945 年以后，新闻学研究继续关注个人主义和规范性问题，将"新闻名人"和他们的"困境、要求和目的"（Böckelmann, 1993, p. 38）置于辩论的中心。新闻业被视为个人的工作，个人的能力和特征决定了新闻报道。因此，新闻学科关注有望满足特定道德要求、履行职责的"适合的新闻工作者"。同样，拥有深厚新闻从业经历的顶尖德国研究人员将新闻编辑部定义为"思想和知识的生产领域"（Hagemann，1950），或进行"知识生产过程"的"思想事业"（Dovifat，1967）。因此，新闻实践被简化为似乎只是自主个体的行动结果，这一视角阻碍了对决定新闻业特征及其效果的社会、政治和经济制约因素的认知。

## 起飞：新闻工作者的经验研究和媒体批判

自20世纪60年代末，为了揭示新闻生产惯例，尤其是分析影响新闻工作者新闻决策的因素，研究者进行了各类尝试。鉴于普遍的社会变化，比如，学生运动和媒体的结构发展，理解新闻生产重要机制的显著兴趣日益显现。因此，原本应该为这一兴趣提供知识的学科，其缺点变得显而易见。直到现在，德国的新闻学研究对新闻生产的经验分析仍然不太感兴趣，重点依旧是评估新闻职业的理念规范。

是时候摒弃作为自主个体的新闻工作者观念了，在政策咨询式的经验性项目拥有充足资金的现在更应如此。相对于美国的经验研究，目前德国的大量研究都在考察新闻职业，分析"新闻工作者在想什么，他们如何工作"（Kapplinger，1979）。但是，一定程度上鉴于方法论原因，在大多数关注新闻工作者态度及其角色认知的研究中，新闻生产的"主观层面"分析占据了主导地位。具体而言，这些研究分析了新闻工作者的职业意识，对受众的态度及其专业性自我认知；考察了媒体组织内部的新闻自主权和社会化；研究了体育记者、本地新闻编辑和主编等特殊角色（Weischenberg，1995）。

对新闻业的广泛批判也引发了有关德国新闻工作者特征和态度的研究活动增加。1976年普选后，学术界发出了批判的声音，为联邦德国之后的传播政策奠定了重要基础。这股媒体批判潮的核心是声称联邦德国新闻工作者是一个同质化的富有好奇心的特殊人群。这些新闻工作者被指责，相较于受众，他们更重视同事（Donsbach，1982）；他们的政治态度看起来与其他大众背道而驰（Kepplinger，1979）。此外，他们被视为在新闻生产过程中拥有广泛的决策自主权，因此，新闻工作者的态度和特征以及媒体的发展导致了大多数媒体的新闻报道步调一致。在此基础上，批判者质疑受众的有限选择和受限制的传播可能性。鉴于相对较少的左翼党派政治倾向的新闻工作者被视为在缺乏法律基础的情况下行使了巨大的社会权力，随后出版了《新闻业的正当性问题》(*Legitimationsprobleme des Journalismus*) (Donsbach, 1982) 一书。基于以上论点，该书从调查数据中得出有关媒介内容的结论，并基于内容分析的发现提出了对新闻工作者态度的建议。

这次媒体批判将新闻工作者描述成一群"疏远的精英"(Entfremdete Elite) (Rust, 1986)，与其余的德国公众在态度方面存在显著差异，而且他们对公众的欲望和需求漠不关心。学者们由此假设新闻工作者会将他们的态度强加于媒介内容。同样，批判者声称，德国新闻工作者的态度也有别于其他国家的同行。与自视为非党派"猎犬"的英美新闻工作者相反，德国新闻工作者认为自己是"传教士"，尤其在意表达自己的观点 (Köcher, 1985)。

通常，此类假设的基础是受众眼中的新闻业形象、新闻工作者的参照群体，以及新闻工作者和受众的人口特征比较的发现 (Noelle-Neumann, 1979, p. 141; Donsbach, 1982, p. 195)。但是，从方法论而言，这些结论的效度欠佳；部分原因在于它们是对结果的推测和另类阐释 (Weischenberg, 1989)。不过，这些研究对德国的新闻业讨论产生了强烈影响，比如，20世纪80年代中期有关联邦德国推行私有广播电视的辩论。关于当时新闻工作者研究的概况，可以参阅汉斯-尤尔根·韦伯 (Hand-Jürgen Weiß) 及其同事的二手分析 (Weiß, 1978)。

## 日渐复杂：作为社会系统和理论基础的新闻编辑部

在有关新闻工作者的经验研究发展的同时，1969年，曼弗雷德·鲁尔提出了德国新闻学研究的范式转型。他关于"作为组织化社会系统的报纸新闻编辑部"的个案研究为研究新闻编辑部的传播过程提供了新的思路。因此，鲁尔的研究不仅促进了对新闻机构的研究，还鼓励理论与经验研究相结合。此外，该研究激发了采用系统论来分析德国的新闻业 (Rühl, 1980)。

以系统论为基础、采用制度和产业社会学路径的新闻机构研究分支由正式社会结构内的新闻生产分析构成。因此，它反对"独立于任何制度的"实践性、规范性的"名人新闻业理念"(Rühl, 1989, p. 260)，以及将新闻业简化为"各种角色的混合体"（Rühl，1989，p.254）。相反，它需要特别关注由新闻行动与社会环境持续互动带来的结果。

自20世纪60年代末起，这种基于系统论的新闻编辑部经验研究提供了各式各样的个案，这些个案都追求不同目的和目标。尤其是在结合控制论和结构化理论的前提下，这些研究极大地促进了作为社会系统的新闻编辑部概念的理论化。比如，乌尔里希·海姆斯（Ulrich Hienzsch）同时借鉴了鲁尔的研究以及对它的批判，提出了"作为控制论系统的报纸新闻编辑部"假设（Hienzsch，1990）。在有关联邦德国地区一份大型报纸的新的电子化生产方法的个案研究中，他分析了不断变化的技术情境中作为新闻生产基础的信息处理。

克劳斯-迪特尔·阿尔特梅彭（Altmeppen，1999）借鉴了安东尼·吉登斯（Anthony Giddens）的结构化理论，考察新闻编辑部内系统和结构的关系，重点关注系统决策的前提。他指出，新闻生产惯例并非完全由系统论所称的"决策程序"控制。相反，新闻工作者协调行动，各自将单个生产步骤融入情境化语境下的编辑工作流程。据此，会议、非正式安排和聊天等协调行动都是新闻工作的重要组成部分，用于应对风险。

除了访谈，参与式观察也反复被当作一种基于系统论的新闻编辑部研究方法。不过，在这个研究领域，个案研究的数量明显超过了比较分析。核心的研究问题涉及特定媒体的组织结构和工作环境、内部新闻自由的发展情况、决策结构分析，以及新的技术进步带来的新闻生产的变化（Weischenberg，1995）。新闻编辑部研究的最新分支提供了具有相当应用性的研究；在借鉴实践经验和观察的基础上，提出了创新性新闻编辑部管理和营销策略（比如，Rager, Schäfer-Dieterle, & Weber, 1994；Möllmann, 1998；Meckel, 1999）。

总之，基于系统论的新闻编辑部研究有助于更好地理解编辑决策过程。很明显，孤立地研究个案无法发现新闻机构中出现的挑战与互动。

## 发展：新闻业的宏观理论和早期抽样调查研究

1990年后，德国的新闻学研究主要受两大发展的影响。第一，一些广义的理论著作努力将尼克拉斯·卢曼的社会系统理论应用于新闻业。第二，进行了两项最早的有关新闻职业的抽样研究，终于实现了马克斯·韦伯对德国新闻工作者进行系统化调查的建议。

新闻业宏观理论层面研究的增多源于对注重个体的经验研究的批判。以个体为中心的新闻业定义将新闻业的功能和表现简化成了个体的活动，因此无法发现塑造新闻传播活动的结构性因素。这些因素必须在特定社会中的特殊情境之下进行评估。因此，为了实现新闻生产元素的系统化，必须回答以下问题：

- 媒体系统为新闻生产提供了什么前提条件？
- 媒体机构如何限制新闻生产？
- 媒介内容有何表现和效果？
- 媒体行为主体的哪些特征和态度对新闻生产至关重要？（Weischenber，1992，p.67）

以上问题提到了决定新闻业的规范、结构、功能和角色。新闻业被定义为一个社会系统，是一个结构复杂，同时以各种方式与其他社会系统紧密联系的社会实体。在描述现实的方法上，新闻业不是一个人的工作，而是系统情境中各种传播过程的结果。

基于系统论的这些新闻观念源于鲁尔将作为个体的新闻工作者从作为社会系统的新闻业中抽离出来的建议（Rühl，1980）。这些观念将系统和环境之间的区别当作一种理论工具，相较于所涉及的个体，更重视新闻业的相关功能和结构。功能系统论不把新闻业中的个体视为新闻业的一个组成部分，而是将其作为系统环境的一部分；由此将研究重点置于决策结构（独立于个人）上，并且在理论上将新闻业嵌入具有某些特征的社会中。这些系统论观念建立在特定的经验和认识论前提之上，它们分别如下：

- 结构分化的现代社会需要一个实体进行持续的当代反思。
- 这也需要专业的观察者根据自己的观察和描述来创造"媒介现实"。
- 这些观察表明，特殊的传播机制将新闻业与公共传播的其他领域（比如文学、广告和公共关系）区别开来。

多元化的理论观念以不同方式来定义新闻业，或者把它视为一种自给自足的社会系统，或者将其视为"大众媒体""公共领域"或"出版传播"等大系统的组成部分（Scholl & Weischenberg, 1998, p. 63）。因此，至今仍然在讨论新闻业在何种程度上实际履行了独特的社会功能（或独立履行，或与公共传播的其他领域共同履行）。不过，在这些思考中，被广泛接受的是认为新闻业是某一时间内在特定社会中拥有特殊属性的一种社会建构，它能提供特定的服务。

对这些以系统论为基础的观念的批判，主要是质疑新闻业的功能和表现与个体思考和行动无关的观点。此后，几个宏观理论研究反思了社会系统论和以个人为中心的理论路径的缺点。它们试图通过将系统论与建构主义、行动理论路径和结构化理论增强以及当下的文化研究相结合来克服这些缺点。自此，德国新闻学研究领域的理论之争尤为关注个体的思想和行动在何种程度上（还）取决于新闻业的功能和表现（Löffelholz, 2000）。当然，这种争论不仅仅适用于新闻学研究，也总体上代表了社会科学的相关问题。

20世纪90年代德国统一后，除了公共服务电台，私营广播电视机构建立，经验研究也获得了长足发展，其间进行了首个德国新闻工作者抽样研究。尽管之前的很多研究都将新闻业视为一个整体，但它们的解释力通常仅限于特定的新闻工作者群体，因为这些研究的主要目的是分析或比较单个职业领域。弗兰克·伯克尔曼（Frank Böckelmann）的文献目录是个很好的例证。该目录列举了1945年至1990年间在联邦德国、民主德国、奥地利和瑞士进行的700多个传播者研究（Böckelmann, 1993）。

20世纪90年代初，几乎同时进行的两个抽样调查提供了有关德国新闻工作者的职业构成、特征和态度的信息。但是，这两个调查借鉴了不同的新闻业定义，采用了不同的抽样方法。

● 名为"联邦德国新闻工作者的社会调查"的汉诺威研究（Schneider, Schönbach, & Stürzebecher, 1993, 1994）电话采访了按比例抽样的1 568名供职于报纸、杂志、广播电视台和新闻通讯社的新闻工作者。这项研究旨在考察联邦德国和民主德国的新闻业在历史和制度层面的区别。

● 与此相反，名为"德国新闻业"的明斯特研究（Weischenberg, Löffelholz, & Scholl, 1993, 1994, 1998）以更加全面且具有理论导向的新闻业定义为基础。这个研究旨在描述和解释作为社会系统的新闻业的功能性机制。随机样本由1 498名拿薪水的新闻工作者和同时供职于"传统媒体"和媒体服务机构、分类广告报纸和都市杂志等"边缘媒体"的自由撰稿人组成。由此涵盖了各种新闻职业。该研究对被选中的新闻工作者挨个进行访谈；并根据戴维·韦弗和G. 克利夫兰·威尔霍伊特（Weaver & Wilhoit，1986/1991）的"美国新闻工作者"研究设计调查问题，为国际比较奠定基础。为了描述"社会中的新闻业"（Scholl & Weischenberg，1998），经验研究初步进行了系统-理论思考。由此，可以在联系相关行为主体及其特征和态度的基础上分析新闻业对社会的功能。

虽然这两个研究采用了不同的理论和方法论路径，但在很多方面都产生了类似的结果。尤其值得一提的是，它们的研究发现标志着视角的转变，新闻工作者的职业角色认知在一定程度上被视为影响其职业行动和新闻决策的重要因素。前期研究的发现和阐释是从新闻工作者的特征、态度和角色认知中得出关于媒介内容的结论；与此相反，这两项新的研究提出了更多差异化命题。这些命题可由理论路径、方法论和经验性的变化来解释。在理论路径方面，考虑到了新闻编辑部的组织约束；在方法论方面，这两项调查都包含了新的类目（items）；在经验性方面，新闻工作者的态度和角色认知可能已经改变，因为研究发现表明，如今的新闻工作者倾向于将自己视为客观新闻的提供者而不是传教士或控制者。[3]

此外，自20世纪90年代初起，德国开展了具体的比较新闻学研究。"媒体与民主"项目（比如，Patterson & Donsbach，1996）在5个国家搜集了有关职业态度、编辑部结构和新闻决策的数据；弗兰克·艾瑟（Frank Esser，1998）力图发现塑造英国和德国新闻业的国家和文化认同因素；霍尔格·西韦特（Holger Sievert，1998）进一步思考了欧洲新闻业的一体化和同步化程度。除了关注整个新闻业系统的研究外，大量其他研究致力于伦理、研究策略、工作环境等单方面的比较。

20世纪90年代，新闻业与其所处社会环境之间的关系在理论和经验层面的分析也愈加分化。就新闻业与公关的关系而言，芭芭拉·巴尔内斯（Barbara Baerns，1985）的"决定论假设"一直被视为必须遵循的路径。根据巴尔内斯的观点，公共关系决定了报道的主题和时机。不过，自20世纪90年代中期开始，当研究焦点从公共关系对新闻业的影响转向两个领域相互影响、相互依存和合作时，这一观点开始拓展。同样，在理论层面反思新闻业和公关的两者关系愈加重要，要在微观层面采用行动理论路径，在宏观层面采用系统理论观念（Altmeppen, Röttger, & Bentele, 2004)。

## 现状：新挑战和理论性廓清

目前，新传播技术的可能性所导致的研究对象的变化给德国的新闻学研究造成了理论和经验层面的挑战。如今重要的研究问题是新闻业与广告、信息与娱乐、观察与表演、事实与小说、大众传播与个人传播之间的边界（比如，Altmeppen & Quandt，2002；Neuberger，2004）。同样，还需要分析互联网新闻业的职业与编辑结构，由此发现新闻业的新元素，并且将这些元素与"传统"媒体元素进行比较（比如，Neuberger，2000；Löffelholz et al.，2003；Quandt，2005）。

此外，2005年进行了一项新的有关德国新闻工作者的抽样调查。该调查复制了"德国新闻业"研究，更新了1993年的调查发现。它旨在研究提供新闻的组织和行为主体，考察其特征、态度和工作环境（Weischenberg, Malik, & Scholl，2006）。比较两项调查发现，从功能上来讲，德国的新闻业是一个相当健全的社会体系。比如，在1993年和2005年的调查中，新闻工作者的职业身份认知没有太大变化，这足以证明以上发现。大部分德国新闻工作者仍然认为必须遵守客观性新闻的新闻业标准。同样，控制等传播意图仍然处于次要地位，而表征"现实"的目标仍然在德国新闻工作者中普遍存在。因此，尽管新闻业的普遍状况因为经济、技术和组织环境的变化而发生变化，但德国新闻工作者大都保留着传统的职业价值观。

经过几十年的经验研究和近期的理论探索，现在是时候明确德国的新闻学研究了。重点在于系统化，弄清楚新闻业的定义，明确界定新闻业与公共关系等行业之间的边界，以及勾勒徘徊于社会学、历史学、语言学、政治科学和文化研究之间的相关研究的内在跨学科特征。此外，新闻学研究者想要采用系统论、行动理论、建构主义来发现不同理论路径之间假设的或实际的区别，或建议采用将新闻学研究视为文化研究一部分的新观点。这些建议表明研究者试图发展一种"超级理论"——这一尝试已经导致了对媒介效果研究的失望。不过，尽管当前的理论争鸣源自宏观层面的新闻观念，但很多经验研究仍然借鉴了新闻业的个人主义定义。

近年来，尽管德国新闻学研究在国际化方面已经取得了显著的进步，但仍处于发展阶段。长久以来，国际合作与引用主要由单个机构和个人进行。在接受国外研究方面，主要认可英美文献，包括其他欧洲国家在内的非英语国家的研究借鉴得较少。奥地利和瑞士除外，因为与这两个国家不存在语言障碍，所以便于合作。同样，只有很少的德国研究吸引了国际关注，因为德国大部分重要的新闻学研究期刊都是德语出版。因此，德国新闻学研究的理论发展与经验成果只是偶尔在海外获得认可。不过，如今的研究者在拓展研究人员、机构及其研究的国际合作方面的努力是显而易见的。

正如以上概述所论，德国的新闻学研究是一个相当差异化、零散的研究领域。它涵盖了各式各样的问题，提供了不同的经验发现，采用了多个理论视角。

## 注释

［1］事实上，最初正是历史学为纳粹德国的新闻业角色做出了最早的重要贡献（比如，Frei & Schmitz, 1989）。

［2］从联邦德国的立场看，伯劳姆（Blaum，1980）分析了民主德国的新闻学研究。

［3］但是，新闻工作者的"职业角色认知"这一概念，以及新闻工作者如何影响他们的决策在德国的新闻学研究者中仍然存在争议，主要原因可能在于媒体政策等问题（Löffelholz, 2000, p. 45）。

## 参考文献

Altmeppen, K.-D. (1999). *Redaktionen als Koordinationszentren: Beobachtungen journalistischen Handelns* [*Newsrooms as centers of coordination: Observing journalistic actions*]. Opladen and Wiesbaden: Westdeutscher Verlag.

Altmeppen, K.-D., and Quandt, T. (2002). Wer informiert uns, wer unterhält uns? Die Organisation öffentlicher Kommunikation und die Folgen für Kommunikations- und Medienberufe [*Who informs, who entertains? The organization of public communication and its consequences for media and communications professionals*]. *Medien- und Kommunikationswissenschaft*, 1, 45–62.

Altmeppen, K.-D., Röttger, U., and Bentele, G. (eds.) (2004). *Schwierige Verhältnisse: Interdependenzen zwischen Journalismus und PR* [*Challenging circumstances. Interdependencies of journalism and public relations*]. Wiesbaden: Verlag für Sozialwissenschaften.

Baerns, B. (1995). *Öffentlichkeitsarbeit oder Journalismus? Zum Einfluß im Mediensystem* [*Public relations or journalism? Effects on the media system*]. 2nd edition. Cologne: Verlag für Wissenschaft und Politik.

Blaum, V. (1980). *Marxismus-Leninismus, Massenkommunikation und Journalismus: zum Gegenstand der Journalistikwissenschaft in der DDR* [*Marxism and Leninism, mass communication and journalism. Journalism studies in the German Democratic Republic*]. Munich: Minerva.

Böckelmann, F. (1993). *Journalismus als Beruf: Bilanz der Kommunikatorforschung im deutschsprachigen Raum von 1945 bis 1990* [*Journalism as a profession. Review of communicator research in German-speaking countries, 1945–1990*]. Konstanz: Universitätsverlag.

Budzislawski, H. (1962). Über die Journalistik als Wissenschaft [Journalism studies as a science]. *Zeitschrift für Journalistik*, 2, 43–9.

Baumert, D. P. (1928). *Die Entstehung des deutschen Journalismus. Eine sozialgeschichtliche Studie* [*The Evolution of German Journalism. A socio-historical study*]. Munich, Leipzig: Duncker & Humblot.

Donsbach, W. (1982). *Legitimationsprobleme des Journalismus: Gesellschaftliche Rolle der Massenmedien und berufliche Einstellungen von Journalisten* [*Legitimation problems of journalism. The mass media's role in society and journalist's professional attitudes*]. Freiburg, Breisgau, Munich: Alber.

Dovifat, E. (1931). *Zeitungswissenschaft* [*Science of the press*]. Berlin: Walter de Gruyter.

Dovifat, E. (1937). *Zeitungslehre* [*Textbook of the press*]. Berlin: Walter de Gruyter.

Dovifat, E. (1967). *Zeitungslehre* [*Textbook of the press*]. 5th edition. Berlin: Walter de Gruyter.

Duchkowitsch, W., Hausjell, F., and Semrad, B. (eds.) (2004). *Die Spirale des Schweigens: Zum Umgang mit der nationalsozialistischen Zeitungswissenschaft* [*The spiral of silence. Coping with national socialist science of the press*]. Münster: LIT Verlag.

Esser, F. (1998). *Die Kräfte hinter den Schlagzeilen: Englischer und deutscher Journalismus im Vergleich* [*The powers behind the headlines. A cross-cultural comparison of English and German journalism*]. Freiburg: Alber.

Frei, N., and Schmitz, J. (1989). *Journalismus im Dritten Reich* [*Journalism in the Third Reich*]. Munich: Beck.

Groth, O. (1928–30). *Die Zeitung: Ein System der Zeitungskunde* [*The newspaper. A system of press studies*] Mannheim, Berlin, and Leipzig: Bensheimer.

Grubitzsch, J. (1990). Traditionen, Altlasten und Neuansätze der Leipziger Journalistenausbildung [Traditions, legacies and new approaches of journalists' education in Leipzig]. *Rundfunk und Fernsehen*, 3, 400–6.

Gurjewitsch, S. M. (1975). *Karl Marx und Friedrich Engels als Theoretiker des kommunistischen Journalismus* [*Karl Marx and Friedrich Engels. The theorists of communist journalism*]. Leipzig: Karl-Marx-Universität, Sektion Journalistik.

Hachmeister, L. (1987). *Theoretische Publizistik: Studien zur Geschichte der Kommunikationswissenschaft in Deutschland* [Theoretical journalism studies. Studies on the history of communication science in Germany]. Berlin: Spiess.

Hagemann, W. (1950). *Die Zeitung als Organismus* [The newspaper as an organism]. Heidelberg: Vowinckel.

Hienzsch, U. (1990). *Journalismus als Restgröße. Redaktionelle Rationalisierung und publizistischer Leistungsverlust* [Journalism as residual. Editorial rationalization and loss of journalistic performance]. Wiesbaden: Deutscher Universitäts-Verlag.

Kepplinger, H. M. (ed.) (1979). *Angepaßte Außenseiter: Was Journalisten denken und wie sie arbeiten* [Aligned outsiders. What journalists think and how they do their job]. Freiburg and Munich: Alber.

Köcher, R. (1985). *Spürhund und Missionar: Eine vergleichende Untersuchung über Berufsethik und Aufgabenverständnis britischer und deutscher Journalisten* [Bloodhounds and missionaries. A comparative study about professional ethics and role perceptions of journalists in Great Britain and Germany]. Dissertation. Munich.

Kutsch, A. (1988). Max Webers Anregung zur empirischen Journalismusforschung: Die Zeitungs-Enquête und eine Redakteurs-Umfrage [Max Weber's contribution to empirical journalism research. The newspaper survey and a journalists' poll]. *Publizistik*, 1, 5–31.

Löffelholz, M. (2000). *Theorien des Journalismus: Ein diskursives Handbuch* [Theories of journalism. A discursive handbook]. 2nd edition 2004. Wiesbaden: Westdeutscher Verlag.

Löffelholz, M. (2003). Kommunikatorforschung: Journalistik [*Communicator research: Journalism studies*]. In G. Bentele, H.-B. Brosius, and O. Jarren (eds.), *Öffentliche Kommunikation. Handbuch Kommunikations- und Medienwissenschaft* [Public communication. Handbook of communication and media studies] (pp. 28–53). Wiesbaden: Westdeutscher Verlag.

Löffelholz, M., Quandt, T., Hanitzsch, T., and Altmeppen, K.-D. (2003). Online-Journalisten in Deutschland: Forschungsdesign und Befunde der ersten Repräsentativbefragung deutscher Online-Journalisten [Online journalists in Germany. Research design and results of the first representative survey of German online journalists]. *Media Perspektiven*, 10, 477–86.

Meckel, M. (1999). *Reaktionsmanagement: Ansätze aus Theorie und Praxis* [Newsroom management. Theoretical and practical approaches]. Opladen and Wiesbaden: Westdeutscher Verlag.

Möllmann, B. (1998). *Redaktionelles Marketing bei Tageszeitungen* [Newsroom marketing in daily newspapers]. Munich: Fischer.

Neuberger, C. (2000). Journalismus im Internet: Auf dem Weg zur Eigenständigkeit? Ergebnisse einer Redaktionsbefragung bei Presse, Rundfunk und Nur-Onlineanbietern [Journalism on the Internet: On its way to autonomy? Results of a newsroom survey of print, broadcasting and online-only providers]. *Media Perspektiven*, 7, 310–18.

Neuberger, C. (2004). Lösen sich die Grenzen des Journalismus auf? Dimensionen und Defizite der Entgrenzungsthese [Are the borders of journalism disappearing? Dimensions and shortcomings of the delimitation hypothesis]. In G. Roters, W. Klingler, and M. Gerhards (eds.), *Medienzukunft – Zukunft der Medien* [Media future – future of the media] (pp. 95–112). Baden-Baden: Nomos.

Noelle-Neumann, E. (1979). Kumulation, Konsonanz und Öffentlichkeit. Ein neuer Ansatz zur Analyse der Wirkung der Massenmedien [Cumulation, consonance, and the public. A new proposal for the analysis of mass media effects]. In E. Noelle-Neumann (ed.), *Öffentlichkeit als Bedrohung: Beiträge zur empirischen Kommunikationsfor-*

schung [*The public as a threat. Contributions to empirical communicator research*] (pp. 127–68). Freiburg and Munich: Alber.

Patterson, T. E., and Donsbach, W. (1996). News decisions: Journalists as partisan actors. *Political Communication*, 13, 455–68.

Prutz, R. E. (1845). *Geschichte des deutschen Journalismus: Erster Teil* [*History of journalism. First part*] Göttingen: Vandenhoeck and Ruprecht. (Autotyp of the 1st edition. Göttingen 1971)

Quandt, T. (2005). *Journalisten im Netz: Eine Untersuchung journalistischen Handelns in Online-Redaktionen* [*Journalists on the Internet. Observing journalists' actions in online newsrooms. A study*]. Wiesbaden: Verlag für Sozialwissenschaften.

Rager, G., Schäfer-Dieterle, S., and Weber, B. (1994). *Redaktionelles Marketing. Wie Zeitungen die Zukunft meistern* [*Newsroom marketing. How newspapers cope with the future*]. Bonn: Zeitungsverlag-Service.

Rühl, M. (1969). *Die Zeitungsredaktion als organisiertes soziales System* [*The newspaper newsroom as organized social system*]. 2nd edition 1979. Freiburg: Bertelsmann.

Rühl, M. (1980). *Journalismus und Gesellschaft* [*Journalism and society*]. Mainz: Von Hase and Köhler Verlag.

Rühl, M. (1989). Organisatorischer Journalismus: Tendenzen in der Redaktionsforschung [Organizational journalism. Trends in newsroom research]. In M. Kaase and W. Schulz (eds.), *Massenkommunikation: Theorien, Methoden, Befunde* [*Mass communication. Theory, methods, results*] (pp. 253–69). Opladen: Westdeutscher Verlag.

Rust, H. (1986). *Entfremdete Elite? Journalisten im Kreuzfeuer der Kritik* [*Alienated elite? Journalists in critics' cross fire*]. Vienna: Literas.

Schneider, B., Schönbach, K., and Stürzebecher, D. (1993). Journalisten im vereinigten Deutschland: Strukturen, Arbeitsweisen und Einstellungen im Ost-West-Vergleich [Journalists in reunified Germany. Comparing structures, work modes, and attitudes in east and west]. *Publizistik*, 3, 353–82.

Schneider, B., Schönbach, K., and Stürzebecher, D. (1994). Ergebnisse einer Repräsentativbefragung zur Struktur, sozialen Lage und zu den Einstellungen von Journalisten in den neuen Bundesländern [Results of a represantative survey about structure, social position and attitudes of journalists in the new German federal states]. In F. Böckelmann, C. Mast, and B. Schneider (eds.), *Journalismus in den neuen Ländern: Ein Berufsstand zwischen Aufbruch und Abwicklung* [*Journalism in the new German states. A profession between boost and liquidation*] (pp. 145–90). Konstanz: Universitätsverlag.

Scholl, A., and Weischenberg, S. (1998). *Journalismus in der Gesellschaft: Theorie, Methodologie und Empirie* [*Journalismus in society. Theory, methodology and empirical research*]. Opladen and Wiesbaden: Westdeutscher Verlag.

Sievert, H. (1998). *Europäischer Journalismus: Theorie und Empirie aktueller Medienkommunikation in der Europäischen Union* [*European journalism. Theory and empirical research on contemporary media communication in the European Union*]. Opladen: Westdeutscher Verlag.

Spael, W. (1928). *Publizistik und Journalistik und ihre Erscheinungsformen bei Joseph Görres (1798–1814): Ein Beitrag zur Methode der publizistischen Wissenschaft* [*Journalism and its manifestations in Joseph Görres' work (1798–1814). A contribution to the methodologies of journalism studies*]. Cologne: Gilde-Verlag.

Traumann, G. (1971). *Journalistik in der DDR* [*Journalism studies in the German Democratic Republic*]. Munich and Pullach, Berlin: Saur.

Weaver, D. H., and Wilhoit, G. C. (1986/1991). *The American journalist: A portrait of US news people and their work*. Bloomington, IN: Indiana University Press.

Weber, M. (1911). Geschäftsbericht: Soziologie des Zeitungswesens [Business report. Sociology of the press]. In *Schriften der Deutschen Gesellschaft für Soziologie. Serie 1, Band 1* [*Scripts of the German Sociology Association. Series 1, Volume 1*] (pp. 39–62). Tübingen: Mohr.

Weischenberg, S. (1989). Der enttarnte Elefant: Journalismus in der Bundesrepublik – und die Forschung, die sich ihm widmet [The exposed elephant. Journalism in Germany and the research dedicated to it]. *Media Perspektiven*, 4, 227–39.

Weischenberg, S. (1992). *Journalistik: Band 1: Mediensysteme, Medienethik, Medieninstitutionen* [*Journalism studies. Vol. 1: Media systems, media ethics, media institutions*]. Opladen: Westdeutscher Verlag.

Weischenberg, S. (1995): *Journalistik: Band 2: Medientechnik, Medienfunktionen, Medienakteure* [*Journalism studies. Vol. 2: Media technology, media functions, media actors*]. Opladen: Westdeutscher Verlag.

Weischenberg, S., Löffelholz, M., and Scholl, A. (1993): Journalismus in Deutschland: Design und erste Befunde der Kommunikatorstudie [Journalism in Germany. Design and first results of the communicator study]. *Media Perspektiven*, 1, 21–33.

Weischenberg, S., Löffelholz, M., and Scholl, A. (1994). Merkmale und Einstellungen von Journalisten: "Journalismus in Deutschland II" [Journalists' attitudes and characteristics. "Journalism in Germany II"]. *Media Perspektiven*, 4, 154–67.

Weischenberg, S., Löffelholz, M., and Scholl, A. (1998). Journalism in Germany. In Weaver, D. H. (ed.), *The global journalist. Studies of news people around the world* (pp. 229–56). Creskill, NJ: Hampton Press.

Weischenberg, S., Malik, M., and Scholl, A. (2006). *Die Souffleure der Mediengesellschaft: Report über die deutschen Journalisten* [*Prompters of media society. Report about journalists in Germany*] Konstanz: UVK.

Weiß, H.-J. (1978). Journalismus als Beruf: Forschungssynopse [Journalism as profession. Synopsis of research]. In Presse- und Informationsamt der Bundesregierung. *Kommunikationspolitische und kommunikationswissenschaftliche Forschungsprojekte der Bundesregierung (1974–1978)* [Communication Policy and Communication Research Projects in Germany (1974–1978)] (pp. 109–39). Bonn: Presse- und Informationsamt.

# 第14章
# 英国的新闻学研究：独立的努力到学科的建立

卡琳·沃尔-乔根森　鲍勃·弗兰克林

## 悖论：实践与研究的断裂

英国自诩拥有世界上最完备、最具盛誉的新闻业传统，但有关新闻业的研究发展缓慢，数量稀少，而且散落在不同领域，很少重点研究新闻媒体。本章考察新闻实践与研究二者间这种失调关系的原因。我们认为，英国的新闻学研究传统正在起步，而非完备。导致学术发展缓慢的罪魁祸首是新闻学教育的制度性定位，直到最近它仍被排除在大学之外，新闻工作者由强调专业技能的新闻机构"内部"(in house) 培训 (Delano, 2000; Purdey, 2000)。

由此得出两大结论：首先，英国大部分有关新闻业的学术研究和学术文献都源自社会学科，尤其是社会学。相反，行业相关的培训注重向新闻工作者传授实践技能。因而，缺乏持续且自有的学科传统。其次，本章提出英国例外论。将新闻培训置于大学之外体现了组织和机构性因素，也意味着英国的新闻学研究不仅起步晚，而且相对独立于全球语境。

## 落后一个世纪：新闻学高等教育的发展

英国的新闻编辑部仍然存在一种根深蒂固的观念，认为新闻业是一门基础手艺，更依赖"如老鼠般的狡猾、看似合理的方式和一点文学能力"，而不是依靠严格的训练和反思（Tomalin，1969）。

1702年，英语世界的第一份日报《每日新闻》（*Daily Courant*）在伦敦出版。鉴于识字率提高、城市化蔓延、印刷技术革命展开、打字机发明和新闻编辑部内新闻工作整合等，19世纪晚期英国新闻业进入职业化进程（Høyer，2003）。19世纪晚期全国新闻工作者协会（the National Association of Journalists）的成立也标志着新闻业的专业化进程；1907年成立行业机构——全国新闻工作者联盟（the National Union of Journalists）（Bromley，1997）。

新闻工作者在机构层面的努力体现了他们作为职业团体的自我认知，尽管还不是特别具有凝聚力，但已经拥有自身需求和关切。不过，新闻业还是一个大学之外培训的行业。伦敦大学在1937年尝试开设的新闻培训课程仅仅两年就失败了，报纸行业无视这些课程，认为其过于理论化而且脱离新闻业的日常现实（Bromley，1997，p.334）。大学则认为，新闻技能缺乏足够的学术严谨性，从而无法将其纳入课程体系。英国新闻学教育的早期历史证明了泽利泽的那句格言：新闻工作者和学者栖息于"平行的宇宙"（Zelizer，2004）。大学正规培训被抛弃，取而代之的是在职学习，新闻工作者通过实践经验打磨"手艺"。

1951年，旨在开展正规化培训的全国新闻工作者培训委员会（the National Council for the Training of Journalists，NCTJ）成立。最开始，参加培训的新闻工作者需要完成一个三年制项目，其间在当地继续教育院校学习英语、了解中央和地方政府，同时学习速记，之后完成全国新闻工作者培训委员会的报业法律函授课程。相反，技能性职业培训在新闻编辑部进行。当时已有适用于此类培训的相关新闻学文献，比如伊萨克·皮特曼（Isaac Pitman）爵士教授新闻技能的系列丛书（Bull，1926）就是当时崭露头角的新闻工作者的重要参考书。但是，在20世纪大部分时间里，新闻学研究一直缺少学术研究中典型的批判路径。正如罗德·艾伦（Rod Allen）所言：

> 直到大约 30 年前……进入报纸新闻业的唯一途径还是坐在资深新闻工作者的脚边（更有可能是坐在桌旁）。假如你足够幸运，他（一定是"他"）会教你工作的基本原理，带你出一两次任务，以及教会你如何在当地酒吧请客付费。
>
> （Allen，2005，p. 318）

直到 1970 年，才建立了可以获得全国新闻工作者培训委员会认证的大学层次的全日制职业培训项目。《图画邮报》（*Picture Post*）发行人汤姆·霍普金森（Tom Hopkinson）在卡迪夫大学创立了这一研究生课程，突出了全国新闻工作者培训委员会的倾向于技能的理念。这一姗姗来迟的新闻业学术性培养机制与美国经验形成鲜明对比，在 20 世纪大部分时间里，美国的新闻学教育一直强调人文训练（Bromley，1997；Allen，2005）。

20 世纪 70 年代以后的主要发展是向大学毕业生能胜任的工作过渡（Tunstall，1977，pp. 334-335）。在整个 20 世纪 90 年代，大学的新闻学教育发展显著（Delano，2000）。1994 年，谢菲尔德大学成为罗素集团（Russel Group，15 个顶尖研究型大学）中第一个开设本科生新闻学课程的大学，它将实践培训与更传统的人文教育结合起来。仅仅过了 10 年，名字中含有新闻二字的本科生课程已经超过 600 门，但只有 9 个大学研究中心授予全国新闻工作者培训委员会认证的研究生文凭（Allen，2005，p. 319）。如今，98％的新闻工作者都拥有本科学位，58％拥有新闻业资质，不少人（42％）还获得了研究生文凭或完成了硕士层次教育（Hargreaves，2002）。

但是，20 世纪 90 年代以来的迅速扩张意味着大学里实践培训超过了研究，这部分反映了新闻学项目的增长大都出现于 1992 年高等教育改革中成立的"新大学"这一事实。普遍而言，这些大学（1）资源不太丰富，（2）不是研究型而是教学型，而且（3）更强调职业培训而不是学术知识。因此，这些大学对全国新闻工作者培训委员会所强调的技能型学习表达了强烈的认同。尽管这些大学培养出训练完备的实践者，但在产出反思性研究方面表现欠佳。

英国高等教育科研评估（Research Assessment Exercise）（即全国性学术研

究评估机构，每五年根据研究成果向大学和研究部门拨款）重点资助研究型大学的举动进一步挑战了新闻学研究中自有研究的发展，开展新闻培训的大部分院系几乎得不到资助来推进研究。

## 对新闻学研究的研究

这一短暂历史的后果是新闻学研究的自有研究直到最近才在英国出现。很难根据书名中的"新闻工作者"或"新闻业"来辨别是否为一本研究型著作，比如杰里米·滕斯托尔（Jeremy Tunstall，1971）的《新闻工作者手册》（*Journalists at Work*）和麦克奈尔（McNair，1994）的《英国的新闻和新闻业》（*News and Journalism in the UK*）。这个领域的绝大部分"经典"来源于社会学，少量来自政治科学和媒介研究，而非出自新闻院系。新闻学研究起源于社会学，对研究重点和主旨产生了深远影响。值得一提的是，英国的新闻学研究很少独立审视新闻业，而是一直思考新闻业与社会世界之间的关系。

## 生产研究

新闻学研究的增多与 20 世纪 60 年代早期社会学学科地位的稳固密切相关（Halsey，2004）。早期的新闻社会学研究通常对理解新闻生产过程感兴趣。20 世纪 70 年代初进行的研究仔细审视了精英媒体机构及其新闻搜集、报道实践和惯例。杰里米·滕斯托尔的《新闻工作者手册》[Tunstall，1971；同时参考滕斯托尔（Tunstall，1970a）]是最早的新闻学研究之一，是新闻社会学中开拓性研究路径的范例。滕斯托尔的研究通过调查和访谈考察了全国性新闻机构里专业特派记者（correspondents）的工作。他想要了解新闻工作者的职业角色、目标和职业生涯、他们所任职的机构，以及他们之间的关系。他的主要目的在于描述职业实践，而不是采用之后这个领域中相关研究那样的批判立场。

20 世纪 70 年代后期的研究者沿用滕斯托尔的研究路径，开始广泛描述新闻生产过程。比如，1978 年，菲利普·施莱辛格（Philip Schlesinger）的《拼凑现实》(*Putting Reality Together*) 关注了英国广播公司（BBC）的广播和电视新闻工作者。施莱辛格在这个备受尊敬的公共服务机构中发现了从众文化（a culture of conformity）。他将那里的新闻工作者形容为时间的奴隶，认为强调新闻传递速度是新闻编辑部文化的显著特点。他将新闻生产描述为一种高度程序化的活动，控制生产过程是成功运营的关键。类似的，戈尔丁和艾略特（Golding & Elliot, 1979）将新闻生产过程描述为"一个在电子化生产线上制造文化产品的高度规范和程序化的过程"（Golding & Elliot, 1999, p. 119）。在这类早期新闻生产研究中，有些因为过度机械化地描述了新闻生产过程而遭到批评，这并不是说对新闻工作者的主观能动性表示悲观，这些开拓性研究对新闻生产惯例、新闻工作者的自我理解和新闻编辑部内的等级制度提供了具有深远意义的见解。

在新闻学研究发展阶段，做出贡献的学者有詹姆斯·库兰（James Curran）、杰里米·滕斯托尔、詹姆斯·哈洛伦（James Halloran）、杰伊·布鲁姆勒（Jay Blumler）、丹尼斯·麦奎尔（Denis McQuail）、菲利普·艾略特（Philip Elliott）和奥利弗·博伊德-巴雷特（Oliver Boyd-Barrett）(Tunstall, 1970b)。他们中的很多人至今仍在这个领域内具有影响力，但无一人主动参与培训新闻工作者，因此新闻学研究在培养反思性实践者方面只尽了绵薄之力。不过，新闻生产研究的民族志和社会学路径现在已经成为一种持续性传统，经过几十年不间断的完善，产生了大量关注英国广播公司等大型全国新闻机构的研究（Cottle & Ashton, 1998; Harrison, 2000; Born, 2005）。

早期新闻学研究考察新闻生产的整体结构，有些学者对专业记者，比如犯罪报道记者（Chibnall, 1977）、时政记者（Seymour-Ure, 1968, 1974; Tracey, 1977）感兴趣。比如，迈克·特雷西（Michael Tracey）在 1977 年出版的《政治电视生产》(*The Production of Political Television*) 一书中，为了了解参与决策过程的节目的生产过程，重点是政府和商业组织如何影响新闻报道，他对独立电视台（ITV）和英国广播公司的新闻工作者进行了访谈和民族志观察。为了推动此类早期研究，政治科学背景或对政治科学感兴趣的学者持续贡献有关新闻业的学术文献。近年来，政治新闻业研究和公共关系研究发展壮大，证明了政治传播研究的发展及其与新闻学研究之间的关系。杰伊·布鲁姆勒的研究为后来关注

"公共传播危机"的政治新闻学研究奠定了基础（Blumler & McQuail, 1968; Blumler, 1981; Blumler & Gurevitch, 1995）。巴内特和盖博（Barnett & Gaber, 2001）关于威斯敏斯特特派记者及其如何应对托尼·布莱尔（Tony Blair）新工党政府的"宣传机器"（spin machine）一书，是政治类报道系列丛书之一。两位作者提出，信息管理导致了政治新闻业危机，造成媒体的批判性看门狗角色失灵。因此，"包装政治"（packaging politics）问题（Franklin, 2004）及其对新闻业或者更广义地说对民主所产生的影响已经成为过去十年间的研究重点。在这期间，其他研究者已将注意力转向了新闻工作者与其信源之间的关系，研究公共关系实践者、利益集团和社会运动如何争夺媒介准入（比如，Davis, 2002）。

## 文化研究、政治经济学与新闻学

与生产研究目的常常是描述性的不同，在早期新闻学研究中，有些研究受马克思主义理论传统影响，采取了明确的批判议题。这些研究挑战了同时期对新闻工作者如何开展工作、新闻文本如何在社会中传递和发挥作用的普遍性理解。格拉斯哥大学媒介小组（The Glasgow University Media Group）的研究《糟糕的新闻》（*Bad News*, 1976）及其姊妹篇《更糟糕的新闻》（*More Bad News*, 1980）和《糟糕透顶的新闻》（*Really Bad News*, 1982）试图"揭示支撑看起来中立的新闻生产的文化框架结构"（Glasgow University Media Group, 1976, p.1）。这三本书根据对 1975 年以来的新闻的内容分析，重点讨论了英国广播公司和独立电视台等公共服务广播机构如何报道行业纠纷，揭示了尽管声称公正，但电视新闻最终还是复制了最强势的社会团体的观点。格拉斯哥大学媒介小组认为，新闻报道给予了管理层解释这些纠纷的特权，对于工会的观点只给予了很少的关注度和可信度。这三本书遭到了媒体的抵制，尤其是英国广播公司的反对（Eldridge, 2000），但在新闻从业者和研究者中被广泛阅读。格拉斯哥大学媒介小组的批判研究延续至今，涉及 HIV/AIDS、巴以冲突等报道的社会议题研究，不过最近研究的重点已经从新闻报道生产转向了接收（比如，Eldridge, 2000; Philo & Berry, 2004）。其他早期批判研究突出了新闻媒体结构性偏见的不同方面。比如，有研究发现，"反越"游行报道中占主导的暴力阐释框架制约了对示威者所提出问题的实质性讨论（Halloran, Elliott, & Murdock, 1970）。

媒介研究者格拉汉姆·默多克（Graham Murdock）和彼得·戈尔丁（Peter Golding）提出了政治经济学路径，不仅研究媒介生产过程，还研究与资本主义竞争性市场关系的关联方式。早在1974年，他们就阐明对新闻媒体的政治经济学批判的定义，这一定义仍然适用于当下的分析：

> 对我们来说，大众媒体是资本主义晚期秩序中首个且最重要的生产和分配商品的产业化和商业化组织。因此，我们认为，不能在不掌握媒介生产的整体动态经济及其所产生决定作用的基础上孤立或片面地理解意识形态生产。
>
> （Murdock & Golding, 1974, p. 206）

与此同时，伯明翰大学当代文化研究中心（the Centre for Contemporary Cultural Studies, CCCS）进行了开创性的新闻业和媒介研究。1978年，该中心出版的《监控危机》（*Policing the Crisis*）一书通过新闻媒体报道研究了一场因抢劫而引发的道德恐慌的社会建构（Hall et al., 1978）。分析发现，"新闻"是"根据一套社会建构类别，经过系统分类以及事件和主题选择的一个复杂过程的最终产品"（Hall et al., 1978, p. 55）。该研究传递出需要从意识形态过程和社会控制角度研究新闻生产的信号。斯图亚特·霍尔（Stuart Hall）及其同事提出，新闻媒体"有效"且"客观地"（Hall et al., 1978, p. 60）建构了社会的"共识性"观点，共识符合最强势的观点并由其定义。这种本质上是马克思主义的立场在他们对首要和次要定义者的颇具影响力的描述中得以阐释。首要定义者——被视为可以获取特定主题的准确或专门信息的主要社会机构的公认代表——建立了种族、伊拉克战争、行业纠纷等主题的基础性阐释（primary interpretation）。次要定义者（包括媒体专业人士自身）反对基础性阐释的论据不得不对既有框架提出抗辩（Hall et al., 1978, p. 58）。

新闻学研究的这种批判传统，以及详细的早期生产研究的真知灼见对后来的学者产生了深远影响。当代文化研究中心的研究不仅质疑了客观性的"策略性仪式"的效用，还证明媒介表征具有深远的意识形态影响。这一见解影响并引发了后续的表征研究，特别是那些关注少数族裔、寻求避难者和女性等边缘群体的研究。文化研究路径也形塑了我们对媒介制造"道德恐慌"能力的理解，特殊事件（比如抢劫、虐待儿童、恋童癖者的攻击）与可感知的更大范围内的不安相联系，最终证明加强社会控制的合理性。

## 新闻业的人口统计特征

理解新闻业与社会世界之间关系的另一路径考察了行业的社会人口学。这一研究路径在过去几十年产生了一系列出版成果，它们紧扣行业关切，而且通常得到了新闻机构的资助（比如，Delano & Henningham，1995；Henningham & Delano，1998；Delano，2000）。这类研究发现，尽管很多崭露头角的新闻工作者梦想着在全国性报纸或英国广播公司拥有辉煌的职业生涯，但绝大多数英国记者（65%）的职业生涯始于地区和地方报纸（Henningham & Delano，1998）。在这个行业中，男性占主导（75%的新闻工作者是男性），而且男性和女性新闻工作者之间的收入差距持续存在，女性的平均收入是男性收入的83%（Henningham & Delano，1998）。女性很少愿意在新闻和时事部门工作，而男性占据着新闻编辑部的高层职位（Ross，2005，p.291）。

安利（Ainley，1998）发现英国新闻业形成了一种种族隔离式的制度，大部分黑人和亚裔新闻工作者供职于黑人报纸和期刊，而白人新闻工作者实际统治着主流媒体。在各类新闻媒体中，广播电视公司雇用了最多的少数族裔，但安利发现，在所有全国性报纸的3 000名员工中，黑人新闻工作者不足20人。更令人担忧的是，在省级媒体将近8 000人的员工总人口中，只有15个黑人和亚裔新闻工作者。其他有关行业人口统计特征的研究发现了新闻业中的"玻璃天花板"现象，以及制度性歧视问题。此外，相关研究还警告新闻编辑部文化仍旧明显是白人和男性主导。这些研究反映了新闻机构逐渐意识到需要更加多元化的劳动力。有些研究者指出，女性新闻工作者报道新闻的方式不同于她们的男同事（Ross，2001）。正如琳达·奎司马斯（Linda Christmas）所言，女性新闻工作者"倾向于将读者需求置于决策者需求之上"，更加以人为本，而不是就事论事（Christmas，1997，p.3）。但是其他学者对此论述提出批判意见，认为新闻生产的性别化本质——女性被指派去报道"生活类"新闻，而男性被指派为政治特派记者——是造成现有不平等关系的歧视性做法的结果（比如，Allen, 2004, p. 120）。

## 新闻业的历史

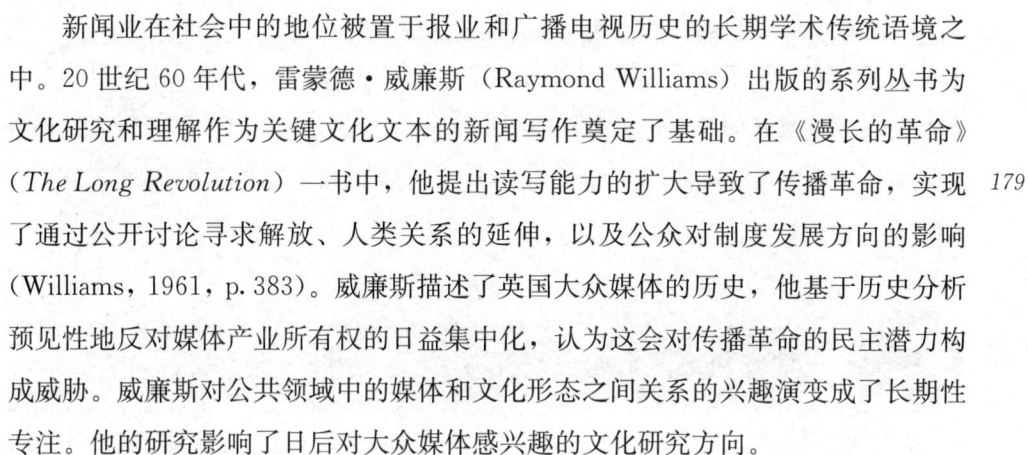

新闻业在社会中的地位被置于报业和广播电视历史的长期学术传统语境之中。20世纪60年代，雷蒙德·威廉斯（Raymond Williams）出版的系列丛书为文化研究和理解作为关键文化文本的新闻写作奠定了基础。在《漫长的革命》（*The Long Revolution*）一书中，他提出读写能力的扩大导致了传播革命，实现了通过公开讨论寻求解放、人类关系的延伸，以及公众对制度发展方向的影响（Williams, 1961, p. 383）。威廉斯描述了英国大众媒体的历史，他基于历史分析预见性地反对媒体产业所有权的日益集中化，认为这会对传播革命的民主潜力构成威胁。威廉斯对公共领域中的媒体和文化形态之间关系的兴趣演变成了长期性专注。他的研究影响了日后对大众媒体感兴趣的文化研究方向。

另一颇具影响力的研究，詹姆斯·库兰和珍·西顿（Jean Seaton）历史性介绍19世纪和20世纪英国报业和广播电视的《不需要承担责任的权力》（*Power without Responsibility*）一书于1991年第一次出版。该书质疑了辉格派或进步主义的历史性阐释，论证了尽管英国的新闻业被视为寻求自由的一股独立力量，但还是应该根据报业和广播电视机构的自身特点将其视为政治行为主体。因此，研究新闻业的历史不仅有助于理解英国丰富的新闻生产传统，还能充分意识到客观、公正和独立，以及更根本的历史阐释模式的局限性（Seymour-Ure, 1991）。

## 新闻业的语言

新闻业的语言研究出现较晚。在《糟糕的新闻》中，格拉斯哥大学媒介小组观察到"语言学、文学、文本的文体批评和混杂的社会学内容分析之间完全不融合，这不利于分析新闻语言"（Glasgow University Media Group, 1976, p. 21）。他们希望通过研究新闻业的语言特点，包括电视新闻的视觉性编码、中介化对话结构，来弥补这些不足。他们提出，新闻谈话节目创造了"特殊的发表意见的机会，邀请有能力的听众以中立的态度来听谈话"（Glasgow University Media Group, 1976, p. 25）。之后，英国社会语言学学者从技术角度进一步完善了对新闻工作者的语言为何不仅仅是指称性（denotative）、"客观的"，而且是带有沉重意识形态包袱的理解。安伦·贝尔（Allan Bell, 1991）、罗杰·福勒（Roger Fowler, 1991）、诺曼·费尔克拉夫（Norman Fairclough, 1995）、索尼娅·利文斯通（Sonia Livingstone）和彼得·伦特（Peter Lunt）（Livingstone & Lunt, 1994）等学者分析了新闻业的一系列形式特征，比如访谈、电台 DJ 节目、电视脱口秀等谈话类新闻模式，以及新闻报道中的信源使用。他们考察了新闻工作者如何建立身份类别，如何在讨论寻求避难者、罪犯和穆斯林等群体时区分"我们"和"他们"（Richardson, 2004）。

## 地方和地区新闻业研究

不同于大多数关注国家层面新闻生产和文本的研究，少量但各具特色的地方和地区新闻业研究体现了英国新闻媒体的优势、多元与挑战。这类研究通常对研究对象持批判态度。比如，戴维·墨菲（David Murphy）的《沉默的监督》（*The Silent Watchdog*）一书质疑了媒体是"自由堡垒"这一假设，提出"在地方层面……政府掩盖真相，媒体没有、不能而且不想揭示真相，只有少数情况例外"（Murphy, 1976, p. 11）。基于民族志观察和访谈，墨菲研究了新闻工作者在地方社区的作用。他认为，地方报纸不可避免地纠缠于地方权力关系之中。其他关于地区和地方报纸的研究考察了种族报道，认为这些报纸与它们全国性报纸同行一样维持了"对黑人的负面认知，并将其界定为群体间矛盾之一"（Critcher, Parker, & Sondhi, 1975, p. 194）。

一些大规模的媒体报道研究涵盖了地方新闻，也证明了学者意识到地方媒体的重要性。戴维·迪肯和彼得·戈尔丁（Deacon & Golding, 1994）在研究撒切尔政府有争议的人头税的中介化辩论（mediated debates）时，仔细查阅了地方、地区和全国性媒体的报道，认为必须考虑所有类型的新闻来理解政治传播的复杂性。对地方新闻业在英国新闻世界中重要作用的研究延续至今（比如，Hetherington, 1989; Franklin & Murphy, 1991, 1998; Franklin, 2006），这些研究回顾了技术、经济和社会变化对地方新闻生产的影响。地方新闻业研究是更广泛的新闻学研究领域中少数持续发展的研究，它有助于在一些世界最知名的全国性新闻机构的所在地了解至关重要的地方媒体。

## 支持新闻学研究

本章介绍的很多研究，如果没有政府、非政府和新闻机构的资金支持就不可能完成。虽然这类资助有时妨碍批判取向，但很少阻碍严谨的观察，以及随之产生的制度性反思。英国广播公司资助了一系列主题研究，例如，24 小时电视新闻频道的运营（Lewis, Thomas, & Cushion, 2005）、伊拉克冲突中嵌入式记者的作用（Lewis, Thomas, & Cushion, 2005），最出色的无疑是阿萨·布里格斯勋爵（Lord Asa Briggs）持续进行的（目前已完成五卷）《英国广播电视史》(*The History of Broadcasting in the United Kingdom*)研究（比如，Briggs，1961）。独立电视台的商业部门资助了五卷本历史"手册"《英国的独立电视》(*Independent Television in Britain*)（比如，Sendall, 1983）。独立电视新闻资助了批判格拉斯哥大学媒介小组的研究（Harrison, 1985），报纸行业资助了新闻业的人口统计特征研究（比如，Hargreaves, 2002），主编协会（the Society of Editors）资助了新闻编辑部多元化研究（Cole, 2004）；与此同时，各类政府开始研究新政策如何影响媒体报道。比如，对 1989 年下议院引入电视摄像机的研究就是由议会（Franklin, 1992）和伦敦国会议事录学会（Hansard Society）(Hetherington, Ryle, & Weaver, 1990)资助的。在英国，这些研究证明了大学、行业和政府之间对话的存在，对公共辩论和学术知识做出了重要贡献。

本章所列的主题已经持续存在了三十多年，纵然研究本身是阶段性的。其间，出现了大量经验研究和批判性的跨学科理论，涉及新闻业的政治经济、生产、职业文化、文本和接收等问题。

## 英国新闻学研究的未来

我们认为，英国新闻学研究的短暂历史深受位于大学之外的新闻学教育的影响。总体而言，缺乏培养反思性实践者的具有批判性的自有研究。同时，一些源于社会学的最翔实的新闻生产民族志研究来自英国。

无论如何，对作为一门学科的新闻学研究的现状，有更乐观的评价空间。在英国，新闻职业正在扩张。行业预测表明，到 2010 年英国会再增加 2 万名新闻工作者（Hargreaves, 2002）。如前所述，英国高等教育中的新闻系、新闻学专业学生，以及新闻学教学和研究人员的数量也在相应增加。这一增长也体现在主要出版商的收益方面，对他们而言，扩充新闻学书单正成为当务之急。比如，Sage 出版集团最近推出了一个新书系列"新闻学研究：关键文本"（Journalism Studies: Key Texts），与此同时，开放大学出版社（Open University Press）继续出版"文化与媒介研究问题"（Issues in Cultural and Media Studies）系列中销售成功的新闻学图书。2000 年，两份新期刊《新闻学研究》（*Journalism Studies*）和《新闻学：理论、实践、批判》（*Journalism: Theory, Practice, Criticism*）出版。前者的主编来自英国，自 2006 年 2 月起每年出版 6 期。此外，2007 年 2 月英国出版了全球发行的《新闻实践》（*Journalism Practice*）。

职业和学术协会的发展趋势充满希望。自 2006 年起，英国主要的学术性媒介和传播研究者协会——媒介、传播和文化研究协会（MeCCSa）与媒体实践教育工作者协会（AMPE）合并。类似的，最初作为新闻学教师推广兴趣小组的新闻学教育协会（the Association of Journalism Education）逐渐以研究为导向。尽管如上所述，英国高等教育科研评估不支持"新"大学的职业培训项目，但是 2001 年的评估强调了基于实践的研究。如今，这一官僚式的刺激鼓励实践者去反思他们的"手艺"，增进了新闻工作者与学界之间的关系。

所有这些趋势产生的结果是，我们目睹了保守的技能性课程缓慢但稳定地向更具反思性的课程转变，并由研究型学者授课。新闻学研究日益国际化的语境也加速了这一转变。在这一章，我们提出了英国例外论这一论点。英国新闻学研究的独特路径表明，该领域在相对独立于其他国家研究的背景下初步成形。不过，严格来说，英国的学者们经常重点引用美国的基础文献。同时，英国培养的学者迁移到别的地方，他们曾受英国新闻学研究熏陶的成果随之传播开去。随着国际传播学会新闻学研究分会的成立，新闻学研究逐渐国际化，英国学者积极参与了这些发展。

最后,"新闻学可以而且应该作为一门严肃的学术性学科来教授,而不仅仅是职业培训"(DeBurgh,2003,p.95)的观点越来越受认可。英国新闻学研究的历史也许短暂,但其未来是光明的。

## 参考文献

Ainley, B. (1998). *Black journalists, white media.* Stoke-on-Trent, UK: Trentham.
Allan, S. (2004). *News culture* (2nd edition). Maidenhead: Open University Press.
Allen, R. (2005). Preparing reflective practitioners. In R. Keeble (ed.), *Print journalism: a critical introduction* (pp. 317–28). London: Routledge.
Barnett, S., and Gaber, I. (2001). *Westminster tales: The twenty-first-century crisis in British journalism.* London: Continuum.
Bell, A. (1991). *The language of news media.* Oxford: Blackwell Publishing.
Blumler, J. G., and McQuail, D. (1968). *Television in politics.* London: Faber and Faber.
Blumler, J. G. (1981). Political communication: democratic theory and broadcast practice. *University of Leeds Review*, 24, 43–63.
Blumler, J. G., and Gurevitch, M. (1995). *The crisis in public communications.* London: Routledge.
Born, G. (2005). *Uncertain vision: Birt, Dyke, and the reinvention of the BBC.* London: Vintage.
Briggs, A. (1961). *The birth of broadcasting 1896–1927.* Oxford: Oxford University Press.
Bromley, M. (1997). The end of journalism? Changes in workplace practices in the press and broadcasting in the 1990s. In M. Bromley and T. O'Malley (eds.), *A journalism reader* (pp. 330–50). London: Routledge.
Bull, A. E. (1926). *Authorship and journalism: How to earn a living by the pen.* London: Pitman.
Chibnall, S. (1977). Law-and-order news: An analysis of crime reporting in the British press. London: Tavistock.
Christmas, L. (1997). *Chaps of both sexes? Women decision-markers in newspapers: Do they make a difference?* London: BT Forum/Women in Journalism.
Critcher, C., Parker, M., and Sondhi, R. (1975). *Race in the provincial press.* University of Birmingham: Centre for Contemporary Cultural Studies.
Cole, P. (2004). *Diversity in the Newsroom: Employment of minority ethnic journalists in newspapers* Cambridge, UK: Society of Editors.
Cottle, S., and Ashton, M. (1998). *From BBC newsroom to BBC newscentre: On changing technology and journalist practices.* Bath: Bath Spa University College.
Curran, J., and Seaton, J. (1991). *Power without responsibility.* 4th edition. London: Routledge.
Davis, A. (2002). *Public relations democracy: Politics, public relations and the mass media in Britain.* Manchester, UK: Manchester University Press.
Deacon, D., and Golding, P. (1994). *Taxation and representation: the media, political communication and the poll tax.* London: John Libbey.
DeBurgh, H. (2003). Skills are not enough: The case for journalism as an academic discipline. *Journalism*, 4(1), 95–112.

Delano, A. (2000). No sign of a better job: 100 years of British journalism. *Journalism Studies*, 1(2), 261-72.
Delano, A., and Henningham, J. (1995). *The news breed: British journalists in the 1990s*. London: London Institute.
Eldridge, J. (2000). The contribution of the Glasgow Media Group to the study of television and print journalism. *Journalism Studies*, 1(1), 113-27.
Fairclough, N. (1995). *Media discourse*. London: Edward Arnold.
Fowler, R. (1991). *Language in the news: Discourse and ideology in the press*. London: Routledge.
Franklin, B. (ed.) (1992). *Televising democracies*. London: Routledge.
Franklin, B. (2004). *Packaging politics: Political communications in Britain's media democracy*. 2nd edition. London: Edward Arnold.
Franklin, B. (ed.) (2006). *Local journalism, local media: The local news in context*. London: Routledge.
Franklin, B., and Murphy, D. (1991). *Making the local news: The market, politics and the local press*. London: Routledge
Glasgow University Media Group (1976). *Bad news*. London: Routledge and Kegan Paul.
Glasgow University Media Group (1980). *More bad news*. London: Routledge and Kegan Paul.
Glasgow Media Group (1982). *Really bad news*. London: Routledge and Kegan Paul.
Golding, P., and Elliott, P. (1979). *Making the news*. London: Longman.
Golding, P., and Elliott, P. (1999). Making the news (excerpt). In H. Tumber (ed.), *News: A reader* (pp. 112-20). Oxford: Oxford University Press.
Hall, S., Critcher, C., Jefferson, T., Clarke, J., and Roberts, B. (1978). *Policing the crisis: Mugging, the state, and law and order*. Basingstoke: Macmillan.
Halloran, J. D., Elliott, P., and Murdock, G. (1970). *Demonstrations and communication: A case study*. Harmondsworth: Penguin.
Halsey, A. H. (2004). *A history of sociology in Britain*. Oxford: Oxford University Press.
Hargreaves, I. (2002). *Journalists at work*. London: Publishing NTO/Skillset.
Harrison, M. (1985). *Whose bias?* Berkshire: Policy Journals.
Harrison, J. (2000). *Terrestrial TV news in Britain: The culture of production*. Manchester: Manchester University Press.
Henningham, J. P., and Delano, A. (1998). British journalists. In D. H. Weaver (ed.), *The global journalists: News people around the world* (pp. 143-60). Creskill, NJ: Hampton Press.
Hetherington, A. (1989). *News in the regions*. London: Macmillan.
Hetherington, A., Ryle, M., and Weaver, K. (1990). *Cameras in the Commons*. London: Hansard Society.
Høyer, S. (2003). Newspapers without journalists. *Journalism Studies*, 4(4), 451-63.
Lewis, J., Thomas, J., and Cushion, S. (2005). Immediacy, convenience or engagement? An analysis of 24 hour news channels in the UK. *Journalism Studies*, 6(4), 461-79.
Livingstone, S., and Lunt, P. (1994). *Talk on television: Audience participation and public debate*. London: Sage.
McNair, B. (1994). *News and journalism in the UK*. London: Routledge.
Murdock, G., and Golding, P. (1974). For a political economy of mass communications. In R. Miliband and J. Saville (eds.), *The socialist register 1973* (pp. 205-34). London: Merlin Press.
Murphy, D. (1976). *The silent watchdog: The press in local politics*. London: Constable.
Philo, G., and Berry, M. (2004). *Bad news from Israel*. London: Pluto Press.
Purdey, H. (2000). Radio journalism training and the future of radio news in the UK. *Jour-

*nalism*, 1(3), 329–52.

Richardson, J. E. (2004). *(Mis)representing Islam: The racism and rhetoric of British broadsheet newspapers*. Amsterdam: John Benjamins.

Ross, K. (2001). Women at work: Journalism as en-gendered practice. *Journalism Studies*, 2(4), 531–44.

Ross, K. (2005). Women in the boyzone: Gender, news and *her*story. In S. Allan (ed.), *Journalism: Critical issues* (pp. 287–298). Maidenhead, UK: Open University Press.

Schlesinger, P. (1978). *Putting reality together*. London: Constable.

Sendall, B. (1983). *Independent television in Britain – origins and foundation 1946–1980*. London: Macmillan.

Seymour-Ure, C. (1968). *The press, politics and the public*. London: Methuen.

Seymour-Ure, C. (1974). *The political impact of mass media*. London: Constable.

Seymour-Ure, C. (1991). *The British press and broadcasting since 1945*. Oxford: Blackwell.

Tomalin, N. (1969). Stop the press I want to get on. *Sunday Times Magazine*, October 26.

Tracey, M. (1977). *The production of political television*. London: Routledge and Kegan Paul.

Tunstall, J. (1970a). *The Westminster Lobby correspondents: A sociological study of national political journalism*. London: Routledge and Kegan Paul.

Tunstall, J. (ed.) (1970b). *Media sociology*. London: Constable.

Tunstall, J. (1971). *Journalists at work. Specialist correspondents: their news organizations, news sources, and competitor-colleagues*. London: Constable.

Tunstall, J. (1977). Editorial sovereignty in the British press. In O. Boyd-Barrett, C. Seymour-Ure, and J. Tunstall, *Studies on the press* (pp. 249–341). London: HMSO.

Williams, R. (1961). *The long revolution*. London: Penguin.

Zelizer, B. (2004). *Taking journalism seriously: News and the academy*. New York: Sage.

# 第 15 章
# 南非的新闻学研究：全球化时代挑战范式分歧与找到立足点

阿诺德·S. 戴比尔

## 引言

在 21 世纪，相较于拥有行之有效媒介体制的西方民主国家，南非的新闻学研究并无二致（de Beer & Tomaselli, 2000）。不过，在 21 世纪初，南非的新闻学研究有些沾沾自喜。媒体所有者基本上对不断提高利润的底线表示满意。心满意足的受众欣然接受娱乐支出，以及大多以美国制造为代表的全球化文字和图像形式的软性易消化的娱信（infotainment）/信息教育（info-education）。潜在的新闻业学术研究者大都将注意力转向了在市场导向媒介环境中更加有利可图的公共关系、营销和其他企业传播形式。造成这一现状有几大原因。

种族隔离时期全国统一的严肃新闻学研究极度缺乏（de Beer & Tomaselli, 2000）。一方面，那些不想卷入当时政治混乱局面的学术研究者专注于经验实证主义和"客观"研究的"安全"世界。另一方面，批判研究者将研究引入更加宏观的反种族隔离语境。这导致了新闻学研究领域的范式分裂，这种状态一直持续到 1994 年民主选举后的第一个十年。规范化之路乏善可陈。后种族隔离时期，普遍缺乏拥抱新发现的自由与可能性的新闻学研究。必须培养学术共同体中研究者之间的信任；必须明确新的挑战；新一代研究者必须不仅置身于后种族隔离社会背景之下，更要身处带来一系列亟待解决的挑战性问题的全新的全球化世界背景之下，崭露头角、振兴新闻学研究。不过，将研究路径的不同只归因于种族隔离可能是个谬论。

如同美国和西欧一样，南非的"客观的非卷入式科学"（比如功能主义者）研究学派与"主观的浸入式"（比如批判学派、新马克思主义）研究学派之间泾渭分明。即使不是身处全球化的学术和研究语境，后现代主义者也抹去了本体论和认识论之间许多严格的界限。现如今，三角模式（a triangle mode）的研究思想盛行于资深的南非批判媒介研究者之间（Tomaselli，2004a，2004b；Williams，2004）。

面对解构种族隔离时期媒体角色的艰巨任务，基延·托马斯里（Keyan Tomaselli）（反实证主义者，可算是南非顶尖的媒介和新闻学研究者）建议媒介内容研究者、话语研究者和量化分析员等应该联手应对 1999 年南非人权委员会（the South African Human Rights Commission，SAHRC）对南非媒体的种族主义调查（Tomaselli，2000）。这一努力原本可以成为形成新闻学研究的后种族隔离新语境的重要敲门砖。但是，正如真相与和解委员会（the Truth and Reconciliation Commission，TRC）的媒体听证会一样，南非人权委员会的调查变成新闻学研究和实践辩论的战场（de Beer，2000）。这些长期存在的"意识形态分歧"使得建立一个统一的新闻学研究平台越发艰难。

## 作为新闻学研究范式语境的种族主义

无论从哪个角度来看，南非新闻学研究进入全球化时代时，媒体报道带有美国媒体和更宏观的社会经历的遗存，而不仅仅是种族主义的影响。是时候抛开过去着眼于全球化挑战的未来新闻学研究了，但是，当学术基础无法对一个国家的未来新闻学研究产生强烈影响时，过去的影响是无法一笔勾销的（Williams，2004）。

当人们思考南非的新闻学研究阶段与更宏观的南非社会，并与同时期的美国进行比较时，尤为明显的是，一个国家不仅在政治、经济和文化全球化中发挥主导作用，而且设定了新闻学教育和研究的框架。

在威尔逊和古铁雷斯（Wilson & Gutiérrez, 1995）有关媒介与种族主义的开创性研究中，他们认为可以在社会经历冲突，尤其是种族冲突时辨别新闻报道的特定历史阶段，以及其中的媒体报道，即排外的、恐惧的、对抗的、刻板印象化的和多种族的报道。

21世纪初，当人们试图在全球化世界中找到新闻学研究的立足点时，南非现在的媒体和新闻学研究却似乎仍在体现威尔逊和古铁雷斯所描述的美国曾经历的五个历史阶段（Wilson & Gutiérrez, 1995）。有人认为，这些阶段已经成为南非面对全球化问题时明显存在或者至少潜在的新闻学研究议题。

种族隔离时期的新闻报道历史很大程度上就是种族排外的历史（Williams, 2000）。一些自由主义报纸甚至在20世纪上半叶就将黑人视为"本土问题"的一部分，但是南非的荷兰语媒体直到20世纪60年代后期仍在大力提倡"种族隔离"（separate development）思想。黑人记者、研究者和其他媒体发言人认为，种族报道和新闻学研究的遗产至今仍生动地存在于南非社会（Krabill, 2004; Williams, 2004）。媒体所有者和主编们以一种典型的自我指涉（self-reference）方式提出，虽然报纸内容［比如非常"成功"的新的低价小型报《太阳报》（Sun）/《儿子》（Son）］并不符合所有人的口味，但至少给50万（黑人）新的报纸购买者提供了机会，而且似乎越来越多的之前被排斥在市场之外的新读者找到了"他们的声音"。德高望重的记者乔·思洛洛（Joe Thloloe）和其他资深的黑人媒体主编将这一发展视为新型的种族隔离或种族歧视，只不过现在打着全球化和新的以市场为中心的媒体扩张的幌子。曾经的反种族隔离的主编、现在的新闻学研究者博格（Berger, 2004）和哈伯（Harber, 2004）对此持不同观点：博格认为，严格意义上讲，这些小型报不能被视为新闻业的组成部分，至少从新闻媒体具有巩固刚刚起步的民主制度的作用来讲是如此；但哈伯断言，《太阳报》凭借一路飙升的发行量，有可能在即将到来的选举中成为最重要的报纸。

在种族隔离时期，恐惧（fear）是一股重要的动员力量（Giliomee, 2003），直到1994年才消失。犯罪，特别是犯罪新闻，给白人群体带来了新的恐惧。不过,为了寻找新的谋生之处而导致的大规模人群全球流动(比如,鉴于国际新自由主义经济政治等原因,向大陆尖端转移的"非洲向南运动")也在一定程度上改变了南非的人口特征,这需要更多的新闻学研究来探索这一进程如何影响媒体对少数族群的呈现:是白人群体受到可能的"模仿津巴布韦的"经历的威胁,还是媒体采用新的形式对黑人群体进行排外性报道(比如,Wasserman,2003)。

尽管南非媒体不是明显为之,但是一些新闻报道及其后续的新闻学研究仍然被认为具有"我们对抗他们"(us versus them)的对抗性(Williams,2000;Wasserman,2003)。因此,媒体和研究者必须转变范式来应对挑战,不仅以弱化对抗的方式来呈现国内新闻报道,还要摒弃以白人对抗黑人的方式来报道《京都议定书》、《关贸总协定》、国际货币基金组织、世界银行和其他全球化跨国协定和机构等全球化议题。

几十年来,南非的媒体和新闻学研究不仅在新闻报道上陷入了刻板印象化的种族选择,而且在研究方法上结构化区分了种族(比如受众研究将人口分为白人、印度人、有色人种和黑人)。非洲人国民大会(ANC)政府自1994年以来施行的平权法案和黑人赋权政策区分了黑人(分别指黑色非洲人、印度人和有色人种)和白人,在某种意义上是种族主义回潮。这种刻板印象化的分类在很多方面影响了新闻学研究,比如:媒体被视为或代表黑人立场或代表白人立场;在全国研究领域中优先强调发展,并且将研究资助划拨给"之前的弱势"群体或者个人(www.nrf.ac.za/)。与此同时,南非媒体也形成了后"9·11"时代新的国际刻板形象,比如,在伊拉克的"丑陋的美国人",以及具有"恐怖主义倾向"的伊斯兰世界(de Beer,Wasserman,& Botha,2004),这些也都需要开展原创性、创新性的新闻学研究。

威尔逊和古铁雷斯(Wilson & Gutiérrez,1995)指出,多种族(multiracial)新闻报道与排外相对立。然而,现实情况是,南非的媒体分化依然很严重。比如,《映象报》(Beeld)和《公民报》(Die Burger)(后者也针对南非荷兰语社区的有色人种发行)等南非荷兰语报纸重视对读者来说重要的新闻,而《索维托人报》(Sowetan)和《新国家报》(New Nation)等黑人英语报纸几乎只报道与黑人社区有关的新闻。在国家层面,南非广播公司为了体现国家(黑人为主)的人口特征而进行了结构调整;与此同时,一名前非洲国民议会高层政治官员被任命为新闻部主任,旨在改变新闻内容实现"国家构建"。作为"他的主人的声音"的南非广播公司的所有者从南非国民党变成非洲人国民大会,这究竟只是假设还是现实,仍然有待于新闻学研究的发现(比如,Wasserman,2003)。

## 新闻学研究：遗产

种族隔离结束后十年,在展望接下来的 25 年会发生什么时,克拉比尔(Krabill,2004)认为,建立对实践者、理论家和研究者都平等的实践的最大挑战是在一开始就找到明确界定的新闻学研究路径。这并不是说每一个媒体相关人员都必须"同时是实践者、理论家和研究者；它意味着我们越是将自己定义为超越和反对另外两者,就越是无法将三者融为一体"(Krabill,2004,p.357)。克拉比尔认为(Krabill,2004),新闻学研究和理论在"接下来的 25 年中,需要更加认真地思考卷入作为意义生产的社会进程的媒体的各个方面的人,不仅包括个人,还包括各类群体"。

在种族隔离统治的 25 年间,明显缺少一种关注所有个人和群体所发挥作用的路径。戴比尔和托马斯里(de Beer & Tomaselli,2000)将 1948—1994 年南非国民党分而治之政策对新闻学研究的影响描述为一种协商弥合意识形态和范式分歧的努力,新闻/传播系的研究明显反映了这一点。

大学层次的新闻学研究(de Beer & Tomaselli,2000)在 20 世纪中叶迈出了步履蹒跚的第一步,南非荷兰语的波切斯卓姆大学(现在的南非西北大学波切斯卓姆校区)成立了新闻系。当时,范式分歧尚未露出端倪。波切斯卓姆大学决定采用荷兰和德国的科学(perswetenschap)和报纸科学(zeitungwisschenschaft)路径,但缺少与这些传统来源国一样的研究严谨性。10 年后(20 世纪 70 年代),南非荷兰语的奥兰治自由邦大学(现南非自由州大学)和兰德阿非利加大学(现约翰内斯堡大学)成立了传播系。与此同时,传统的黑人大学福特海尔大学(Fort Hare)、祖鲁兰大学(Zululand)和博普塔茨瓦纳大学(Bophuthatswana,现属于南非西北大学)也成立了传播系。这些院系连同南非大学传播系(也成立于 20 世纪 70 年代)一起在传播学项目中提供新闻学课程。

20世纪80年代，（当时还是荷兰语的）南非斯坦陵布什大学（Stellenbosch University）根据哥伦比亚大学模式成立了研究生层次的新闻学院。比勒陀利亚、德班、开普半岛和开普敦的理工学院（自2005年起称理工大学）也纷纷建立新闻院系。

或许基于一种"势利的"学术观，即认为新闻学"不属于大学层次的学习和研究"，英语高等教育机构开设教育和培训新闻工作者的项目非常缓慢。然而，罗德斯大学和夸祖鲁-纳塔尔大学例外，前者成为最重要的新闻学教育和培训中心，后者于1985年成立了文化与媒介研究的研究生项目，该项目在基延·托马斯里和卢斯·蒂尔-托马斯里（Ruth Teer-Tomaselli）及其同事的努力下，在20世纪后期赢得了国际声誉，将新闻学研究推进至新阶段。在这两所英语大学（罗德斯大学和夸祖鲁-纳塔尔大学），新闻学研究主要采用新马克思主义或批判范式，之后又借鉴了伯明翰大学当代文化研究中心等模式。

南非金山大学（Wits）于21世纪初开设了新闻学项目，由《每日邮报》[*Weekly Mail*，现在是《邮政卫报》（*Mail & Guardian*）]的知名联合创始人、前主编安东·哈伯（Anton Harber）担任首位教授兼新闻系主任，这是南非新闻学教育和研究发展中的重要一步。

前南非新闻学研究兄弟会成员、现澳大利亚研究者埃里克·洛（Eric Louw, 2000）对2000年前新闻学研究的第一个40年间的不同范式路径及其支持者做了以下有益的区分（写作本章时进行了修改）：

● 主流的自由学派和自由派行政研究者（大都讲英语）对国家及其传播机构持一种非常批判的立场，非常倾向于英语自由派媒体及其在取消种族隔离制度中的作用，比如现在美国西雅图华盛顿大学、以前在罗德斯大学的托尼·吉法德（Tony Giffard）。

● （特别是罗德斯大学和夸祖鲁-纳塔尔大学的）媒介研究者和新马克思主义/批判学派对传统媒体持高度批判态度，他们研究推进工人阶级和/或黑人与非种族机构之间的实践关系来对抗霸权结构，比如后来去了休斯敦大学的罗德斯大学的雷·斯威策（Les Switzer），基延·托马斯里和卢斯·蒂尔-托马斯里，现在昆士兰大学、以前在罗德斯/兰德阿非利加大学的埃里克·洛，以及现在英国的罗伊·威廉姆斯（Roy Williams）和作为自由新闻工作者的格雷姆·爱迪生

（Graeme Addison），最后二人都来自博普塔茨瓦纳大学。

● 另类左派实践学派：罗德斯大学的盖伊·博格（Guy Berger）；供职于非政府组织和其他机构的克莱夫·艾蒙顿（Clive Emdon）、克里斯·维克（Chris Vick）、曼苏尔·加法尔（Mansoor Jaffer）、弗兰茨·克鲁格（Franz Krüger）（目前供职于南非金山大学）等。

● 南非大学的阐释学派：马丁奈斯·范·斯古尔（Marthinus van Schoor）、皮特·J.福里（Pieter J. Fourie）、库斯·诺罗福斯（Koos Roelofse），以及来自祖鲁兰大学的加里·梅尔山姆（Gary Mersham）。

● 美国/欧洲的功能主义/折中主义学派：兰德阿非利加大学/奥兰治自由邦大学/波切斯卓姆大学-南非西北大学/南非斯坦陵布什大学的阿诺德·S.戴比尔和南非大学的埃娜·詹森（Ena Jansen）。荷兰语校区的一些研究者秉持一种象牙塔式的理想主义，以"遥远的""客观的"或"非介入式"研究作为庇护，常常以科学性作为幌子。

● 保守的行政研究者（主要是荷兰语）协助国家进行研究，特别是内容分析，以"客观的"方式呈现英语媒体如何"有偏见""不爱国"和"不真实"，比如，波切斯卓姆大学-南非西北大学的彼得·穆尔德（Pieter Mulder）和兰德阿非利加大学的T. L.德克宁（T. L. de Koning）。

## 新闻学研究：新的发展

20世纪90年代至21世纪，新闻学研究出现了新的发展。那些能够跨越语言和种族边界，某些情况下甚至能够跨越范式边界的南非新闻学研究者发出了一种新的声音，不过主要在后殖民主义/后现代路径语境之中。这些新闻学和媒介研究者包括：南非金山大学的安东·哈伯和塔瓦纳·库佩（Tawana Kupe）；南非斯坦陵布什大学，现在英国纽卡斯尔大学的赫尔曼·沃瑟曼（Herman Wasserman）；罗德斯大学的盖伊·博格、利奈特·斯蒂文德（Lynette Steenveld）和安西娅·加曼（Anthea Garman）；南非西北大学（波切斯卓姆校区）的约翰尼斯·弗罗曼（Johannes Froneman）；南非自由州大学的约翰·迪维特（Johann de Wet）；

# 第15章　南非的新闻学研究：全球化时代挑战范式分歧与找到立足点

肖恩·雅各布斯（Sean Jacobs）（现在密歇根大学安娜堡）；西开普大学（南非西北大学）的约翰·J. 威廉姆斯（John J. Williams）；华盛顿大学（贝瑟分校）/夸祖鲁-纳塔尔大学的罗恩·克拉比尔（Ron Krabill）；南非西北大学的苏伦·皮莱（Suren Pillay）；媒介发展与多元化机构的吉布森·马西罗·柏罗卡（Gibson Mashilo Boloka）；茨瓦尼科技大学的佩德罗·迪德里希斯（Pedro Diederichs）。他们的研究在某种程度上创立了南非的新闻学研究，继而由20世纪90年代之前的研究者完善，诸如基延·托马斯里、夸祖鲁-纳塔尔大学的卢斯·蒂尔-托马斯里、南非大学的皮特·J. 福里，以及南非斯坦陵布什大学和西开普大学的阿诺德·S. 戴比尔。

评价这些研究者在国内和国际上的影响力相当难。比如，博格同时活跃于学术界和媒体界，他所领衔的新闻学院在非洲位列前茅。在传统意义上的新闻学研究中，以上提及的学者中只有四位被南非国家研究基金会认定为研究者：托马斯里是一位享有国际声誉的研究者，福里和戴比尔是"知名"研究者，而沃瑟曼在2006年被评为最有潜力成为该领域内领导者的青年研究者。现在，这几个研究者必须找到新的发展新闻学研究范式的方法。新旧范式如何勾连，沃瑟曼提出以下建议。

> 到目前[2004年]为止，[新闻学研究范式之争]已经不是新鲜事了，至少从20世纪七八十年代起，类似的讨论就出现在南非的新闻学和媒介研究领域。虽然目前南非各个大学所进行的研究仍然体现着[自那个时代以来的]不同传统，但是，不同思想流派受过去意识形态分歧的影响较少。而且，国内各类高等教育机构某种程度上已经出现媒介和新闻学研究不同路径的交叉渗透。虽然这一情形在某些情况下导致了不同研究传统之间富有成效的对话，但是，批评意见认为范式窄化是为了适应政治正确——正如基延·托马斯里所言："剪贴复制式的马克思主义"——但缺乏具有全面理论基础的课程体系。
>
> （Wasserman, 2004a, pp. 180–181）

沃瑟曼（Wasserman, 2004a）担任《创新》（*Ecquid Novi*）第25期特刊特邀主编时提及该期的一篇文章，他指出作者基延·托马斯里（Tomaselli, 2004a）

叙述了他和阿诺德·S. 戴比尔过去如何因为代表不同思想流派而经常争吵，当时南非的新闻学和媒介研究者分别占据着彼此冲突的意识形态领域。托马斯里描述了其中的一些冲突，以及这些范式互动所产生的富有成效的结果。托马斯里从自己的观点立场出发，以经常与传播科学范式倡导者产生冲突的文化主义路径学者为例，试图在过去常被认为非传统或"非科学"的理论路径中开辟一个新空间（Tomaselli，2004a，p. 182）。

开辟新闻学研究新路径的结果之一就是来自不同大学的研究者第一次在全国范围内参与研究范式的讨论。或者正如沃瑟曼所言，"曾经缺席的研究范式讨论与批判性反思开始出现"（Wasserman，2004a，p. 181）。托马斯里作为南非传播协会（the South African Communication Association，SACOMM）主席发挥了重要作用，他开启了学术和学院氛围的辩论。越来越多的新闻学研究者参与由托马斯里等领衔的全球化国际媒体平台，也助推了这一辩论。

## 目前的理论研究路径

对于南非的新闻学研究而言，没有什么会比在冲突的范式研究路径世界中寻找立足之地更具挑战性。在南非，结构功能主义路径仍然留有现代主义的痕迹，而批判理论和文化研究等后现代主义路径自20世纪延续至今，代表着南非的主要研究路径。

与英语国家不同，南非新闻学研究的特点之一是关注较少的话题。21世纪（不仅仅是"9·11"之后）的发展、电子媒介的持续发展，以及全球化等国际议题呼唤更广阔的视野，不只涉及某些实际问题，还关乎研究路径。

### 作为新闻学研究路径的新功能主义

诚如前文所述，在占优势地位的荷兰语大学传播院系中，结构功能主义路径占主导地位。自2003年以来，南非斯坦陵布什大学新闻系（戴比尔）延续了这一传统。目前，这一路径与后殖民主义路径（沃瑟曼）、女性主义路径［利泽特·拉贝（Lizette Rabe）］和谐共存。

由于在南非功能主义从未拥有大量追随者，因此这一范式内的研究者能力有限，无法全面了解该路径的最新发展，比如新功能主义研究者杰佛瑞·C. 亚历山大（Jeffrey C. Alexander，1997）和尼克拉斯·卢曼（Luhmann，2000）。

新功能主义曾被描述为少数适用于新闻学和大众媒体研究的新理论路径之一。很大程度上，南非的研究者已经错失机会，理由是，该路径的主要倡导者亚历山大（Alexander，2003）已经将其移出现代性框架，尤其是引入了"社会组织"（Civil Society，而非"社会共同体"）概念。对于那些采用后殖民主义视角的南非学者来说，这一发展使新功能主义更便于使用。亚历山大与卢曼的大众媒体路径（Alexander & Luhmann，2000）为欧洲（主要是德国）和美国学者置换结构与机构、冲突与秩序等现代社会学二元观点开辟了道路（Alexaner，1997）。这些出现在南非的时机或许也已成熟。

## 媒介化和自我指涉

新闻学研究和媒体界似乎还都缺乏对社会媒介化的理解，这需要更多有关媒体能力的研究。欧洲媒体能力研究中心（the European Centre for Media Competence）指出，这种文化技巧和关键技能可以被界定为"带着责任意识使用作为独立和创造性表达手段的媒体，以批判、反思和独立的方式行走于媒体世界的能力"（Reichmayr，2001）。这么做可能会挑战媒体现有的自我指涉习惯［比如，国家媒体公司看待自己新办的煽情主义小报时所涉及的正面观点（Harber，2004）］。这一研究路径源于符号学、系统论和后现代文化，在南非还未充分发挥其潜力。

## 研究话题

许多不同的新闻学话题亟须研究。其中，有些研究话题较之其他更是如此。

## 新闻学教育

南非的新闻学研究议程中明显缺少新闻工作者培训教育这一主题,光培养新一代的新闻学研究者还不够。

波切斯卓姆大学建立首个新闻学院后 40 多年,当第一届南非全国编辑论坛(South African National Editors' Forum,SANEF)技能审核大会召开时,南非的媒体界才参与国家层面的新闻学研究。这场审核大会是非洲人国民大会主席塔博·姆贝基(Thabo Mbeki)与资深编辑和学者们经过严肃讨论(所谓的太阳城野营聚会),在发现南非媒体明显缺少新闻技能的背景下召开的(de Beer & Steyn,2002)。第二届南非全国编辑论坛技能审核大会(Steyn,de Beer,& Steyn,2005)的主题是媒体一线管理者能力。来自罗德斯大学等的新闻学研究者已经在小范围内开展了一些大学-行业项目(比如,Steenveld,2002)。

## 作为非洲一员的南非

国际学者经常惊讶于非洲关于自身的新闻学研究如此之少,南非也是如此。在北美和欧洲语境中,这个领域的理论和方法框架已经很完善,但非洲并非如此。比如,南非新闻学研究者库佩(Kupe,2004,pp.353-356)认为,应该研究适用于非洲大陆的新范式和新议题。他指出了几大领域:

● 必须重新思考新闻业的制度性作用,特别是在撒哈拉沙漠以南的非洲。在经历 40 年民主斗争之后,缓慢回归政治多元和媒体自由之时,批判性反思至关重要。其主要议题之一是政府和社会看待新闻工作者及其所属媒体作用的方式(比如,Wasserman & de Beer,2004)。

● 功能主义和后现代主义观点都认为,非洲面临重要的社会经济挑战。南非的现代西方化媒介体制通常被撒哈拉沙漠以南的其他非洲国家视为标准,但是这些国家缺乏基础设施,最基本的信息需求仍无法满足。

● 非洲亟须新的理论和研究框架来研究新闻工作者及其所属媒体的作用,同时进行组织分析、生产和新闻实践研究。比如,欧洲和北美的媒介生产理论很成熟，但通常不适用于非洲语境。对于在非洲拥有媒体的全球化媒体企业来说，尤为如此。很明显，它们只是想当然地采用同样的方法进行管理（Steyn et al.，2005）。

- 迫于必须发挥民主监督作用的压力，非洲新闻工作者要在全球化世界中起推动作用。正如库佩所言："是时候更有智慧地来理解制度化、组织化的语境和动态了，要将这些语境及其生产出的内容/媒介文本和想要对话的受众联系起来。"（Kupe，2004，p.355；同时参见 Steyn et al.，2005）

- 在这个英语已经成为地球村通用语的世界，人们无法想象发展中国家在使用媒体和研究媒体时全都只使用一种语言。非洲大量语言和叙事传统的方法论问题不能简化为通过使用英语等单一语言来解决。"唯英语"政策多半会使原本复杂的情况更复杂。

- 非洲精英群体的身份多元，他们通常会多国语言而且轮流占据着"现代"和"传统"的社会地位（Boafo & George，1992；Louw，2000），因此非洲受众的本质给研究者提出了理论和方法问题。

- 库佩（Kupe，2004）认为，理论和研究还要注意更宏观的新闻媒体和传播政策（已声明和未声明的），以及在形塑媒体和传播版图中发挥作用的监管框架，诸如谁是"全球化世界"中"民主化"和"发展中"语境的政策制定者和"管理者"等问题（Kupe，2004，p.355）。

## 其他研究话题

美国媒体曾在世纪之交遭受剽窃之殇（Ekstrand，2002），2003年南非媒体也深受其害，这是一个不幸但确实存在的事实（比如，Krüger，2004）。除此之外，种族、语言、文化、性别和 HIV/AIDS 等问题依然存在（比如，Wasserman & de Beer，2004）。这方面的例子不胜枚举——研究过程开辟了宽广的公开领域以便于播下思考成熟的种子——尽管范式不同。

## 新闻学研究发表

在南非，享有国际声誉的主要新闻学研究同行评审发表渠道是《创新：非洲新闻学评论》(*Ecquid Novi：African Journalism Studies*) 和南非传播理论与研究期刊《传播》(*Communication*)，媒介研究期刊《批判性艺术：罗德斯新闻学评论》(*Critical Arts. Rhodes Journalism Review*) 为观点性文章提供了发表渠道。在一流国际新闻学期刊，比如在《新闻学季刊》(*Journalism Quarterly*)、《新闻学研究》(*Journalism Studies*) 上发表过文章的南非新闻学研究者屈指可数。他们对国际图书论坛也鲜有影响，本土出版的新闻学研究专著也相对较少。

## 结论

在全球化时代找到南非新闻学研究中具有启发性的范式是值得进行严肃学术讨论的。正如文章所论，机遇就在眼前，这一（些）范式深受国家过去的种族主义和当下的消除种族主义努力的影响，同时也有赖于研究者跨越范式边界的能力，最终为亟须更全面和更深入开展新闻学研究的国家找到更好的解决方案。

## 参考文献

Alexander, J. C. (ed.) (1997). *Neofunctionalism and after*. Oxford: Blackwell Publishing.
Alexander, J. C. (2003). *Contradictions in the societal community: The promise and disappointment of Parson's concept*. Yale University: Working paper, Center for Cultural Sociology.
Berger, G. (2004). Headline-grabbing tabloids: Are they journalism? Retrieved May 31, 2005 from Mail&Guardian Online, December 8, 2004: www.mg.co.za/articlePage.aspx?articleid=193128&area=/insight/insight_converse/
Boafo, S. T., and George, N. A. (1992). *Communication research in Africa: Issues and perspectives*. Nairobi: ACCE.
de Beer, A. S. (ed.) (2000). Focus on media and racism. Special edition of *Ecquid Novi*, 21(2).
de Beer, A. S., and Steyn, E. (eds.) (2002). Focus on journalism skills. Special edition of *Ecquid Novi*, 22(2).
de Beer, A. S., and Tomaselli, K. G. (2000). South African journalism and mass communication scholarship: negotiating ideological schisms. *Journalism Studies*, 1(1), 9–35.
de Beer, A. S., Wasserman, H., and Botha, N. (2004). South Africa and Iraq: The battle for

media reality. In Y. R. Kamalipour, and N. Snow. *War, media and propaganda: A global perspective.* (pp. 179–88). Oxford: Rowman and Littlefield.

Ekstrand, V. S. (2002). The 21st century plagiarist: An old problem meets a new age. *Review of Communication*, 2(2), 160–3.

Giliomee, H. (2003). *The Afrikaners: Biography of a people.* Charlottesville, VA: Virginia University Press.

Harber, A. (2004). The *Daily Sun* shines in gore and glory over a changing land. *Ecquid Novi*, 25(2), 156–8.

Krabill, R. (2004). Reclaiming praxis. *Ecquid Novi*, 25(2), 356–9.

Krüger, F. (2004). *Black, white and grey: Ethics in South African journalism.* Cape Town: Double Storey.

Kupe, T. (2004). An agenda for researching African media and communication contexts. *Ecquid Novi*, 25(2), 353–6.

Louw, E. (2000). The death of Parks Mankahlana and the question of universal news values. *Ecquid Novi*, 21(2), 243–9.

Luhmann, N. (2000). *The reality of the mass media.* Cambridge, UK: Polity Press.

Reichmayr, I.-L. (2001). An essay: A case for media education. *Southeast European Media Journal.* Retrieved May 30, 2001 from www.mediaonline.ba/en/?ID=114

Steenveld, L. (2002). Training for media information and democracy. The South African National Editors' Forum and the Independent Newspapers' Chair of Media Information, Rhodes University, Grahamstown.

Steyn, E., de Beer, A. S., and Steyn, T. F. J. (2005). Managerial competencies among first-line news managers in South Africa's mainstream media newsrooms. *Ecquid Novi*, 26(2), 212–27.

Tomaselli, K. G. (2000). Faulting "Faultlines": racism in the South African media. In de Beer, A. S. (ed.). Focus on media and racism. Special edition of *Ecquid Novi*, 21(2), 157–74.

Tomaselli, K. G. (2004a). First and third and person encounters: *Ecquid Novi*, theoretical lances and research methodology. *Ecquid Novi*, 25(1), 210–34.

Tomaselli, K. G. (2004b). On research distractions and illusions. *Ecquid Novi*, 25(2), 365–72.

Wasserman, H. (2003). Post-apartheid media debates and the discourse of identity. *Ecquid Novi*, 24(2), 218–24.

Wasserman, H. (2004a). Reflecting on journalism research: A quarter century of *Ecquid Novi*. Editorial, *Ecquid Novi*, 25(2), 179–84.

Wasserman, H. (ed.) (2004b). *Ecquid Novi: 25 years of journalism research.* Special 25th anniversary edition, 25(1).

Wasserman, H., and de Beer, A. S. (2004). Covering HIV/AIDS: Towards a heuristic comparison between communitarian and utilitarian ethics. *Communicatio*, 30(2), 84–97.

Williams, J. J. (2000). Truth and reconciliation: Beyond the TRC process and findings. *Ecquid Novi*, 21(2), 207–19.

Williams, J. J. (2004). Towards a critical research methodology in journalism: Interrogating methodological assumptions. *Ecquid Novi*, 25(2), 257–74.

Wilson, C. C., II, and Gutiérrez, F. (1995). *Race, multiculturalism, and the media. From mass to class communication.* London: Sage.

# 第16章
# 中国的新闻学研究：共同体、路径和主题

潘忠党　陈韬文　罗文辉

像任何话语系统一样，新闻学研究勾连了其所处的社会情境，从中获取灵感、资源和洞见，并且以特定方式反思、对话和形塑社会情境。换言之，新闻学研究解决和架构每一个社会中新闻业的关键议题；它反映了围绕和关于这些议题的意识形态论争，告知了新闻工作者的日常实践。依据这个角度，我们在这一章中力图概述中国新闻学研究的主题和特征。

中国大陆、台湾地区和香港地区——在过去20年经历了重大的社会转型。这一时期，中国大陆加速了中国共产党领导的从社会主义国家经济转型为全球市场重要参与者的改革。作为整体变革的一部分，中国大陆的媒体越来越商业化。同时，随着民进党赢得第二次地区领导人直接选举，台湾地区稳固了其"制度"。传统政治精英对媒体的控制正受到迅速崛起的带有本土口音的另类媒体的侵蚀。香港地区结束了主权回归等待期的不确定性，经受住了经济衰退、非典（SARS）流行和抗议风波。这些变化以多种方式决定了中国社会的三种新闻学研究。它们激发了与新闻业相关的许多不同议题的学术研究。

这三种新闻学研究也是媒体全球化和新闻学研究国际化的一个组成部分。研究者的移动和数字技术的采用实现了社会科学认识论全球扩散。一个迹象就是越来越多地采用相似的理论概念和社会科学方法，以及三种新闻学研究之间及其和

世界其他地方之间的研究合作和学术互动越来越频繁。另一个迹象是，与媒体全球化相关的议题已成为新闻学研究的关键问题，中国大陆尤其如此。第三个迹象是三种新闻学研究经常出现在全球发行的出版社出版的专著中，发表在被认为是以西方为中心的新闻和大众传播研究领域的"主流"期刊中。

但是，新闻学研究不可避免地受制于每个学术共同体的构成及其政治经济环境。这三种新闻学研究在理论关切、概念重点和话语样式上各有不同，它们更广泛的社会变革和新闻学研究的全球浸润为我们考察这些不同特征提供了更为宏观的语境。

## 明确边界

为了批判性回顾三种新闻学研究中的学术作品，我们必须划定所包含的边界。这个议题包括文本和人口统计学两个方面。文本上，我们仅囊括有关中国社会新闻业的学术著作，将笼统介绍媒体或其他社会的作品排除在外。人口统计学上，我们主要囊括居住在中国境内的学者，他们是相关知识的主要生产者。但是，我们也囊括境外研究者的著作，只要我们发现他们的著作呈现了中国社会的新闻学研究。

应用这些规则后发现，相当多的香港和台湾新闻学研究者从美国和英国的研究型大学获得传播学相关项目的博士学位。其中较活跃的研究者集中在少数公立机构，这些机构提供硕士和博士水平的研究生项目。相比之下，大陆的新闻学研究者人数众多，稀疏地分布于约600个机构中。他们大多数曾经是资深记者，在国内大学接受高等教育，就读中文或其他人文学科专业。少数从国外获得高等学位的学者本科也是人文学科背景。然而，与香港和台湾类似，最知名的研究者集中在少数几个主要机构中。

如此界定的文献也揭示出这三种新闻学学术活动传统的差异。一般而言，台湾新闻学者共同体的同质化程度很高，其成员通过自己的期刊相互交流。通过在西方接受学术训练和在发表论文中编织广泛的文献回顾的实践，他们达成与英文文献的话语互动。香港研究者经常在西方同行评审期刊上发表论文的事实体现出与西方学术话语相同的学术倾向性。

大陆的情况有所不同。10年前，一位学者把大陆的传播研究描述为遵循一种"封闭模式"（closed-off model）。这个特征概括整体上仍然有效，但需要重大修正。过去20年，西方理论和概念的浸润对大陆新闻学研究产生了重大影响，使其日益成为全球新闻话语的一部分。这一影响随着过去10年里大陆图书市场大量出版翻译的学术著作而增强。互联网技术加快了这一进程。在过去10年里，许多致力于新闻学研究的网站建立起来。许多在西方以及在台湾地区和香港地区出版的论文甚至图书都被发布到这些网站上，供全国的学生和教职人员阅读。因此，新闻学研究的封闭模式越来越无法维持。[1]

这一分析显示，界定包含域也是一个实质性问题。它涉及描绘一幅研究共同体的社会学肖像。这些正是伍思诺（Wuthnow，1989）所谓的"话语共同体"，他们通过知识生产活动来建构关于新闻业的研究话语。除了在政治和媒体系统上的明显区别外，三种新闻学研究在研究者构成、开展学术工作的传统和知识传播方式上都有所不同。这些都是三种新闻学研究之间协调系统性差异和相互影响的不同研究话语的因素。正是基于这种社会学背景，我们继续系统地分析研究文献。

## 理解新闻业：话题和主题

仔细阅读三种新闻学研究的文献后，发现存在三个宏观的理论视角：政治经济学、社会-组织学和文化视角。虽然这些视角似乎与舒德森（Schudson，1991）用来概括美国新闻学研究特征的分类相似，但在细节上明显不同。此外，这些视角通常混合于经验研究之中。因此，我们的回顾将按照话题领域而非视角来组织。[2]

### 关于新闻工作者

三种新闻学研究的研究者都重视对新闻工作者的研究。该领域的研究紧紧跟随有关美国新闻工作者的开创性调查（Johnstone，Slawski，& Bowman，1976；Weaver & Whilhoit，1996）。尽管最早尝试调查香港新闻工作者是在 1981 年，但是，直到 1990 年才实现了利用概率抽样进行完整调查（Chan，Lee，& Lee，1996）。该调查提供了关于香港新闻工作者的重要数据，香港当时正处于主权回归前的过渡中期。同时，类似的新闻工作者调查也分别在台湾和大陆进行。罗文辉（Lo，1998）于 1994 年开展了一项台湾新闻工作者调查。大陆新闻工作者的全国性调查为即将在北京召开的世界妇女大会搜集了有关女性新闻工作者的数据（Chen，Zhu，& Wu，1998）。

1996 年，本章的后两位作者带头开展了对这三类新闻工作者的比较调查。我们在咨询了美国新闻工作者调查的参与者后编制了问卷。该调查获取了由 3 014 名被访者构成的混合样本，这是首个真正横跨三个区域的新闻工作者的比较调查（Lo & Chan，2004）。

这些调查获得了关于三个区域新闻工作者的大量信息。整体而言，香港的新闻工作者比其他两个区域的新闻工作者更年轻、更缺乏经验。在这三个区域中，大多数新闻工作者都接受过一定的大学教育。大陆和台湾的新闻工作者比他们的香港同行更满意于自己的工作。在这三个区域中，相较于工作的物质方面，新闻工作者都更满意于内在方面。在这三个区域中，新闻工作者的工作自主权意识与他们对工作内在方面的满意程度呈很强的正相关。

新闻工作者对媒体角色的感知存在重大差异。虽然在三个区域新闻工作者都重视媒体准确、快速发布事实性信息的角色，但大陆新闻工作者更看重新闻业向公众解释政府政策、帮助公众理解这些政策和引导舆论的角色。相比而言，他们不太重视媒体的调查性角色。关于新闻伦理的信念，虽然三个区域的新闻工作者都一边倒地反对接受潜在消息源的报酬，但是在接受消息源的免费礼品和旅行、在其他机构秘密兼职和淡化对政府机构或大广告主的负面报道等其他存在伦理问题的实践方面，他们的接受度差别很大。

这些调查发现通过其他小规模调查得以补充。比如，在大陆，一队研究人员在 2003 年开展了横跨全国的"有影响力媒体"（influential outlets）的新闻工作者调查，该调查发现这些新闻工作者在职业伦理信念方面存在类似的分歧。在台湾，一项调查发现新闻工作者称在新闻报道层面拥有很大的编辑决策自主权，但是在所在机构的编辑政策层面没有自主权，而且他们感到自己的工作自主权远低于预期。

在大陆，新闻工作者调查通常由"局外人"发起和设计，但由"局内人"实施，这是新闻学研究国际化进程中的一种罕见实践。另一项在 2002 年开展的重要调查就是如此，本章的前两位作者参与其中，试图调查上海和杭州的新闻工作者。结果显示，有证据证明在大陆新闻工作者中同时存在两种新闻工作范式，即党的新闻媒体和专业性新闻业（Pan & Chan, 2003）。这两个信念体系导致新闻工作者在评价自己的职业与获取工作满意度时强调了不同的因素（Chan, Pan, & Lee, 2004）。研究发现得出结论，专业性已成为大陆新闻工作者审视其职业的一个视角。

## 关于新闻职业

研究者也采用了社会-组织视角来考察新闻职业。台湾地区的研究者采用了田野观察、个案研究和深度访谈等方法，有时还与调查数据相结合，他们探讨了各种各样的议题。在区别新手和专家方面，有些研究者证明，随着新闻工作者经验的积累，他们会提升认知成熟度（cognitive sophistication），能够看到新闻事件的多面属性，从而生产更具深度和微妙差异的报道。研究者们还发现，新闻消息源以偏袒社会中权势阶层的方式分布，体现了不同报纸历史形成的意识形态谱系。在媒体机构内部，新闻工作者被发现受制于权力层级和嵌入组织结构和政策之中的媒体所有者的控制权。女性新闻工作者虽然强调性别在恪守客观性原则方面不起任何作用，但她们承认更喜欢从女性的视角看待政治人物。

香港地区的研究者经常在他们的研究中引用对新闻生产的观察和新闻工作者对自己工作的评论。有关新闻生产的大部分经验性参考文献都涉及对权力结构转变、自我审查和完全以市场为导向的新闻业的兴起等宏观议题的讨论（比如，Chan & Lee, 1991; Lee & Chu, 1998）。一个贯穿新闻职业研究的核心问题是自我审查，研究发现它涉及媒体专业人员因为感知报道的风险而低调处理敏感话题、信息或观点（Lee, 1998）。香港研究者还经常通过分析新闻内容来推断新闻生产实践模式，特别是那些与政治意识形态影响、依靠政治权力和组织控制相关的内容。尽管这些研究者主要采用政治经济学视角,但也从社会-组织文献中获取理论资源。

在中国大陆,考察新闻职业的各个方面一直是新闻学研究的主流。此类研究中的大部分著作都以印象主义观察(impressionistic observations)和非理论本质(atheoretical in nature)为基础。由于海外学者的涉足、跨境合作[3],以及年轻研究者的新取向,情况开始发生变化。一定程度上,新闻学研究的国际化不仅更明显,而且相较于其他两个区域,它对大陆的影响更加清晰可寻。

美国学者朱迪·波罗鲍姆(Judy Polumbaum, 1990)完成了第一项有关大陆新闻工作者和新闻职业的深度访谈。其他受过类似美式训练的研究者继续沿着这条研究线进行探究。例如,在一项对某份报纸的田野观察中,何舟指出党报发展出了一种既是党的喉舌又是逐利企业的双重人格。这些身份间的矛盾体现在组织文化、日常运营和新闻实践中。潘忠党采用了类似的路径,选择媒体机构进行了多次田野考察和深度访谈。海外学者的这些努力激发了跨境合作和大陆学者进行相似的田野研究。这条研究线表明,大陆新闻工作者在非常不确定的领域内工作,牵涉政治因素、市场压力和新闻理想等诸多因素。为了应对这些不确定性,新闻工作者有时会"临场发挥"(improvise)非常规的实践来躲避一些敏感内容,从而实现即时、短期和有形的成果。他们在处理多重且相互矛盾的压力源时还会挪用新闻业和媒体角色的官方规定来掩饰他们的创新实践(Pan, 2005)。该领域的研究通常融合了三种视角的理论资源。

## 关于宏观语境

在中国社会的三种新闻学研究中,新闻学研究者都需要设法解决与政治权力和市场因素相关的宏观层次议题。对于大陆和香港来讲,尤其如此。在很大程度上,政治经济学视角成为三个研究共同体的首要理论框架,体现了三个区域中快速的社会变迁和媒体全球化所导致的共同担忧。与此同时,也存在重要差异。

在香港,一个主要焦点是主权的回归会对作为职业的新闻业产生怎样的影响(So & Chan, 1999)。这些议题密切相关,包含多个方面。有些学者论及媒体的内在权力依附,因此希望媒体重新定位从而适应1997年主权回归后改变的权力结构。有些学者称,一些新闻机构开始雇用来自大陆的新闻工作者(Lee & Chu,1998)。这一措施是这些机构雇用具有合适意识形态取向的新闻工作者的普遍实践的延伸。还有学者表明,在党报和商业报刊工作的新闻工作者面对主权回归会表现出不同的"新闻工作范式"(Chan & Lee,1991)。

商业化被视为侵蚀香港新闻业专业性基础的因素。它也被视为以市场为基础的媒体对市场管理手段加强的回应。因此,有些学者认为,在香港的媒体环境中,新闻媒体被发现发挥重要的"代理功能"(Chan & So,2005)。

大陆对宏观层次议题的学术性关注和香港一样强烈,不过两者呈现出非常不同的视角。与香港学者在研究中采用的批判立场不同,大陆学者主要采取的是"行政式"取向。关于新闻自由、公众知情权、媒体运营和新闻自由的法律框架、新闻业的自我管理、对于面向受众及其生活世界的新闻媒体的需求、媒体在调查官员腐败中的角色等议题,有策略性制定的批判性分析。所有这些话题在政治和经济中心融合的语境下架构与考察。有时,这些议题也会依据作为表达和形塑文化价值观的文本和叙事的新闻来讨论。这些议题在何种程度上处于党媒意识形态的传统领域之外,对这些问题的讨论本身就象征着研究者的关键优势。

然而,更多的研究著作是在提供并合理化建议:如何重构媒体行业从而加强党对媒体内容的控制和保护处于全球化之中的国家媒体;媒体机构和新闻实践需要如何做才能乘商业化浪潮而上;新闻工作者应该如何提升媒体表现满足政治和市场要求;以及媒体机构应该如何适应互联网和数字化时代。所采用的基本方法仍然是政策解读和分析式论证。

除了李金铨(Lee,1993)对另类媒体和民主化的研究外,台湾地区的研究文献中缺少宏观层次的分析。这并不意味着台湾研究者不关注系统变量。只不过这些变量嵌入在有关新闻工作者和新闻职业的各种研究之中。虽然我们能找到有关新闻自由、1987年取消媒体禁令对媒体行业和新闻实践的影响、公共利益和媒体政策、媒体产业中的劳动关系等宏观层次议题的讨论,但是这类议题并未获得像香港和大陆那样的明显进展。

## 方法论和话语特征

上述回顾表明三个区域的新闻学研究运用了多种社会科学方法。不过，为了更清楚地理解三种话语如何且为何有差别，我们必须从比较的角度来考察它们的方法论特征。

### 所用方法

如前所述，调查法在三个共同体中都发挥了重要重用。它在三个方面体现了西方新闻学文献的浸润：（1）采用职业社会学的概念框架来研究新闻工作者和美国经典研究中的主要测量领域；（2）拥有方法论知识的受西方训练的研究者参与这些项目；（3）以大陆为例，来自外部的研究支持。在大陆使用作为社会科学手段的调查法是一项近期的事业。调查法的逐渐流行标志着大陆的新闻学研究已经开始从纯粹的政策解读转向经验探究。它也标志着这类研究正在与全球学术话语相联系。

内容分析也在三个区域中广泛使用。在台湾地区，许多新闻学研究者采用量化方法研究新闻内容。但是，有一个明显的趋势，即出现越来越多的质化文本分析，这体现了社会理论的语言学转向逐渐影响到台湾学者对作为文化产品和表征形式的新闻的思考。最近对台湾研究资助申请书的一项系统分析发现，研究者有时以各种方式将量化内容分析和阐释文本分析相结合，这也反映了日益强烈的文化视角的倾向。研究者采用这些方法，对不同媒体机构的样式手册进行了内容分析，发现新闻样式是在事实性和客观性等基本原则的基础上形成的。

研究者也采用新闻话语的文本分析来研究新闻框架，体验现实的条件，反映始于20世纪40年代末的威权统治到如今的多元民主的政治文化变迁的议程历史，新闻文本中嵌入的权力和主导意识形态，强化新闻文本的隐喻，以及作为美学叙事的新闻。所有这些话题都根植于文化视角。

在香港，量化内容分析经常被采用，但主要是解决上述部分讨论的社会学议题。我们很少见到香港研究者分析自身作为表征形式的新闻内容。不过，香港研究者最有效地使用了档案（也叫作文献）分析和个案研究（或者关键事件分析）。前者指结合媒介文本来分析政府机构和媒体组织的文献，将媒介文本作为结构配置和变化、权力行使和反抗的存证。

大陆学者中，类似的文献分析应用得也很广泛。但是只有极少数学者使用该方法解决新闻生产的社会学问题。至少在新闻学研究中，台湾研究者不将档案分析作为主要手段，但他们确实做个案研究。

大陆的研究者还广泛地研究新闻文本，其中只有少数研究例外，大部分都是印象主义的，称赞一些特定类型或报道样式。哪些报道被称赞取决于研究者赞成媒体角色重在宣传党的政策还是吸引城市受众，几乎一贯如此。

大陆新闻学研究中最成熟的领域或许是新闻历史。大量研究致力于澄清历史事实，提供关于某些特殊历史时期、过去尤为有影响力的媒体机构轨迹的描述性叙事。仍然有待发展的领域是对历史事件和轨迹的理论性阐释。相较而言，历史研究在香港和台湾不太常见。

## 话语特征

划分话语特征的两个基本类别有助于我们更好地理解三个区域新闻学研究的差别。第一类是研究中的理论角色。对此，我们把研究的首要目标分为问题解决、理论检验和形式化（formalization）。第二类是更宏观的认知独立（epistemic independence）和跨话语参与（cross-discourse engagement）的元理论特征。

问题解决和理论检验是学术研究中既相区别又相联系的两个路径。在三个区域中，问题解决是新闻学研究最显著的特征，这表明研究者深度参与实际变化中的新闻实践和媒体制度。这也意味着新闻学研究对新闻实践有启发和借鉴作用。但是，三个区域在使用理论方面明显不同。香港和台湾研究者通常陈述理论论据、推导检验假设，而且至少会尝试扩展和发展理论，而大陆研究者这么做的倾向较弱。在香港和台湾，共同的形式化训练和发表的盲审系统促使并要求研究者认真对待理论。

形式化明显抬高了理论发展和检验的水准。它指使用形式逻辑来表述理论和检验模型。在三个区域中，这是新闻学研究不太显著的特征。在大陆，形式化几乎不存在。因此，我们可以说三个区域的新闻学研究远非成熟的社会科学研究领域。不过，也许有人会说，香港和台湾更喜欢采用理论驱动式的问题解决路径，把它作为形式化路径的补充——如果不是替代的话。

我们划分了两个元理论特征。认知独立是指研究者在架构和解决研究问题时所采取的立场，这些问题出于学术上的考虑，而不是服从政治权威或行业利益的要求。跨话语参与是指研究者使用自己所处社会内部与外部的"无形学院"(Crane，1972) 中同事们的理论和研究文献。

很明显，这两个特征紧密相连。台湾和香港的新闻学研究在两个特征上都很强，大陆的情况则恰恰相反。在大陆，相对缺乏跨话语参与的部分原因在于研究者缺少西方的形式化研究训练。尽管已有一大批西方学术著作在大陆出版，但是当大多数研究者还并不具备相应的整体世界观，无法将这些学术资源融入自己的研究时，这些著作不太可能产生范式性影响。另一个原因是大陆缺乏普遍认可的研究实践的传统。比如，大陆的盲审过程通常是折中式的，因为需要平衡不同机构在会议或某期期刊上的代表性。

## 面向未来

在这一章，我们考察了中国社会的三种新闻学研究。整体上，我们能够作出结论：香港和台湾的新闻学研究涵盖了广泛的话题，已经真正地对理论发展和检验感兴趣。香港的鲜明特征——对世界其他地方的新闻学研究极具价值——是研究者有效使用了档案分析和内容分析来解决社会学问题。尽管社会学家早就认识到媒体内容作为有价值来源的社会学数据的重要性，但针对更宏观的理论议题来分析这些数据在新闻学研究中还不太常见。

台湾研究者在从社会和文化语言视角分析新闻文本上一直具有创造力。他们对于女性新闻工作者、媒体机构内部的权力结构、感知和期待的工作自主权之间的矛盾、新手和专家之间的认知差异，以及新闻叙事的美学研究都解决了超越台湾地区的重要理论议题。

总的来说，香港和台湾的新闻学研究拓展了主要源于西方的新闻学研究文献。这是在经历快速结构和文化变迁的转型社会中完成的。虽然呼应了西方的核心问题甚至研究发现，但是这两个区域的研究体现了系统构造的重要情境化作用，以及其应对每个区域的独特变化。它明显构成了全球新闻学研究的有价值的补充，但是这些补充想要真正融入研究文献还需要付出重大的国际化努力。为此，中国社会的这些新闻学研究者必须更努力地让他们的西方同行了解他们的研究。与此同时，这样的国际化也需要西方学者更加愿意去探索。

相较而言，大陆的新闻学研究仍需进一步完善。不过，对这一整体性评价必须加以解释。首先，我们必须把目前的情况放置在历史情境之中。25年前，当时除了纯粹的政策解读外，几乎没有任何的新闻学研究。现代社会科学方法在20世纪80年代才开始被引入大陆的新闻学研究，直到十年前才被广泛教授。在这个意义上，单一的政策解读为采用多种方法和解决广泛议题的研究所取代，新闻学研究已经在相对短的时间内取得了显著进步。其次，通过互联网获取研究文献和与大陆以外学者的研究合作已经开始改变大陆的新闻学研究。经验研究开始得到重视，而且强调理论。最明显的变化是产生了由研究生和年轻教职人员构成的新一代研究者。通过接触与中国学者合作研究的受过西式训练的学者，新一代研究者也开始浸润于西方的学术影响。

在未来几年，全球化和国际化将有更显著的影响。大陆新闻工作者和境外新闻工作者之间的交流呈上升趋势。新闻业能够渗透进大陆的其他途径是通过大陆以外的卫星电视和网站服务。位于香港的凤凰卫视带来的竞争给大陆电视台施加了压力，使它们更加积极地报道世界重要事件。正如无线电视台（TVBS）和《苹果日报》——来自香港的电视广播商和报业集团——对台湾的影响所证明的，新加入的媒体参与者所带来的竞争会产生模仿这些挑战者的新闻文化的压力。鉴于信息技术的发展和大陆对信息的渴求，我们有理由期待这一影响能够继续下去。

在香港，由于研究共同体规模小，新闻学研究的话题范围、方法使用和理论视角不够多样化。在台湾，缺少对宏观系统议题的持续性关注不可避免地导致了研究文献的"行政式"研究色彩。研究者不愿意用英文发表也阻碍了研究发现的扩散。

最后需要指出，中国社会的这三类新闻学研究者之间互动和合作的机会和空间稳步扩大，使其成为全球化大背景下的一个活跃的地区动力。可以确定的是，大陆新闻学研究将继续受益于台湾和香港受过良好训练的学者，过去 10 年就是如此。香港和台湾的学者也会继续对大陆的变化充满好奇，并在大陆开展研究，正如最近几年一样。鉴于这些发展，随着大陆新闻学研究的提升，我们能够看到更大的关于中国新闻业的研究共同体正在出现，这个共同体会为整个新闻学知识体系做出更重要的贡献。

## 注释

[1] 这些分析源自我们的观察，这些观察构成了囊括哪些文本的基础。几乎所有的大陆学者都在国内出版物上用中文发表。最近 10 年见证了学术期刊、行业期刊、文集和专门网站如雨后春笋般的出现。尽管其中没有一个拥有形式化的评审过程，但都被囊括到了这篇综述中。香港和台湾的情况不同。香港学者大多数在美国和欧洲的同行评审期刊上用英文发表。他们还通过当地和西方出版社出版英文书籍。台湾学者有自己的同行评审中文期刊。虽然大多数用中文发表，但有一些用双语发表。根据我们的目的，英文和中文文本都包括在内。

[2] 由于篇幅所限，除了少数代表性的英文发表，我们在本章中不会列出所有单篇论文，尤其是中文论文。完整的参考列表可以向作者索要。

[3] 这里提到的英文发表样本参见李金铨（Lee，2000，2003）编辑的文集。

## 参考文献

Chan, J. M., and Lee, C. C. (1991). *Mass media and political* transition: *The Hong Kong press in China's orbit*. New York: The Guilford Press.

Chan, J. M., and So, C. Y. K. (2005). The surrogate democracy function of the media: Citizens' and journalists' evaluations of media performance. In A. Romano and M. Bromley (eds.), *Journalism and democracy in Asia* (pp. 66–80). London: Routledge.

Chan, J. M., Lee, P. S. N., and Lee, C. C. (1996). *Hong Kong journalists in transition*. Hong Kong: Hong Kong Institute of Asia-Pacific Studies at The Chinese University of Hong Kong.

Chan, J. M., Pan, Z., and Lee, F. L. F. (2004). Professional aspirations and job satisfaction: Chinese journalists at a time of change in the media. *Journalism & Mass Communication Quarterly*, 81, 254–73.

Chen, C. S., Zhu, J. H., and Wu, W. (1998). The Chinese journalist. In D. H. Weaver (ed.), *The Global journalist: News people around the world* (pp. 9–30). Cresskill, NJ: Hampton Press.

Crane, D. (1972). *Invisible colleges: Diffusion of knowledge in scientific communities*. Chicago, IL: University of Chicago Press.

Johnstone, J. W. C., Slawski, E. J., and Bowman, W. W. (1976). *The news people: A sociological portrait of American journalists and their work*. Urbana, IL: University of Illinois Press.

Lee, C. C. (1993). Sparking a fire: The press and the ferment of democratic change in Taiwan. *Journalism Monographs*, no. 128.

Lee, C. C. (1998). Press self-censorship and political transition in Hong Kong. *Harvard International Journal of Press/Politics*, 3, 55–73.

Lee, C. C. (ed.) (2000). *Power, money, and media: Communication patterns and bureaucratic control in cultural China*. Evanston, IL: Northwestern University Press.

Lee, C. C. (ed.) (2003). *Chinese media, global contexts*. London: Routledge.

Lee, P. S. N., and Chu, L. L. (1998). Inherent dependence on power: The Hong Kong press in political transition. *Media, Culture and Society*, 20(1), 59–77.

Lo, V. H. (1998). The new Taiwan journalist: A sociological profile. In D. H. Weaver (ed.), *The Global journalist: News people around the world* (pp. 71–88). Cresskill, NJ: Hampton Press.

Lo, V., and Chan, J. M. (eds.) (2004). *Changing journalists in mainland China, Hong Kong, and Taiwan*. Taipei: Chuliu Publication Corporation (in Chinese).

Pan, Z. (2005). Media change through bounded innovations: Journalism in China's media reforms. In A. Momano and M. Bromley (eds.), *Journalism and democracy in Asia* (pp. 96–107). London: Routledge.

Pan, Z., and Chan, J. M. (2003). Shifting journalistic paradigms: How China's journalists assess "media exemplars." *Communication Research*, 30, 649–82.

Polumbaum, J. (1990). The tribulations of China's journalists after a decade of reform. In Chin-Chuan Lee (ed.), *Voices of China: The interplay of politics and journalism* (pp. 33–68). New York: Guilford Press.

Schudson, M. (1991). The sociology of news production revisited (again). In J. Curran and M. Gurevitch (eds.), *Mass media and society*. 3rd edition (pp. 175–200). London:

Edward Arnold.

So, C. Y. K., and Chan, J. M. (eds.) (1999). *Press and politics in Hong Kong: Case studies from 1967 to 1997*. Hong Kong: Hong Kong Institute of Asia-Pacific Studies at The Chinese University of Hong Kong.

Weaver, D. H., and Wilhoit, G. C. (1996). *The American journalist in the 1990s: US news people at the end of an era*. Mahwah, NJ: Lawrence Erlbaum Associates.

Wuthnow, R. (1989). *Communities of discourse: Ideology and social structure in the reformation, the Enlightenment, and European socialism*. Cambridge, MA: Harvard University Press.

# 第17章
# 墨西哥的新闻学研究：拉美语境下的历史发展与研究兴趣

玛利亚·伊莲娜·赫尔南德斯·拉米雷兹　安德里亚斯·施瓦茨

## 拉美语境下的新闻学研究

在拉丁美洲，新闻学研究成为专门的次学科始于20世纪90年代，这是个别学者努力的结果。在此之前，新闻学是传播研究的附属学科，是一个处于早期阶段且被视为边缘的领域。尽管发现了大量写于20世纪50年代之前与新闻媒体有关的文献，但其中大部分是历史和文化研究，或者有些文献采用了法律-政治路径；这些文献出现在非常特殊的语境之中（Aguirre, 1996）。这是该地区持续出现社会危机的语境下一种可解释的趋势。

三个主要因素导致了关于新闻现象的研究项目具体定义的延迟：

(1) 拉丁美洲整体科学研究的"不稳定性和［对其］与日俱增的依赖"（Fuentes, 1998, p. 37）；

(2) 新闻传播学术研究追随的方向（Herrera, 1998）；

(3) 媒体产业对科学知识的生产鲜有兴趣（Marques, 1992, p. 94）。

尽管拉丁美洲各国情况迥异，但是可以这样说，对传播与新闻开始阶段的经验主义调查（20世纪60年代后期—70年代早期）深受联合国教科文组织发展指数的影响。联合国教科文组织经由拉丁美洲经济委员会（CEPAL）要求大众媒体承诺，通过传播生产力、效率、能力和创新等价值观的方式鼓励经济增长（Marques，1992，p.96）。

自20世纪90年代起，在拉丁美洲各国的新闻学研究发展中，巴西、阿根廷、墨西哥和委内瑞拉表现出色。这一事实与这几个国家领衔参与所在地区的整体科学生产相一致，尽管总体数据相当少。[1]

对拉丁美洲新闻学研究发展做出重大贡献的国家中，墨西哥仅次于巴西。墨西哥的新闻学研究最开始是——某种程度上现在仍然是——作为一个分散的研究领域出现的。想要了解墨西哥新闻学研究的出现与现状，就必须介绍它的历史发展和通常遏制差异化发展的不同制度和社会政治背景。

## 墨西哥新闻学研究的出现——从个人努力到专门的研究领域？

### 前理论阶段——历史基础和政治化的开始（20世纪50年代—70年代）

在墨西哥，新闻学研究与更广泛的传播研究领域密切相关。简要介绍该国的新闻学教育历史也许有助于解释这一论断。被公认的墨西哥首个新闻学院是成立于1949年的卡洛斯·瑟普提恩·加西亚（Carlos Septién García）新闻学院（www.septien.edu.mx/）。之后墨西哥国立自治大学（UNAM）在1951年设立了新闻学学士学位项目；三年之后，韦拉克鲁斯大学建立新闻学院。这两个项目的课程设置，除了新闻实践和方法外，还包括源于广泛的社会科学学科的科学理论和方法。然而，自20世纪60年代起，正在发展中的新闻学项目为广泛概念化的传播学学位所取代，由此限制了新闻学项目的进一步差异化。培养目标由仅仅培养"单纯"的记者转变为培养"社会传播者"。联合国教科文组织建议课程更加多样化的重新定位，并由国际高级传播研究中心（CIESPAL）在拉丁美洲推广，旨在缩小电子媒体出现而导致的传统院校新闻学教学的差距。

富恩特斯对所有可获取的墨西哥传播研究资料进行了广泛的文献分析，他发现开创时期（1956—1970）的研究存在三大重要倾向（Fuentes，1988，p.27）：

（1）新闻媒体的规范性和历史性研究；
（2）扩散研究在农村地区的应用；
（3）对广播电视结构和社会功能的第一次反思。

新闻业相关的研究重点在于对报纸历史、特定时期或特定地区的新闻业角色进行描述和分类（Ruiz, Reed, & Cordero, 1974）。

20世纪60年代，墨西哥新闻学研究深受在墨西哥进行量化实证研究的美国学者的理论和方法论的影响（Fuentes，1988，p.28）。20世纪70年代，墨西哥学者主要整体性描述和分析了媒体结构（Del Río, 1972），关注日报的集中化（Granados Chapa, 1972）和报业机构的意识形态倾向、资金和形式（Fernández, 1975）。伴随着电子大众媒体的发展，墨西哥的传播研究开始建立自己的范式。越来越多刚毕业的传播研究者、专门的研究机构和学术刊物加速了这一发展。但是，这一时期大学层次的传播项目数量的增加并未带来研究基础的强化。

学者们从功能主义、结构主义和基于马克思主义的批判理论角度研究传播（Toussaint, 1975; Paoli, 1977）。后者主要受到那些在墨西哥寻求政治避难的拉美学者的推崇（比如，Reyes Matta, 1978; Roncagliolo, 1978）。他们关于国际新闻流动和拉美北部工业化国家主要新闻机构的研究仍被视为对墨西哥的新闻学术话语产生了重要影响（Fuenetes，1988，p.33）。

在这个前理论阶段，有关新闻业的个人努力还关注了专业化和教育（González Casanova, 1965）[2]、印刷媒体的法律规范（Castaño, 1967）和新闻媒体的符号分析（Rivadeneyra, 1975）。还有学者从跨学科角度概述了研究报纸的基本概念，包括对报纸社会功能和功能障碍的反思（Guajardo, 1967; Jiménez de Ottalengo, 1973）。

但是，由于缺乏制度化，对新闻业的新兴研究无法明确界定分析对象。该领域无法建立拥有系统化研究路径、明确方向和完整经验数据的自成一体的学科。内容分析和话语分析是首选且合适的研究方法。

## 巩固和学术危机——寻找新的方向（20世纪70年代后期—80年代后期）

自20世纪70年代后期，很多学者逐渐通过介入政治辩论来影响国家传播政策和民主化进程。但是，与国家经济形势一样，传播研究——包括依然断裂和分散的新闻学研究——发现自己身陷危机，主要原因在于政府研究资助的缩减和学术劳动力市场的停滞（Fuentes，1997，p. 38）。

在联合国教科文组织的倡导下，有关民主化传播必要性的讨论加强并引导学者们特别关注对媒体-政府关系和/或依赖的反思和研究。这一时期的很多出版物都具有政治争论的特点（Fuentes，1988，p.35），探讨了新的信息法的必要性（Solís，1984）和新闻媒体在民主化进程中的作用（Esteva，1982）。在大部分拉丁美洲国家，异国形象研究激发了学术努力，墨西哥学者也试图考察外国新闻媒体如何形塑本国形象（Luna，1986），同时关注国家传播政策对世界信息新秩序（New World Information Order，NWIO）造成的障碍（Arrieta，1980）。

这一时期的大部分随笔性研究和经验性研究都提到了当时的政治问题和争议。内容分析仍然是主导的研究方法，主要用于考察新闻的意识形态偏见（Delgado et al.，1981）。有关1985年墨西哥城大地震新闻报道的大量研究证明了重要事件对学术研究的影响（比如，Ávalos，1986）。

一些学者开始将注意力转向商业和地下印刷媒体的结构和社会影响（Trejo，1980）。还有学者粗略介绍了墨西哥新闻媒体行业的特点，并提出了消费偏好（Olvera & Gómez，1982）。另有学者分析了作为墨西哥印刷媒体的政府控制结构的国有报纸行业（PIPSA）（Feuntes Fierro，1983）。有些学者继续从历史视角研究新闻业（主要是新闻媒体），但是到这一时期结束时，这类研究逐渐减少了。此外，还有少量关于新闻专业化和伦理的讨论和数据发表（比如，Baldivia，1981）。

这一阶段结束时，研究者将关注点从印刷媒体转向了广播电视媒体，主要关注了墨西哥重要电视联盟特莱维萨传媒集团（Televisa）日益增长的权力。学者们讨论其支持权力滥用的内在组织和政治结构，试图证明特莱维萨传媒集团的新闻报道存在政治偏见（Trejo，1985）。

此时，墨西哥的大学正处于危机之中，墨西哥城的研究者连同毕业于美国高校的墨西哥裔学者开始在墨西哥西部建立新的学术项目，实现传播研究的去中心化。当时且至今仍最值得关注的是墨西哥科利马大学的"文化项目"（Programa Cultura）和墨西哥瓜达拉哈拉大学的"信息和传播研究中心"（Centro de Estudios de la Información y la Communicación），这两个项目在短时间内赢得了声誉，提高了该领域的生产力和制度化（Fuentes，1997，p. 39）。

## 墨西哥新闻学研究的专业化和日益提升的社会学影响力（20世纪80年代后期—90年代中期）

20世纪80年代的大学危机促使墨西哥学者寻求替代性（alternative）概念和方法路径。一些学者开始采用美国和英国的理论框架，因为这两个国家是国际研究文献的主要来源，而且有各种各样的大学可供选择。这一时期，很多墨西哥研究者从海外院校毕业，其中就包括研究特莱维萨传媒集团新闻生产的组织和结构现状（González Molina，1985）、将新闻价值概念引入墨西哥新闻学研究（González Molina，1986）的加布里埃尔·冈萨雷斯·莫利纳（Gabriel González Molina）。他的研究源于早期的英国新闻生产研究和文化研究路径（参阅本书中沃尔-乔根森、弗兰克林所写那一章）。冈萨雷斯·莫利纳对之后墨西哥新闻学研究的重要影响通过后续学者们的努力得以体现：他们建立了一个名为"新闻生产社会学"的新领域（Hernández Ramírez，1997），其研究重点有新闻生产的新闻惯例、新闻搜集流程、新闻选择与编辑，以及记者及其信源之间的关系。有关新闻编辑部内新闻生产、机构惯例对作为社会建构产物的新闻的影响的早期经验主义研究主要采用了民族志方法（Hernández Ramírez，1995；Cervantes，1996；Lozano，1996）。[3]这一研究分支代表着墨西哥最早建立并持续讨论的新闻学研究框架。

与此同时，很多研究者关注了1988年（Arredondo，Fregoso，& Trejo，1991）和1994年（Acosta & Parra，1995）的总统选举。他们主要关心的是电视节目和纸媒报道中政治派别和意识形态偏见的平衡表征。不过，这些研究的主要分析对象是政治传播过程而不是新闻。基于不同兴趣的类似研究想要解释政治新闻如何实现统治政权的权力正当化（legitimizing）(Trejo，1995-1996)，以及新闻媒体对政治参与的影响（de la Peña & Toledo，1991）。特莱维萨传媒集团的社会影响力及其与政府之间的密切联系尤其引起学术界的注意（Ortega & Gutiérrez，1987）。

总体而言，与之前相比，这个时期传播研究的学科重点已经明显转向社会学路径。富恩特斯分析发现，1986年至1994年的1 019份文献中，37.4%采用了社会学视角（Fuentes，1996，p.19）。新闻学研究也存在类似的趋势。尽管量化研究成果仍然较少，但是，这种连贯的方法使其成为日益重要的研究路径。

除了社会学路径日益增长的影响力外，这一时期的另一特点是传播与新闻学研究的逐渐专业化。标志之一是经验性研究的增多（Fuentes，1996，pp.19-20），新闻学研究主要采用内容分析和民族志方法。由于获准进入媒体机构较难，所以全样本调查或观察设计仍处于萌芽阶段。不过，鉴于科学学会（比如AMIC和CONEICC）定期组织会议并增加了专业学术期刊的数量，传播与新闻学研究在制度层面取得了有目共睹的重要进展。这些出版物在传播与新闻学研究的制度化过程中发挥了重要作用，1986年至1994年绝大部分的学术成果都由这些期刊发表（50%以上是传播研究），主要发表于墨西哥瓜达拉哈拉大学信息与传播研究中心的 *Comunicación y Sociedad*、墨西哥科利马大学文化项目的 *Estudios sobre las Culturas Contemporáneas* 和布恩狄亚（Manuel Buendía）基金会的 *Revista Mexicana de Communicación*（Fuentes，1996，pp.10-12）。

## 新闻业专门研究的起步和社会政治环境的影响（20世纪90年代中期—2005年）

墨西哥民主初期最无序的一个方面是当时的社会传播法律制度。这也正是在1995—2001年民主转型进程最活跃的时期关注这个方面的研究占所有研究12%而不足为奇的原因（Fuentes，2003，p.24）。

20世纪80年代初，始于1977年的有关知情权（the right to information）的讨论变得不再重要。不过，这一讨论仍旧是潜在的学术议题，并在20世纪90年代后期重获重要性，当时的某些政治行为主体探究深层次的法律改革进而规范媒体的运行方式（Esteinou，1998）。学者们也首次采用比较法路径分析知情权（Villanueva，1998）。

新观点在确认将媒体与墨西哥后革命制度有机联系起来的法律条款基础上，试图超越纯粹的政治争论来证明现代民主法律框架的必要性（López Ayllón，2000）。因此，讨论的重点包括全世界各国政府对新闻媒体的合法资助、新闻工作者的职业保密权利、新闻伦理和媒体自律（Aznar & Villanueva，2000）、新闻业工会或行业协会，以及答辩权和获取公共信息立法的缺失。

传播立法的模棱两可和过时[4]、媒体所有者和政治权力之间的利益合谋，以及墨西哥信息透明化社会的早期文化这些事实解释了为什么在距离首次知情权讨论30年后仍然是论证式研究多于经验性研究。这也解释了为什么对新闻业的研究仍然与社会-政治因素有关。

随着墨西哥革命制度党（PRI）在国内逐步丧失霸权，媒体-政府关系的机制逐渐显现。这一议题一直是新闻学研究者的兴趣中心，但是民主转型语境和国际社会对此进程与日俱增的警惕推动了学术-政治文章的发表，开始形成有关墨西哥媒体与公共权力之间从属关系的历史结构模式理论（Carreño，2000）。然而，实际上，采取相同路径研究本土媒体的成果很少（Sánchez，1997）。

在1997年墨西哥城举行的选举中，自革命以来首个左翼政府［墨西哥民主革命党（PRD）］获得政权，这引起了学术界对媒体报道的敏锐观察。相较于电视新闻节目（Acosta & Vargas，1998），广播新闻的自我审查明显减少了（Sosa，1997）。这一政治插曲构成了电视新闻接收和消费研究初步应用方法论的语境（Inestrosa，1997），也是试图了解作为政治信息传播手段的广播新闻节目的听众接收模式的研究语境（Aceves，1997）。

2000年7月2日，在墨西哥革命制度党连续执政71年后，墨西哥国家行动党（PAN）在联邦大选中获胜，所有社会组织部门都产生了对变化的期待。对于传播与新闻领域而言，这一变化开辟了重启法律项目规范社会传播、保证人民获得公共信息和要求公务人员履行责任的可能性。

一群研究者和全国报纸发行人组织——自称瓦哈卡集团（Grupo Oaxaca）——以学术研究和劝服（proselytism）的方式，将获取公共信息的议题推上了议会。最终，获取公共信息联邦法在2003年6月12日生效。这一事件具有重大意义,因为它参与了墨西哥的国家转型与公众意见的形成过程,而且毫无疑问会出现与制定有效法律规则相关的研究。这势必又能反过来拓展新闻实践的可能性范畴(Villanueva & Luna,2001)。

正是在这个时期,由加布里埃尔·冈萨雷斯·莫利纳引入盎格鲁-撒克逊式新闻生产社会学所产生的影响力逐渐延伸至理论和方法层面(Hernández Ramírez,1997;Cervantes,2000)。这一期间进行了几项经验性研究,一些研究生论文对墨西哥语境下的新闻生产社会学的建构做出了一定的持续性贡献。这些研究主要分析了本土媒体的新闻生产(de León,2003)、本土电视、图片新闻、本土犯罪新闻中的新闻价值、信源-记者关系等现象,以及对作为知识的新闻的反思(Zacarías,2001-2002)。此外,技术融合现象提出了报纸生产过程中的转型问题(Zaragoza,2002)。

韦尔尼克(Vernik,1998)和奥罗斯科(Orozco,1998)最早分析了电视新闻中的新闻话语认知。而后,受重要电视联盟(特莱维萨传媒集团)的资助,洛扎诺开启了以系统累计方式研究"墨西哥新闻节目消费"的方向,包括不同类型受众的意义协商,以及他们对于新闻节目可信度和客观性的话语认知(Lozano,2001a)。

媒体应对研究的关注点从新闻的平衡性转向了政治新闻小报化分析(Lozano,2001b)。重点是墨西哥政治和社会变迁进程中的总统选举(Trejo,2001)。

话语分析和内容分析是经验主义研究所采用的为数不多的研究方法,有时再加上议程设置路径(Aceves,2003)、社会符号学、语用学和语言学视角。拉美新闻媒体中的国际新闻流依然是研究重点(Lozano,2000),美国新闻体系对墨西哥的报道也是如此(Arredondo,2002)。

在这期间,一些出色的内容分析研究探讨了 1994 年萨帕塔民族解放运动的媒体报道和话语策略(Gómez Mont,1999;Gutiérrez,2004),电视新闻节目的奇观话语(spectacular discourse)(de Gasperín & Torres,1999),现实的虚构手法(Aponte,2000),以及新闻媒体如何应对 2000 年的执政党交替(Santillán,2004)。

互联网是当下墨西哥研究者研究较多的媒体形式(仅次于电视),一些专门的分析探讨了万维网给新闻业带来的变化,重点关注职业新闻工作者形象的转变

（Crovi，2002）。但总体而言，这类研究仍然很少，而且只有描述性研究（Islas et al.，2002）。

新闻媒体与政治权力的逐渐疏远表明，必须对作为一种职业的新闻业的现状进行反思。因此，有研究描述了墨西哥新闻业的专业化（Torres，1997）、工作环境和新闻工作者工会组织（Hernández López，1999）所面临的困难。新闻学教育的历史重构证明了缺少合适的墨西哥教育模式（Hernández Ramírez，2004）。在此背景下，有学者从布迪厄的"场域与惯习"视角探索墨西哥新闻实践的根源（García Hernández，2000）。

尽管关于新闻伦理的辩论式讨论仍然普遍存在，但更具理论性的研究和经验性调查开始出现（Arroyo，1998）。有些研究在系统反思经典作者的基础上，试图在诺伯特·埃利亚斯（Norbert Elias）的理论视角基础上建构大众媒体的社会责任模式（Fernández，2002）。

史学研究突破了描述层面，开始对过去100年间的研究进行评估和分类（Cruz，2001）。这类研究基于新闻业与权力之间的关系、女性参与全国性新闻媒体的文献，试图历史性地分析作为文化产品的新闻业。文献记载的广播电视新闻史与众不同（Sosa，2001）。

## 结论与展望

基于以上的回顾，我们可以说，墨西哥学者似乎对作为明确界定的研究对象的新闻业缺乏强烈的兴趣，更倾向于研究墨西哥当下的社会动态与政治转型。除了对波动且不足的学术资源的依赖，还有几大因素阻碍了研究传统的巩固、基本理论框架的形成和解释新闻业现象的方法应用。这些因素包括缺乏统一的新闻职业、新闻学教育课程体系模糊不清、传播立法过时，以及墨西哥大众媒体的结构和所有权模式。

墨西哥的新闻学研究持续受异国概念和路径的影响，诸如拉丁美洲研究者的批判性视角（比如，Fernando Reyes Matta）、美国的经验主义研究传统、英国早期新闻学研究的影响——主要由冈萨雷斯·莫利纳引入墨西哥。此外，联合国教科文组织的发展与传播政策具有相当大的影响力。的确，这些影响因素在墨西哥激发了大量的新闻业相关研究，但是，这些影响因素也阻碍了墨西哥本土研究理论或方法路径的出现。

当代新闻学研究在墨西哥仍然属于新生事物。全球范围内新闻实践的变化可能会影响对于该领域的制度性兴趣。不过，巩固某一特定研究趋势的学术努力将在很长一段时间内继续受到孤立，社会政治环境的影响无疑仍将占据主导地位。

## 注释

［1］据富恩特斯（Fuentes，1998，p.37）研究，1978年的科学引文索引数据显示，只有1‰记录在册的发表出自拉丁美洲，其中，"92%来自巴西、阿根廷、墨西哥、智利和委内瑞拉"，而且只有很少一部分来源于社会科学。

［2］有关拉美新闻工作者专业化的经验性研究来自非墨西哥研究者，比如戴（Day，1968）、麦克劳德和拉什（McLeod & Rush，1969a，1969b）。

［3］李普曼（Lippmann，1922）、塔奇曼（Tuchman，1978）和舒德森（Schudson，2002）等作者的研究被视为概念基础。

［4］印刷媒体法追溯至1917年，广播电视法追溯至1960年。

## 参考文献

Aceves, F. (1997). La radio en Guadalajara [The radio in Guadalajara]. In *Anuario de Investigación de la Comunicación*, IV (pp. 24–5). Mexico: CONEICC.

Aceves, F. (2003). Problemas metodológicos en el estudio de la cobertura informativa de los medios en los procesos electorales [Methodological problems in the study of news coverage of elections]. In *Anuario de Investigación de la Comunicación*, X (pp. 353–68). Mexico: CONEICC.

Acosta, M., and Parra, L. P. (1995). *Los procesos electorales en los medios de comunicación. Guía para el análisis de contenido electoral en México* [Electoral processes in the media. Guide for content analysis of election coverage in Mexico]. Mexico, DF: Academia Mexicana de Derechos Humanos/UIA.

Acosta, M., and Vargas, N. (1998). Sinopsis global de las elecciones del '97 en cuatro noticieros [Global synopsis of the '97 elections in four television news programs]. *Revista Mexicana de Comuincación*, 10(53), 18–23.

Aguirre, J. M. (1996). *De la práctica periodística a la investigación comunicacional: Hitos del pensamiento venezolano sobre comunicación y cultura de masas* [From journalism practice to communication research: Mile stones of Venezuelan thought about communication and mass culture]. Caracas: Universidad Católica Andrés Bello.

Aponte, R. (2000, October). La oferta noticiosa: celebración de simulacros y cofradía de emociones por televisión. [News: celebration of illusions and falsehood of televised emotions]. *Versión, estudios de comunicación y política*, 10, UAM-X 127–48.

Arredondo, P. (2002). México en la prensa de Estados Unidos. Dos agendas informativas [Mexico in the US press. Two news agendas]. In Del Palacio (ed.), *Cultura, comunicación y política* [Culture, communication and politics] (pp. 201–12). Mexico: University of Guadalajara.

Arredondo, P., Fregoso, G., and Trejo, R. (eds.) (1991). *Así se calló el sistema. Comunicación y elecciones en 1988* [How the system became quiet. Communication and elections in 1988]. Guadalajara: University of Guadalajara.

Arrieta, M. (1980). *Obstáculos para un Nuevo Orden Informativo Internacional* [Obstacles for a new world information order]. Mexico: CEESTEM/Nueva Imagen.

Arroyo, A. (1998, May–August). Valores éticos en el periodismo escrito mexicano [Ethical values in Mexican print journalism]. *Revista Iberoamericana de Derecho a la Información*, no. 1, 95–143.

Ávalos, B. (1986). El vaivén de la palabra [The fluctuation of the words]. In A. Aguilar Zinser, C. Morales, and R. Peña (eds.), *Aún Tiembla* [It is still quaking] (pp. 209–30). Mexico: Grijalbo.

Aznar, H., and Villanueva, E. (eds.) (2000). *Deontología y autorregulación informativa. Ensayos desde una perspectiva comparada* [Ethics and informational self regulation. Essays with a comparative perspective]. Mexico: FMB/UNESCO/UIA.

Baldivia, J. (ed.) (1981). *La formación de los periodistas en América Latina: México, Chile, Costa Rica* [The education of journalists in Latin America: Mexico, Chile, Costa Rica]. Mexico: CEESTEM/Nueva Imagen.

Carreño, J. (2000). Cien años de subordinación entre prensa y poder en el siglo XX [100 years of subordination between the press and the power in the 20th century]. *Espacios de Comunicación* UIA, 4, 145–66.

Castaño, L. (1967). *La libertad de pensamiento y de imprenta* [The freedom of opinion and the freedom of the press]. Mexico: UNAM.

Cervantes, C. (1996, September–December). Construcción primaria del acontecer y planeación de la cobertura informativa. Propuesta metodológica para su estudio [A methodological proposal to study the first level of news building and the planning of news coverage]. *Comunicación y Sociedad*, 28, 49–82.

Cervantes, C. (2000). Para superar la ruta de los modelos, efectos y metáforas equívocas en la sociología del periodismo [Overcoming wrong models, effects and metaphors in the sociology of journalism]. In G. Orozco (ed.), *Lo viejo y lo nuevo. Investigar la comunicación en el siglo XXI* (pp. 169–83) [The old and the new. Researching communication in the 21st century]. Madrid: Ediciones de la Torre.

Crovi, D. (2002). Periodistas de un nuevo siglo [*Journalists of a new century*]. In Maldonado, P. (ed.): *Horizontes comunicativos en México. Estudios críticos* [Communicative horizons in Mexico. Critical studies] (pp. 229–46). Mexico: AMIC.

Cruz, R. (2001). La historia de la prensa en México durante el siglo XX [*The history of the Mexican press during the 20th century*]. In I. Lombardo (ed.): *La comunicación en la sociedad mexicana. Reflexiones temáticas* [Communication in the Mexican society. Reflections] (pp. 15–48). Mexico: AMIC.

Day, L. J. (1968). The Latin American journalist: A tentative profile. *Journalism Quarterly*, 45(3), 509–15.

de Gasperín, A., and Torres, A. (1999, June). Para una lectura crítica del discurso noticioso de la televisión mexicana [Aiming at a critical reading of the news discourse in Mexican television]. *Diá-logos de la Comunicación*, no. 55, 93–8.

de la Peña, R., and Toledo, R. (1991, May–August). Medios de comunicación y actitudes políticas de los ciudadanos del Distrito Federal [Media and political behavior of Mexico City's inhabitants]. *Comunicación y Sociedad*, 12, 115–38.

de León, S. (2003). *La construcción del acontecer. Análisis de las prácticas periodísticas* [The (news) construction of reality. Analysis of journalistic practices]. Mexico: UAA/UdeG/CONEICC.

Del Río, J. (1972). Anotaciones sobre los medios de información en México [Annotations about the news media in Mexico]. *Revista Mexicana de Ciencia Política*, 18(69), 5–45.

Delgado, M., Juárez, R. E., Suárez, J. D., Silva, S., and Villa, L. I. (1981, September). Análisis de la prensa en Guadalajara. La ideología en los editoriales de cuatro periódicos [Analysis of the press in Guadalajara. Ideology in the editorials of four newspapers]. *ITESO Ciencias de la Comunicación*, no. 4, 5–37.

Esteinou, J. (1998, September–December). El derecho a la información y la democratización del estado Mexicano [The right to information and the democratization of the Mexican state]. *Revista Iberoamericana de Derecho de la Información*, 2, 59–79.

Esteva, G. (1982). Prensa, derecho a la información y democratización de la sociedad mexicana [The press, the right to information and the democratization of Mexican society]. In El Día (ed.), *Foro Internacional de Comunicación Social* [International forum of social communication] (pp. 74–96). Mexico: El Día.

Fernández, F. (1975). Prensa y poder en México [The press and the power in Mexico]. *Estudios Políticos*, 2(2), 29–64.

Fernández, F. (2002). *La responsabilidad de los medios de comunicación* [The responsibility of the media]. Mexico: Croma/Paidós.

Fuentes Fierro, A. (1983). *Papel y medios impresos: desarrollo económico y derecho a la información* [Paper and print media: Economic development and the right to information]. Mexico: UAM Xochimilco.

Fuentes, R. (1988). *La Investigación de Comunicación en México. Sistematización documental 1956–1986* [Communication research in Mexico. Systematic documentation 1956–1986]. Mexico: Ediciones de Comunicación.

Fuentes, R. (1996). *La Investigación de la comunicación en México. Sistematización documental 1986–1994* [Communication research in Mexico. Systematic documentation 1986–1994]. Mexico, DF: University of Guadalajara/ITESO.

Fuentes, R. (1997, May–August). Consolidación y fragmentación de la investigación de la comunicación en México, 1987–1997 [Consolidation and fragmentation of communication research in Mexico, 1987–1997]. *Comunicación y Sociedad*, 30, 27–50.

Fuentes, R. (1998). *La emergencia de un campo académico: continuidad utópica y estructuración científica de la investigación de la comunicación en México* [The emergence of an academic field: Utopian continuity and scientific structuration of communication research in Mexico]. Guadalajara: ITESO/University of Guadalajara.

Fuentes, R. (2003). *La Investigación Académica sobre Comunicación en México. Sistematización Documental 1995–2001* [Communication research in Mexico. Systematic documentation 1995–2001]. Mexico: ITESO.

García Hernández, C. (2000). La práctica periodística: herencia de cambios históricos [The journalistic practice: The heritage of historical changes]. In C. Del Palacio (ed.), *Historia de la prensa en Iberoamérica* [*History of the press in Latin America*] (pp. 487–98). Mexico: University of Guadalajara/Altexto.

Gómez Mont, C. (1999). Médias et néo-zapatisme dans la crise mexicaine : la spirale du silence [The media and neo-zapatism during the Mexican crisis: The spiral of silence]. *Communication et Organisation*, 16, Université Michel Montaigne – Bordeaux, 165–84.

González Casanova, H. (1965). El futuro de los medios de información relacionado con la formación universitaria de los periodistas [The future of the news media related to the academic education of journalists]. *Revista de Ciencias Políticas y Sociales*, 11, 41–50.

González Molina, G. (1985). Mexican television news: the imperatives of corporate rationale. *Media, Culture and Society*, 8(2), 159–87.

González Molina, G. (1986). *Valores noticiosos: la distribución desigual del acceso periodístico* [*News values: The unequal distribution of journalistic access*]. Colima: University of Colima.

Granados Chapa, M. Á. (1972). Aproximaciones a la prensa mexicana. Notas sobre el periodismo diario [Approaches to the Mexican press. Notes on daily news]. *Revista Mexicana de Ciencia Política*, 18(69), 47–52.

Guajardo, H. (1967). *Elementos de periodismo* [*Elements of journalism*]. Mexico: Gernika.

Gutiérrez, G. (2004). *La rebelión zapatista en el diario El País (análisis del discurso)* [*The Zapatista rebellion in the newspaper El País (discourse analysis)*]. Mexico: University of Guadalajara.

Hernández López, R. (1999). *Sólo para periodistas. Manual de supervivencia en los medios mexicanos* [*Only for journalists. Manual of surviving in the Mexican media*]. Mexico: Grijalbo.

Hernández Ramírez, M. (1995). *La producción noticiosa* [*News production*]. Mexico: University of Guadalajara.

Hernández Ramírez, M. (1997, May–August). La sociología de la producción de noticias: hacia un nuevo campo de investigación en México [The sociology of news production: Towards a new research field in Mexico]. *Comunicación y Sociedad*, 30, 209–42.

Hernández Ramírez, M. (2004, January–June). La formación universitaria de periodistas en México [Academic education of journalists in Mexico]. *Comunicación y Sociedad*, 1, 109–38.

Herrera, E. (1998). Periplo de la investigación periodística y comunicacional en Venezuela [Overview on journalism and communication research in Venezuela] [Electronic version]. *Revista Latina de Comunicación Social*. Retrieved January 22, 2007 from www.ull.es/publicaciones/latina/a/80earle.htm

Inestrosa, S. (1997). Consideraciones generales en torno a las noticias por televisión en México [General considerations related to TV news in Mexico]. In S. Inestrosa (ed.), *Conferencia de las Américas. Diversidad tecnológica y comunicación* [*Conference of the Americas. Technological diversity and communication*] (pp. 67–77). Mexico: UIA/FELAFACS.

Islas, O., Gutiérrez, F., Albarrán, G., Camarena, E., and Fuentes-Beráin (2002). *Explorando el ciberperiodismo iberoamericano* [*Exploring Latin American cyber journalism*]. Mexico: ITESM/CECSA.

Jiménez de Ottalengo, R. (1973). El periódico como medio de comunicación colectiva y su estudio interdisciplinario [The newspaper as mass media and its interdisciplinary analysis]. *Revista Mexicana de Sociología*, 35(3), 615–29.

Lippmann, W. (1922). Public opinion. New York: Macmillan.
López Ayllón, S. (2000). El derecho a la información como derecho fundamental [The right to information as fundamental right]. In J. Carpizo and M. Carbonell (eds.), *Derecho a la información y derechos humanos* [*Right to information and human rights*] (pp. 147–81). Mexico: UNAM.
Lozano, J. C. (1996). *Teoría e investigación de la comunicación de masas* [*Theory and research of mass communication*]. Mexico: Alhambra Mexicana.
Lozano, J. C. (2000, March). La información internacional en la prensa latinoamericana [Foreign news in the Latin American press]. *Diá-logos de la Comunicación*, 57, FELAFACS, 49–60.
Lozano, J. C. (2001a). Consumo y lecturas negociadas de noticieros televisivos en Monterrey, Guadalajara y México DF [Consumption and negotiated reading of TV news programs in Monterrey, Guadalajara and Mexico City]. *Oficios Terrestres*, 9/10, 18–26.
Lozano, J. C. (2001b). Espectacularización en la cobertura informativa de las elecciones mexicanas a la Presidencia [Tabloidization of the news coverage of the presidential elections in Mexico]. *Comunicación y Sociedad* (Navarra), 14(1), 29–39.
Luna, L. (1986). México en la prensa extranjera [Mexico in the foreign press]. *Cuadernos del Centro de Estudios de la Comunicación*, 9, 15–24.
Marques, J. M. (1992). O divórcio entre a universidade e a indústria da comunicação na América Latina [Divorce of universities and the communication industry in Latin America]. In C. Luna (ed.), *Generación de conocimientos y formación de comunicadores* [Generation of knowledge and education of communicators] (pp. 91–112). Mexico: Opción/Felafacs.
McLeod, J. M., and Rush, R. (1969a). Professionalization of Latin American and US journalists, Part I. *Journalism Quarterly*, 46, 583–90.
McLeod, J. M., and Rush, R. (1969b). Professionalization of Latin American and US Journalists, Part II. *Journalism Quarterly*, 46, 784–9.
Olvera, O., and Gómez, P. (1982). Industria y consumo del mensaje impreso [Industry and consumption of print news]. *Connotaciones*, 3, 7–34.
Orozco, G. (1998). México. In K. Jensen (ed.). *News of the world. World cultures look at television news* (pp. 126–43). London: Routledge.
Ortega R., P., and Gutiérrez, J. L. (1987). *Imevisión y Televisa*: noticieros sin sociedad [*Imevisión* and *Televisa*: News programs without society]. In *Anuario CONEICC I: Crisis y Comunicación en México* [*Crisis and communication in Mexico*] (pp. 99–106). CONEICC/U. de Colima.
Paoli, J. A. (1977). *Comunicación e Información. Perspectivas teóricas* [*Communication and information. Theoretical perspectives*]. Mexico: Edicol, Trillas.
Reyes Matta, F. (ed.) (1978). *La noticia internacional* [*Foreign news*]. Mexico: ILET.
Rivadeneyra, R. (1975). *Periodismo. La teoría general de los sistemas y la ciencia de la comunicación* [*Journalism. General systems theory and communication studies*]. Mexico: Trillas.
Roncagliolo, R. (1978). Comunicación: cambio social y necesidad de un nuevo marco conceptual [Communication: Social change and the need for a new conceptual framework]. *Cuadernos de Comunicación*, 31(1), 12–21.
Ruiz Castañeda, M., Reed, L., and Cordero, E. (1974). *El periodismo en México. 450 años de historia* [*Journalism in Mexico. 450 years of history*]. Mexico: Tradición.
Sánchez, E. (1997). La prensa diaria de Guadalajara: desarrollo y perspectivas [The daily press in Guadalajara: Development and perspectives]. In J. Muriá (Ed): *Miscelánea Jalisciense* [Miscellaneous of Jalisco] (pp. 61–92). Mexico: Colegio de Jalisco.

Santillán, J. (2004). Los periódicos protagonistas del cambio político [Leading newspapers in the political change]. *Revista Iberoamericana de Comunicación*, 6, 41–72.

Schudson, M. (2002). *The sociology of news*. New York: Norton.

Solís, B. (1984). *Derecho a la Información* [*Right to information*]. Mexico: UAM Azcapotzalco.

Sosa, G. (1997). La elecciones de 1997 por el cuadrante radiofónico [The elections of 1997 on the radio]. *Revista Mexicana de Comunicación*, 9(50), 11–14.

Sosa, G. (2001). Repaso histórico al periodismo sobre radio en México [Historical review of radio journalism in Mexico]. *Revista Mexicana de Comunicación*, 13(69), 25–9.

Torres, F. (1997). *El Periodismo mexicano. Ardua lucha por su integridad* [*Mexican journalism. The hard struggle for its integrity*]. Mexico: Ediciones Coyoacán.

Toussaint, F. (1975). *Crítica de la información de masas* [*Criticism of the mass media news*]. Mexico: Anuies/Trillas.

Trejo, R. (1980). *La prensa marginal* [*The marginal press*]. Mexico: El Caballito.

Trejo, R. (ed.) (1985). *Televisa, el quinto poder* [*Television, the fifth power*]. Mexico: Claves Latinoamericanas.

Trejo, R. (1995–6, September–April). Prensa y gobierno: las relaciones perversas. Los medios, espacios y actores de la política en México [The press and the government: The perverted relationships. The media, arenas and actors of Mexican politics]. *Comunicación y Sociedad*, 25/26, 35–56.

Trejo, R. (2001). *Mediocracia sin mediaciones* [*"Mediacracy" without "mediations"*]. Mexico: Cal y arena.

Tuchman, G. (1978). *Making news: A study in the construction of reality*. New York: The Free Press.

Vernik, E. (1998). Comunidades cercadas: la exclusión urbana en la televisión y en la vida [Fenced communities: The urban exclusion in television and life]. In N. G. Canclini (ed.): *Cultura y comunicación en la ciudad de México II* [*Culture and communication in Mexico City*] (pp. 156–81). Mexico: UAM-I/Grijalbo.

Villanueva, E. (1998). *Derecho comparado de la información* [*The right to information from a comparative perspective*]. Mexico: RTC/Konrad/UIA.

Villanueva, E. (2000). *Derecho mexicano de la información* [*The Mexican right to information*]. Mexico: Oxford University Press.

Villanueva, E., and Luna, I. (eds.) (2001). *El derecho de acceso a la información* [*The right to information access*]. Mexico: UIA/FKA.

Zacarías, A. (2001–2). Las noticias, factores de percepción de la realidad: estructuras de conocimiento [The news, factors of reality perception: Knowledge structures]. *Revista Universidad de Guadalajara*, 22, Winter, 33–9.

Zaragoza, C. (2002). Periodismo en la convergencia tecnológica: el reportero [Journalism and technological convergence: The reporter]. *Revista Mexicana de Ciencias Políticas y Sociales*, 185, 151–64.

# 第五部分

# 新闻学研究的未来

# 第18章
# 重新思考新闻学研究的"新闻业"

阿里·海诺宁  海基·罗斯塔洛宁

## 引言：媒体和公众的新闻业

我们的目的是描述作为学术研究对象的新闻业不断变化的本质。我们认为，作为一种普通的传播形式，尽管新闻业仍然是民主社会的重要元素，但是新闻业的定位可能——至少部分地——正从制度化职业和专业组织领域变为既不完善也不容易定义的更广泛的传播领域。这种变化源自整个社会和新闻业自身内部的变化，而且很大程度上受新的赋能性传播技术的影响。以下两个案例能说明我们的观点。

2004年3月，马德里在遭受恐怖袭击之后，经历了政治激进主义的突然高涨。短短几小时内，被组织起来的大量群众参与集会和示威游行，同时启动了一场推动选举的运动。暂且不论这场相当即兴的政治激进主义活动对选举结果的实际影响，这件事本身就体现了与本章相关的两个议题。第一，政治激进主义主要发生在传统的政治领域之外（鉴于恐怖主义活动，主要党派中止了选举活动）。第二，推动且支持政治激进主义的传播活动也发生在传统媒介与新闻业之外。根据当地电信运营商所记录的突如其来的高峰流量，手机是主要传播渠道，从人对人的设备变成多对多的媒介。因此，借用莱茵戈德（Rheingold，2002）的术语，"智慧暴民"（smart mobs）绕过了政治传播的传统领域。

另一事件发生在芬兰中部一个名叫孔恩康阿斯（Konginkangas）的农村地区，时间也是在 2004 年 3 月。一个寒冷的黑夜，一辆重型卡车与一辆满载着熟睡的年轻人的公交车相撞，这些年轻人正要去拉普兰滑雪度假。23 名乘客当场身亡。第二天，该地区到处都是工作场所的讨论、电子邮件和手机短信、互联网论坛的讨论。根据我们的个人观察，关于"这件事为什么会发生"这个明显且直接的问题，有趣的是媒体首先表明是技术原因，公民的讨论却很快聚焦到更富政治性的问题，比如交通政策、运输行业的不负责任、国内和欧盟指令的不合理、现代生产中的物流问题等等。一个罕见的突发事件获得了广泛的政治阐释，并引发了对政策变化的诉求。但是，这种政治化讨论更多地出现在使用现代通信技术的、多对多的公民网络，而不是媒体的公开报道。

这两个例子说明了政治化进程与行动导向的政治传播如何发生，以及在现实中的确发生在新闻业等制度化大众传播领域之外。这意味着，广泛被使用的概念"中介"（mediation）需要从新闻学研究角度厘清。我们认为，区分媒介化（medialization）和交际性（communicativeness）很重要。前者意味着大众媒体也就是媒体新闻业在我们社会中的作用增强。从政治党派到公民组织等各种社会行为主体需要考虑其行为在媒体中的形象。同样，公民愈加沉浸于各种媒介的多重影响之中，这些媒介就愈加可以触及较以前更为广泛的受众。随着媒介终端用户设备种类的激增，大众媒体的消费模式也更加多样化。从这个意义上来说，"中介"（mediation）是一个恰当的词。但是，我们认为还存在可能是更重要趋势的另一面。这就是指很多社会中日益增强的中介化交际性（mediated communicativeness）。显而易见，人们使用各种各样的通信设备交换行动导向的信息（例如，"过来！""待会儿见！"）、当前信息、经验与感受（"他真是太♥♥！"），以及其他私人和半公共信息。这种增强的交际性一般发生在传统媒体领域之外。这种情境需要我们详细评估如何界定我们这个时代的新闻学研究任务。

## 描述新闻业的特征：两种框架

为了描述作为学术研究对象的新闻业，我们采用新闻学研究中普遍采用的路径，即两种阐释框架。二者拥有共同的基础：新闻业以规范性方式在社会中定位，也就是众所周知的民主和公共利益是公众对新闻业的期待的合法性来源。二者之间的区别主要是各自的重点，一般通过研究语境体现。一个主要在社会变化语境中研究新闻业，另一个更多从媒体和职业内部变化语境中阐释新闻业。[1]在现实生活中，这些路径往往相互交错，但针对本章的分析目的，它们都具有解释性。

理解新闻业的媒体/职业中心框架至少包含了一个隐含观点，即新闻业是独特且相对容易分辨的社会活动。新闻业的基本特征包括最显著地（a）体现新闻搜集和传播等新闻行为的专门机构和媒体。重要的是，作为经济（和政治）发展——通常被称为工业化——的结果之一，新闻业的组织模式以企业家精神为基础。新闻业的特征还有（b）独特的职业。新闻业有自己的行动者，即新闻工作者。虽然新闻组织是商业性的，但新闻工作者是各自靠新闻工作谋生的有偿劳动者。此外，（c）这一劳动力和媒体等新闻组织根据既实用又有道德维度的既定行为模式履行新闻行为。界定恰当的新闻表现的重要特征包括与被报道的事件保持一定距离、新闻价值、客观性、真实性等等。最后，（d）新闻业通过其产品获得认可。新闻体裁不同于其他文学领域，因此新闻产品汇编（报纸、新闻广播，甚至互联网新闻网站）本身很容易分辨，基本上与其发布时所处的文化无关（Groth，1960；Chalaby，1998；Heinonen，1999；Schudson，2003；Pietilä，2004）。

从这个意义上讲，正如新闻工作者和媒体一样，新闻业的特殊性在于新闻业作为一种制度和在民主国家中作为公共传播主导形式的一种职业的历史演变过程。这种由媒体和专业人士构成的新闻业才是新闻学研究的对象。毫无疑问而且事实证明，这种路径为大部分价值研究提供基础，但是从新闻学研究角度来看，它也存在潜在局限性。同时注意到新闻业的历史特殊性（Chalaby，1998），即新闻业的出现与社会的某些发展（工业化）密切相连，但是在这个框架下人们往往忽视新闻业，正是因为新闻业并不总是存在，也不会永远存在，至少不会以拥有公认特点的目前惯用的形式永远存在（Heinonen，1999）。

从另一个角度，或是借助现代性和功能主义理论，或是更具体地从当下西方政治制度层面来定义新闻业，都能强调其社会功能。这种新闻业的社会中心视角基于社会理论或规范理论，在解释新闻业的过程中，这些前提通常结合在一起。依据社会中心视角，将新闻业理解为公共空间的路径将现代的"伟大社会"（比如民族国家）同步到了同一时区，赋予其共同的身份和共同的议程。因此，新闻业是信息交换与互动的平台或论坛，民主和文明的公民权成为其显著特征。同时，也可以从心理学角度建构新闻学的功能，因为它发生在使用与满足的研究传统中。鉴于新闻业被视为要承担一定的社会责任，另一个维度强调了新闻业在社会中的积极作用，比如维持社会凝聚力、向公民提供足够的信息来推动民主进程（McNair, 1998; Schudson, 2003; Pietilä, 2004）。

更概括性地描述社会中心研究框架的话，新闻业就是框架内有望服务于公共利益的社会实践。新闻业的这种社会能力可以用不同的方式来评价，比如，将目前的新闻实践和制度视为最好状态的肯定接受的观点，认为新闻业是意识形态控制和从属关系代理人的高度批判的观点。这些观点的共同点是，它们都从外部来看待新闻业，而我们认为，新闻业的媒体中心视角更倾向于从内部视角来研究和解释新闻业。

总之，两种框架在新闻学研究中都很重要，这一点显而易见。手头的任务是避免非此即彼的语境，同时找到平衡的研究策略。媒体/职业中心框架鼓励我们提高对机构和新闻从业者如何操作的理解，从而让我们从公共利益角度评价规范层面的新闻业表现。但是，如果只依据这种框架，会导致新闻业的狭隘视野，这就意味着除了"恰当的"新闻业，其他公共传播没那么重要。社会中心框架有时会比较泛化，但它让我们将新闻业置于公共传播实体的语境之中。更为重要的是，社会中心框架对于公共传播的新兴模式可能更为敏感，新兴模式也会影响媒体新闻业，但不在媒体/职业中心框架之内。我们接下来讨论新闻业的这些变化迹象。

## 新闻业的变化迹象

以上我们勾勒了可以运用于新闻学研究的媒体中心倾向和社会中心倾向的二元阐释框架结构，接下来我们想要分析对我们的研究对象产生内在和外在影响的变化迹象。为了能够对新闻业内部和外部的各种趋势做出一气呵成的综述，我们引入一种解释新闻业变化原因的分析模式。当然，总体背景是整个社会，但在这个更宽泛的视角下，我们可以区分四个似乎能解释新闻业变化的动因集群（clusters of agents）。这一模式由社会文化、商业、职业-规范和技术的论证构成。

## 变化的社会文化论证

这包括社会、文化、政治和社会人口领域等诸多因素。比如，如今生活中信息内容膨胀强调了各种媒介在人们工作和休闲领域中的作用（"中介"）。随之而来的是人们逐渐提升的媒介素养或媒介能力，从某种程度而言，他们不仅在接收而且在生产信息内容方面变得更加熟练（"交际性"）。随着信息在国界之间更加快速、更加自由地流动，相较于跨国或全球传播互动，民族国家的重要性可能会日益降低。

与此同时，可以发现某种自相矛盾的趋势。依据新闻业的理想模式，社会需要中立、非科层化和公开的公共空间，每个人都有资格享有并拥有表达其观点的平等权利。这种理念至少可以追溯至 1644 年约翰·弥尔顿的《论出版自由》：表达自由是真理至上的根本前提（Altschull，1990，pp. 36 - 42）。问题在于，新闻业的受众是否还共享这一理念？置身于商业化和促销文化之中，人们根据企业文化和品牌而不是平等和公民权的理念来构建身份。假如人们不欣赏中立的、不推销特殊利益的传播，或者人们甚至无法区分市场营销与新闻，那么新闻业将会丧失作为社会空间的合法性。换句话说，在一个不区分私人购物中心与公共场所、新闻与广告的社会中，新闻业必然受损。

## 商业或经济论证

这是一种运用集团化等各种因素解释新闻业变化的模式。作为全球经济体系的一部分，媒体集中化正迈向新的高度。即便是很小的地方性新闻媒体也成为媒体集团的一部分，这些媒体集团生产所有种类的媒介产品，某些情况下，也生产了很多其他产品。有时，这些关系对收入预期的形式、统一的新闻风格，或者受控制的政治观点产生直接影响。但大部分情况下是间接影响，在这种企业文化中，新闻业通常被视为缺乏任何社会功能，或者社会功能被认为只是产品市场价值的一部分。新闻业逐渐丧失其作为社会信息和讨论的全国性舞台的重要性，而这曾是其作为一个行业盈利能力的基石。政治和经济精英用他们自己的非公共性信息和讨论网络，普通人获得的是集中策划并用各国语言在全球发行的媒介形态和新闻娱乐信息。

新闻业的商业化在很小的边远地区得到了更显著的发展，因为这些地方直到最近才具有商业吸引力。比如，芬兰这样的国家，在不到20年间，报业的最重要趋势是从地方所有的独立报业体系变成以跨国媒体企业附属公司为特征。当然，有一些例外情况，但整体趋势很明显。与此同时，报业根植于政治和教育运动中的传统逐渐消退，采纳了"股东利益"作为其运营的指导原则。这种变化也必然会改变报纸的内容："读者友好型"、娱乐性、耸人听闻和有趣的内容，外加色彩丰富的视觉设计，这是很多报纸的目标。新闻与娱乐、新闻与市场营销之间的传统性类别差异可能会在商业化进程中消失。很明显，这将对新闻职业身份和新闻业的公共形象产生持久影响。

在有关新闻业的批判性讨论中，奥威尔式方案提出过新闻业的未来：虚构性内容和事实性内容难以区分，隐私侵犯、丑闻，政治、经济和媒体权力一体化，正如现在的意大利。商业化的危险与罪恶是一个突出且流行的主题，比如，让我们看看波兹曼（Postman，1986）、赫尔曼和乔姆斯基（Herman & Chomsky，1988）以及拉莫内特（Ramonet，1999）所写的，就一目了然了。不论我们如何看待末日宣言，这类批判的受欢迎程度指出了这样一个重要问题，新闻业与其受众之间的不信任是一个事实，这也已经被舆论调查证实。这种不信任不是新现象，显然与娱信（infotainment）、信息广告（infomercials）等商业化副产品有关。

### 职业-规范论证

第三个论证是指一整套解释，其重点在于本质上不一致的新闻业的内部发展。比如，媒体从业者教育水平的提高至少会产生两种后果。一方面，"恰当的"新闻工作者会变得更具有职业意识，因为教育是培养专业性特征的因素之一，并完成专业代际的传承。越来越多的执业新闻工作者在新闻学院接受正式的专业教育之后进入新闻行业，这意味着新闻工作者已经牢固树立起了新闻专业性精神。但是，在很多国家，广义上的媒体是一个非常吸引人的教育分支，至少在芬兰是这样，这里建立起了很多教育各种类型"媒体专业人士"的新机构和项目。学生们通常最后留在新闻机构工作，但他们并不认为自己是新闻工作者，也不一定了解这一职业的传统与社会角色。基于他们的教育背景，他们同样可以很好地在市场营销、公共关系、广告等行业工作，这正是他们在做的事情，自由地从一个媒体机构转到另一个。长远来看，这种趋势会令"新闻工作者"这一身份在受众和新闻人士心目中更加模糊。

此外，通常（但不全是）鉴于新媒介技术，新闻工作流程发生了变化，以至于以前相对完善的工作描述已经不适用。已经没有报社或电视记者的职业身份，特别是在某个专门的独家新闻中，记者必须服务于多个媒体，有时会成为由多种专业人士组成的团队中的一员，而不是一个"独行侠"。诚然，融合是一个不恰当且经常被误用的时髦词，但它的确准确地指出了职业的根本性变化，主要根据发布渠道的特点来界定身份（Boczkowski, 2004; *Lessons in Convergence*, 2004）。

因此，专业且出色地开展新闻工作变得愈加困难。媒体中的新闻工作者被裹挟在源自市场、技术和公众的日益增加的压力之中。这些期待不仅在本质上经常自相矛盾，而且预期变化的速度日益加快。专业人士在传统美德和不断变化的工作环境之间左右为难（Gardner et al., 2001）。应对这种混乱的一种策略是强调那些在众多职业中最容易体现职业特殊性的特征，暂不考虑更复杂的维度。在芬兰，新版新闻工作者职业道德准则就是一个很好的例子。[2] 在前一版准则中，新闻工作者的角色不仅源于新闻实践，还源于与民主、环境，甚至和平相关的职业的社会功能。相反，新准则忽略了这些方面，专注于保障新闻工作者在实际工作中的权利。由此可见，新闻工作者更喜欢用他们所做的事情来定义自己，而不是用他们与公共利益的关系来定义自己。

## 技术论证

最后，这是新闻业变化的技术论证。尽管毫无疑问，技术创新并没有对新闻业产生线性或决定性影响，但新闻业的发展一直受技术发展的影响。尤其是商业因素一直是引导这种关系本质的重要干扰因素。值得注意的是，新闻业-技术关系也是互惠的。技术通过设置限制或开辟新渠道来塑造新闻业，新闻业是技术在社会中的顾客与中介。

最新的通信技术——数字网络应用对媒体产生了重要影响。自 20 世纪 90 年代中期新闻媒体拥抱且实际上毫无目的地涌入互联网开始，新的发布平台已经出现，引入了各种新的新闻形态甚至体裁，而且新闻生产者与消费者之间的关系出现变化迹象。技术变革也已经成为工作模式和职业角色变化的一个方面，并导致前面有关变化的职业-规范论证讨论中提到的后果。新闻学研究广泛涵盖了这些发展，但主要是在媒体/职业阐释框架内（Hall，2001；Pavlik，2001；Boczkowski，2004）。

然而，跳出媒体新闻业领域，或许能发现更多重要发展，还有关于制度性媒体的发展。聚焦于当今新媒介技术所带来的最显著的发展之一，即公众的新闻业（不要与公共新闻业混淆）的兴起，既可以描述成新闻业的新挑战，也能描述为新闻学研究的未来领域。这里的公众的新闻业是指新媒介技术，尤其是互联网及其相关网络，与众多的移动通信设备相结合，使得新闻受众与新闻来源本身成为主动的公共传播者。鉴于新的传播技术的影响，可以区分至少四种新闻业的挑战。

第一，替代性媒体已经发现了显著增强模式，尤其是在网络发布方面。一项被称为独立媒体中心（Independent Media Centre，IMC）的运动也许是最广为人知的案例。这是一个由各种草根运动信息中心构成的全球性网络，批判企业主导的全球化进程。在它们的传播活动中，有效使用了互联网，提供了丰富的、经常与主流媒体新闻报道相左的最新信息。独立媒体中心的各个发布渠道还公开抵制职业新闻工作的传统价值观，它们的供稿者宣称自己是激进主义分子和新闻工作者，借此抛弃了假设的"无辜旁观者"的新闻客观性（参见 IMC 网站

www.indymedia.org/.）。

第二，出现了各种由个体或可靠的集体制作的号称自制新闻的案例，网络日志可能是最有趣的表现形式。得益于容易使用的发布软件，各类网络日志自2000年初起如雨后春笋般涌现（Gillmor，2004）。其中的大部分案例只是体现了人们对公开自我表达的愿望，但有些案例与新闻业有关。有些网络日志定期报道重要的社会现象，提供目击者视角的报道、观点和评论。有时，这类日志由专业新闻工作者在正式的新闻机构工作之余记录。此外，网络日志还进入了媒体产业领域，给新闻业的讲故事带来了新维度，同时进一步模糊了媒体新闻业与公众的新闻业之间的区别。

第三，综合运用新旧技术的地方性和全球性的社区传播实践数量增加。这些传播社区中，有些是虚拟的，也就是说，它们只存在于互联网上，但使用新传播技术的现实生活社区可能更重要。自我发布社区也许不会否认媒体的价值，但它们学习并试验各种手段，以便在不借助专业中介的基础上传播和告知重要议题。

第四，值得注意的是，新闻管理中永远存在的矛盾是，新闻源发现了新的传播渠道，至少在理论上会削弱媒体及其新闻行业的中介角色。特别是在危机时刻，控制主流媒体远远不够。在2004年末的选举动乱中，乌克兰主流媒体最初假装没有什么特别的事情发生。但是，事实很快证明，街上的人拥有其他传播渠道，一直可以收到反对派的消息。另一层含义是，消息源很容易发布原始信息，能更有效地挑战媒体的阐释。

我们并不屈服于技术决定论，但是我们必须承认，新传播技术已经成为赋能力量，在媒体新闻业之外创造新的公共传播模式。其中一些模式与传统媒体形成互补，因为它们认可专业新闻的重要性，又能服务于某些传统媒体没能很好满足的特殊利益群体。然而，新传播模式的其他类型与媒体新闻业呈公开对抗态势，指责后者成为当权者的附庸，没有履行服务于公共利益的职责。这一挑战超越了新闻内容，直指专业新闻生产的常规与价值观。最后，可以发现不能不关心媒体新闻业的类似的公共传播。正是很好地服务于特定社区（比如孤立的宗教、亚文化或采取极端生活方式的群体）的自给自足传播才是分散受众的极端个案，但在这种情况下，受众变成了发布者。

## 新闻业变化中的定位

根据这些变化迹象来评估新闻业的现状，同时牢记民主社会中新闻业的规范路径，可以认为，虽然既定媒体的新闻业仍然是民主社会的一个重要因素，但本质上正日益空洞。既定媒体的新闻业可能看起来很符合新闻业的正式特点，但是从参与式民主理念角度来看，它微不足道。尽管形式上正确，但媒体新闻业通常仅停留在公开报道的仪式层面。而媒体领域外（也）在实践与积极公民权相关的传播，有时甚至也符合新闻业的正式特点。因此，媒体新闻业看上去边缘被侵蚀（公众的新闻业），内部腐烂（源自收入逻辑的压力越来越大）。媒体新闻业被僭越，这给新的多样化发布（通常是分散的）提供了空间，媒体公开报道只是其中之一。对于新闻业和社会而言，这种情况是可悲的。

当然，媒体及其新闻业已经采取了一些措施来应对这些挑战，比如采用各种复兴策略。其中一个号称公民或公共新闻，试图将议程设置过程与公民的日常生活更紧密地联系起来，以此改变新闻实践。在实际试验中，在假设这一前提下，即如果职业新闻工作者对公众意见更敏感的话，他们的职业表现会提升，在新闻工作者和受众之间建立了不同的渠道。第二，媒体已经投入更多精力去了解其受众。甚至在受众自己还没有意识到的时候，媒体已经采用各种调查方法去发现受众——通常被视为消费者——的需求。第三，当传统专业性被证明是一种不充分的质量保证方法后，媒体开始寻求某些信心采取措施。一旦被发现提供错误信息，媒体往往都是公开道歉，解雇几个关键人物并开始内部调查。

为保持媒体新闻业的现状，媒体所做的这些努力有时是成功的，但这些努力的本质体现了新闻制度的永久性自给自足。如果考虑社会的中介和日益提升的交际性，这里所勾勒的新闻业内外的变化明显传递了有关新闻业在全球化时代和所谓信息社会的两个信息。

第一，新闻业的定位似乎在改变。作为一种被认可的活动，新闻业一直属于特定的职业劳动和组织结构，这一背景正变得更为复杂。从内部来看，新闻逐渐成为各种职业群体的产物,在这些群体中,很多人都以新闻工作者以外的职业身份当作职业参照。即便是那些自我身份体现专业新闻理念的媒体工作者,也需要适应日益增多的成本效益逻辑所要求的更加模糊且易变的职业角色。从外部来看,新闻业正面临着公众的新闻业的挑战,这表明新闻业的媒体中心视角有瑕疵——不包括商业基础的组织结构——因为传统新闻领域之外也可以实践很好服务于目标受众的新闻业,或至少看起来像的新闻业。

第二,新闻业的重点也需要调整。可以发现,社会功能定位正逐渐远离它最初的传统行业,在其他社会领域也是如此。比如,政治科学家观察到,政治活动的形式和论坛已经发生了变化(Juppi,2004)。换句话说,从公民角度来看,政党等传统的政治制度不再具有身份来源功能、观点建立与表达的平台和渠道功能。不同种类的社会运动、草根组织和社区(实际的和虚拟的)已经取代政党成为社会行动的基本单元。类似的是,传统医疗面临着各种自然疗法和其他替代疗法。总之,政治和医学都没有消失,但越来越多地出现在传统制度之外。

政治、文化和社会其他领域的这些变化,带来的结果是新的社会行为主体、代理和连接的出现,他们对新闻业有着截然不同于传统新闻惯例准备(或甚至不愿意)应对的新期待。因此,尽管我们可以说,从公共利益角度来讲,仍然非常需要新闻传播,但相较于作为诞生于工业时代的新闻业的基本假设,这种公共利益正以不同且更多样化的方式得到更多表达。除此之外,公共利益较以往更难界定,因为它通过新渠道表达,所以它的细微差别可能更难观察到。

## 对新闻学研究的启示

鉴于新闻学研究的任务,我们以上描述的研究背景似乎需要更加敏感地应对新闻业和社会行动之间出现的新的联系,并且在职业新闻之外发展传播实践。当然,新闻学研究应该同时关注媒体及其新闻业内部的发展。结合媒体/职业中心和社会中心研究框架的元素,我们提出新闻业的平衡的三维观(见图18.1),有助于我们重构新闻学研究对象，由此涵盖传统新闻业之外但与民主社会相关的议题。

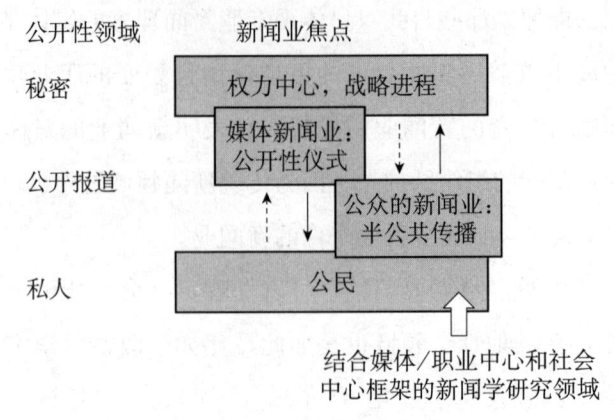

```
公开性领域        新闻业焦点
  秘密      ┌─────────────────┐
            │ 权力中心，战略进程 │
            ├──────────┬──────┘
            │ 媒体新闻业：│
            │ 公开性仪式 │
  公开报道  ├──────┬───┴──────┐
            │      │ 公众的新闻业：│
            │      │ 半公共传播   │
            ├──────┴──┬────────┘
  私人      │   公民   │
            └─────────┘
                 ↑
         结合媒体/职业中心和社会
         中心框架的新闻学研究领域
```

**图 18.1　新闻学研究领域**

238　　　　在企业文化和经济政治精英中拥有经济和社会基础的制度化媒体对待受众的态度基本上是高高在上的。最糟糕的是，媒体新闻业只将可作为新闻报道售卖且在执行相关政策时被视为有用的议题带入公开报道领域，而且是秘密决定的。这种趋势似乎正在取代新闻业，并且侵蚀公开讨论和信息的理念，使其成为一种更加仪式化的公开报道假象。

　　公众的新闻业根植于公民的日常经验和面对面交流。这种通常发生在私人领域的传播借助新技术进入半公共或公共传播领域。有些情况下，公众的新闻业在阐释热点议题方面对制度性的新闻业及其权力导向的信源体系构成挑战。它在一些国家尝试并在某种程度上成功地影响了战略性政治和经济进程。

　　媒体新闻业和公民新闻业有很多共同的报道和讨论议题，而且二者密集快速地互动。在实际情境中，很难知道谁发起，谁回应。简单区分权力精英和普通公民并假设后者本质上有可能推进社会的民主进程轻而易举；但是，出于分析目的，发现制度新闻业与其新挑战者之间的不同社会基础很重要。这给我们带来了一些结论。

　　第一，媒体实践的新闻业仍然是重要且有趣的研究对象。但是，作为起点，承认行业化运作的新闻机构与新闻理念之间的普遍矛盾是有益的。认识到这一显而易见的事实会让批判性研究超越重复性研究的限制，避免证实新闻业缺陷的类似结果。

　　第二，需要更加注意制度性的新闻业之外的新闻业，比如公众的新闻业。从民主和积极公民权角度来看，很多新的传播模式与理想型新闻业类似。如果不把这些传播模式从新闻学研究的重点中排除，那么我们就会开辟有价值的研究途径。

第三，很多情况下，媒体新闻业和公众的新闻业相遇且相互影响。公众的新闻业的很多形式与新闻业有关；相反，制度性的新闻业不能忽视它的新对手。新闻业不同模式之间的连接会告诉我们有关公共传播新兴形式的重要信息。

## 注释

[1] 这些阐释框架受麦奎尔（McQuail，2000，pp.6-7，88-90）区分媒介理论不同路径的启发，很适应本章的分类。

[2] 芬兰新闻工作者道德准则一般由芬兰新闻工作者协会起草并通过，该协会覆盖了芬兰的所有新闻工作者。该准则也被雇主组织等其他部门承认，并且作为芬兰媒体委员会裁定的基础。新的准则于2005年1月生效。

## 参考文献

Altschull, J. H. (1990). *From Milton to McLuhan. The ideas behind American journalism.* New York: Longman.
Boczkowski, P. J. (2004). *Digitizing the news: Innovation in online newspapers.* Cambridge, MA: MIT Press.
Chalaby, J. K. (1998). *The invention of journalism.* Basingstoke: Macmillan.
Gardner, H., Csikszentmihalyi, M., and Damon, W. (2001). *Good work. When excellence and ethics meet.* New York: Basic Books.
Gillmor, D. (2004). *We the media. Grassroots journalism by the people, for the people.* Sebastopol, CA: O'Reilly.
Groth, O. (1960). *Die unerkannte Kulturmacht, 1. Band.* Berlin: Walter de Gruyter. Ref. in Pietilä (2004).
Heinonen, A. (1999). *Journalism in the age of the net. Changing society, changing journalism.* Tampere: Acta Universitatis Tamperensis.
Herman, E. S., and Chomsky, N. (1988). *Manufacturing consent. The political economy of mass media.* New York: Pantheon Books.
Juppi, P. (2004). *"Who are we? What do we want?" The animal rights movement as an object of discursive struggle, marginalization and moral panic in Finnish newspapers.* Jyväskylä: University of Jyväskylä.
*Lessons in Convergence.* (2004). Ifra Special Report 6.30. Darmstadt: Ifra.
McNair, B. (1998). *The sociology of journalism.* London: Edward Arnold.
McQuail, D. (2000). *McQuail's mass communication theory.* London: Sage.
Pietilä, V. (2004). *On the highway of mass communication studies.* Cresskill, NJ: Hamp-

ton Press.
Postman, N. (1986). *Amusing ourselves to death: Public discourse in the age of show business*. London: Heinemann.
Ramonet, I. (1999). *La tyrannie de la communication*. Paris: Galilée.
Rheingold, H. (2002). *Smart mobs: The next social revolution*. Cambridge, MA: Perseus.
Schudson, M. (2003). *The sociology of news*. New York: Norton.

# 第 19 章
# 构建全球化新闻业的理论

斯蒂芬·D. 里斯

在"全球化时代"理解新闻业意味着要超越对不同国家新闻体制与实践的整体更新。与其他学科一样,新闻学研究必须正视全球化现象自身,以及这种现象如何引导我们重新定义许多评估与问题。地方、国家和国际的分析层次至今仍是组织我们对新闻工作者和新闻业进行研究的标准方法。但是,"全球"层次正以重要的新方式与其他层次相互渗透、拓展与连接。去疆域化的(deterritorialized)新闻业超越了国界,但是"国家"仍是社会科学中基本的概念范畴,界定可比较的分析层次并且确定它们作为承载我们感兴趣现象的预先定义的容器。如威利(Wiley,2004)所论,不再将国家视为固定的理所当然的物理空间,而是作为有助于组织社会空间和全球流动的诸多逻辑之一,这样更有意义(Sassen,2003)。当然,这些流动中最重要的是提供新的文化空间、使各种国家逻辑勾连起来的媒体。一般而言,新闻学研究在民族国家及其以下层次进行。比如,在美国或英国进行的大部分媒介社会学研究倾向于将特定国家语境中的发现过度泛化至世界其他地方。其他国家可以被纳入,丰富"世界"新闻业的报道,或者更加雄心勃勃地进行跨国比较(比如,Patterson,1998;Weaver,1998)。这些研究很有用,但是这种国家容器仍留下重要的社会空间无人问津。跨国所有权、非国家层面的技术性触及(reach)、国家之外的侨民社群和超国家的政府形式已经弱化了新闻业与其传统的民族国家基础之间的联系,这导致了新闻业内日益增强的全球性逻辑。在本章,我在解释这些变化的同时,思考我们的理论工作该如何改变。

作为现代生活的一个条件,全球化给世界各地的居民带来了逐渐增强的忧虑感,因为它被视为一个单一的地方、压缩了社会关系并且加速了它们之间的交往。关于文化全球化的两个主要观点抓住了这一进程的阴暗面:文明冲突论将其视为现代对抗日益碎片化的部落(Barber,1995),世界文化的普遍同质化或麦当劳化(McDonaldization)观点认为其消除了国家和地区差异,通常被视为屈服于西方、美国和资本主义的影响(比如,Herman & McChesney,1997)。来自伊斯兰激进主义者信源的新闻频道向欧洲国家传递反犹太人的内容,这是前者的范例;而美国有线电视新闻网(CNN)等更具企业友好型的全球新闻机构的扩散象征着后者。不过,这两种观点都没有完全抓住新闻学研究更宏观的问题。事实上,与政府和信息相关的更加透明化的全球化框架给作为专业实践的新闻业未来带来了充满希望的前景。我们应该寻找这种实践普世的全球性维度,同时思考在特定的地方语境中它如何被具体化。全球化把事情弄乱了;我们的研究对象,不论是媒体、媒体中的专业人士,还是依赖于媒体的公民被联系在一起,没有充分依据各自特定的地方语境去理解。当我提到全球新闻业(global journalism)时,并不意味着它已经取代了地方和国家层次的新闻业。广义上讲,没有哪种媒介实践逃得过全球化变革。即便是最小规模接入互联网的第三世界的新闻机构,也改变了运作模式(比如,Aginam,2005)。因此,我们能够看到嵌入诸多语境的全球性的方方面面,这使得理论化更具挑战性。但是,我们能够发现在某些新地区和新实践中全球化更加明显,我将试图证明这一点。基于这种新的社会地理学,我主要提出三个相关的命题。

(1)全球化媒介的触及、互联和虚拟实时性质有助于我们体验整个世界,形塑着这种体验的强度和性质。这一不断发展的媒介体系创造了我所描述的全球新闻舞台。

(2)作为一种实践和阐释共同体,新闻业正在适应这个新兴的全球新闻舞台,并且必须在民族国家内践行的传统的"纵向"取向与超越国家框架的"横向"视角之间权衡。

(3)与这种新的全球维度相关的文化认同正在显现。更确切地说,我认为新闻业中正在形成的职业认同所具有的共同规范和价值观满足了全球化体系的需求。

## 全球新闻舞台

媒体画面的全球传播和新闻规范的调整促使形成了"世界"概念，即由时间和空间构成的单一共同体中的新闻采集和发布框架——具有同步和即时性质，可以动员和允许世界公民在一个新兴的全球新闻舞台上互动。除了假定的全球规模的受众，这一舞台同时具有空间和时间性质。空间性质基于新闻业与超越国界和地理边界的受众之间的关系；时间性质是指其使用的同时性。尽管不同的国家文化被强化，并且根据时间和焦点进行调整，但是世界交流的这种同步化和空间触及已经让实际的话语空间成为可能，不管人们来自哪里，他们都或多或少地能同时接触全球议程。因此，在这个讨论中，全球受众最重要的特点不仅仅是其绝对的"全球性"规模——尽管通常规模很大——而且是它在去国家化空间和同步化时间关系中的重置。

我说的全球新闻业是指一种不以国家和地区边界为基础的新闻采集、编辑和发布系统——这种系统不认为共同的国家或共同体公民权是黏合新闻人物、新闻工作者和受众的共同参照（common reference）。对于许多人来说，至少是对说英语的人来说，美国有线电视新闻网国际频道、英国广播公司、欧洲新闻台（EuroNews）和其他24小时卫星新闻网也许是这一现象最明显的例子。这些新闻产品的受众相对较少而且都是精英，这使有些人忽视了它们的全球性角色（比如，Schlesinger, 2000；Curran, 2002）。不过，在这个阶段它们体现了新闻采集者、生产者和受众之间关系的变化。在此基础上，我们还可以加上所有其他受"全球化"影响的新闻机构。即便是表面上"非全球性"的媒体现在完全可以即时跟踪世界各地有新闻价值的动向而且必须作出反应，因为知道它们的受众可以通过其他媒体获取这些动向——这使得压制报道更加困难。关于正在建设中的新的阿拉伯语新闻网，中东广播电视中心（Middle East Broadcasting Center）负责人易卜拉欣·赫德斯（Ibrahim Hedeithy）说道，1990年沙特媒体延迟报道了伊拉克入侵科威特的新闻，如今对于过往保密的代价无人能承担。"在当今这个时代，你如果不报道新闻，你如果想要隐藏事物，就是搬起石头砸自己的脚。"

(Shadid，2003，p. 25)

　　全世界不必收听同样的新闻播报，或者新闻产品不必完全同质，因为对于我们来说，媒体系统自身变得更为合拍了——在全球范围内传播越来越明确的新闻和问题的议程。现在世界新闻媒体的注意力快速变化，国家、地区和地方层面的各种媒体彼此回应与详述。多元观点和阐释在任何既定的时间内传播，但在彼此回应中仍拥有高度的共同意识、自反性和及时性。网络日志、论坛、电子邮件和移动电话技术也在引导新闻的这种全球性流动、扩大触及范围，并且以传统共同体为基础的新闻媒体从未想象过的方式促成流动。

　　这一全球新闻舞台意味着对国家透明度的要求也将逐渐成为对新闻实践的要求。加强媒介批评话语，从而横向吸引全球公众。关注公共获取（access）和企业控制所带来挑战的左派自由主义批评比右派观点更具跨国适用性，后者关注国家价值观和媒体如何支持爱国主义。以往针对新闻"偏见"的批评将为全球新闻增长导致的新问题所取代，从多元相互参照（cross-referencing）的信源中分散式获取新闻事件，提供了聚合式"客观性"的新形式。在这个系统的整体结果中，偏见或错误报道正面临着更迅速的挑战，或者更快速地扩大影响力——除了其他新闻机构外，数以千计的读者和观看者通过新闻群组和其他在线社群传递、比较和质疑报道内容。

　　也许关于2003年伊拉克战争这样的军事冲突的戏剧性报道最能够生动地突出全球新闻业的这种新动态。世界各国能够相对自由地从入侵政权和被入侵的目标群体两个角度获取信息，这实属首次。在所谓的越南电视战争中，全世界都可以看到战争画面，但主要体现了美国立场。如今，借助于阿拉伯卫星新闻机构，从世界媒体中同时可以看到行动中的美国军队与伊拉克平民伤亡的画面。官员们必须考虑快速变化的世界舆论，这成为任何政策成功的关键因素。当然，加入以美国为首的联军的有些政府不顾及舆论，但是西班牙例外，其政府一年后宣布撤军。强烈的世界反战舆论不足以阻止布什政府继续进行那场战争，但是随着伤亡人数的攀升，国内和全球舆论继续对决策者施压。尽管对国际新闻传统缺陷的担忧仍然存在，包括缺乏语境、煽情主义、关键地区和观点的呈现不足，但是现在必须在一个更宏观、重组的专业环境中来理解这些问题。

## 转变取向

作为一种社会进程，新闻业必须逐渐在与其所处的民族国家保持一致的"纵向"取向和"横向"视角跟超越狭隘的国家框架的更具世界性、多元性和普世价值的全球观之间权衡。在美国语境下，可以从对"9·11"后部落式爱国主义的倾向中发现这一断层线，其表现为与全球化、多边主义和去中心的世界相对立的单边主义先发制人的国家政策。从上层看，这是新的协调经济结构和以军事为基础的霸权的全球化；从下层看，是激进分子和世界舆论的新的互动关系的全球化，新闻业夹在两者之间（Falk，2003，2004）。因此，我们进入了必须将对支持民主进程的新闻业的期待呈现于全球平台的时代。比如，"世界"新闻研究通常采用民族国家作为比较基础，比较一国媒体如何不同于另一国媒体（比如，Sreberny-Mohammadi, Stevenson, & Nordenstreng, 1984；Wu, 2004）。"国家"视角是有关"国际"新闻的其他传统分析的基础，即媒体内容从一国到另一个国的移动，因此另一国居民视其为"外国的"。当然，新闻仍旧主要是在国家框架内被包装和"驯化"，但是我认为，被全球化形塑的新闻业已经调整定位，更加去国有化——与新闻生产者、社会制度和受众之间的关系日益去疆域化，不再与常见的地理和政府融为一体。

这种重组并不意味着目前全球已经取代了地方——只是民族国家或者地方共同体的组织原则已经不再占据主导地位了。我也不是说同质化的全球因素自由漂浮在任何特定的地方。比如，罗伯特森（Robertson, 1995a）提出了"全球本土化"（glocalization）概念，指的是全球和地方之间的这种互为补充的作用。作为过去20年间流行的一个企业营销术语，"全球本土"（glocal）指的是全球性品牌进入地方市场的策略性调整。作为一个学术概念，全球本土化提醒我们，全球是由互相联系的地方组成的，这又反过来形成了全球进程。比如，美国有线电视新闻网自称是全球新闻领导者，但它又为世界主要地区定制新闻产品。不过，即便是这种本土化，也是在全球标准化的整体语境下产生的。事实上，全球新闻品牌的真正价值不是雄厚的财力，而是值得在许多特定地点复制的新闻采集方式。在美国有线电视新闻网和其他同类媒体机构中，这种整体性逻辑必须体现以常见的模式、信源和情境传递世界图景的可能性，使其跨国且主要是高层次的受众感到熟悉。这种逻辑不一定是国家的或地方的，但一定"代表"世界共同体。弗里德曼（Friedman，2002）对美国有线电视新闻网逻辑的批判性观点认为，它从语义上将多元化问题、民主问题和（新自由主义）全球化问题等量齐观。

## 文化和职业认同

全球化新闻系统产生于连锁关系网络，网络成员对新闻编码形成共同观点使其成为可能。这需要严格的界定。诚如弗里德曼（Friedman，1995）所言，全球系统的出现——不论是经济的、军事的、政治的还是媒体的——并不必然导致文化的全球化进程。这需要一种全球意识，认同的进程必须与全球制度和网络存在本身保持距离。如他所说，全球运作并不自然使人见多识广；跨国精英扎堆——他们会跨越国界但也在另一些国家过得很好，"在广阔的领土上生活在一个小世界里"（Friedman，2002，p. 22）。不过，主观上讲，人们能够发现参照"世界舆论"和"国际社会"的情况越来越多，因为整个世界能够获得更加透明的关于重要事件的报道。在全球化媒体的驱动下，被鼓励去接纳这种新认同的全球精英——很多人的实际行动比他们的过境行为要谨慎，必须考虑这种不怎么狭隘且更多元的世界舆论。这种认同的范畴及其所呈现的形态是新的经验性问题。

关于其他文化形式和社会实践，我认为新闻职业正在发生变化，因为它需要自反性地适应世界各地的各种形式。这些变化不只是从一个国家移植到另一个国家；它们与地方语境互动、与其他思想相结合，并且重新出现，形成新的全球性混合物。美国在很多方面都是世界文化重要的——有些人称是主导的——贡献者，而且美国深度参与了推进新闻业、"信息自由流动"观念等美式实践的国际化。但是，全球化并不仅仅意味着美国化。因此新闻媒体实践不能被单一地理解为传教工作的结果，或者甚至作为媒体所有者强加的命令和控制。它产生于社会关系和利益网络中的互动过程。因此，新闻角色和规范的这种文化转向最好是在不断发展的权力关系语境下来理解。

这些系统中的新闻工作者继续参与横向的去国有化维度，重要的是知道他们（及其受众）在多大程度上开始呈现一致的"全球性"职业认同。事实上，有证据表明，对作为全球性职业的新闻业的认同感比以往任何时候都要强烈，这使得公开报道这种以前不常见的形式在拉丁美洲、亚洲和中东等地区扩散（比如，El-Nawawy & Iskandar，2002）。我以《纽约时报》最近发表的一篇关于半岛电视台纪录片《控制室》（Control Room）的评论为例。评论员写道，那些坚持客观公正新闻职业道德的新闻工作者在他们的政治忠诚与职业准则之间努力权衡。不仅如此，他们中那些直截了当地蔑视美国政府的人，同样坦率地接受了在他们的原籍国明显缺少的自由表达和公开辩论的价值观（"How Al-Jazeera"，2004，p. B19）。

多元化社会参与这个新闻机构舞台给客观性等传统新闻观念注入了新的重要意义。这就是说，由于压缩的全球文化舞台产生了对文化和政治差异的共同意识，因此意识到自身偏见亟须找到传播的"公正"基础。此外，随着越来越多的电视新闻工作者参与同步和即时报道，新闻实践水准朝着这种公正的方向发展。在此背景下，借助于同样的设备、接入（access）和即时传播的需要，技术已经整合了不同国家语境下运行的跨组织的新闻惯例。

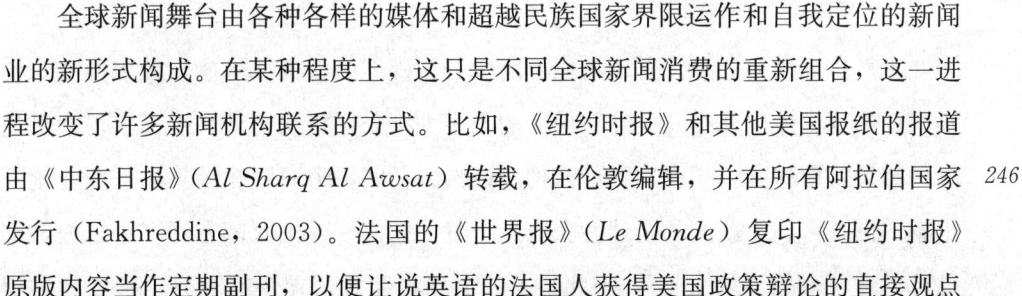

## 新闻类型与定义

全球新闻舞台由各种各样的媒体和超越民族国家界限运作和自我定位的新闻业的新形式构成。在某种程度上，这只是不同全球新闻消费的重新组合，这一进程改变了许多新闻机构联系的方式。比如，《纽约时报》和其他美国报纸的报道由《中东日报》（*Al Sharq Al Awsat*）转载，在伦敦编辑，并在所有阿拉伯国家发行（Fakhreddine，2003）。法国的《世界报》（*Le Monde*）复印《纽约时报》原版内容当作定期副刊，以便让说英语的法国人获得美国政策辩论的直接观点（Hunter，2003）。此外，还出现了专为分散的国际受众生产和传播的印刷、广播电视和互联网新闻业，它们不再以特定地理区域的共同体为基础，我专门称之为"全球新闻业"。当然，在组织层面，全球媒体是最容易界定和描述的，特别是用经济术语。全球媒体服务于一个超越国家边界的全球市场。因此，全球媒体是根据跨国公司对其控制而定义的（比如，Herman & McChesney, 1997）。这是些实在且有形的实体——可以根据金融资产进行命名和排名的公司。这些媒体的最终产品，比如电影和娱乐电视节目，很容易融入这种全球视角，迪士尼公司是在世界各地以商品形式传播文化的典范。但是，这些公司的新闻产品需要充分考虑，从而确定它们如何在概念上最适合全球系统。

总体而言，我用"全球新闻业"（global journalism）来指超越国家边界的以去疆域化方式进行的新闻采集实践。因此，这是一个概念而非涵盖各种具体案例的范畴。"全球化新闻业"（globalizing journalism）指的是一个进行过程而不是一个固定的标签，明显区别于"国家的"和"地方的"。比如，斯克莱尔（Sklair, 2001）在他的跨国公司研究中，如果发现跨国公司自觉地去国有化并自觉地采用全球战略观点，与在海外设有分支机构的国有企业完全不同，那么这些公司就被认为是跨国的或者"全球化的"。从这个角度而言，我们可以将对全球化新闻业的思考转变成一个经验性问题，即这一进程已经发展到什么程度。清晰界定"全球新闻工作者"的范畴很难，但是很明显，他们为全球运营的机构工作并且受制于同样的观点，其中很多新闻工作者明确表明需要一种"全球"视角〔比如，国际新闻采集专业人士行业协会新闻世界（Newsworld）的理念〕。

## 霸权的与文化的

理解全球新闻业意味着不再强调跨国公司媒体的权力。的确，大多数全球传播的新闻都由位于几个"全球"城市的几家大型公司机构协调，这提出了合乎逻辑的担忧，即这些公司在判断什么构成恰当的新闻报道时隐含了狭隘且商业化的框架。但是，因为新闻的全球性获取意味着在任何一个国家都有许多来自内部和外部的可获得的"新闻业"，因此只关注全球媒体大公司不能充分了解发展过程中的新闻流程。

全球化的"世界文化"视角表明，指向统一信念的变化不是外力强加而是更具自反性的舞台的结果，这个舞台考虑了普遍存在的标准（Robertson, 1995a,

1995b)。虽然这一路径可能会因为忽视实际的经济系统影响而招致批评,但弗里德曼(Friedman,1995)认为二者并不矛盾,他认为文化变化必须被理解为系统变化的产物。看似杂乱无章的后现代拼贴的文化形式和认同是两个过程的结果:全球系统的碎片化以及随之而来的地方性项目的多样性与"政治制度、分类关联(class associations)和共同的媒体表征的全球化"(Friedman,1995,p.85)。全球舞台上看起来混乱的文化杂糅由以下条件决定:便于思想和实践的生成与流动,同时具有通过新的全球社会、制度结构和媒体传播了解它们所经过的世界的能力。只专注于公司的经济支配地位则忽视了这种相互作用。因此,如果认为全球化只会导致世界文化的标准化和同质化,或者认为全球化的主要作用是给予地方文化和群体权力,从而与强加于它们的观点相竞争、扩散自己的观点,那就太简单了。确切地说,我们需要理解这些因素之间的相互作用。

在考虑大部分新闻由有影响力的全球经济大公司生产的同时,还需要思考经济因素以外的其他问题。比如,在去疆域化的全球新闻舞台,正在出现什么样的文化和社会变化。因此,我们必须在这些新兴的全球结构中思考人和社会进程的本质、他们做出的决定,以及他们提出的规范。

## 全球新闻业

因此,新闻业在不断变化的制度和构成新兴全球化公共领域的公民权调整中扮演着至关重要且不断变化的角色。全球新闻舞台源自两个主要发展:媒体公司跨国运营的全球化,以及新闻机构间简单分享新闻和决策的支持性技术的可用性。这些发展产生了两个相关的研究视角:政治经济学和组织学。

### 全球所有权

从政治经济学观点来看,与全球媒体相关的所有权模式对它们的控制至关重要,从而提出了商业逻辑介入公共领域的问题。赫尔曼和麦克切斯尼(Herman & McChesney, 1997) 将全球媒体界定为全球运营公司的产品,这些公司资助针对全球一体化市场的商业性媒体内容——以牺牲公共部门的控制,特别是对广播电视领域的控制为代价。因此,这个观点认为,从大型媒体公司——拥有金融资源和需要远距离内部协调的公司——的全球触及范围来定义新闻的全球化。这些大型集团通过集中所有权实现全球协调。除了美国在线/时代-华纳(美国有线电视新闻网的所有者)、迪士尼公司(拥有美国广播公司新闻部)和通用电气(拥有美国全国广播公司新闻部)等美国公司外,这类主要的媒体公司还包括欧洲最大的广播电视商、德国的贝塔斯曼和日本的索尼。比如,在某种意义上,美国有线电视新闻网的品牌和新闻风格已经成为与麦当劳的拱门一样的全球标准化且被认可的出口品。

这种所有权效应意味着在全球推广相同的产品并适应地方和地区市场。诚如之前所提,很多重要的媒体公司已经开始在全球推广它们的品牌。《时代》周刊、《新闻周刊》和《今日美国》等出版物以提供国际版的方式开发它们的新闻采集信源。《华尔街日报》在这方面也具有全球性,出版了亚洲版和欧洲版,加入了地方新闻工作者提供的原创性内容。现在归《纽约时报》所有的《国际先驱导报》(International Herald Tribune)可以被恰当地视为一份"全球报纸",它同时刊印欧洲版、亚洲版和美国版。虽然这些产品会适应地区性兴趣,但是出版物的吸引力很大程度上源于其母公司的假定的声誉(和金融资源),以及受众对于全球化的、不止于狭隘的观点的期待。[《基督教科学箴言报》(Christian Science Monitor)多年来一直发挥这种作用;尽管归一家美国教堂所有,但是作为新闻机构,该报拥有非党派、非国家性的独立的声誉。] 正如知名特许经营餐厅所具备的可预见的可靠性一样,《国际先驱导报》等报纸的移居国外的北美读者无疑会感激拥有一份对世界新闻采取一种熟悉的西式新闻视角的英文报纸。欧洲读者评价其为美国对世界事件观点的把关人。多媒体互联网和卫星电视等新兴技术进一步推进了由单一公司控制的全球发布的新闻业。传统的印刷和广播电视新闻机构已经将它们的作品放到网上,让全世界都能看到。英国广播公司、美国有线电视新闻网和美国广播公司新闻部等广播电视机构也是如此。

## 全球把关

新闻机构之间也正在形成全球性的相互关系，新闻机构内部的专业工作方式不是直接由所有权决定的。组织层面尤其关注复杂的新闻采集的实际需求，以及记者、编辑和所有者之间的关系问题——特别是新兴的共识规范（consensual norms）在何种程度上允许新闻机构发挥全球性作用。这个领域仅有的研究关注了电视（比如，Paterson & Sreberny, 2004），由于视觉画面的普遍吸引力和可获得性，电视很容易在全球层面发挥作用。事实上，以美国有线电视新闻网为例，世界品牌的普遍性质引发了对标准化不利于民族文化异质性的担忧。美国有线电视新闻网国际频道（CNN International）和英国广播公司世界电视服务（BBC World Service Television）等业务建立了世界新闻发布系统。其他不太显眼的机构关系为全球化电视奠定了基础，比如分销商和新闻报道的合作交换。在这些结构中，全球性以两种关键方式出现：源自有影响力的所有者或其他精英的自上而下式控制，以及新兴的专业新闻生产者之间分布式决策的共识性发展。

自上而下式控制观点重点关注有影响力的初级新闻定义者如何强加一个常见观点。在很多关于全球新闻业的讨论中，文化帝国主义路径仍然存在，它担心全球新闻业会为英美新闻霸权所主导。核心国家（比如西方国家）的决策者对向边缘发布新闻仍具有重要影响力，而且世界上大部分电视画面都出自世界上几个主要城市的新闻编辑部。电视新闻采集费用导致全世界的"零售"广播电视公司倚赖图像"批发商"提供视频、声音与信息——最重要的是两家位于伦敦的商业性机构：路透电视（前身为VisNews）和美联社电视新闻〔APTN，世界电视新闻（World-wide Television News）和美联社电视（Associated Press Television）的结合〕。在帕特森（Patterson, 2001）对这些机构的研究中，他考察了世界电视新闻生产者如何以新闻报道形式提供视觉图像的方式来建立议程和自己的参考框架，这强烈影响了终端用户机构挑选和形塑新闻的方式。他发现，为了支持全球同质化观点，全世界的国际通讯社工作人员和广播电视新闻工作者都持有"新闻单一、有效且全球适用的观点"（Patterson, 2001, p.350），降低对不平等流动和文化重要性的关注。虽然从组织效率角度来看，对新闻专业人士来说，这可能是一种非常实用的观点，但是一旦远处的判断凌驾于地方性现实，就仍然会构成担忧。帕特森认为这种结构有助于新闻议程的标准化，通过伦敦把关人的新闻判断来协调世界电视新闻，然后再把禁止终端用户修改含义的图像传播出去。他对于通讯社的比较研究显示，新闻产品的标准化部分原因在于"普遍关注被视为客户能接受的新闻报道的标准框架"（Patterson，2011，p. 341）。

作为新闻生产者之间一种互利互惠的关系网络的全球化新闻业呈现出弱集中化、"新兴"的性质。"全球新闻编辑部"隐喻有助于描述目前广播电视机构合作中日益出现的跨国协调。在最大的交易中心，即位于日内瓦的欧洲电视网（Eurovision），鉴于共同所有权，决策不是集中决定，而是由"分散的"把关人共同决定，进而对普遍可用的泛国家电视新闻议程达成共识。柯恩等（Cohen et al.，1996）考察了这种以会员新闻机构请求和报价形式进行的新闻供求关系的协调。主要由事件驱动的新闻报道时间表以就头条新闻达成共识、其他报道多元化为特征。这几位作者发现这种"新闻编辑部"是想要对恰当的新闻达成共识，同时又对个别国家新闻机构特殊的新闻判断提出质疑的一种动态文化。国家层面的新闻专业人士提供并要求具有普遍利益的社会化报道，因为他们必须获得集体的同意。

在个体新闻工作者层面，我们会询问全球化新闻业如何影响新闻工作者自身的标准和职业价值观。从历史上看，新闻业主要是根据主体文化（主要是美国和西欧的）和政治语境来定义，因此我们几乎没有依据去理解这些"全球新闻工作者"如何将他们对新闻的观点与这种新的体系相适应。目前的研究已经通过比较不同的国家语境，考察了特定国家新闻工作者的价值观（比如，Weaver，1998）。基于这种比较视角，研究者提出全世界新闻工作者的职业价值观和观点是否变得越来越相似，结果很复杂。不过，这个关于全球专业性的问题是将这些国家的新闻工作者视为一个整体而提出的，而不是针对更加"全球化的"少部分新闻专业人士。将职业价值观置于全球语境并不意味着只是将一国的新闻工作者与另一国的新闻工作者进行比较，而是将某类跨国新闻工作者与其他类别进行比较。除了询问国家 A 的新闻工作者如何不同于国家 B 的新闻工作者之外，我们现在必须发现超越特定国家文化的全球媒体表现的新标准。

更广泛来说，源于全球化世界中共识性价值观和规范的吸引力、适应新闻采集不断变化的需求和区别于任何特定的以国家为基础的新闻文化，一种新兴的职业模式开始出现。通过广泛认可的品牌和形式，新闻的全球标准化在表面上意味着新闻是一种定义没有问题的商品，但是全球层面的新闻定义和国家层面一样存在问题。新闻工作者通过与同事互动，形成了关于新闻看起来应该什么样的共识性职业价值观和观点——我们不应该称其为标准化，而应是满足让这个系统发挥作用的实际需求的共同观点。比如，根据韦弗和威尔霍伊特（Weaver & Wilhoit, 1991）的观点，对新闻工作者来说，相较于"对抗性"和"阐释性"角色，传播者角色愈加重要。这种角色最符合政治中立性和全球适用性，这不足为奇。作为一种优势，速度满足了在传递新闻产品时逐渐跨越国界的新闻媒体的技术要求（Reese, 2001）。强调传播速度而不是其他阐释性和监督性角色，旨在训练新闻工作者，让其避免在跨国机构中生产新闻的价值暗示，而且便于在媒体间调遣。需要更多关注这些新闻价值观从而发现全球新闻业是如何在普世价值观和狭隘价值观之间取得平衡的。

## 结论

全球化为新闻业实践及其对健康的全球公民社会的潜在贡献带来了激动人心的发展。当我们试图为精确的研究明确界定分析单元时，这些变化使得理论化和研究更具挑战性。我们中的很多人会认为这些变化的一个方面是由企业管理层、艺术家、名流、社会组织工作人员和激进主义分子构成的新兴的全球社会阶层，外加相关的媒体专业人士阶层。诸如环球旅行的体育明星、歌剧演员和驻外记者等群体经常在世界范围内以各种方式工作。但是，我们需要问一下，在这类群体中增强的身份认同达到了什么程度，不论他们来自哪个国家，比起与他们的邻居相处，身份认同让他们彼此更容易相处。我们会进一步问，什么世界价值观或其他逻辑将他们组织起来，这对越来越多地被要求去服务于非国家和非地方共同体的新闻业的使命来说，意味着什么？去过许多地方的学者，诚如本章作者，直观地认识到这些世界性联系的重要性，因为我们参与其中。但是，知道这些群体存在并系统化定位、界定和评估他们又是另外一回事——从定义上看，他们通常是分散的。这只是在超越传统分析层次过程中我们所面临挑战中的一个例子。无论如何，新闻业的重要维度正在显现，这需要我们注意。我们需要创造性地发现新的个案研究地点、概念、经验性策略，以及与全球时代相适应的关系。

## 参考文献

Aginam, A. (2005). Media in "globalizing" Africa: What prospect for democratic communication? In R. Hackett and Y. Zhao (eds.), *Democratizing global media: One world, many struggles*. New York: Rowman and Littlefield.

Barber, B. (1995). *Jihad vs. McWorld: How globalism and tribalism are reshaping the world*. New York: Ballantine.

Cohen, A., Levy, M., Roeh, I., and Gurevitch, M. (1996). *Global newsroom, local audiences: A study of the Eurovision News Exchange*. London: John Libbey.

Curran, J. (2002). *Media and power*. New York: Routledge.

El-Nawawy, M., and Iskandar, A. (2002). *Al-Jazeera: how the free Arab News Network scooped the world and changed the Middle East*. Cambridge, MA: Westview.

Fakhreddine, J. (2003). News that travels well. *New York Times*, January 13, 2003, op-ed.

Falk, R. (2003). *The great terror war*. New York: Olive Branch Press.

Falk, R. (2004). *The declining world order: America's imperial geopolitics*. New York: Routledge.

Friedman, J. (1995). Global system, globalization and the parameters of modernity. In M. Featherstone, S. Lash, and R. Robertson (eds.), *Global modernities* (pp. 69–90). London: Sage.

Friedman, J. (2002). Globalisation and the making of a global imaginary. In G. Stald and T. Tufte (eds.), *Global encounters: Media and cultural transformations* (pp. 13–32). Luton: University of Luton Press.

Herman, E., and McChesney, R. (1997). *The global media: The new missionaries of global capitalism*. Washington, DC: Cassell.

How Al Jazeera is squeezed by its politics and its craft, (2004). *New York Times*, May 21, 2004, B19.

Hunter, M. (2003). Is Paris seething? *Columbia Journalism Review*, January/February, 46–7.

Paterson, C., and Sreberny, A. (eds.) (2004). *International news in the twenty-first century*. Luton: University of Luton Press.

Patterson, C. (2001). The transference of frames in global television. In S. Reese, O. Gandy, and A. Grant (eds.), *Framing public life* (pp. 337–54). Mahwah, NJ: Lawrence Erlbaum Associates.

Patterson, T. (1998). Political roles of the journalist. In D. Graber, D. McQuail, and P. Norris (eds.), *The politics of news; the news of politics* (pp. 17–32). Washington, DC: Congressional Quarterly Press.

Reese, S. (2001). Understanding the global journalist: A hierarchy-of-influences approach. *Journalism studies*, 2(2), 173–87.

Robertson, R. (1995a). Glocalization: Time–space and homogeneity–heterogeneity. In M. Featherstone, S. Lash, and R. Robertson (eds.), *Global modernities* (pp. 25–44).

London: Sage.

Robertson, R. (1995b). Theory, specificity, change: emulation, selective Incorporation and modernization. In B. Grancelli (ed.), *Social change and modernization: Lessons from Eastern Europe* (pp. 213–31).

Sassen, S. (2003). Globalization or denationalization? *Review of international political economy* 10(1), 1–22.

Schlesinger, P. (2000). The nation and communicative space, in H. Tumber (ed.). *Media power, professionals, and policies* (pp. 99–115). London: Routledge.

Shadid, A. (2003). Station's goal: the next al-Jazeera. *Austin American Statesman*, February 14, 2003, A25.

Sklair, L. (2001). *The transnational capitalist class*. Oxford: Blackwell.

Sreberny-Mohammadi, A., Stevenson, R., and Nordenstreng, K. (1984). The world of the news study. *Journal of Communication*, 34(1), 120–42.

Weaver, D. H. (ed.). (1998). *The global journalist: News people around the world*. Creskill, NJ: Hampton Press.

Weaver, D. H., and Wilhoit, C. (1991). *The American journalist: A portrait of US news people and their work*. 2nd edition. Bloomington, IN: Indiana University Press.

Wiley, S. (2004). Rethinking nationality in the context of globalization. *Communication Theory*, 14(1), 78–96.

Wu, H. D. (2004). The world's windows to the world: An overview of 44 nations' international news coverage. In C. Paterson and A. Sreberny (eds.), *International news in the twenty-first century* (pp. 95–110). Luton: University of Luton Press.

# 第 20 章
# 新闻学研究的未来：超越学科边界[1]

## 芭比·泽利泽

253　　在这个全球化时代，有一件事是确定的，那就是新闻业的未来仍然不确定。新闻业面临各种各样的障碍。从它保持经济活动能力的萎缩到它与民族国家、全球环境交集的参差不齐，新闻业在陌生且通常无法解释的环境中报道遥远事件的作用仍与以往一样复杂。新闻业面临着一个由许多问号和空括号等可识别的声明点缀而成的未来。

毫无疑问，新闻学研究的未来正如新闻业自身一样不确定。作为一个研究领域，新闻业的研究总是有点站不住脚。新闻工作者、新闻教育者和新闻学者三个群体之间关于新闻学研究的中心性（centrality）、必要性和可行性的协商总是受到某种程度的质疑：新闻工作者认为新闻学者和新闻教育者没有必要在公开场合揭他们的短；新闻学者认为新闻教育者理论不扎实；新闻教育者认为新闻学者不切实际。每个群体的关注重点——如何应对新闻业的未来和如何理解它——被搁置一边，因为每个群体都专注于在嘈杂的争吵声中谁的声音最能被听到。因此，强调谈论新闻业的能力，实则是谁能调动盖过别人说话声的权利以及谁最能保持这种权利的冲突。

这一章的前提是新闻学研究面临的最大问题之一，即新闻工作者、新闻教育者和新闻学者无法互相倾听对方的意见。鉴于全球化时代困扰新闻业的不确定性，对这一问题的解决更为棘手。必须超越导致新闻工作者、新闻教育者和新闻学者分裂的冲突与协商，这对于新闻业以及那些受新闻业对世界运转的系统化建构影响的领域都很重要。这一章追溯一些影响新闻业研究的冲突,进而提出思考新闻业未来的最佳方式——如果不是唯一方式的话——以便更全面地弄清楚我们知道什么,以及我们是如何知道的。多角度而不是从内部来考察新闻业研究的脉络能够更加全面地解释新闻业是什么,以及它希望在公共想象中成为什么。

## 传播知识的阐释共同体角色

知识传播路径崎岖、封闭,而且往往不可预知。这让人想起了漆黑冬夜里蜿蜒的道路,而不是灯火通明的高速公路,知识的分享与争夺更多地与运气、环境和拥有专业知识的人有关。对创新和未知的适应是循序渐进的,与此同时还需要关注其周围环境和对职责范围的协商。这就是托马斯·库恩(Thomas Kuhn,1964)看待科学发展的观点,他认为个体和集体通过反复向发展进程中的参与者呼吁而形成了共同的范式。问题和程序以能够产生共识的方式命名和标记,但是随之而来的关于冲突观点的竞争可能会改变既有类别。这种竞争在新范式建立后的很长一段时间内仍以简化形式存在。

诚如埃米尔·涂尔干(Émile Durkheim, 1965 [1915])、米歇尔·福柯(Michel Foucault, 1972)、尼尔森·古德曼(Nelson Goodman, 1978)和玛丽·道格拉斯(Mary Douglas, 1986)等其他学者所言,这与知识本身关系不大,更多地与形塑知识的人相关。他们基于不同的出发点独立论证了知识的进步与融合、权力、团结和适用性概念等社会因素有关,正如与认知因素有关一样。

这一背景有助于解释新闻业及其研究之间的很多冲突。新闻工作者、教育者和学者都生存并受制于独立的阐释共同体边界之内(Zelizer, 1993b)。志趣相投的个体为了调用阐释策略,每个共同体自己决定什么是证据而且以什么方式使用,对值得思考的新闻实践和有价值的新闻学研究做出判断。尤其是新闻学者,他们在共同体内研究,与学界更广泛的学科边界相呼应。他们的学科观点很重要,因为他们既影响了我们如何看待新闻业,也影响了新闻业如何在公共视域中定位。

因此,新闻学研究产生了自己的一系列问题也就不足为奇,新闻学研究的发展与反映既有学术研究的主要孤立领域相一致（Zelizer，1998）。尽管现在有大量广泛的研究涉及新闻业的实践、意义和影响，但是学者们在超越各自学科框架边界分享知识方面进展甚微，这导致有关新闻业的知识体系很大程度上是对已皈依者说教，仍然没有建立起一个新闻业如何运作、新闻业为谁服务的共享的参考框架。而且，这类本质上是美国式的研究成为世界各地践行广泛新闻实践的一个非常有限但备受推崇的黄金标准。最为重要的是，既有研究从未与新闻工作者分享。在一个全球化时代，当研究视野布满这么多问号时，作为研究者，我们需要做得更好。

新闻学研究的建立基于三个前提：

（1）采纳新的概念框架是动态过程，不以抽象概念告终。相反，这些概念延伸至新闻实践本身，这就需要细化和调整。

（2）我们提出的概念背后的因素——不论是个体、组织、专业游说团体，还是非正式组织——对随之产生的知识至关重要。在大部分情况下，这些因素往往是层级化和政治化的，体现了文化权力的实施，并且以某种方式而不是其他方式阻碍或促成新闻业知识的发展和传播。

（3）没有一个特定的群体、领域或个体了解新闻业的一切。新闻业的优势是继续成为一个不断发展且可渗透的研究领域，广泛涵盖手艺、职业和学术，并且在学术领域跨越学科、学派和院系。

## 研究新闻业的五条路径

本章会讨论新闻业学术研究的五条主要路径，即社会学、历史学、语言学、政治科学和文化分析。它们不是新闻学研究的仅有模式，比如其中缺少了经济学和法学。这些替代性路径主要是作为启发式方法提出的，这意味着比实际应用更具互斥性。但是，这些路径提供的视角让我们得以瞥见将新闻业概念化的其他选择。

虽然这些研究路径在不同程度上积极地吸引着新闻工作者和新闻教育者，但是它们主要与新闻学者对话。这些研究路径的不同之处很细微却很明显，每个学科在应对新闻业时，都针对同一问题提出了稍微不同的版本：

- 社会学问新闻业如何重要。
- 历史学问新闻业曾经如何重要。
- 语言学问新闻业看重的语言和视觉工具是什么。
- 政治科学问新闻业该如何重要。
- 文化分析问新闻业如何与众不同地重要。

诚如所有的阐释共同体，鉴于对独立考察新闻世界的基本假设不同，学者们采用了不同的研究路径。

## 社会学

首先考虑社会学是有益的，因为它提供了思考新闻业如何运作的默认设置。社会学路径主要建立在自 20 世纪 70 年代开始的令人难忘的被称为新闻民族志或新闻编辑部研究的基础上（Tuchman，1978；Gans，1979；Fishman，1980），它总体上创建了一幅关注人而非文献的新闻业图景。它关注结构、功能和新闻业运作的效果，重视关系、工作惯例和收集、呈现新闻过程中的其他程式化互动。

社会学路径将个体新闻工作者置于根据自身优先顺序和基本原理运作的更宏观的规则之下，认为新闻工作者发挥社会存在的功能，通过规范、实践和惯例与其他社会存在共存（White，1950；Breed，1955；Galtung & Ruge，1965；Tunstall，1970）。新闻工作者被认为生存于批判性形塑新闻生产的职业、组织和体制背景之中（Tunstall，1971；Molotch & Lester，1974）。新闻工作者也在新闻工作中提及类似意识形态的东西（Glasgow University Media Group，1976，1980；Gitlin，1980；Curran & Gurevitch，1991）。大部分情况下，社会学路径更倾向于研究主导性实践而非反常实践，通常定格在新闻生产过程中的某个时刻进行分析，而不考虑整体现象。

因此，社会学路径创建了一幅新闻业的图景，许多其他路径从这幅图景中开始。它强调行为和效果而不是意义，也将新闻受众视为更宏观的中介化环境中的接收者（McCombs & Shaw，1972；Blumler & Katz，1974；Robinson & Levy，

1986），将新闻工作者视为专业人士，尽管不是非常成功的专业人士（Henningham，1985；Katz，1989；Zelizer，1993a）。虽然这些研究大都从20世纪70年代和80年代早期出版的成果中得出结论——因此在他们完成实践项目后很久，"新闻编辑部""舰队街"等一些过时的观念还在使用——但是新闻社会学领域的几个已故的关键人物重访了这个领域。赫伯特·甘斯（Herbert Gans，2003）、迈克尔·舒德森（Michael Schudson，2002）和托德·吉特林（Todd Gitlin，2002）的著作，以及该领域的新作（Jacobs，2000；Klinenberg，2003）和新闻的政治经济学研究认为，目前社会学路径可以更好地处理当下的公司化、标准化，以及更具现代形式的新闻工作的多元化（通常指不同的规范性）本质的趋势。与此同时，关注美国以外新闻业的最新研究（Fox & Waisbord，2002；Benson & Neveu，2005）会使长期以来主要由美国主流新闻机构构成的图景复杂化，这些新闻机构一直作为全世界的声音，取代我们对于作为社会现象的新闻业的理解。

## 历史学

新闻的历史学路径在很大程度上源自新闻学术课程的早期发展。在证实新闻实践长盛不衰方面，新闻的历史学路径通过过去——经验、成就和悲剧——来理解当代新闻业。它将问题置于语境之中，跨越时间将事件、问题和人物编织成叙事，进而使新闻业的过去可以理解。在这个框架中，吸引学术注意力的是持续存在的东西。不过，有时候这幅图景的取景狭窄。

历史学路径主要依据文献而不是人，根据文献规模可以划分为三类，即微观历史、中观历史和宏观历史。微观的新闻业历史是指回忆录（Reith，1949；Salisbury，1983）、传记（Sperber，1986；Cottrell，1993）和机构历史（Burnham，1955；Tifft & Jones，2000）。"第一批新闻历史学家""基于他们职业经历"撰写历史，这些新闻业的观察者"既没有受过历史学训练，也没有受过社会科学训练；而且他们常常在没有讲述自己故事之前就离开了新闻业"（Hardt，1995，p.5）。这里隐含的假设是，一个具体个体的历史能够取代广泛的历史理解，这一重点有助于将历史学路径置于新闻业的研究地图上。

中观历史是指按周期（Sloan，1991；McGerr，2001）、主题（Knightley，1975；Solomon & McChesney，1993；Nord，2001）和事件（Bayley，1981；Zelizer，1992）进行的研究。这意味着在更广泛的机制下理解特定历史案例，这种研究提供了接触过去的另一种方法，正如将19世纪中期总结为以"便士报"为代表的时代（Mott，1941/1962；Schudson，1978；Schiller，1981），或者更广义的技术进步的时代（Boyd-Barrett，1980；Stephens，1988）。尤其是，周期性历史的呈现与美国许多新闻学院专业化课程体系的设置相吻合。

宏观历史主要处理新闻业与民族国家之间的关系。尽管这类研究对这种关系既认可（Briggs，1961-1995；Mayer，1964；Emery & Emery，1999）又批判（Curran & Seaton，1985；Henningham，1988；Kuhn，1995），但是它详细描绘了长久以来国家新闻机构得以建立和维持的制度背景。一种观点关注民主制度中的新闻业，认为"新闻工作者为争取自由媒体而英勇且热情地奋斗，自由媒体的创立使得他们自身的职业及其支撑的民主制度变得崇高"（Golding & Elliott，1979，p.20）。

这一路径缺少的是更加意识到历史学对手艺、职业和学术所起作用的复杂性：关于新闻实践的历史著作主要由美国新闻学院出版，其目的在于将作为研究领域的新闻业——不完全符合广义的、遵循德国历史决定论模式的所谓客观历史——合法化，弄清楚这些如何组合起来的努力还远远不够。此外，重点关注美国历史（及其进步主义偏好）而忽略了世界其他地方极为丰富和多样的新闻实践发展（Bromley & O'Malley，1997）。因此，这类学术研究必须努力解决一个问题，即谁拥有过去。时至今日，弄清"谁的新闻业历史"这个问题对于从事历史研究的人来说仍是一个挑战。

## 语言学

新闻业的语言研究认为新闻工作者传递的信息既不透明也不简单，它是说话者建构活动的结果。语言超越了构成新闻事件的事件顺序，对有关生活的广泛信息进行编码。这类研究主要是在过去三十年间发展起来的，在欧洲和澳大利亚的发展最为显著。它将语法、句法和词汇选择等语言的正式特点与讲故事框架、文本模式和叙事等语言的非正式特点相结合，设法处理口头语言、声音、静止和移动视觉，以及互动模式。在每类研究中，语言被视为意义建构的社会偶然的和协商的过程。

有三类语言研究应对新闻业问题：非正式的、正式的和语用的。非正式研究把语言视为背景，而不广泛考察它的正式特点。这类研究出现在内容分析（Lasswell & Jones, 1939；Schramm, 1959）和符号学（Fiske & Hartley, 1978；Hartley, 1982）中，非语言学者可以充分应用这类研究，强调语言与新闻业研究相关性的问题。随着时间的推移，这类研究证实了语言是一个值得分析的领域。

源于社会语言学、话语分析和批判语言学（van Dijk, 1987；Bell, 1991；Fowler, 1991）的语言的正式研究重视新闻语言的形式特点，比如词汇选择、句子结构。这些研究有助于全面、复杂和系统地呈现新闻工作者撰写新闻的模式化的语言依赖。

语言的语用学研究强调了一系列语用问题所形成的新闻语言使用模式。这类研究考察了新闻工作者如何通过新闻报道、叙事、修辞和框架，结构性描述现实，用语言来影响目标或服务于特定目的。这类研究包括叙事和讲故事传统（Darnton, 1975；Schudson, 1982；Bird & Dardenne, 1988）、修辞（Jamieson, 1988；Hariman & Lucaites, 2002）和框架（Entman, 1993；Reese, 2001）。借助于语言的广泛功能，这类研究有助于在那些对语言本身不感兴趣的人群中强调新闻工作的建构性质。

这类研究有不同的方向，框架主要关注新闻语言的政治方面，叙事和讲故事针对文化方面，尤其关注小型报（tabloids）或新闻杂志（newzines）等替代性形式（Campbell, 1991；Bird, 1992）。有关新闻语言的视觉研究还不多，这类微观分析研究受非语言学者对应用其研究发现缺乏兴趣的影响。不过，这类研究的基本前提即语言是意识形态，既挑战了传统主流新闻研究，也挑战了新闻是现实反映的新闻学观点。

## 政治科学

政治科学家一直对新闻业持有规范性兴趣，对最佳条件下新闻业"应该"如何运作表示好奇。这类研究通过政治世界中的既得利益者来考察新闻业，基于对主要在资本主义民主国家发挥政府第四等级作用的新闻业的长期期待，从政治与新闻业的相互依赖中得出一个假设。关于所谓"中介化民主"或"媒介政治"的问题促使学者更尖锐地思考新闻业如何更好地服务于其公众。

政治科学路径整体上延续了沃尔特·李普曼（Walter Lippman，1922/1960）的研究，暗示现代民主制度的危机就是现代新闻业的危机。这类学术研究可以分为大、中、小三种规模，主要考察了新闻实践的规范和抽象观点，关注将新闻业现状转变成更完美的事业。其隐性假设是"如果我们能够让新闻工作者改变他们工作的方式，那么新闻报道就会有很大改进"（Cook，1998，p.173）。

小规模研究聚焦新闻工作者寻找信源的实践、新闻工作者的角色感知模型和与政治世界的互动（Sigal，1073；Hess，1984；Splichal & Sparks，1994），它将对新闻业政治层面的广泛关切转换成了有限且确定的背景或系列互动。有关信源的研究依据新闻工作者与信源之间的联系，通过与政治世界的互动来思考新闻权力、自治等普遍问题。将新闻业与政治之间的联系具体化，认为寻找信源是通过媒体报道来换取信息，这更普遍地体现了新闻业-政治之间的共生性质。

中等规模研究考察了新闻业对政治进程的影响，尤其关注表达自由的优势和缺点，或新闻业在媒体、公众和政体三者之间的作用（Graber，1984；Entman，1989）。在这方面，出现了大量有关公共新闻业的文献（比如，Rosen，1996），比如有关新闻业在选举过程中最佳角色的研究，探讨了新闻工作者是否、在何种程度上影响了决策过程和政策（比如，Patterson，1993）。其中有些研究提供了有关新闻实践的规范-批判相结合的观点，基于既有政治理论空白来评价新闻表现的不足（Hallin，1986；Downing，1996）。

大规模互动研究针对媒体在不同政治制度中的角色（Siebert, Peterson, & Schramm，1956；McQuail，1987；Nordenstreng，1997）。这类研究主要是美国

在二战后对新闻工作者该如何最佳应对法西斯政府的变幻莫测与权力的思考，它们试图勾勒不同类型政府和新闻业之间的最佳关系，并继续提出随环境变化而变化的其他分类方案。因此，这类研究中普遍存在的比较维度简化了被考察关系中明显存在的细微差别和复杂性。

政治科学路径主要聚焦美国并投入精力考察了高层权力，而且依然受规范性力量驱使。有关公众的抽象概念往往取代了实际人群。这类研究通常以恢复性的调子结束，强调新闻业应该与广泛社会中更普遍的政治倾向保持一致。因此，一旦从政治科学角度来思考，新闻业通常无法兑现它的承诺。

## 文化分析

新闻业的文化分析将杂乱且粗糙的新闻素材——符号、仪式、惯例和报道——与新闻业产生的宏观世界联系起来。对所有参与新闻业的人来说，新闻（news）是一个复杂且多维度的意义体系。因此，文化分析质疑新闻业自我意识背后的给定条件，旨在考察对于新闻工作者自身而言什么是重要的，探索记者理解自己手艺和职业的文化符号系统。

这类研究明显具有跨学科性和自反性，它假定新闻业内部缺乏团结——在新闻采集惯例、规范、价值观、技术以及关于什么是重要的、恰当的和优先的假设方面——也缺乏可用的概念工具。这类研究认为，新闻工作者在工作中通常应用集体的默会知识，但这些知识所明确表达的并不能反映出新闻业的全貌。

这类研究主要分为两类，基本上与美国和英国的文化研究模式相同。前者延续了约翰·杜威（John Dewey，1954/1927）和罗伯特·帕克（Robert Park，1940）等美国的早期研究，并主要由詹姆斯·凯瑞（James Carey，1969，1986）发展起来，重视意义、群体身份认同和社会变迁问题。后者延续了斯图亚特·霍尔（Stuart Hall，1973a，1973b）的研究，并由很多学者（比如，Cohen & Young，1973；Brunsdon & Morley，1978）发展起来，关注文化与权力和统治模式的交互方式。

这类研究关注了很多其他研究领域未解决的问题。这包括新闻世界观

（Manoff & Schudson，1986）、实践（Dahlgren & Sparks，1992；Glasser & Ettema，1998）、违规（Eason，1986；Pauly，1988）、形态（Barnhurst & Nerone，2001）、表征（Ehrlich，2004）和受众（Bruhn Jensen，1990；Bird，2003）。在每类研究中，学者们研究新闻业，旨在弄清楚意义如何产生。因此，这类研究认为新闻业与参与新闻生产的文化群体的假设有关，它重视影响新闻实践的情境因素，强调要考虑不同新闻工作之间的模糊界限，比如小型报与主流媒体、真人秀和广播网新闻。这类研究还常常拓展新闻业的边界（比如，Allan，1999；Friedman，2002）。

文化分析试图消除新闻学研究的学科性短视，当它与新闻业的新形态、新技术和变化的新闻业期待联系在一起时，更是如此。与此同时，新闻业领域对一些原始术语的相对性观点，以及对新闻业该如何尊重事实、真相和现实的矛盾心理，在文化视角下这些都成了协商的对象，限制了文化视角的适用范围。

对于研究新闻业来说，社会学、历史学、语言学、政治科学和文化分析这些学科框架中的每一个都是独一无二的，这需要在它们之间建立更加明确和全面的共享。这类共享不仅有助于新闻业带着所有问题、矛盾、缺点和异常出现时获得认同，还能消除新闻学研究已有的大部分短视。学者们如何概念化新闻、新闻生产、新闻业、新闻工作者和新闻媒体，采用什么解释框架去探索这些问题，并且借用哪种研究路径来形塑关于新闻业如何运作的假设，这些都有助于理解什么是思考新闻业的最佳方式这一问题的不同版本。

## 新闻学研究的未来

通过本章所提到的不同视角来回顾对新闻业的理解至关重要，因为如果不这么做，就会进一步将新闻学者与他们想要考察的现象的复杂性与独特性隔绝。目前，新闻手艺及其对所有新闻学者不言而喻的重要性仍然被低估。在自言自语和互不理解中，我们已经开始忘记思考新闻业为什么如此重要。尽管了解对新闻业的不同理解很难——基于国界、媒介、利益、时间周期和地域而呈现出不同形态，但是必须采用多元观点，因为既有新闻学研究尚未产生大量反映新闻业全貌的学术资料，也还没有出现大量熟悉整个学术研究领域都在做什么的学者。

这需要设法解决，因为无数紧急的问题仍然没有答案。我们如何能够保持对新闻手艺的尊敬？新闻学者如何能够与新闻工作者和新闻教育者建立更好的关系？我们能否充分地调整既有新闻模式，纳入性别、种族、阶层、意识形态观点等差异指数，将危机视为规律而非例外？跨越民族国家比较新闻工作者能收获什么，或者我们应该试图建立全球新闻工作者模式吗？仅仅依靠单一学科框架无法解答这些问题。而且，这些问题的解决依赖于学科框架与使其具化的阐释共同体之间的空间。

一般而言，我们需要考察我们中的许多人都了解新闻业的什么，以及我们如何就所知道的达成一致。通过考察新闻来回顾一些跨学科脉络，我们也许会找到一种更全面的方式来重新思考现有的许多研究。这么做能为我们指明未来新闻学研究的新方向，新方向能与我们面临的全球关切产生更广泛的共鸣。据说美国人托马斯·潘恩（Thomas Paine）很久以前曾说过，新闻业帮助我们"用他人的眼睛看见，用他人的耳朵听见，用他人的思想思考而不是我们以前使用的方式"。在思考新闻学研究的未来时，我们最好还是追随他的指引。

## 注释

［1］这篇文章改编自泽利泽的《严肃对待新闻：新闻研究的新学术视野》（*Taking Journalism Seriously*: *News and the Academy*，Sage，2004），并获Sage出版集团的授权。

## 参考文献

Allan, S. (1999). *News culture*. Buckingham: Open University Press.
Barnhurst, K., and Nerone, J. (2001). *The form of news*. New York: Guilford.
Bayley, E. R. (1981). *Joe McCarthy and the press*. Madison: University of Wisconsin Press.
Bell, A. (1991). *The language of news media*. Oxford: Blackwell.
Benson, R., and Neveu, E. (eds.) (2005). *Bourdieu and the sociology of journalism: A field theory approach*. Cambridge, UK: Polity Press.

Bird, S. E. (1992). *For enquiring minds*. Knoxville, TN: University of Tennessee Press.
Bird, S. E. (2003). *The audience in everyday life*. London: Routledge.
Bird, S. E., and Dardenne, R. (1988). Myth, chronicle and story: Exploring the narrative qualities of news. In J. W. Carey (ed.), *Media, myths and narrative* (pp. 67–87). Newbury Park, CA: Sage.
Blumler, J. G., and Katz, E. (1974). *The uses of mass communications: Current perspectives on gratifications research*. Beverly Hills, CA: Sage.
Boyd-Barrett, O. (1980). *The international news agencies*. London: Constable.
Breed, W. (1955). Social control in the newsroom: A functional analysis. *Social Forces*, 33, 326–35.
Briggs, A. (1961–95). *The history of broadcasting in the United Kingdom*. Vols 1–5. Oxford: Oxford University Press.
Bromley, M., and O'Malley, T. (eds.) (1997). *A journalism reader*. London: Routledge.
Bruhn Jensen, K. (1990). The politics of polysemy. *Media, Culture and Society*, 12(1), 55–77.
Brunsdon, C., and Morley, D. (1978). *Everyday television*. London: BFI.
Burnham, L. (1955). *Peterborough court: The story of The Daily Telegraph*. London: Cassell.
Campbell, R. (1991). *60 minutes and the news*. Urbana, IL: University of Illinois Press.
Carey, J. W. (1969). The communications revolution and the professional communicator. *Sociological Review Monographs*, 13, 23–38.
Carey, J. W. (1986). The dark continent of American journalism. In R. K. Manoff and M. Schudson (eds.), *Reading the news* (pp. 146–96). New York: Pantheon.
Cohen, S., and Young, J. (eds.) (1973). *The manufacture of news*. Beverly Hills, CA: Sage.
Cook, T. E. (1998). *Governing with the news*. Chicago, IL: University of Chicago Press.
Cottrell, R. C. (1993). *Izzy: A biography of I. F. Stone*. New Brunswick, NJ: Rutgers University Press.
Curran, J., and Gurevitch, M. (eds.) (1991). *Mass media and society*. London: Edward Arnold.
Curran, J., and Seaton, J. (1985). *Power without responsibility*. London: Fontana.
Dahlgren, P., and Sparks, C. (1992). *Journalism and popular culture*. London: Sage.
Darnton, R. (1975). Writing news and telling stories. *Daedalus*, 104(2), 175–92.
Dewey, J. (1954/1927). *The public and its problems*. Columbus, OH: Ohio State University Press.
Douglas, M. (1986). *How institutions think*. Syracuse, NY: Syracuse University Press.
Downing, J. (1996). *Internationalizing media theory: Transition, power, culture*. Thousand Oaks, CA: Sage.
Durkheim, E. (1965 [1915]). *The Elementary Forms of the Religious Life*. New York: Free Press.
Eason, D. (1986). On journalistic authority: The Janet Cooke scandal. *Critical Studies in Mass Communication*, 3, 429–47.
Ehrlich, M. (2004). *Journalism in the movies*. Urbana, IL: University of Illinois Press.
Emery, M., and Emery, E. (1999). *The Press and America*. 9th edition. Needham Heights, MA: Pearson, Allyn and Bacon.
Entman, R. (1989). *Democracy without citizens*. New York: Oxford University Press.
Entman, R. (1993). Framing: Towards clarification of a fractured paradigm. *Journal of Communication*, 43(4), 51–8.
Fishman, M. (1980). *Manufacturing the news*. Austin, TX: University of Texas Press.
Fiske, J., and Hartley, J. (1978). *Reading television*. London: Methuen.
Foucault, M. (1972). *The archaeology of knowledge*. London: Tavistock.

Fowler, R. (1991). *Language in the news*. London: Routledge.
Fox, E., and Waisbord, S. (eds.) (2002). *Latin politics, global media*. Austin, TX: University of Texas Press.
Friedman, J. (ed.) (2002). *Reality squared: Televisual discourse on the real*. New Brunswick, NJ: Rutgers University Press.
Galtung, J., and Ruge, M. (1965). The structure of foreign news: The presentation of the Congo, Cuba and Cyprus crises in four foreign newspapers. *Journal of Peace Research*, 2, 64–90.
Gans, H. (1979). *Deciding what's news*. New York: Pantheon.
Gans, H. (2003). *Democracy and the news*. New York: Oxford University Press.
Gitlin, T. (1980). *The whole world is watching*. Berkeley, CA: University of California Press.
Gitlin, T. (2002). *Media unlimited: How the torrent of images and sounds overwhelms our lives*. New York: Metropolitan.
Glasgow University Media Group (1976). *Bad news*. London: Routledge and Kegan Paul.
Glasgow University Media Group (1980). *More bad news*. London: Routledge and Kegan Paul.
Glasser, T., and Ettema, J. (1998). *Custodians of conscience*. New York: Columbia University Press.
Golding, P., and Elliott, P. (1979). *Making the news*. London: Longman.
Goodman, N. (1978). *Ways of Worldmaking*. Indianapolis, IN: Hackett.
Graber, D. (1984). *Processing the News*. New York: Longman.
Hall, S. (1973a). The determinations of news photographs. In S. Cohen and J. Young (eds.), *The manufacture of news* (pp. 176–90). London: Sage.
Hall, S. (1973b). *Encoding and decoding in the television discourse*. CCCS position paper. Birmingham, UK: Centre for Contemporary Cultural Studies, University of Birmingham.
Hallin, D. (1986). *The uncensored war: The media and Vietnam*. New York: Oxford University Press.
Hardt, H. (1995). Without the rank and file: Journalism history, media workers, and problems of representation. In H. Hanno and B. Brennen (eds.), *Newsworkers: Toward a History of the Rank and File* (pp. 1–29). Minneapolis, MN: University of Minnesota Press.
Hariman, R., and Lucaites, J. (2002). Performing civic identity: The iconic photograph of the flag raising on Iwo Jima. *Quarterly Journal of Speech*, 88, 363–92.
Hartley, J. (1982). *Understanding news*. London: Methuen.
Henningham, J. (1985). Journalism as a profession: A reexamination. *Australian Journal of Communication*, 8, 1–17.
Henningham, J. (1988). Two hundred years of Australian journalism. *Australian Cultural History*, 7, 49–63.
Herman, E., and Chomsky, N. (1988). *Manufacturing consent*. New York: Pantheon.
Hess, S. (1984). *The government–press connection*. Washington, DC: Brookings Institution.
Jacobs, R. (2000). *Race, media and the crisis of civil society: From the Watts riots to Rodney King*. Cambridge, UK: Cambridge University Press.
Jamieson, K. H. (1988). *Eloquence in an Electronic Age*. New York: Oxford University Press.
Katz, E. (1989). Journalists as scientists. *American Behavioral Scientist*, 33(2), 238–46.
Klinenberg, E. (2003). *Heat wave: A social autopsy of disaster in Chicago*. Chicago, IL: University of Chicago Press.
Knightley, P. (1975). *The first casualty: The war correspondent as hero, propagandist and myth-maker from the Crimea to Vietnam*. London: André Deutsch.
Kuhn, R. (1995). *The media in France*. London: Routledge.

Kuhn, T. (1964). *The structure of scientific revolutions*. Chicago, IL: University of Chicago Press.
Lasswell, H. D., and Jones, D. (1939). Communist propaganda in Chicago. *Public Opinion Quarterly*, 3(1), 63–78.
Lippmann, W. (1922/1960). *Public opinion*. New York: Harcourt Brace.
Manoff, R. K., and Schudson, M. (eds.) (1986). *Reading the news*. New York: Pantheon.
Mayer, H. (1964). *The press in Australia*. Melbourne: Landsdowne.
McCombs, M., and Shaw, D. (1972). The agenda setting function of the press. *Public Opinion Quarterly*, 36(2), 176–87.
McGerr, M. (2001). *The decline of popular politics: The American north, 1865–1928*. Bridgewater, NJ: Replica.
McQuail, D. (1987). *Mass communication theory*. London: Sage.
Molotch, H., and Lester, M. (1974). News as purposive behavior. *American Sociological Review*, 39(6), 101–12.
Mosco, V. (1996). *The political economy of communication*. London: Sage.
Mott, F. L. (1941/1962). *American journalism: A history of newspapers in the United States through 250 years: 1690–1940*. New York: Macmillan.
Nord, D. P. (2001). *Communities of journalism: A history of American newspapers and their readers*. Urbana, IL: University of Illinois Press.
Nordenstreng, K. (1997). Beyond the four theories of the press. In J. Servaes and R. Lie (eds.), *Media and politics in transition* (pp. 97–109). Leuven, Belgium: Acco.
Park, R. E. (1940). News as a form of knowledge. *American Journal of Sociology*, 45, 669–86.
Patterson, T. (1993). *Out of order*. New York: Alfred Knopf.
Pauly, J. J. (1988). Rupert Murdoch and the demonology of professional journalism. In James Carey (ed.), *Media, myths and narrative* (pp. 246–61). Newbury Park, CA: Sage.
Reese, S. D. (2001). Prologue: Framing public life. In S. D. Reese, O. Gandy and A. Grant (eds.), *Framing public life* (pp. 7–31). Mahwah, NJ: Lawrence Erlbaum Associates.
Reith, J. C. W. (1949). *Into the wind*. London: Hodder and Stoughton.
Robinson, M. J., and Levy, M. (1986). *The main source: Learning from television news*. Beverly Hills, CA: Sage.
Rosen, J. (1996). *Getting the connections right: Public journalism and the troubles in the press*. New York: Twentieth Century Fund.
Salisbury, H. (1983). *A journey for our times: A memoir*. New York: Harper and Row.
Schiller, D. (1981). *Objectivity and the news: The public and the rise of commercial journalism*. Philadelphia, PN: University of Pennsylvania Press.
Schramm, W. (1959). *One day in the world's press*. Stanford, CA: Stanford University Press.
Schudson, M. (1978). *Discovering the news*. New York: Basic Books.
Schudson, M. (1982). The politics of narrative form: The emergence of news conventions in print and television. *Daedalus*, 111(4), 97–112.
Schudson, M. (2002). *The sociology of news*. New York: Norton.
Siebert, F., Peterson, T., and Schramm, W. (1956). *Four theories of the press*. Urbana, IL: University of Illinois Press.
Sigal, L. (1973). *Reporters and officials*. Lexington, MA: DC-Heath.
Sloan, W. D. (1991). *Perspectives on mass communication history*. Hillsdale, NJ: Lawrence Erlbaum Associates.
Solomon, W., and McChesney, R. (eds.) (1993). *Ruthless criticism: New perspectives in US communication history*. Minneapolis, MN: University of Minnesota Press.
Sperber, A. M. (1986). *Murrow: His life and times*. New York: Freundlich.

Splichal, S., and Sparks, C. (1994). *Journalists for the 21st century.* Norwood, NJ: Ablex.
Stephens, M. (1988). *A history of news: From the drum to the satellite.* New York: Viking.
Tifft, S. E., and Jones, A. S. (2000). *The trust: The private and powerful family behind the New York Times.* Newport Beach, CA: Black Bay.
Tuchman, G. (1978). *Making news.* New York: Free Press.
Tunstall, J. (ed.) (1970). *Media sociology: A reader.* London: Constable.
Tunstall, J. (1971). *Journalists at Work.* London: Constable.
van Dijk, T. A. (1987). *News as discourse.* Hillsdale, NJ: Lawrence Erlbaum Associates.
White, D. M. (1950). The "gatekeeper": A case study in the selection of news. *Journalism Quarterly* 27(3), 383–90.
Zelizer, B. (1992). *Covering the body: The Kennedy assassination, the media and the shaping of collective memory.* Chicago, IL: University of Chicago Press.
Zelizer, B. (1993a). Has communication explained journalism? *Journal of Communication*, 43(4), 80–8.
Zelizer, B. (1993b). Journalists as interpretive communities. *Critical Studies in Mass Communication*, 10, 219–37.
Zelizer, B. (1998). The failed adoption of journalism study. *Harvard International Journal of Press/Politics*, 3(1), 118–21.
Zelizer, B. (2004). *Taking journalism seriously: News and the academy.* London: Sage.

# 第 21 章
# 全球化时代的新闻学教育

马克·迪兹

随着全球新闻学研究逐渐成为清晰的研究领域,不能不注意到新闻工作者的教育和培训是一个讨论得多但鲜有研究的话题。学者们一直呼吁研究新闻学院、新闻学教育的决定性因素,以及教育、职业和社会之间的关系(Cottle,2000;Reese & Cohen,2000;Altmeppen & Hömberg,2002)。因为新闻工作者的教育主要是为职场培养人才,因此将大部分学术文献中相当单一的新闻业的意识形态定义复制进了教学。教科书或争论中呈现的"新闻业"通常是服务于特定目的的相当固定的实体,提供某些服务并以某种方式运作从而告诉人们想知道的(Brennen,2000)。有关新闻业及其教育的专业和学术文献逐渐增多(Löffelholz,2004;Zelizer,2004),但是,有关新闻学教育的理论启发性和经验导向性研究很少(Deuze,2006)。本章中,我旨在从概念上解决这一盲区,在综述世界各地有关新闻学教育的重要著述基础上勾勒这一领域的地图,本章建立在三个主要考虑因素的基础上:

(1) 目前有关新闻学的研究本质上具有全球性,因此关于新闻学教育的研究必须明确共同的问题和挑战,而不是只关注基本制度或国家特性(Holm,1997,2002;Fröhlich & Holtz-Bacha,2003)。

(2) 从全世界新闻学研究中获得的各种结果、结论和洞见表明,新闻工作者对于他们是谁且为什么(必须)做所做的事——通常指新闻业的职业意识形态(Deuze,2005)——拥有或多或少共识性的感知、价值观和理念,这些都是通过新闻学教育和编辑部社会化得以表达和内化的。

（3）因此，新闻学教育的结构、持续的发展、创新和研究都需要以共同的问题和实践为理论基础，考虑实际差异与具体要求。

在简略讨论这些假设后，我继续指出跨文化共享的新闻学教育中一些关键的批判性争论，表明议题和发现议题的过程同样都是新闻学教育研究项目的核心要素。

尽管全球化因人而异，但是在这一章，我主要从政治经济学（比如媒介市场、所有权和解除管制的日益国际化性质）和社会结构（指当下世界新闻业理念、价值观和实践的融合）角度思考全球化与新闻业之间的直接关系。高等教育是一种现代性制度，目前与新闻业一起主要在全球化的推动下经历变革的过程。弗罗里西和霍尔茨-巴夏（Fröhlich & Holtz-Bacha, 2003, pp. 317 - 318）指出，新闻学教育的国际形式化（formalization）和有关同质化培训标准的新共识是他们近期比较欧洲和美国新闻学教育发现的主要趋势。最近几十年，位于荷兰马斯特里赫特的欧洲新闻学中心（European Journalism Center）（Bierhoff & Schmidt, 1997; Bierhoff, Deuze, & de Vreese, 2000）、南非媒体培训基金会和南非媒体研究所（The Southern Africa Media Training Trust and the Media Institute of Southern Africa）（Lowe Morna & Khan, 2001）、位于厄瓜多尔基多的拉丁美洲新闻国际高级研究中心（CIESPAL），以及联合国教科文组织的新闻和媒体专业教育全球网络Journet倡议等开展了不少国际合作项目，评估变化中的新闻学培训和教育环境的所求和所需。当仔细研究这些不同的项目时，显而易见的是，在世界大部分地区，即便不是所有地区，有关新闻学教育的结构性争论话题中存在惊人相似的问题。学者们在自己的国家也都发现了这些问题，比如德国的阿尔特梅彭和霍姆伯格（Altmeppen & Hömberg, 2002）、美国的迪克森（Dickson, 2000）、澳大利亚的摩根（Morgan, 2000）。正如冈特（Gaunt, 1992）在有关国际新闻培训的开创性研究中所论，"事实上，不论地理区域或社会政治语境，新闻学教育者和媒体专业人士都不得不面对同样的问题"（Gaunt, 1992, p. 2）。

新闻学教育研究面临的第二个共同挑战是找到两个截然不同趋势的关键性答案：第一，新闻行业越来越多的新人都有新闻学正规学位或接受过新闻学培训；

第二，新闻工作者的人口统计学和职业特征——包括他们角色认知的多元化和泽利泽（Zelizer，2004）所说的"（他们）正式的自我呈现中的现代主义偏见"（Zelizer，2004，p.112）——在国际范围内日益同质化。比如，韦弗（Weaver，1998，p.456）在比较了21个国家的新闻工作者之后，证明了全世界新闻工作者的特征大致相似的观点。对不同但或多或少相似的国家的新闻工作者调查结果进行跨国比较，结果发现媒体从业者群体的测量特征一定程度上暗示了类似的职业化进程（Deuze，2002）。不少学者都持这种观点，发现全世界的新闻、新闻专业人士和培训项目日益同质化（Gaunt，1992；Splichal & Sparks，1994）。这些整体性发现和结论表明，选举制民主社会的新闻工作者具有相似的特征，而且在日常工作情境中谈到相似的价值观，但他们以不同的应用方式赋予所做事情以意义（Shoemaker & Reese，1996，p.11）。问题在于，世界各地的新闻学教育如何促成了这些重要趋势，以及如何面对给全世界"压力之下"的职业所带来的机遇和问题，比如受众量、公信力和商业活力下滑，在竞争极其激烈和严重商业化的行业中面对工作压力，被迫迅速适应变动不居的市场环境，以及主流新闻业与年轻受众之间几乎完全脱节。

本章的第三点考虑是将新闻学教育（的研究）置于共同的问题和实践基础上。教育是液态现代社会日益差异化且国际化的制度之一，它发挥了对维持社会内部秩序至关重要的特殊功能。正因如此，教育通过培养精通常规化知识（praxeomorphic knowledge）的毕业生——这种思维模式在他们踏入"现实"世界的那一秒就过时了——维持行业稳定。新闻业快速变化，但未必会在不久将来的某个时刻达到某种新的平衡而且继续传播其多媒体新闻。新闻业的变化反映了当下"全球本土化"社会更广泛的变迁，以地方和全球间日益增强的相互依赖为特征。没有谁能再置身事外，包括新闻业在内。新闻业的传统国家导向越来越脱离目标受众的日常生活经验，因此他们要么感到为看起来无法控制的全球事件（恐怖主义、全球变暖、世界性迁移、股市崩盘）所冲击，要么感到无望地与狭隘和保守的地方事务联系在一起。在此背景下，我们必须研究在多大程度上新闻工作者的教育和培训可被视为地方的或全球的职能。比如，摩根（Morgan，2000）认为，培训和教授新闻工作者的方式取决于文化，而且应该被视为特定时空的职能。但是，里斯和柯恩（Reese & Cohen，2000）就应对世界范围的新闻学教育议题提出了一个强有力的实例，称唯独美国的新闻学教育模式为通常聘用美国大学毕业生的学校所广泛采用。研究和教育与国际上的新闻专业化相联系，因为新闻工作者培训在形式化和结构性新闻学教育中发展——这一进程可以在全球不同的发展阶段中被发现（Deuze，2006）。不过，必须明确的是，世界范围的新闻学教育的确处于专业化过程，弗罗里西和霍尔茨-巴夏（Fröhlich & Holtz-Bacha，2003）发现这一进程中至少有两个共同趋势：逐渐形式化的过程和（因此）培训原则的标准化，跨国甚至全球项目、计划和倡议的蔓延，从而实现新闻学教育的"跨国化"（transnationalize）（Holm，1997，p.49），如前所述。主要受政治和经济发展驱使，比如北美自由贸易协定（NAFTA）、非洲统一组织（African Unity）和欧盟等地区和全球权力集团的出现，各地教育者似乎都假设未来的新闻工作者应该能够将地方与全球连接，这个雄心勃勃的要求对教授和情境化新闻业的方式具有明显效果。比如，在欧洲语境下，这就转换成了越来越多的"欧洲新闻"（Eurojournalism）项目（始于1990年，由丹麦和荷兰的新闻学院发起），讨论跨文化和跨媒介体制的价值观转移和融合的标准化和影响等议题。

对当下新闻学教育路径和项目的世界性比较还产生了这样的结论：世界新闻学教育正在发展和分化，成立了学院、产生了专门的项目和倡议，也建立了新的机构或基金会。新闻学教育的世界正变得日益复杂。与此同时，至少不是因为上述趋势，各地的新闻学教育开始面临同样的问题。通过冈特（Gaunt，1992）与弗罗里西和霍尔茨-巴夏（Holtz-Bacha，2003）的跨国比较研究，可以界定世界新闻学教育的五种不同类型：

（1）通常在大学里的学院和研究所开展培训（比如芬兰、西班牙、美国、加拿大、韩国、肯尼亚、阿根廷、海湾国家、澳大利亚；这已经成为全世界培训未来新闻工作者的主导模式；非洲和拉丁美洲的一些教育者反对这种模式，原因在于它具有新殖民主义特点，使地方项目日益依赖全球性的西方理念和资金）。

（2）独立的和大学层次的培训的混合体系（法国、德国、印度、印度尼西亚、中国、巴西、尼日利亚、土耳其、南非）。

（3）独立学院开展的新闻学教育（荷兰、丹麦、意大利）。

（4）主要由媒体行业提供在职培训，比如采用学徒制（英国、奥地利、日本；澳大利亚开始采用这种方式，因为这是盎格鲁-撒克逊模式的典型特点）。

（5）包括以上所有方式，特别是大学的商业项目和媒体公司、出版商、行业协会及其他私人或政府机构进行的内部培训（东欧、古巴、非洲北部和中东）。

虽然我不想过多地降低地区和地方的复杂性，但文献确实表明，即便不是所有的新闻学教育体系都朝着第一或第二种模式发展的话，那么大多数也是如此，这体现了世界范围内日益提高的专业化、形式化和标准化水平。这既不是必然的也不一定是线性发展的。但是，随着全世界高等教育体系的快速发展、既有项目的不断创新和日益差异化，外加各种新的课程、课程体系甚至学科，这种趋势并不是新闻学教育所独有的（Daun，2002）。

不论形态还是规模，世界各地的新闻学教育通常涵盖了实用技能培训、通识情境教育（contextual education）与人文课程。尽管媒介体制的特殊需要和要求因地区而异，并且主要由（和体现）特定的文化和法律、历史基础决定，但是实用知识和情境知识之间微妙的平衡往往是全世界新闻学项目的关注重点。因此，可以将新闻学教育研究项目置于这种语境之下：共同关心的问题、议题和争论；专业化的相应发展阶段；教育实践的国际化或跨国化；以及对新闻学教育未来的高度关注。在本章的第二部分，我会重点勾勒全球新闻学教育研究的议程，明确全世界各种项目在规划、重新思考和建立新闻机构、院系时所面临的关键性争论，将实用和情境培训相结合是主要焦点。[1]我将文献——包括学术研究出版物、行业期刊、国家和地区的审计和报告——划分为10个类别，由动机和使命等哲学概念开始，以课程体系、教法等更加"脚踏实地"的概念结束。这种归纳是基于每一步或每一次争论都源自上一步的假设，而且每一阶段的决策都会对下一阶段新闻学研究和教育项目的规划起促进或限制作用。毫无疑问，我对所提到的所有问题的主要结论将包括呼吁采用这里列出的考虑因素和步骤作为指导，对新闻学教育进行更加深入、严谨和跨文化的研究。所明确的分析类别可以概念化为10个基本问题：

（1）动机：为什么需要新闻学教育？

（2）范式：什么（整套）理念指导新闻学教育？

（3）使命：对于新闻行业及其公众而言，新闻学教育的地位如何？

（4）取向：新闻学教育基于新闻业的哪个（或哪些）方面（比如，媒介、样式或新闻业的社会功能）？

(5) 方向：理想的毕业生特点是什么？

(6) 情境化：新闻学教育建立在什么社会语境之中？

(7) 教育：新闻学教育是社会化还是个性化动因？

(8) 课程体系：如何实现实用知识和情境知识之间的平衡？

(9) 方法：结构性或首选的教法是什么，为什么？

(10) 管理与组织：新闻学教育如何组织？

以上每个议题都是重要的研究和讨论领域，而且我认为每个类别中的决策都会在所有可能的选择中产生"多米诺效应"。

## 动机

新闻学教育的重要性与新闻专业化进程（以及新闻学研究）密切相关，因为某些新闻培训或教育项目的正规学位和文凭已经成为当下全世界新闻媒体决定是否聘用的标准。韦弗（Weaver，1998，p.459）指出，（全球各地）21 个国家中将近 40% 的新闻工作者拥有新闻学大学文凭。细究一下发现，在 30 岁以下年轻新闻工作者中，大学毕业生占大多数（Deuze，2002）。鉴于高等教育的发展，建立、扩大或创新新闻学教育项目的动机再次变得重要。大学层次的很多院系和学科，比如人文学科、社会科学、计算机科学和图书馆学，开始提供新闻培训和情境课程。随着大部分西方国家新闻工作者平均年龄的持续升高，当一大群新闻工作者在 21 世纪的第一个 25 年相继达到（提早）退休年龄时，这些毕业生就有了市场。但是，建立或维持新闻学教育项目的工具性动机似乎很难鼓舞教职人员和学生。因此，对于该议题的讨论可以更加聚焦于全面的新闻学项目的概念论证：新闻学研究和教育能够（或者应该）有助于建立和维持新闻业的专业性自组织（self-organization），有助于建立、发展和应用针对新闻实践的质量评估手段。尽管很多教育者坚持认为崇高的理想是其动机的一部分，但是只有极少数能够明确表达这些理想，并进行批判性反思和讨论。幸运的是，新闻学教育的国际讨论中出现了一个主题，研究者一起提出"为什么需要新闻学教育"，只能希望这一反思能够超越工具或经济目的。

## 范式

新闻学教育的动机至少部分建立在它作为新闻职业支柱的功能的基础上。在专业新闻行业,尤其是从业者和教育者的眼中,它的理想形式通常被认为是对社会功能与福祉有重要贡献。这两个基本论点体现在有关新闻学教育的范式讨论中,即在为将来的就业培养新闻工作者和教育他们成为"超级"公民之间进行选择。强调第一种选择是将教育和培训简化为帮助年轻人内化新闻职业理想和实践,除此之外不再要求更多。转变为第二种选择,就是要不断地以批判的眼光看待这个行业,在教学模式中注入历史意识和未来展望。这不一定是实践与理论之间的争论;让人们做好立即就业的准备显然是一项理论性工作,因为对于媒体行业的现状必须不断地衡量和分析。一个批判性观点认为(新闻)媒体可以成为主要借助于过度的媒介使用、争论、实践和反思的实践性项目,培养学生毕业时成为见多识广的公民——因而成为每个雇主都想雇用的从业者。这里的关键是在今天快速融合和全球化的新闻媒体市场环境下反思新闻学教育的独特作用和功能。

## 使命

新闻院系在规划和管理工作中必须正视一个基本问题:如何将教学模式与新闻行业勾连起来。可以归结为两种基本模式:"跟随者"模式,即学院或项目的使命集中于反映职业实际所求和所需的培训;"创新者"模式,即新闻培训被视为研发实验室,为不断变化的未来培养学生,而不是为一成不变的现在做准备。比埃尔霍夫和施密特总结了他们对两种立场的分析:"媒体行业经常说需要后者但期待前者"(Bierhoff & Schmidt, 1997, p.6)。新闻学教育往往是建立在对职业相当传统且通常不批判的理解的基础上,这一职业由职业理想及其专业化历史和在民主社会中自我标榜的重要角色定义。如果考虑到技术(数字化和融合)、经济(商业化和公司化)和社会(多元文化主义和全球本土化)的综合变化对新的世界媒体生态带来的影响,有人会认为更加差异化的使命能让学生对逐渐复杂的未来做好准备。这些发展并不必然会改变新闻业的社会角色,但肯定会令新闻工作者的工作更加复杂，正如我在别处所论，将一种永久的"流动性"元素引入当代社会的新闻流程角色和定义之中。比如，新闻学项目的核心功能或使命必须包括一个批判性的自我反思元素，遵循当前共识或倡导创新性改变在何种程度上支持或破坏了对新闻业是什么或者新闻业应该是什么的传统理解。在此背景下，有关学院使命的讨论也必须包括对媒体行业内组织工作的分析或批判性认识，特别是日益增多的非标准的就业形式、从业者（实际或感知的）工作不安全感、新闻行业中自由职业者以及兼职、独立和其他临时工作者队伍的快速壮大。森尼特（Sennett）的"新资本主义文化"拓展到了新闻业，从而指向了教育者该如何有效地让学生为生存做好准备这个问题。

## 取向

新闻学专业的学生通常基于不同媒介——电视、报纸、杂志、广播和互联网——具有各自不同的特征，从而产生不同类型新闻业这一前提，按顺序接受培训。这种方式只有在接受了具有严格工具性和技术决定论性质的新闻业定义——倾向于将新闻工作者简化为"按钮推进器"（button-pusher），即媒体工作者只知道如何，但不知道为何——时才成立。文献没有提供新闻学教育的其他取向，比如将课程按照新闻的功能即信息、观点、批评、娱乐等，或者新闻样式和领域即"硬"新闻和"软"新闻、人情味和调查报道、条口系统（beat system）等排序。每种取向都有很多值得一说的地方，但是所有取向又都面临同一个问题：它们都想在建构的顺序中具化和精确化既有的理念、价值观和实践，同时忽略样式、媒体类型和媒体领域的持续混合与融合。近期有关这方面的研究和书籍很多，为新闻业和新闻的定义与含义提供了基本概述和分析［参见德国（Löffelholz，2004）、荷兰（Deuze，2004）和美国（Zelizer，2004）］，明确提出基于可能的排序细节，批判地关注独立于媒体的新闻业的"核心"价值观、理念和实践，是新闻学教育的一种新取向。

## 方向

媒体劳动力、工作和职业领域的当代研究指出，教育和培训的方向应该是让学生为"多种职业生涯"（portfolio worklife）做准备，认为当代的专业性不是指在一个组织内发展事业或者把一件事做好——他们经常在公司内部和媒体之间，从一个雇主换到另一个雇主，因此其工作质量往往由他们所获得的技能和成就的多样性和丰富性定义（Deuze，2007）。这种职业规划和就业模式是当下经济，尤其是知识和信息工作者所特有的，而且事实上已经可见于世界各地的新闻业的新人中间：他们在新闻编辑部、新闻院系和媒体之间的调动次数5年内远超他们年长同事在20年内的调动次数。这给新闻院系或新闻学教育项目应该培养专家还是通才的争论注入了新的生机。关于这一争论，需要说明一下：一个从业者可以擅长一个"热点"话题（比如对外政策、电影明星、生活方式）、一种媒介（印刷、电子、网络），或者一种样式。此外，应该在之前议题的语境下来思考这些问题的答案范围。如果新闻学院的取向是媒介，那么毕业生更有可能成为出色的报纸或电视记者（广播往往在排序中缺失，同时仍然缺少互联网路径），而不是成为拥有在当下融合和竞争的媒体市场上生存所必需的技能、知识和批判性反思态度的新闻工作者。不过，对所有事情都了解一些但又不精通于某种媒介的人会发现同样很难就业，因为大部分媒体机构想要寻找精于一种媒介，同时能够理解且与公司其他部门的同事（包括但不仅限于营销和收购）合作的优秀人才。新闻学教育研究应该找到不同的方法根据地方特点转化行业的全球趋势，比如正在讨论的院系或项目的使命、取向和方向。

## 情境化

关于新闻学教育所面临议题的讨论并不全是关于课程体系——教什么或者教法即如何教——的问题。例如，全球层面的新闻学教育的共同议题应该包括分析和讨论如何将组织新闻工作者培训的各种方式与地方和跨国层面的社会发展联系起来。这种理解是基于新闻业无法独立于共同体存在的假设；它是一个以很多方式——并不是完全没有问题——与社会互动的职业，因此应该被视为在社会的影响下发挥影响力和展开运作（Kovach & Rosenstiel，2001）。在这里，共同体必须被理解为一种多元、有差异且"奇怪"（strangehood）的来源，而不是一个以没有差别为特征的地方的更常见的应用。正如新闻机构无法在完全远离或独立于社会的情况下自我维持，新闻学院也要界定从文化和主题上将项目情境化的方式。本书一个有意义的语境就是全球-地方连接，其中包括独特的国际教学议程。学生们在各个方面都会面临自己所学东西的跨文化或跨国性质。将新闻学教育情境化可以指向不同方向。除了全球化，还能指向以社会和文化的复杂性、包容性和多元化意识等主题为特点的多元社会。媒介数字化是另一个可能性语境，包括计算机辅助报道、多媒体新闻生产、桌面出版系统、策略性媒介使用，以及阿顿所说的"激进的网络新闻"（Atton，2004，p.25）等主题。最后，关注新闻编辑部的公司殖民化进程为以娱信、小型报新闻业和新闻商品化等主题开设课程开辟了可能性。如果目标是让学生对当代社会的职业角色做好充分准备的话，那么将这些语境分配至选修课程或者完全忽视都不是可行策略。

## 教育

借用罗蒂（Rorty，1999 [1989]，p.17）的话，教育是指两个完全不同且同等必要的进程：社会化和个性化。罗蒂认为，在学生可以被教育热爱自由之前，必须对当时的共识性知识加以限制。在这里，自由是指通过培养想象力、怀疑和批判性的自我反省来进行自我创造。在新闻学教育中，美国的格拉瑟（Glasser，1992）、德国的布隆鲍姆（Blöbaum，2000）和维申伯格（Weischenberg，2001），以及南非的鲁迪（Rhoodie，1995）等作者曾提出过类似的主张，倡导在新闻学课程体系中培养"反思性从业者"，将理论与实践相结合。但是，英国的赫伯特（Herbert，2000）和美国的麦茨格尔（Medsger，1996）提出了有影响力的观点，倡导更加专业化和职业化的新闻学教育，最好由媒体行业资助。后一种观点将作为社会化动因的教育的角色从中等教育延续到了高等教育，而第一种观点则将教学视为一种帮助学生在领域中发出自己声音的方法——与新闻业的哲学概念非常一致，它将新闻业视为关乎个人自由和责任的一种行为，而不是公司媒体内并由其管理的社会制度。最后，罗蒂呼吁大专院校将专门的职业培训和激发自我创造相融合。这种混合体的特点是我们的主要关切：媒介序列的社会化（都有自己的历史性成长过程和精心培育的秘方和传说）在哪里停止，新闻工作者应该具有的"自由思想"（体现在他们的自我形象和对正当性的共同定义中）的个性化从哪里开始？可以说，有关这些议题的大部分决策都是由文化和历史因素决定的，因此文化和历史应该成为谨慎和深思熟虑的新闻学教育研究的主要场所。

## 课程体系

有关新闻学教育的大部分文献都从课程体系开始。很多学者、教育者和媒体从业者因此轻易地忽略了课程体系讨论中定义参数的因素和决定。这也意味着有足够多的手段可以用来将新闻学课程体系概念化和理论化。如前所述，大部分文献在实用知识和情境知识之间划出了清晰的界限。但是这种看似清楚的区分被很多人质疑，只不过是因为不能说清楚"语境"在哪里停止和"实践"从哪里开始。比如，科瓦奇和罗森斯蒂尔（Kovach & Rosenstiel，2001）有效说明了如果不将"事实"置于或多或少连贯的或者起码是主题语境之下，新闻采集则毫无意义。摩根（Morgen，2000）将这种二分法复述为程序性知识和命题性知识的结合，外加应用这些知识的专业能力，从而解决了在相互关联的两组价值观、理念（理想）和实践之间划清界限的问题。维申伯格（Weischenberg，1990）为他所称的理想型新闻工作能力提供了一种最混杂且最具表现力的路径，界定了三个特定领域：专业能力（Fach-Kompetenz）、中介能力（Vermittlungs-Kompetenz）和事务能力（Sach-Kompetenz）。第一个领域由工具性技能（比如报道、写作和编辑）与新闻业相关知识即媒介经济、法律和历史构成。在第二个领域，学生学习表达技能：如何呈现信息和新闻（样式、准则、惯例、设计等等）。在第三个领域，课程体系包括涵盖社会学、政治科学、金融经济等专门话题的选修和必修课程，还包括社会科学研究方法。在此基础上，维申伯格还添加了他所称的思考新闻的活动（Nachdenken über journalistisches Handeln）：反思新闻业在社会中的角色和功能。

除了这种理论与实践的考虑因素，还必须考虑课程体系的目的、形式和内容。卡尔（Carr，2003，p.133）在有关课程体系的讨论中指出了三个核心议题：

目的、形式和内容。在目的方面，必须在执行课程、方法或话题或多或少客观的标准与考虑决定教育价值的文化、历史和地理因素之间实现微妙的平衡。关于课程体系的形式，文献大致提到了将教学作为一种连贯地建立起主题知识的方法，通过话题和技能大致相似的进阶式课程去打动学生群体。另一种方法更加理想化，让学生通过课程体系规划自己的道路，包括重点研修新闻以外的课程。在全世界，第二个讨论关注体验式教育，或者"做中学"（learning by doing）的使用和优点：激发甚至要求学生去主流新闻媒体机构实习和当学徒，让他们参与校园媒体（维持面向学生、教职员工的报纸、网站、广播和电视节目）。在布隆鲍姆（Blöbaum, 2000）看来，校园媒体的内部运作是理想的理论与实践交汇处，但其他人则认为这是对教职人员时间和资源的巨大浪费，夺走了教学和研究的时间与经费。

最后，有关课程体系的决策还从评估学生发展和表现方面对新闻学教育的概念化产生重要影响。标准必须与行业标准（永远不会完全相同）、学术标准（学习目标和目的必须一致），以及与在跨文化和媒介的形式标准化和逐个科目甚至逐门课程评估之间进行选择所隐含的标准相匹配。

## 方法、管理与组织

由于全世界新闻学教育在实用知识和情境知识之间保持着微妙平衡，因此每个学院和项目都想要结合不同的教学方法。鉴于学院数量的增多和学科的专业化，有关新闻学教育的教法讨论得到了更多的关注。其中重要的议题是标准化方法（包括测验、课程和教法）的倡导者和强调学习文化而非教法（强调个体表达的重要性，不只接触当时的共识性知识）的人之间的矛盾。第一种思维模式似乎占了上风——事实上它部分源于高等教育逐渐商品化和大众化。随着新闻学项目录取率的提升和新闻学院数量的增加，必须批判地看待其后果，因为大众教育体系倾向于推进产品导向的教学文化而不是重视过程的学习文化。如果高等教育结构强化了对产品而非过程、对学生毕业而非录取的重视，那么某些东西可能会丢失。鉴于行业中媒介技术、格式、样式和所有权结构（以及相应的培训与教育模式）的融合，有关教学和教法的讨论也更加突出。不少研究表明转向"融合的"课程体系挑战了新闻学院既有的做事方法，特别是破除了原有的院系、序列或者轨道之间的界限（Bromley & Purdey，2001）。第三个重要的趋势是英国和美国对世界高等教育影响日益增强（Daun，2002）。因此，对新闻学教育的深入研究必须拷问其在机遇和威胁方面的深远影响。如果将标准化进程与日益增强的英美影响联系起来，那么将会出现一幅全球化和标准化的教育图景，这需要对新闻业的社会角色和作用这一前提进行研究和根本性批判。

## 结论

在之前讨论欧洲的新媒体和新闻学院对待创新的各种方法的研究项目中，我们总结出不同国家的教育者需要积极对话——相互之间，以及与行业之间（Bierhoff et al.，2000）。尽管过去曾有人提出过这个建议，但我们指出了这么做的两个主要问题：（旧的和新的）培训模式普遍缺乏远见和系统化研究。显然，世界各地的新闻学院和新闻学教育项目都变化得太快，旨在努力跟上业界与学界之间时常冲突的愿望，招收更多怀揣不同期待的学生，同时试图在课程体系中实现某种连贯性。毫无疑问，在这种调整和变化的过程中，新闻学教育领域面临重要议题。对于本章所述议题任何有意义的思考的最大威胁具有两个方面。第一，作为新闻学者、学生和管理者，我们倾向于含蓄地假设，不论学科面临什么变化和挑战，这些议题都会在不久或遥远将来的某个时间点具体化，到那时会建立某种新的平衡。这种错误的假设渗透到了有关新闻学教育变化政策的大部分话语中，因为它提供了只要"我们继续做自己擅长的"，将来"一切都会安好"式的安慰，正如我们过去所做的那样。第二，本章概述的新闻学教育概念路径中的各种矛盾观点可以通过宣称"我们已经尽力而为了"而轻松解决，这不仅不可能（因为这些问题的不同答案指向了完全不同的项目类型），而且还证明了在我们所处的社会中批判性自我反思还不够深入的这一批评。大部分新闻学教育的谬误在于采用批判性拷问的方式来强化既有的、共识的和常规化的做事方式，假设在考虑所有因素的前提下，现状是最理想的。

新闻业实现了某种程度的专业化，因为它拥有了自己的知识体系，本书就是范例；所以，借用里斯和柯恩（Reese & Conen, 2001）的话，新闻学教育研究也需相应专业化。本章可被视为全球化时代勾勒新闻学教育的研究和讨论议程中突出议题的一次尝试。

## 注释

[1] 必须解释一下分析和再思考新闻学教育概念模式的历史。我受邀于 2002 年 8 月 9 日在迈阿密举行的美国新闻与传播教育协会（AEJMC）年会上宣读了这个模式的第一版论文，题为《教育新的新闻工作者》；那次宣读的缩写版发表于同年的《非洲新闻学研究》[*Ecquid Novi*, 23 (1), pp. 89-93]。因被世界各地不少同事的反馈而鼓舞，我继续研究这个模式，而且研究对于"全球"新闻学教育讨论的基础的假设，由此形成的扩展版论文收入于《全球新闻学》[J. C. Merrill and A. S. De Beer (eds.), *Global Journalism: Survey of International Communication* (4$^{th}$ edition), pp. 145-158, New York: Longman]。在收入本论文集的版本中，我进一步探索了这一模式的影响，同时增加了对全世界新闻工作变化本质和高等教育专业化的分析。初稿名为《全球新闻学教育》（Global Journalism Education: A Conceptual Approach），发表于《新闻学研究》[*Journalism Studies*, 7 (1), pp. 19-34]，承蒙该刊惠准，在这里复制了该论文的部分内容。

## 参考文献

Altmeppen, K.-D., and Hömberg, W. (eds.) (2002). *Journalistenausbildung für eine veränderte Medienwelt* [Journalism education for a changing media world]. Wiesbaden: Westdeutscher Verlag.

Atton, C. (2004). *An alternative Internet: radical media, politics and creativity*. Edinburgh: Edinburgh University Press.

Bierhoff, J., and Schmidt, M. (eds.) (1997). *European journalism training in transition: The inside view.* Maastricht: European Journalism Centre.

Bierhoff, J., Deuze, M., and de Vreese, C. (2000). *Media innovation, professional debate and media training: A European analysis.* Maastricht: European Journalism Centre.

Blöbaum, B. (2000). *Zwischen Redaktion und Reflexion: Integration von Theorie und Praxis in der Journalistenausbildung* [Between news editing and reflection: Integration of theory and practice in journalism education]. Munster: LIT.

Brennen, B. (2000). What the hacks say: The ideological prism of US journalism texts. *Journalism,* 1(1), 106–13.

Bromley, M., and Purdey, H. (2001). Chilling out: but not yet "cool." New media training in a UK journalism school: a further report on "journomorphosis." *Convergence,* 7(3), 104–15.

Carr, D. (2003). *Making sense of education.* London: Routledge.

Cottle, S. (2000). New(s) times: towards a "second wave" of news ethnography. *Communications,* 25(1), 19–41.

Daun, H. (ed.) (2002). *Educational restructuring in the context of globalization and national policy.* London: Routledge.

Deuze, M. (2002). National news cultures: Towards a profile of journalists using cross-national survey findings. *Journalism & Mass Communication Quarterly,* 79(1), 134–49.

Deuze, M. (2004). *Wat is journalistiek?* [What is journalism?]. Amsterdam: Het Spinhuis.

Deuze, M. (2005). What is journalism? Professional identity and ideology of journalists reconsidered. *Journalism Theory Practice and Criticism,* 6(4), 443–65.

Deuze, M. (2006). Global journalism education: A conceptual approach. *Journalism Studies,* 7(1), 19–34.

Deuze, M. (2007). *Media work.* Cambridge, UK: Polity Press.

Dickson, T. (2000). *Mass media education in transition: Preparing for the 21st century.* Mahwah, NJ: Lawrence Erlbaum Associates.

Fröhlich, R., and Holtz-Bacha, C. (eds.) (2003). *Journalism education in Europe and North America: A structural comparison.* Cresskill, NJ: Hampton Press.

Gaunt, P. (1992). *Making the newsmakers: International handbook on journalism training.* Westport, CT: Greenwood Press.

Glasser, T. (1992). Professionalism and the derision of diversity: The case of the education of journalists. *Journal of Communication,* 42(2), 131–40.

Herbert, J. (2000). The changing face of journalism education in the UK. *Asia Pacific Media Educator,* 8, 113–23.

Holm, H. (1997). Educating journalists for a new Europe. In J. Bierhoff and M. Schmidt (eds.), *European journalism training in transition* (pp. 47–50). Maastricht: European Journalism Centre.

Holm, H. (2002). The forgotten globalization of journalism education. *Journalism and Mass Communication Educator,* 56(4), 67–71.

Kovach, B., and Rosenstiel, T. (2001). *The Elements of Journalism.* New York: Crown Publishers.

Löffelholz, M. (ed.) (2004). *Theorien des Journalismus* [Theories of journalism]. Opladen: Westdeutscher Verlag.

Lowe Morna, C., and Khan, Z. (2001). *Media training needs assessment for Southern Africa.* Amsterdam: Netherlands Institute for Southern Africa.

Medsger, B. (1996). *Winds of change: Challenges confronting journalism education.*

*The Freedom Forum Report*. Retrieved July 14, 1999, from www.freedomforum.org/freedomforum/resources/journalism/journalism_edu/winds_of_change/

Morgan, F. (2000). Recipes for success: Curriculum for professional media education. *Asia Pacific Media Educator*, 8, 4–21.

Reese, S., and Cohen, J. (2000). Educating for journalism: The professionalism of scholarship. *Journalism Studies*, 1(2), 213–27.

Rhoodie, D. (1995). News-editorial journalism education at higher education institutions in the USA and the RSA. *Ecquid Novi*, 16(1/2), 136–45.

Rorty, R. (1999 [1989]). Education as socialization and as individualization. In *Philosophy and social hope* (pp. 114–26). London: Penguin.

Shoemaker, P., and Reese, S. (1996). *Mediating the message: Theories of influences on mass media content*. New York: Longman.

Weaver, D. H. (ed.) (1998). *The global journalist: News people around the world*. Cresskill, NJ: Hampton Press.

Weischenberg, S. (1990). *Journalismus und Kompetenz. Qualifizierung und Rekrutierung für Medienberufe* [Journalism and competence. Education and "recruitment" for media professions]. Opladen: Westdeutscher Verlag.

Weischenberg, S. (2001). Das Ende einer Ära? Aktuelle Beobachtungen zum Studium des künftigen Journalismus [The end of an era? Contemporary observations of the study of future journalism]. In H. Kleinsteuber (ed.), *Aktuelle Medientrends in den USA* [Contemporary media trends in the USA] (pp. 61–82). Opladen: Westdeutscher Verlag.

Zelizer, B. (2004). *Taking journalism seriously: News and the academy*. London: Sage.

# 第22章
# 全球新闻学研究：总结与展望

戴维·韦弗　马丁·劳福霍兹

很明显，新闻学研究者在21世纪初设计和进行新闻学研究时，选择面很广。本书各章介绍了在全球化日益深入的当下，研究新闻业和新闻工作者的各种理论、路径、方法、发现和对未来的思考。我们不仅为新闻学研究者，还为那些只对世界各地如何研究新闻业感兴趣的人勾勒了新闻学研究的版图，提供了一些具体范例。

## 理论

可以从社会、文化、组织和个人等不同层次，以及性别等新闻工作者的主要特征方面阐释作为社会实体的新闻业的结构与功能和个体新闻工作者的观点和行为。需要强调的是，这些理论路径并不一定相互排斥。相反，它们互为补充、相互影响。新闻工作者的心理特征有可能与组织、社会和文化变量相互作用，对特定文化、社会或组织背景下的新闻实践产生影响。

马丁·劳福霍兹在新闻学理论综述中，从更宏观的传播科学视角将新闻学研究描述为多元化、差异化和动态化的研究领域。全球新闻学研究的理论视角包括规范路径、中程理论、组织和融合社会理论，以及性别和文化研究。总体而言，劳福霍兹明确并描述了新闻学的六大基础理论概念：规范的个人主义、分析经验性主义、行动理论、系统理论、综合社会理论和文化研究。

全世界范围内传播主体的研究越来越重要，这导致了大量异质理论路径的产生。鉴于此，劳福霍兹总结道，鉴于新闻学理论的发展既不遵循英国哲学家弗朗西斯·培根（Francis Bacon）所提出的理论的线性累积式理解，也不符合托马斯·库恩（Thomas Kuhn）所提出的常规和革命阶段的一般顺序，因此，当前有关新闻业的理论话语是多维度的。新闻学理论的发展不是取代"过时的"理论，而是建立在新理论出现和旧理论修正而获得的复杂性基础上，劳福霍兹更倾向于将新闻学研究视为一种多视角的不间断发展过程。

相应的，曼弗雷德·鲁尔在第3章提到，一些理论家认为，在全球化和互联网时代，旧的新闻学理论已经过时，但真相是："正好相反！"尤其是源于埃米尔·涂尔干、格奥尔格·齐美尔、罗伯特·帕克、塔尔科特·帕森斯和尼克拉斯·卢曼的经典社会学路径的宏观理论概念有助于在日益全球化的社会中更好地理解新闻业的功能。在第3章，鲁尔主要关注德国社会学家尼克拉斯·卢曼的观点，卢曼并非以新闻学研究闻名，但他对当下的新闻学研究产生了越来越大的影响。

鲁尔被视为最早将社会系统理论引入新闻学研究的人，他将系统理论描述为开始研究作为社会系统和决策组织的新闻业的邀请。与完全将新闻工作者视为个体的路径不同，社会系统理论将新闻生产者和新闻接收者视为世界社会新闻业中的社会角色结构，并加以分析。就此而论，不能将新闻业简化成个体新闻工作者，而应被当作社会系统来分析。社会系统的基本元素既不是行为主体，也不是特定个体，而是传播。因此，新闻工作者不是社会系统而是新闻业等"传播系统重要的外部协同执行者"。

新闻业的社会和文化路径建立在这样的假设之上，即作为个体的新闻工作者一定程度上与经济、政治因素等新闻业的宏观方面相联系。约翰·哈特利在第4章讨论了新闻业的文化路径，认为我们需要分析受众的主观性，从而评估"作为全球企业传播机构组成部分的新闻媒体的意识形态、政治和经济影响"。具体来讲，新闻业的文化路径旨在描述媒体公司或政府机构与受众等"寻求解放的'收信人'"之间的文本关系。

哈特利开篇论述了文化研究如何将新闻业作为研究对象，他提出不仅应把新闻业彻底视为专业实践，也应视为人人享有的权利。与新闻学研究的实际状况和新闻行业的自我描述相反，哈特利认为，根据《世界人权宣言》第19条，每个人不仅享有获取和接收信息的权利，还享有传播信息的权利，因此人人都可以被视为新闻工作者。哈特利认为，他称之为的"用户主导性创新"将再造新闻业，"使它更接近人人享有权利的梦寐以求的理想"。

毫无疑问，作为专业性实践的新闻业正面临互联网的挑战，互联网成为每个人交换信息、表达观点和参与知识生产的平台。不过，现代新闻业及其特有的组织形式（比如，编辑部、新闻工作者的角色或专业标准）形成于19世纪的原因仍然没有过时。组织形式有助于降低新闻生产的复杂性，使编辑和记者在同一屋檐下共同工作，并且允许受众参照媒体组织的公信力来评估信息质量。克劳斯-迪特尔·阿尔特梅彭在第5章新闻生产的结构中介绍的组织路径有助于更好地理解新闻业，理由是新闻报道不仅仅是新闻工作者个人工作的结果，而且要倚仗新闻编辑部内具体的组织细节、不同的职业角色、不同技术的影响和媒体市场的反响。个体新闻工作者的行为嵌入影响新闻工作者工作和行为的组织模式。因此，新闻业的组织路径关注组织和个体新闻工作者、新闻编辑部与其他组织，以及新闻业与社会之间的关系。借助于组织研究，还可以分析新闻编辑部的内部结构和环境结构。阿尔特梅彭认为，新闻业的组织研究路径的一个优势在于基本术语（比如组织、结构、管理）的可比性。"这对于推进缺失的新闻组织的国际比较尤为重要；相反，已有研究分析了媒体组织的其他国际方面……组织路径懂得使用多种方法和理论来设计一幅展现世界各地新闻业异同点的差异化图景。"

沃尔夫冈·道斯巴赫在第6章讨论了新闻学研究的心理学取向，这是形成解释新闻决策的更具理论性路径的有益尝试。他试图采用社会确认（social validation）与选择性感知、选择性注意等心理学理论来解释新闻决策。在这一章，作者引用了一些想要把新闻工作者的态度与实际报道联系起来的研究，以及了解了新闻工作者自己对新闻工作者主观信念的影响和对新闻报道议程的决定因素看法的研究。

假如研究者有足够多的组织层面的个案，那么他就能把新闻工作者调查中的个体层面的数据融入组织层面。不过，相较于一国或一种文化背景下的个体新闻工作者调查，研究经济、政治环境，社会/文化意识形态等媒体外部因素更加复杂。因此，必须采用跨国和跨文化的比较研究来评估这些影响，托马斯·哈尼奇在第 8 章详细阐明了比较新闻学研究。

我们还应该更多地尝试将我们所了解的新闻工作者与他们所做的报道类型联系起来。我们已经拥有大量的媒体使用与效果研究，比如议程设置、框架、铺垫、涵化、第三人等效果理论。假如我们能够更富成效地将新闻工作者和新闻业的研究与这类研究联系起来，那么我们就能拥有更好的机会来发展新闻学理论，比以往更全面地解释整个复杂的流程。但是，由于新闻业和新闻学研究不再受国家和文化边界限制，因此，假如新闻学研究者想要更准确地描述和解释新闻业和新闻工作者，那么就必须进行国际合作。鉴于这些发展因素，我们需要比较研究和广泛理论，并将影响新闻工作者和新闻业的文化和社会差异等因素包含在内。

这需要具有不同分析层次（心理的、组织的、社会的和文化的）的理论，还需要关注性别等新闻工作者主要特征的理论，正如格特鲁德·J. 罗宾逊在第 7 章将性别视为人类社会的构成要素。鉴于所有互动都受性别的影响，新闻学研究也需要在新闻行业内分析系统化性别偏见。但是，正如罗宾逊指出，"性别理论必须与组织和行动者分析，以及诠释路径相结合，这样才能探索人们赋予经验的意义"。新闻业的研究需要考虑涵盖个体、组织、社会和文化等各个层次的分析。

## 方法

经验性新闻学研究正在使用专门的研究方法。经典的有调查、内容分析和观察，因此本书专辟三章，由曾经采用这些方法进行新闻学研究的学者逐个介绍这三种方法。鉴于学者们日益需要借助更多的跨国和跨文化的新闻工作者研究来评估文化和社会的影响，从而发现不同背景下的新闻业理论与实践之间的异同，因此我们专辟一章介绍比较研究的方法。

托马斯·哈尼奇在比较研究那一章，强调了跨文化研究是证明理论普遍性和国别研究阐释效度的必要条件。他提到，对新闻生产的经验性研究已经产生了大量数据，但是新闻学研究中更加基础的问题很大程度上仍未解决：塑造新闻和新闻业结构的最重要因素是什么？是政治、经济，还是文化？西方关于客观新闻的传统观点如何适应非西方文化？在所有文化中，新闻逐渐脱离政治体制会导致对经济理性的依赖吗？

哈尼奇建议，假如新闻学研究者想要进行比较研究，那么他们最好充分借鉴具有长期比较研究传统的其他学科的概念和方法论进展，比如政治科学、社会学和心理学。诚如他所言，"新闻学研究者不必另起炉灶……第一，他们应该经常自问，跨文化比较是否会拓展阐释的范围且值得冒此风险"。假如答案是肯定的，那么每一个发表的跨文化比较研究成果都必须解决构建、方法和管理、语言和含义等的对等性问题。他总结道，随着很多研究者加入跨国网络而且资助机构日益支持此类研究，比较新闻学研究愈加重要，但是，他提醒必须谨慎界定此类研究中的概念。

戴维·韦弗在调查研究那一章提出，记者调查与公众调查既存在相同点，又存在不同点，而且调查法非常善于概括记者的特征、观点、态度和信仰。他还讨论了调查法的其他优点（在相对较短的时间内跨越地理界限搜集大量变量信息，便于进行跨越时空的比较）和一些缺点（测量记者的实际行为、回答"为什么"或"如何"的问题、确定因果关系和执行的难度）。他指出，必须在搜集样本之前仔细界定记者群体。

这一章还讨论了建构问题和问卷（建议采用开放性问题）、采集记者样本（特别是在没有确切的记者名单情况下）、采访记者（建议电话采访）和分析调查数据的建议措施。最后，韦弗总结道，在搜集大规模记者群体的特征、观点和态度的代表性信息时，调查法仍然是最常见、最有效的方法之一，但是在测量实际新闻工作者的行为方面，调查法不如观察法适用。他认为理想情况下，调查法应该与内容分析和观察等其他方法相结合，从而呈现更加完整和准确的记者和记者工作图景。

在接下来关于内容分析的一章中，克里斯汀·科尔默指出，内容分析已经成为分析新闻活动产品的重要方法，如果缺少内容分析，我们就无法测量文化、政治和经济结构等各种因素对新闻生产的影响。他指出，如果不参照记者生产的实际内容，就不能以任何有意义的方式来讨论媒介偏见问题，即便很多记者调查都证明了记者的政治倾向。他强调，编码员培训和质量控制对于编码员间信度，以及任何内容分析研究的内在效度都至关重要，对于跨国研究来说，更是如此。在跨国研究中，类别定义的措辞受国家语境影响，当翻译成其他语言时，其他文化环境可能会改变这些定义。

记者观察是新闻学研究中另一种重要的方法，索尔斯坦·柯万特指出，假如一种方法被视为"科学方法"，那么这种方法必须系统化进行，而且与更加普遍的命题相关。作者指出，存在不同种类的观察（参与式和非参与式、开放式和闭合式、自然的和实验的等）、不同的观察情境（新闻编辑部、输入-输出、受众使用等），以及各种批评意见与问题。

但最终，在自然情境下，观察法允许直接观察现象。这种方法也经常产生意想不到的发现和对现实生活环境中复杂关系的洞见。相较于只研究最终产品而不研究产品是如何生产的调查法和内容分析法，这种方法更适用于观察记者的实际行为。但是，正如索尔斯坦·柯万特所注意到的，这并不是说观察法应该替代其他方法。诚如其他研究方法一样，一旦与调查法、内容分析法或质化研究方法等其他方法相结合，观察法就能发挥最佳优势。除了大规模搜集数据的方法之外，话语分析、质化内容分析、民族志方法、焦点小组，或者深度访谈也都十分有助于新闻学研究的探索与理论建构。

## 发现与范式

世界各地新闻学研究综述呈现的研究发现表明，存在很多超越国家和文化边界的相似点，但是在研究发现和不同语境下对新闻工作者和新闻业研究结论产生极大影响的理论和方法路径方面也存在不同点。

简·B. 辛格在第 12 章指出，"随着所有类别的边界消失，服务美国学者 80 多年的惯例和分类正成为约束"。她写道，美国的新闻学研究发源于 20 世纪初的社会科学和人文学科，但是其分析重点不断窄化，通常使用单一的概念或方法论视角，几乎没有综合性的理论与主题研究。她描述了学术根源与研究种类（形式、功能、资金和信托人）。她认为，如今的"大众传播"术语已经失去了大部分概念价值，需要在"丰富和多面的语境中"研究新闻业。她提出将过去各不相同的路径相结合，比如，数据搜集的科学方法与数据的文化和综合分析相结合。

她将新闻业视为"本质上是一项跨学科且逐渐跨文化的事业",这会成为研究传播的融合形式与功能的理想学术场所。

相似的,齐格弗里德·维申伯格和马亚·马利克认为德国新闻学研究面临着新传播技术和趋势带来的理论性和经验性挑战。他们认为,新闻学研究想要采用各种各样的理论(比如系统理论、行动理论,或者建构主义)和纳入广泛问题来区分新闻业和其他公共传播形式。他们将德国的新闻学研究描述为"不可避免的跨学科","徘徊于社会学、历史学、语言学、政治科学和文化研究之间"。他们将德国的新闻学研究发展追溯至早期的历史研究、经验性的新闻工作者研究、将新闻编辑部视为复杂社会系统的研究,以及宏观系统论的发展。他们通过观察总结道,尽管目前德国新闻学研究的理论探讨属于宏观层面,但是很多经验性研究仍然采用个体化的新闻业定义,这一矛盾同样出现在美国和其他地方。

卡琳·沃尔-乔根森和鲍勃·弗兰克林在关于英国新闻学研究那一章提到,尽管英国自诩是拥有世界上最古老、最有声望的新闻业传统的国家之一,但是,有关新闻业的研究发展缓慢,而且分散于各种领域,主要原因在于,新闻学教育或培训直到最近仍被排除在大学之外。他们追溯了英国新闻学教育的发展历程,介绍了主要源于社会学系的新闻学研究的类型,包括生产研究、文化研究、政治经济学研究、新闻工作者的社会人口学研究、报业和广播电视历史研究以及新闻业语言研究。他们认为,尽管英国新闻学研究"在相对独立于其他国家研究的背景下初步成型",但是他们看到这一领域日益国际化,并预测英国的新闻学研究者将参与这些发展进程。

阿诺德·S. 戴比尔介绍了南非的新闻学研究,称其与拥有行之有效媒介体制的西方民主国家并无二致,但是他担心南非的新闻学研究沾沾自喜,很多有潜力的学术型新闻学研究者将关注点转向了公共关系、市场营销和其他企业传播形式。他认为,种族隔离时期极度缺乏严肃的新闻学研究,但当时科学的和批判的研究学派已经泾渭分明。在他看来,全球化和后现代主义缩小了这些学派之间的差异,但没有消除新闻学研究发展的种族主义语境。

戴比尔介绍了南非的新闻学研究历史,并提出,当前南非新闻学研究面临的最严峻挑战之一是"在冲突的范式研究路径世界中寻找立足之地",这些研究路径通常包括结构功能主义、批判理论和文化研究。他列出了一些需要研究的新闻业话题，比如新闻学教育、非洲新闻业概况、剽窃、种族、语言、文化和 HIV/AIDS 的媒介报道。他总结道，南非新闻学研究的新范式将深受该国种族主义历史、在日益全球化的时代研究者多大程度上能够跨越边界找到新路径的影响。

在中国，潘忠党、陈韬文和罗文辉将中国大陆的新闻学研究描述为非常不完善，他们很快指出，仅在 25 年前，除了"纯粹的政策解读"外，没有任何的新闻学研究。他们提到，现代社会科学方法在 20 世纪 80 年代才开始被引入中国大陆的新闻学研究，直到十年前才被广泛教授。不过，在香港和台湾地区，新闻学研究的历史较长，"涵盖了广泛的话题，已经真正地对理论发展和检验感兴趣"。他们援引了香港地区有效使用档案分析和内容分析来解决更广泛的理论议题的个案，认为这是对世界其他地方新闻学研究具有价值的模式。他们认为，香港和台湾地区的新闻学研究有助于拓展主要产生于西方的文献，而且随着全球化和国际化的演进，会对中国大陆和世界其他地方的新闻学研究产生深远影响。

玛利亚·伊莲娜·赫尔南德斯·拉米雷兹和安德里亚斯·施瓦茨写道，墨西哥的新闻学研究建立于 20 世纪 90 年代，在这之前，它是传播研究的附属学科，是一个"边缘"领域。20 世纪 50 年代之前，有关新闻业和新闻媒体的文献大都是非常特殊的语境下的历史或法律研究。他们总结道，墨西哥学者"似乎对作为明确界定的研究对象的新闻业缺乏强烈的兴趣"。他们还写道，墨西哥的新闻业研究受到外国的研究路径的影响，包括拉丁美洲学者的批判性视角、美国的经验主义研究传统，以及英国早期的新闻学研究。此外，联合国教科文组织的发展与传播重点对墨西哥的新闻学研究产生了重要影响。作者们总结道，所有这些影响激发了墨西哥的新闻业相关研究，但也可能阻碍了墨西哥本土研究理论或方法路径的出现。他们认为，当代新闻学研究在墨西哥仍然属于新生事物，因为社会政治环境的影响仍然强大，而且"巩固某一特定研究趋势"的学术努力仍将在很长一段时间内继续被孤立。

## 新闻学研究的未来

本书中有四章讨论了在未来的研究中，特别是鉴于大量网站和博客的出现，如何描述和定义新闻业，以及谁是新闻工作者的问题。正如阿里·海诺宁和海基·罗斯塔洛宁在重新思考新闻学研究的"新闻业"那章中所述："我们认为，作为一种普通的传播形式，尽管新闻业仍然是民主社会的重要元素，但是新闻业的定位可能——至少部分地——正从制度化职业和专业组织领域变为既不完善也不容易定义的更广泛的传播领域。"他们建议，新闻学研究应更多关注"新闻行业以外的新闻"，也就是普通公民在其博客和网站上践行的公众的新闻业，他们认为它是"半公共性质的"，经常与制度化媒体的更为传统的新闻业产生互动。他们认为，新闻业不同模式之间的连接会"告诉我们有关公共传播新兴形式的重要信息"。

同样，斯蒂芬·D.里斯在第19章讨论更加全球化的新闻业研究中缺少地方、国家和国际的分析层次时提醒道："必须在民族国家内践行的传统的'纵向'取向与超越国家框架的'横向'视角之间权衡"。

他建议，新闻学研究者应该更富创造性地发现新的个案研究地点、概念、经验性策略，以及与全球新闻业而非国家新闻业相适应的关系。里斯认为，不论哪个国家，重要的是知道新闻工作者及其受众在多大程度上在客观性、公正和中立性等议题上开始出现一致的全球性职业认同。另一个研究话题是，国际新闻机构在何种程度上以一种为不同国家客户所接受的方式标准化生产新闻议程和新闻报道框架。

芭比·泽利泽在第20章开篇提到，新闻学研究者面临的最大问题之一是新闻工作者、新闻教育者和新闻学者之间缺乏正确的沟通。她介绍了作为思考新闻业的替代性方式的新闻业学术研究的五条主线，即社会学、历史学、语言学、政治科学和文化分析。她主张在未来新闻学研究中采用多元观点，"因为既有新闻学研究尚未产生大量反映新闻业全貌的学术资料"。她坚持认为，想要建立一个全球新闻工作者模式，仅仅依靠单一学科框架无法满足，一种跨学科路径可以为学者指出"与我们面临的全球关切产生更广泛的共鸣"的新方向。

最后，马克·迪兹在全球化时代的新闻学教育那一章倡导了更具理论性和经验主义导向的新闻学教育研究，尤其是那些采用更具全球性而非国家性路径的研究，对本质上更具全球性的新闻业研究形成补充。他基于10个基本问题绘制了全球新闻学教育研究的议程，并推动了与新闻业形成互补的新闻学教育的知识体系的发展。

## 结论

由此，以上这些学者所倡导的未来的新闻学研究不再局限于传统的新闻机构、传统的地区或国家的地理定位、单一的学科传统，或者局限于新闻实践而不考虑新闻工作者的教育和社会化。所有这些研究都应在跨越国家和文化边界的日益全球化的语境和框架之下进行。用于解释新闻业的理论不应局限于单一的分析层次，研究新闻业和新闻工作者的方法应该相互结合，只要有可能，就应进行跨国和跨文化比较。在全球化日益加深的背景下，应该重新审视新闻学研究的传统与类别。此外，鉴于几乎世界各地的新闻工作者研究和新闻业都属于"本质上是跨学科的事业"，因此，随着新闻学研究领域日益国际化和跨学科化，要尽可能地借鉴社会学、历史学、语言学、政治科学和文化研究等其他领域的洞见。我们发现，想要更加完整和全面地理解当代新闻业的复杂进展和推动这一进展的新闻工作者是一个很难完成但值得努力实现的任务。我们希望本书各章已经为实现这一任务提供了一些有用的方法，同时也提供了一些如何做的范例。

# 主题词索引

（所注页码为英文原书页码，即本书边码）

## A

action theory  行动理论  19

adversarial role, *see* role perception  对立角色，参见角色认知

amateur journalism  业余新闻业  153

analytical empiricism, *see* empiricism  分析经验主义，参见经验主义

approaches of journalism research  新闻学研究方法

  cultural approach  文化路径  39–51

  gender approach  性别研究路径  79–89

  organizational approach  组织路径  52–64

  psychological approach  心理学路径  65–78

  societal approach  社会学路径  28–38

audience  受众

  fragmentation  碎片化  151–152, 235

  control over content  对内容的控制  47, 71, 153, 234

  a writing public  一个书写的公众  47

autonomy  自主性

  in Germany  在德国  172

  in the US  在美国  149

## B

bias of journalists  记者的偏见

  journalism predisposition  记者的倾向  71–74

  in-group orientation  内群体导向  68

  social validation of judgment  判断的社

会确认 66-68, 70-71

black journalists/media *see* ethnicity 黑人记者/媒体，参见种族

British cultural studies 英国文化研究 39-40, 176-177 *see also* cultural studies 亦见文化研究

## C

campus media 校园媒体 277

China, journalism research 中国，新闻学研究 197-198

    discursive characteristics 话语特征 205-206

    future 未来 206-208

    methodologies 方法 203-205

    studies, on journalism craft 研究，关于新闻职业 201-202

    studies, on journalists 研究，关于新闻工作者 199-200

    studies, on macro contexts 研究，关于宏观语境 202-203

citizen journalism 公民新闻 152

civic engagement 公民参与 150

civic journalism 公民新闻（civic journalism） 235-237

codes, *see* ethics 规范（准则），参见伦理

commercial influence 商业影响 70

commercialization 商业化 231

communicativeness 交际性 228, 230-231

comparative journalism research 比较新闻学研究

    benefits and challenges 优点和挑战 95-96

    of content analysis 内容分析的 127-128

    definition 定义 94-95

    in Germany 在德国 165

    methodological issues 方法论问题 98-101

        the problem of equivalence 对等性问题 98-101

        selection of cultures 文化选择 98

    survey 调查 107, 115

    in organization approach 在组织路径中 59, 63

    a short guide 一个简短指南 101

    status 地位 93, 250

    strategies 策略 96-98

        application approach 应用路径 97-98

        most different systems designs (MDSD) 最不同系统设计（MDSD） 97

        most similar systems designs (MSSD) 最相似系统设计（MSSD） 97

        nations as the components of systems 作为系统构成的国家 97

        nations as the context of study 作为研究语境的国家 97

        nations as the objects of study 作为研

究对象的国家 97
 nations as the units of study 作为研究单位的国家 97
computer-assisted telephone interviewing (CATI) 计算机协助电话访谈 (CATI) 114
conglomeratization 集团化 149，231-232，247-248
conservative approach, see positivism 保守路径，参见实证主义
content analysis 内容分析
 codebook 编码本 125-126
 coder training and quality control 编码员培训和质量控制 126-128
 constraints 限制 117-118，120-121
 definition and types 定义与类别 118-119
 importance 重要性 117，120-121
 levels and units of analysis 研究层次和单位 123-125
content analysis (continued) 内容分析
 in Mexico 在墨西哥 214
 sampling 抽样 121-123
convergence of 融合
 news media 新媒体 232-233
 news organization, see conglomeratization 新闻组织，参见集团化
credibility 信度 232
cultural approach to journalism 新闻学的文化路径 39-51，79-80，149

cultural imperialism approach 文化帝国主义路径 249
cultural, role of 文化的，作用 22，40
cultural studies 文化研究 22-23，39，260-261
 in South Africa 在南非 192
 in the UK 在英国 39-40，176-177
cybernetic theories 控制论理论 30-31，161

## D

democracy 民主 42-44
 journalistic theory of 新闻理论 146-147
 meta-values 元价值 79
 plebiscite 公民投票 49
deterritorialized journalism, see global journalism 去地域化的新闻学，参见全球新闻学
diffusion research in Mexico 墨西哥的扩散研究 212
do-it-yourself journalism 自制新闻 234
 see also personal journalism 参见个人新闻

## E

education, journalism 教育，新闻学 43，75，145，232
 in an era of globalization 在全球化时代 267
 five types 五种类型 270

in Mexico 在墨西哥 213，218
ten fundamental questions 十个基本问题 271-278
  contextualization 情境化 275
  curriculum and assessment 课程与评估 276-277
  direction 取向 274-275
  education 教育 276
  method, management and organization 方法，管理与组织 277-278
  mission 使命 273
  motivation 动机 272
  paradigm 范式 (orientation) 272-273
  in South Africa 在南非 193
  in the UK 在英国 172-174
empiricism 经验主义 18-20
entertainment-oriented content/reporting 娱乐导向的内容/报道 24，70，231-232
ethics 伦理 49，233
  in Mexico 在墨西哥 218
ethnicity 种族 42-43
  in South Africa 在南非 186-188
  in the UK 在英国 178

**F**

feminist approach, *see* gender approach 女性主义路径，参见性别研究路径
framing 框架理论 74，258-259

freedom, press, *see also* autonomy 自由，报业，亦见自主性
  in China 在中国 202-203
  in Hong Kong 在香港 201-202
functional system theory 功能系统理论 20-21，162-163
  critics 批评 21

**G**

gatekeeper studies 把关人研究 18，28-29，136，248-250
gates 关口 153
gender approach 性别路径 79-82
  in Taiwan 在台湾 201
Germany, journalism research 德国，新闻学研究
  the beginning 开端 158-159
  challenges 挑战 165-167
  gaining complexity and expansion 日渐复杂与发展 161-162，162-165
  take-off 起飞 159-161
glass ceiling phenomenon 玻璃天花板现象 82，178
global cultural identification 全球文化认同 244
global journalism 全球新闻业 34，240-243，245-246
global gatekeeping 全球把关 248-250
global ownership 全球所有权 247-248

global media 全球媒体 246
global professional identification 全球职业认同 244-245，249，250
globalization 全球化 24，33-34，244，247
    of digital content consumption 数字内容消费的 48
    impetus for change 变革的动力 93，150，153-154，194，197-198
    of a redactional society 编校型社会 47-48，234
group orientation of journalists 记者的群体导向 68

## H

hegemony 霸权 149，246-247
    *see also* cultural approach to journalism 亦见新闻学的文化路径
hierarchy-of-influences model 影响层级模型 21-22
historical research 历史研究
    in China 在中国 205
    in the UK 在英国 178-179
history 历史 257-258
Hong Kong, journalism research 香港，新闻学研究
human right, journalism as a 人人享有的权利，新闻学作为 42，45-46
hypothesis theory of perception 感知的假设理论 72

## I

identity, cultural 认同（身份），文化的 45
Independent Media Center (IMC) 独立媒体中心（IMC） 234
individualism, methodological 个人主义，方法论的 16，29
industrialization of media 媒体的产业化 46，237
integrative social theories 综合社会理论 22
interdisciplinary of journalism research 新闻学研究的跨学科性 147-148
Internet 互联网 233
    in China 在中国 198-199
interpretive community 阐释共同体 81，254
interventionist 干涉主义的 42

## J

journalism 新闻学 24，146，228-229
*Journalism Bulletin*《新闻学公告》 145
journalism research 新闻学研究
    futures 未来 227-282
    history 历史 4-9
    methods 方法 91-141
    paradigms 范式 145-224
        in Germany 在德国 158-171
        *see also under* Germany 亦见在德国下

　　　　in Mexico　在墨西哥　211-224
　　　　　　see also under Mexico　亦见在墨
　　　　　　西哥下
　　　　in South Africa　在南非　185-196
　　　　　　see also under South Africa　亦见在
　　　　　　南非下
　　　　in the UK　在英国　172-184
　　　　　　see also under the UK　亦见在英
　　　　　　国下
　　　　in the US　在美国　145-153　see also
　　　　　　under the US　亦见在美国下
　　　　theories and approaches　理论与路径
　　　　　　28-90
　　journalistic competence　新闻能力　84,
　　　　276-277　see also professionalism
　　　　亦见专业主义

　　　　　　　　　　　L

language studies　语言学研究　258-259
literariness　文学性　49

　　　　　　　　　　　M

Marxism　马克思主义　17,30,213
mass communication　大众传播　146,154
materialistic media theory　唯物主义媒介
　　理论　17
media competence　媒体能力　192-193
media consonance　媒体共鸣　69-70
medialization　媒介化　228,230-231
methodology of journalism research, compa-
　　rative research　新闻学研究的方法

论,比较研究　93-105
content analysis　内容分析　117,30
observation　观察　131-141
survey　调查　106-116
Mexico, journalism research　墨西哥,新
　　闻学研究
　　five stages of development　发展的五个
　　　　阶段　212-218
　　the Latin American context　拉丁美洲
　　　　语境　211-212
　　prospects　展望　218-219
middle-range theories　中层理论　18-20

　　　　　　　　　　　N

needs, in news decision　需求,新闻决策
　　中　66-68
neofunctionalism in South Africa　南非的
　　新功能主义　192
neo-Marxist/critical school, in South Africa
　　新马克思主义/批判学派,在南
　　非　190
network analysis　网络分析　151
news　新闻　177
news decision theory　新闻决策理论　65
news frames, see framing; shared reality theory
　　新闻框架,参见框架理论；共享
　　现实理论
news production　新闻生产
　　primary/secondary definer　首要/次要
　　　　定义者　177

news values 新闻价值 69-70
new media/communication technologies 新媒体/传播技术 137，151，165，227-228，234，245
normative individualism 规范的个人主义 16-17
normative view 规范性观点（视角）146-147，159，259 *see also* democracy, meta-values 亦见民主，元价值

## O

objectivity 客观性 66-68，245
    strategic rituals 策略性仪式 177
observation method 观察法
    applications 应用 134-137
        newsroom observation 新闻编辑部观察 134-135
        input(-throughput)-output analysis 输入（—吞吐量）—输出分析 135-136
        usability studies 可用性研究 137
    criticism and benefits 批评与优点 138-139
        inter-observer checks 观察者间检验 138
    definition 定义 131
    future 未来 137-139
    typology 分类 132-134
        grade of standardization 标准化水平 132-133

        involvement of the observer 观察者卷入度 133
        obtrusiveness of the observation 观察的强制性接触 133-134
online journalism 在线新闻学 44，150-151
organization approach 组织路径 7，52-64
    organization, media 组织，媒介 54-55
        culture 文化 86
        goals 目标 54
        management 管理 55
        resources 资源 54，58-59
        roles 角色（作用）55-57，70
organization approach 组织路径
    organization, media (*continued*) 组织，媒体
        rules 规则 58
        structure 结构 54-55，57-59

## P

perception process 感知过程 71-72
personal journalism 个人新闻 46
persuasive communication 说服性传播 32-33
plagiarism 剽窃 194-195
political economy approach 政治经济学路径 79，177，202，247-248
political science 政治科学 259-260

positivism, in South Africa 实证主义，在南非 185-186
predisposition, see bias of journalists 倾向，参见记者的偏见
professionalism 专业主义 46
   of Mexican journalism research 墨西哥新闻学研究中的 214-216
   in the US 在美国 153
   of women 女性的 81-82
   in world comparison 世界比较中的 250
psychological approach 心理学路径 65-75
public journalism, see civic journalism 公共新闻学，参见公民新闻学
public relations 公共关系
   determination hypothesis 决定论假设 165
   distinction to journalism 新闻学的区分（特殊性）24, 32-33
   influence 影响 70-71
   in the UK 在英国 175-176
public's journalism 公众的新闻业 234-235, 237-238

## R

racism, in South Africa 种族主义，在南非 186-188
readership 读者群 49
reception process 接受过程 137
redactional society 编校型社会 47-49
regulation of media 媒体管制 46
responsible autonomy, see autonomy 责任性自主，参见自主性
representative journalism 代议制新闻业 42-43 see also democracy 亦见民主
role perception, journalists 角色感知，新闻工作者
   in Germany 在德国 159-160
   in China 在中国 200
   in world comparison 世界比较中的 250, 268-269

## S

schema theory 图式理论 72
search-engine journalism 搜索引擎新闻 46
selective attention 选择性注意 71
selective perception 选择性感知 72
selective retention 选择性接受 72
shared frame of reference, see interpretive community 共享的参考框架，参见阐释社群
shared reality theory 共享现实理论
   function 功能 67-68
   indicator 指标 69-70
social comparison theory, see shared reality theory 社会比较理论，参见共享现实理论
social differentiation theory 社会差异化理论 30

socialistic journalism 社会主义新闻学 159
socialization, newsroom 社会化，新闻编辑部 68，267，276
societal approach to journalism research 新闻学研究的社会学路径 28-34
sociology 社会学 256-257
sociological perspective 社会学视角 79，201
source influence 信源的影响 70-71
South Africa, journalism research 南非，新闻学研究 185
   five phases of racism 种族主义的五个阶段 186-188
   new topics 新话题 193-195
   research paradigms 研究范式 188-190
structuration theory 结构化理论 22，58，161-162
structures as constraints 作为限制的结构 19-20，53，55，162-163
surveys 调查法
   in China 在中国 203-204
   data analysis 数据分析 114-115
   in Germany 在德国 164-165
   interviewing 访谈 113-114
   questions and questionnaires 问题与问卷 109-111
   sampling 抽样 111-113
   strength for studying journalists 研究记者的优势 106-107
   weaknesses for studying journalists 研究记者的劣势 107-108
system theory 系统理论 28-31，161-163
   critics and problems 批评与问题 32-33，163-164
system 系统 21

## T

Taiwan, journalism research 台湾，新闻学研究
technological reasoning/determinism 技术论证/决定论 24-25，233-235 see also new media/communication technologies 亦见新媒体/传播技术
textual analysis in Taiwan 台湾的文本分析 204
textual system 文本系统 46
the UK, journalism research 英国，新闻学研究 172-184
   financial support 资金支持 180-181
   future 未来 181-182
   higher education 高等教育 172-174
   research categories 研究类别 174-180
      cultural studies and political economy approach 文化研究与政治经济学路径 176-177
      demographics 人口统计学 178
      historical research 历史研究 178-179
      language studies 语言学研究 179

production studies 生产研究 174-176

studies of local journalism 本土新闻学研究 180

## U

UNESCO 联合国教科文组织（UNESCO） 211，212，219

Universal Declaration of Human Rights (UDHR) 《世界人权宣言》(UDHR) 42

the US, journalism research 美国，新闻学研究

  forms 形式 148，150-151

  fiduciaries 信托人 149-150，153

  finances 资金 149，152-153

  functions 功能 148-149，151-152

  history 历史 145-148

  research categories and paradigms shifts 研究类型与范式变革 148-150，150-153

use and gratification theory 使用与满足理论 148-149

user-led innovation 用户主导性创新 49

## W

women journalists 女性记者

  in Canada, in the US, and in Europe 在加拿大，在美国，在欧洲 83-84

  professionalism 专业主义 81-82

  role 角色 81

  sexual harassment 性骚扰 86-87

  six barriers to advancement 晋升的性别障碍 84-85

  stereotype 刻板印象 85

  tokenism 表面文章 85

  work assignment 工作分配 86

  work routines 工作常规 52，57-59，149-150

world culture 世界文化 247

world journalism, see global journalism 世界新闻业，参见全球新闻业

# 姓名索引

（所注页码为英文原书页码，即本书边码）

## A

Addison, Graeme 爱迪生，格雷姆 190
Adorno, Theodor W. 阿多诺，西奥多·W. 30, 34
Ainley, B. 安利，B. 178, 182
Alexander, Jeffrey C. 亚历山大，杰佛瑞·C. 192, 195
Allen, Rod 艾伦，罗德 173, 174, 182
Altmeppen, Klaus-Dieter 阿尔特梅彭，克劳泽-迪特尔 3, 8, 10, 11, 20, 26, 59, 61, 63, 104, 135, 140, 161, 165, 167, 169, 267, 268, 279, 287
Arcenaux, K. 奥森瑙科斯，K. 107, 116
Asher, H. 亚瑟，H. 110, 111, 116

Atton, C. 阿顿，C. 275, 279

## B

Bacon, Francis 培根，弗朗西斯 25, 286
Baerns, Barbara 巴尔内斯，芭芭拉 165, 167
Barnett, S. 巴内特，S. 176, 182
Baumert, Dieter Paul 鲍默特，迪特尔·保罗 158, 167
Beasley, Maurine 比斯利，马雷尼 7, 10
Bell, Allan 贝尔，安伦 179, 182, 258, 262
Bennet, Tony 本内特，托尼 79, 88
Bennett, W. L. 本内特，W. L. 69, 75
Berelson, B. 贝雷尔森，B. 117, 118, 119, 120, 129, 145, 154

Bergen, Lori 贝尔根，洛里 7

Berger, Guy 博格，盖伊 187，190，191，195

Bierhoff, J. 比埃尔霍夫，J. 268，273，278，280

Blair, Tony 布莱尔，托尼 176

Bleyer, Willard G. 布莱耶，威拉德·G. 16，145，146，151，155

Blöbaum, B. 布隆鲍姆，B. 32，35，276，277，280

Blumler, Jay G. 布鲁姆勒，杰伊·G. 93，94，96，101，102，175，176，182，256，262

Bockelmann, Frank 伯克尔曼，弗兰克 159，164，167，170

Boloka, Gibson Mashilo 柏罗卡，吉布森·马西罗 190

Bonfadelli, H. 邦法黛莉，H. 103，119，121，123，124，129

Bourdieu, Pierre 布迪厄，皮埃尔 22，218，262

Boyd-Barrett, Oliver 博伊德-巴雷特，奥利弗 175，184，257，262

Brackert, Giesela 布拉克尔特，吉塞拉 83，88

Breed, Warren 布里德，沃伦 4，10，29，35，68，75，183，256，262

Brettschneider, F. 布雷特施耐德，F. 118，129

Briggs, Lord Asa 布里格斯，阿萨勋爵 180，182，257，263

Brosius, H. B. 布罗修斯，H. B. 64，69，72，75，76，77，168

Bruns, Axel 布伦斯，阿克塞尔 42，44，50

Bucher, Karl 布赫尔，卡尔 30，35

C

Carey, James W. 凯瑞，詹姆斯·W. 23，260，262，263，265

Carr, D. 卡尔，D. 277，280

Chan, Joseph Man 陈韬文 9，40，50，199，200，201，202，209，291

Chen, J. Y. 陈，J. Y. 60，64

Chomsky, N. 乔姆斯基，N. 232，239，256，264

Christmas, Linda 奎司马斯，琳达 178，182

Cohen, A. 柯恩，A. 249，251

Cohen, J. 柯恩，J. 267，269，279，281

Cooley, Charles Horton 库利，查尔斯·霍顿 30，35

Craft, Stephanie 卡拉夫特，斯蒂芬妮 7，10

Crouse, T. 克劳斯，T. 68，76

Curran, James 库兰，詹姆斯 78，88，89，175，179，183，209，242，251，256，257，263

D

Deacon, David 迪肯，戴维 180，183

de Beer, Arnold S. 戴比尔，阿诺德·

S. 185，186，188，190，191，192，193，194，195，196，279，291

de Koning, T. L. 德克宁，T. L. 190

Deutsch, M. 多伊奇，M. 131，141

Deuze, Mark 迪兹，马克 3，10，97，102，267，268，269，272，274，280，293

de Wet, Johann 迪维特，约翰 190

Dewey, John 杜威，约翰 150，260，263

Dickson, T. 迪克森，T. 268，280

Diederichs, Pedro 迪德里希斯，佩德罗 190

Djerf-Pierre, Monika 德杰夫-皮埃尔，莫妮卡 81，89

Dodson, Mick 多德森，米克 45，46，50

Donsbach, Wolfgang 道斯巴赫，沃尔夫冈 8，9，19，26，65，68，71，72，73，75，76，77，93，94，95，97，98，100，102，104，117，129，160，161，165，167，169，287

Douglas, Mary 道格拉斯，玛丽 254，263

Durkheim, Émile 涂尔干，埃米尔 30，35，94，102，254，263，286

**E**

Eichler, Margrit 艾克勒，玛格丽特 87，88

Elias, Norbert 埃利亚斯，诺伯特 218

Elliott, Phillip 艾略特，菲利普 175，176，183，257，264

Emdon, Clive 艾蒙顿，克莱夫 190

Engels, Friedrich 恩格斯，弗里德里希 17，159，168

Entman, R. 恩特曼，R. 74，76，258，259，263

Epstein, Cynthia Fuchs 爱泼斯坦，辛西娅·福克斯 81，82，83，88

Esser, Frank 埃塞尔，弗兰克 62，64，70，76，94，97，102，104，165，168

**F**

Fairclough, Norman 费尔克拉夫，诺曼 179，183

Festinger, Léon 费斯廷格，利昂 67，76

Foucault, Michel 福柯，米歇尔 254，263

Fourie, Pieter J. 福里，皮特·J. 190，191

Fowler, F. J. Jr. 福勒，F. J. Jr. 109，116

Fowler, Roger 福勒，罗杰 179，183，258，263

Franklin, Bob 弗兰克林，鲍勃 3，9，11，176，180，181，183，215，291

Friedman, Jonathan 弗里德曼，乔纳森 244，247，251，261，263

Fröhlich, R. 弗罗里西，R. 267，268，269，270，280

Froneman, Johannes 弗罗曼，约翰尼斯 190

Früh, W. 弗鲁，W. 71，76，118，119，120，127，129

Fuentes, R. 富恩特斯，R. 211，212，213，214，215，216，219，221

## G

Gaber, I. 盖博，I. 176，182

Gade, P. J. 盖德，P. J. 60，61，64

Gans, Herbert J. 甘斯，赫伯特·J. 3，11，39，44，50，60，64，65，68，76，79，88，147，155，256，264

Garman, Anthea 加曼，安西娅 190

Gaunt, P. 冈特，P. 268，269，270，280

Gertrude, J. Robinson 格特鲁德，J.·罗宾逊 9，288

Giddens, Anthony 吉登斯，安东尼 22，58，64，161

Giffard, Tony 吉法德，托尼 189

Gitlin, Todd 吉特林，托德 256，264

Glasser, T. L. 格拉瑟，T. L. 3，11，261，264，276，280

Golding, Peter 戈尔丁，彼得 175，177，180，183，184，257，264

Gonzalez Molina, Gabriel 冈萨雷斯·莫利纳，加布里埃尔 214，215，217，219，222

Goodman, Nelson 古德曼，尼尔森 254，264

Gottschlich, Maximilian 高茨施里奇，马克西米利 22，26

Graber, Doris A. 格雷伯，多丽丝·A. 72，76，252，259，264

Graham, Katherine 格雷汉姆，凯瑟琳 7

Gray, Richard G. 格雷，理查德·G. 5，6，12，139，141

Groseclose, T. 格罗斯克洛斯，T. 117，129

Gurevitch, M. 古雷维奇，M. 78，88，89，94，101，102，155，176，182，209，251，256，263

Gurjewitsch, S. M. 古列维奇，S. M. 159，168

Gutiérrez, F. 古铁雷斯，F. 186，188，196，222

## H

Habermas, Jürgen 哈贝马斯，尤尔根 22，47

Hall, Stuart 霍尔，斯图亚特 40，41，45，50，177，183，233，260，264

Hallin, D. C. 哈林，D. C. 95，97，103，117，129，260，264

Halloran, James D. 哈洛伦，詹姆斯·D. 69，77，175，176，183

Hanitzsch, Thomas 哈尼奇，托马斯 3，9，11，95，97，110，103，104，110，115，169，287，288

Harber, Anton 哈伯，安东 187，189，190，193，196

Hardin, C. D. 哈丁，C. D. 67，68，77

Hargreaves, Ian 哈格里夫斯，伊恩 42，49，50，174，181，183

Hartley, John 哈特利，约翰 8，23，26，40，41，45，47，48，50，258，263，264，286

Hawley, Searle E. 霍利，瑟尔·E. 75，77，94，103，149，156

He, Zhou 何舟 201

Hedeithy, Ibrahim 赫德斯，易卜拉欣 242

Hegel, Georg W. F. 黑格尔，乔治·W. F. 30，35

Heinonen, Ari 海诺宁，阿里 3，9，11，229，239，292

Herbert, J. 赫伯特，J. 276，280

Herman, E. S. 赫尔曼，E. S 232，239，241，247，252，256，264

Hernández Ramírez, María Elena 赫尔南德斯·拉米雷兹，玛利亚·伊莲娜 9，292

Hienzsch, Ulrich 海姆斯，乌尔里希 33，35，161，168

Higgins, E. T. 希金斯，E. T. 67，68，77

Hoggart, Richard 霍加特，理查德 47，50

Holtz-Bacha, C. 霍尔茨-巴夏，C. 267，268，269，270，280

Homberg, W. 霍姆伯格，W. 267，268，279

Hopkinson, Tom 霍普金森，汤姆 173

Hovland, Carl I. 霍夫兰，卡尔·I. 4，18

Howard, P. N. 霍华德，P. N. 151，155

## I

Ickovics, J. 艾克维奇，J. 85，87，89

## J

Jacobs, Sean 雅各布斯，肖恩 190

Jaffer, Mansoor 加法尔，曼苏尔 190

Jahoda, M. 雅霍达，M. 131，141

Jansen, Ena 詹森，埃娜 190

Johansson, F. 约翰逊，F. 69，78

Johnstone, John W. C. 约翰斯通，约翰·W. C. 4，5，11，17，26，110，116，149，155，199，209

## K

Kant, Immanuel 康德，伊曼努尔 30，85，89

Kanter, Rosabeth M. 坎特，罗莎贝斯·M. 85，89

Katz, Elihu 卡茨，伊莱休 148，155，256，262，264

Keil, Susanne 凯尔，苏珊娜 85，86，89

Kepplinger, H. M. 凯普林格，H. M. 65，69，70，74，77，160，168

Kerbel, M. R. 科贝尔，M. R. 69，77

Klaus, Elisabeth 克劳斯，伊丽莎白 85，89

Kohn, Melvin L. 科恩，梅尔文·L. 94，95，96，97，101，103

Kolmer, Christian 科尔默，克里斯汀 9，128，129，289

Kovach, B. 科瓦奇，B. 275，276，280

Krabill, Ron 克拉比尔，罗恩 187，188，190，196

Krüger, Franz 克鲁格，弗兰茨 190，194，196

Kuhn, Thomas 库恩，托马斯 25，150，154，155，254，264，286

Kupe, Tawana 库佩，塔瓦纳 190，193，194，196

**L**

LaMarca, N. 拉玛卡，N. 65，66，73，78

Lasswell, Harold D. 拉斯韦尔，哈罗德·D. 4，11，18，148，155，258，264

Lazarsfeld, Paul F. 拉扎斯菲尔德，保罗·F. 4，5，18，139

Lee, C. C. 李金铨 199，200，201，202，203，208，209

Lenin 列宁 17，159，167

Leung, K. 梁（Leung），K. 95，98，101，102，104

Lewin, Kurt 勒温，库尔特 28，29，36

Lippmann, Walter 李普曼，沃尔特 66，67，70，77，150，219，223，259，264

Livingstone, Sonia 利文斯通，索尼娅 93，96，103，179，184

Lo, Ven-hwei 罗文辉 9，12，105，199，200，209，291

Löffelholz, Martin 劳福霍兹，马丁 3，6，7，8，11，12，15，18，20，21，22，26，56，64，104，141，158，163，164，166，167，168，169，170，267，274，280，285，286

Louw, Eric 洛，埃里克 189，190，194，196

Lozano, J. C. 洛扎诺，J. C. 215，217，218，223

Luckmann, Thomas 卢克曼，托马斯 19，149，155

Luhmann, Niklas 卢曼，尼克拉斯 20，26，31，32，35，36，37，162，192，196，286

Lünenborg, Margreth 吕内伯格，玛格丽塔 83，84，89

Lunt, Peter 伦特，彼得 179，184

Luostarinen, Heikki 罗斯塔洛宁，海基 9，292

**M**

Malik, Maja 马利克，马亚 8，9，12，32，36，166，170，290

Mancini, P. 曼奇尼，P. 95，97，103，117，129

Mann, L. 曼恩，L. 73, 77

Marx, Karl 马克思，卡尔 17, 22, 30, 40, 159, 167, 168, 176, 177, 185, 189, 190, 191, 213

Mbeki, Thabo 姆贝基，塔博 193

McChesney 麦克切斯尼 241, 246, 247, 252, 257

McCombs, M. E. 麦克姆斯，M. E. 108, 116, 146, 148, 156, 157, 256, 265

McLean, M. S. 麦克莱恩，M. S. 65, 78

McLeod, Jack M. 麦克劳德，杰克·M. 75, 77, 93, 94, 96, 102, 103, 149, 156, 219, 223

McMillin, Divya 麦克米兰，迪维雅 7

McNair, B. 麦克奈尔，B. 174, 184, 229, 239

McQuail, Denis 麦奎尔，丹尼斯 147, 148, 156, 175, 176, 182, 238, 239, 252, 260, 265

Medsger, B. 麦茨格尔，B. 146, 156, 276, 280

Melin-Higgins, Margareta 梅林-希金斯，玛格丽塔 80, 81, 89

Mersham, Gary 梅尔山姆，加里 190

Merton, Robert K. 默顿，罗伯特·K. 18, 26, 32

Mills, Kay 米尔斯，凯 7, 11

Milton, John 米尔顿，约翰 46, 231, 239

Milyo, J. 米尔奥，J. 117, 129

Morgan, F. 摩根，F. 268, 269, 276, 281

Mulder, Pieter 穆尔德，彼得 190

Murdock, Graham 默多克，格拉汉姆 77, 176, 177, 183, 184

Murphy, David 墨菲，戴维 180, 183, 184

## N

Noelle-Neumann, Elizabeth 诺尔-诺伊，伊丽莎白 19, 77, 161, 169

Norris, Pippa 诺瑞斯，皮帕 7, 10, 11, 252

## O

O'Leary, V. 奥莱利，V. 85, 87, 89

Orozco, G. 奥罗斯科，G. 217, 220, 223

## P

Paine, Tom 潘恩，托马斯 47, 262

Pan, Zhongdang 潘忠党 9, 200, 201, 202, 209, 291

Park, Robert Ezra 帕克，罗伯特·艾兹拉 17, 23, 30, 36, 260, 265, 286

Parsons, Talcott 帕森斯，塔尔科特 20, 31, 286

Patterson, C. 帕特森，C. 249, 252

Patterson, T. E. 帕特森，T. E. 68, 71, 77, 93, 94, 95, 97, 98, 100, 102, 104, 165, 169, 240, 252, 259, 265

Pillay, Suren 皮莱，苏伦 190

Pitman, Isaac 皮特曼，伊萨克 173
Polumbaum, Judy 波罗鲍姆，朱迪 201，209
Postman, N. 波兹曼，N. 232，239
Prutz, Robert Eduard 普鲁茨，罗伯特·爱德华 16，26，158，169
Przeworski, A. 普沃斯基，A. 97，104

## Q

Quandt, Thorsten 柯万特，索尔斯坦 3，6，9，11，15，26，94，104，135，136，141，165，166，167，169，289，290

## R

Rabe, Lizette 拉贝，利泽特 192
Ramonet, I. 拉莫内特，I. 232，239
Reese, Stephen 里斯，斯蒂芬 5，8，10，11，19，21，27，53，54，55，56，57，58，61，64，65，78，94，96，104，147，156，250，252，258，265，267，269，279，281，293
Reyes Matta, Fernando 雷耶斯·马塔，费尔南多 213，219，223
Rheingold, H. 莱茵戈德，H. 227，239
Rhoodie, D. 鲁迪，D. 276，281
Robertson, R. 罗伯特森，R. 244，247，251，252
Robinson, Gertrude J. 罗宾逊，格特鲁德·J. 9，29，36，79，82，88，92，288
Rodgers, Shelly 罗杰斯，谢莉 7，11
Roelofse, Koos 诺罗福斯，库斯 190
Rorty, R. 罗蒂，R. 276，281
Rosengren, K. E. 罗森格伦，K. E. 93，96，102
Rosenstiel, T. 罗森斯蒂尔，T. 275，276，280
Ross, M. H. 罗斯，M. H. 69，77，78
Rosten, Leo 罗斯滕，利奥 4，11
Rühl, Manfred 鲁尔，曼弗雷德 5，8，11，20，21，26，36，37，77，141，161，163，169，286

## S

Schaffle, Albert 舍夫勒，阿尔伯特 30
Schimank, Uwe 施曼克，乌韦 22
Schlesinger, Philip 施莱辛格，菲利普 175，184，242，252
Schmidt, M. 施密特，M. 268，273，280
Schramm, Wilbur 施拉姆，威尔伯 4，11，18，151，156，265
Schudson, Michael 舒德森，迈克尔 3，6，11，19，27，65，78，79，89，199，209，219，224，229，239，256，257，258，260，263，265
Schutz, Alfred 许茨，阿尔弗雷德 19
Schwarz, Andreas 施瓦茨，安德里亚斯

9，292

Seaton, Jean 西顿，珍 179，183，257，263

Selltiz, C. 瑟尔提茨，C. 131，132，138，141

Shannon, C. 香农，C. 146，156

Sherif, M. 谢里夫，M. 70，78

Shoemaker, Pamela 休梅克，帕梅拉 5，8，11，19，21，27，52，54，55，56，57，58，61，64，65，78，108，116，269，281

Sievert, Holger 西韦特，霍尔格 165，170

Simmel, Georg 齐美尔，格奥尔格 30，35，286

Singer, Jane B. 辛格，简·B. 9，94，95，98，102，153，156，290

Sklair, L. 斯克莱尔，L. 246，252

Small, Albion W. 斯莫尔，阿尔比恩·W. 32

Sparks, C. 斯帕克斯，C. 94，99，103，104，259，261，263，265，269

Splichal, S. 斯普理查，S. 94，99，104，259，265，269

Sreberny-Mohammadi, Annabelle 斯莱伯尼－默罕默迪，安娜贝拉 95，97，104，243，252

Steenveld, Lynette 斯蒂文德，利奈特 190，193，196

Stevenson, Robert Louis 斯蒂文森，罗伯特·路易斯 95，97，104，243，252

Stocking, S. H. 斯托金，S. H. 65，66，73，78

Switzer, Les 斯威策，雷 190

## T

Teer-Tomaselli, Ruth 蒂尔－托马斯里，卢斯 189，190

Teune, H. 图纳，H. 97，104

Thloloe, Joe 思洛洛，乔 187

Thorson, Esther 托尔森，艾斯特 7，11

Tomaselli, Keyan G. 托马斯里，基延 G. 185，186，188，189，190，191，195，196

Tonnies, Ferdinand 滕尼斯，费迪南 17

Tracey, Michael 特雷西，迈克 175，184

Tuchman, G. 塔奇曼，G. 29，37，65，68，78，149，157，219，224，256，266

Tunstall, Jeremy 滕斯托尔，杰里米 173，174，175，184，256，266

Tylor, Edward 泰勒，爱德华 94，104

## V

van de Vijver, F. J. R. 梵·德·维杰威，F. J. R. 95，98，101，102，104

van Schoor, Marthinus 范·斯古尔，马丁奈斯 190

van Zoonen, Liesbet 范·祖仑，丽斯贝特 79，80，89

Vernik, E. 韦尔尼克，E. 217，224

Vick, Chris 维克，克里斯 109

Vincent, George E. 文森特，乔治·E. 32

Vos, Tim 沃斯，蒂姆 7，11

## W

Wahl-Jorgensen, Karin 沃尔-乔根森，卡琳 9，215，291

Wanta, Wayne 万塔，韦恩 7，10

Wasserman, Herman 沃瑟曼，赫尔曼 187，188，190，191，192，194，195，196

Weaver, David H. 韦弗，戴维·H. 3，5，6，7，9，11，12，17，27，94，98，98，99，100，103，104，105，106，107，109，110，111，112，113，114，115，116，134，139，141，146，147，148，149，150，155，157，164，170，181，183，184，199，209，210，240，250，252，268，272，281，289

Weaver, Warren 韦弗，沃伦 146，156

Weber, Max 韦伯，马克斯 17，19，27，29，30，37，158，162，169，170

Webster, Juliet 韦伯斯特，朱丽叶 81，89

Weib, H. J. 韦伯，H. J. 161，171

Weimann, G. 韦曼，G. 69，76

Weischenberg, Siegfried 维申伯格，齐格弗里德 3，6，8，9，12，21，27，32，37，65，78，160，161，162，163，164，166，170，276，277，281，290

Westerstahl, J. 威斯特斯托尔，J. 69，78

Westley, Bruce H. 韦斯特利，布鲁斯·H. 65，76，78，152，157

White, David Manning 怀特，戴维·曼宁 4，12，18，27，29，38，136，141，156，266

Wiley, S. 威利，S. 240，252

Wilhoit, G. Cleveland 威尔霍伊特，G.·克利夫兰 6，7，9，12，17，27，98，99，100，104，106，111，115，116，134，141，164，170，199，210，250，252

Williams, John J. 威廉姆斯，约翰·J. 186，187，190，196

Williams, Raymond 威廉斯，雷蒙德 40，51，178，179，184

Williams, Roy 威廉姆斯，罗伊 190

Wilson, C. C. 威尔逊，C. C. 186，188，196

Wright, C. R. 赖特，C. R. 32，38，148，157

Wu, X. X. 吴旭 62，64

Wuthnow, R. 伍思诺，R. 199，210

## Z

Zelizer, Barbie 泽利泽，芭比 3，6，9，12，16，17，22，23，27，81，87，89，149，157，173，184，254，257，262，266，267，268，274，281，293

Zhu, Jonathan H. 祝建华 8，12，95，97，98，105，200，209

# 译 后 记

最早接触《全球新闻学研究：理论、方法、发现与未来》这本论文集是在博士文献课上，当时的主讲教师之一周俊博士将这本论文集推荐给了班级同学。为了方便阅读和做笔记，我随后从国家图书馆借来了英文原版复印，这一复印版留存至今。2012年8月，我有幸获得国家留学基金管理委员会的公派资助，前往美国南加州大学公共外交研究中心学习一年，其间与刘海龙教授合作完成了一本英文原著的翻译，正是这次翻译让我产生了翻译《全球新闻学研究：理论、方法、发现与未来》这本论文集的想法。这一想法的最终实现，得益于周俊博士在2015年初的努力推进，他与中国人民大学出版社翟江虹女士商谈了翻译和出版细节，同时邀请我、熊壮博士和王海同学一起完成翻译工作。

确定分工后，鉴于翻译工作的主要参与者都任职于高校，翻译团队分别在2016年寒假、2016年暑假和2017年寒假沟通多次，2018年1月我写邮件向两位主编征得了中文版序言。后来因为参与者教学科研任务繁重、国际局势变化等主客观原因，中文版的翻译、校译和出版工作一度搁置。

2019年末，我向翟江虹女士询问了出版进度，并于2020年初接过了所有余下的任务，在因新冠疫情暴发而导致的居家隔离时期，完成了翻译和校译工作。《全球新闻学研究：理论、方法、发现与未来》中文版翻译工作的最终分工为：熊壮博士翻译了第2—7章、第16章、姓名索引和主题词索引，我翻译了其余章节、原版前言和中文版序言以及作者简介，同时校译了全书。王海同学提供过第18—21章的翻译初稿，后来出于整体文风的考虑，我重新翻译了第18—21章。2020年4月，我将中文版终稿打包发给了翟江虹女士，《全球新闻学研究：理论、方法、发现与未来》中文版终于能在2023年全球疫情好转的背景下面世了。

诚如两位主编所言，这本论文集的特点在于比较思维与全球视野。中国的新闻学研究向来以抽象阐释的研究取向为主，研究方法的探讨与应用比较少，《全球新闻学研究：理论、方法、发现与未来》介绍了比较新闻学研究的方法，以及经验主义研究的主要工具，论文集所精选的代表性论文对于中国学者来说，极具参考价值。过去几年，全球化遭遇重创，国际政治形势的变动直接影响了全球范围内的学术与学者交流，在此情景之下，重申学术研究的全球视野意义非凡。

对于译者而言，翻译此书是研读一手文献、打磨英文学术语言的一次绝佳机会。当然，译者水平有限，若有错漏，恳请读者不吝赐教。此外，出于主客观原因，中文版的出版时间与英文版相距近15年。这一期间，全球新闻学研究在议题、理论和方法等方面都发生了巨大变化。尽管如此，本论文集所展现的全球视野、理论与方法并重的研究旨趣仍然值得在智能时代深耕的学者借鉴。与此同时，本论文集延迟出版的境遇也令译者深刻体会到学术翻译的艰辛、国际政治局势对学术出版的实际影响，真诚希望随着疫情在全球的好转，国际局势也能日趋平稳。

最后，感谢周俊博士促成了翻译之事，感谢王海同学的前期参与，感谢张子晗同学作为中文版的第一位读者通读全书并给出修订建议，感谢翟江虹女士的全程付出，尤其敬佩她超强的耐心，感谢中国人民大学出版社编辑团队的全心付出。

陆佳怡

2022年12月

Global Journalism Research: Theories, Methods, Findings, Future edited by Martin Löffelholz; and David Weaver with the assistance of Andreas Schwarz
ISBN: 9781405153317

Copyright © 2008 by Blackwell Publishing Ltd, except for editorial material and organization © 2008 by Martin Löffelholz and David Weaver

All Rights Reserved. This translation published under license. Authorized translation from the English language edition, published by John Wiley & Sons, Inc. No part of this book may be reproduced in any form without the written permission of the original copyright holders.
Copies of this book sold without a Wiley sticker on the cover are unauthorized and illegal.

本书中文简体字版专有翻译出版权由John Wiley & Sons Limited授予中国人民大学出版社。未经许可，不得以任何手段和形式复制或抄袭本书内容。

本书封底贴有Wiley防伪标签，无标签者不得销售。

图书在版编目（CIP）数据

全球新闻学研究：理论、方法、发现与未来/（德）马丁·劳福霍兹（Martin Löffelholz），（美）戴维·韦弗（David Weaver）主编；陆佳怡，熊壮译．--北京：中国人民大学出版社，2023.6
（新闻与传播学译丛）
书名原文：Global Journalism Research：Theories，Methods，Findings，Future
ISBN 978-7-300-31527-0

Ⅰ.①全… Ⅱ.①马… ②戴… ③陆… ④熊… Ⅲ.①新闻学-研究 Ⅳ.①G210

中国国家版本馆CIP数据核字（2023）第078063号

### 新闻与传播学译丛
### 全球新闻学研究
理论、方法、发现与未来
［德］马丁·劳福霍兹（Martin Löffelholz）
［美］戴维·韦弗（David Weaver）　主编
陆佳怡　熊　壮　译
陆佳怡　校
Quanqiu Xinwenxue Yanjiu

| | | |
|---|---|---|
| 出版发行 | 中国人民大学出版社 | |
| 社　　址 | 北京中关村大街31号 | 邮政编码　100080 |
| 电　　话 | 010-62511242（总编室） | 010-62511770（质管部） |
| | 010-82501766（邮购部） | 010-62514148（门市部） |
| | 010-62515195（发行公司） | 010-62515275（盗版举报） |
| 网　　址 | http://www.crup.com.cn | |
| 经　　销 | 新华书店 | |
| 印　　刷 | 北京七色印务有限公司 | |
| 开　　本 | 787 mm×1092 mm　1/16 | 版　次　2023年6月第1版 |
| 印　　张 | 22.5 插页2 | 印　次　2023年6月第1次印刷 |
| 字　　数 | 351 000 | 定　价　89.80元 |

版权所有　　侵权必究　　印装差错　　负责调换